应用型本科经济管理类专业基础课精品教材

经济学（第2版）

主　编　王伟舟　张　艳
副主编　段晓华
参　编　穆阿娟

北京理工大学出版社
BEIJING INSTITUTE OF TECHNOLOGY PRESS

内容简介

本书从应用型教学的实际需要出发，以经济学思维培养为宗旨，是经典与前沿结合的经济学知识体系教材，重点介绍了微观经济学的基本问题和研究方法。本书共分为十五章，第一章介绍经济学基本假设和经济学研究的基本问题等内容，第二章到第十一章是微观经济学部分，第十二章到第十五章是宏观经济学部分。本书深入浅出，逻辑清晰，涵盖了价格、市场、管制、均衡与成本、定价、税收、收益等方面的内容，以丰富的现实案例为引导，穿插大量的知识链接，可培养和训练读者的经济学思维与经济解释分析的能力。

本书适合作为应用型高等院校经济管理类专业的教材，也可作为相关专业经济类通识课程教材及经济学爱好者的学习用书。

版权专有　侵权必究

图书在版编目（CIP）数据

经济学／王伟舟，张艳主编．—2版．—北京：北京理工大学出版社，2020.8（2022.12重印）
ISBN 978-7-5682-8824-8

Ⅰ.①经…　Ⅱ.①王…②张…　Ⅲ.①经济学-教材　Ⅳ.①F0

中国版本图书馆 CIP 数据核字（2020）第137667号

出版发行／北京理工大学出版社有限责任公司
社　　址／北京市海淀区中关村南大街5号
邮　　编／100081
电　　话／(010) 68914775（总编室）
　　　　　(010) 82562903（教材售后服务热线）
　　　　　(010) 68948351（其他图书服务热线）
网　　址／http：//www.bitpress.com.cn
经　　销／全国各地新华书店
印　　刷／唐山富达印务有限公司
开　　本／787毫米×1092毫米　1/16
印　　张／18.5　　　　　　　　　　　　　　责任编辑／王晓莉
字　　数／435千字　　　　　　　　　　　　　文案编辑／王晓莉
版　　次／2020年8月第2版　2022年12月第2次印刷　责任校对／周瑞红
定　　价／52.00元　　　　　　　　　　　　　责任印制／李志强

图书出现印装质量问题，请拨打售后服务热线，本社负责调换

序

孔夫子云："君子不器。"作为一种思维方式的经济学，是一种"道"，一种观察真实世界的独特之"道"。经济学可以借你一双慧眼，更好地看清这个纷繁复杂的世界。经济学也是一种"器"，从定价策略到薪酬机制设计，从拍卖到广告，经济理论作用于具体的商业实践，提升了企业的竞争优势。"道器融合"是经济学这门科学的独特魅力。作为将商科作为立校之本的中国著名私立大学，经济学课程对于西安欧亚学院学子具有非常重大的意义。在欧亚经济学教学团队的共同努力下，这本已经初步实现"道器融合"的经济学教科书出版了，这对于欧亚学子而言是一件好事。

作为一名长期从事经济学基础课程教学的教师，我发现国内传统的经济学基础课程教学多注重知识体系的传授，忽视了经济学是一门来自真实世界并应用于解释真实世界现象的学问。教师在讲台上认真地讲经济学概念和模型，学生认真地记笔记，等到考试一结束，知识就全部还给了老师，经济思维能力的培养更无从谈起。

欧亚经济学教学团队中有几位老师是我的博士生，相同的职业让我们在畅谈学术之余也时常谈及现代经济学教学。我们均非常认同诺贝尔经济学奖获得者诺斯对经济学的形容："经济学的力量就在于它是一种思维方式。对这种思维方式的理解曾经是（今后也将一直是）经济学对社会科学的革命性贡献，它有助于我们加深对周围世界的理解。"如何通过经济学课程训练学生的经济思维是我们在一起讨论的重点，也分别在各自的学校进行了教学改革与探索。我在西安交通大学开设通识核心课程——经济学的思维方式，对教学内容进行了大胆的改革，只保留核心知识点，而将这些知识点讲深讲透，并结合真实世界案例培养学生的经济分析能力。西安欧亚学院的老师则在传统经济学框架下有机地引入真实世界的经济解释，以实现知识体系讲授和经济解释能力培养的双赢目标，这本《经济学》教科书就是该探索的集中体现。

在我拿到这本书稿时，发现该书版式设计优美，内容丰富，真实世界案例众多，教学过程设计合理，是一本"文质彬彬"的经济学教科书，我相信，西安欧亚学院的学子不仅可以从本书中学到经济学知识，更可以体会到经济思维的魅力。

教学无止境，教材编写也是一个精益求精的过程。希望欧亚的经济学教学团队能不断学习国际最新教材的编写理念，不断思考真实世界的经济学并融入具体的教学过程之中，不断提升经济学课程教学质量，惠及万千学子。期待团队下一版的《经济学》教材更精彩！

俞炜华
2020 年 5 月 10 日于西安交通大学金禾经济研究中心

前　言

著名经济学家凯恩斯认为,"经济学不是一种教条,只是一种方法,一种心灵的器官,一种思维的技巧,帮助拥有它的人得到正确结论"。

经济学是一门社会科学,虽然朴实无华,却是社会科学王冠上最璀璨的明珠。科学是一种思考问题的方式,如同天文学家通过观测天体现象来归纳天体运行规律一样,经济学家通过观测现实经济现象归纳经济规律。经济学家有自己的语言和思维方式,诸如需求、供给、弹性、消费者剩余、机会成本、比较优势、外部性、信息不对称、均衡,等等,这些也是经济学的基本语言。掌握了这些经济学语言,可以更好地了解周围的世界是如何运行的。我们身边发生的每一件小事、每一个社会现象、每一个人的行为,都可以从经济学的角度给出答案。甚至反观历史,每一次历史事件的背后都有经济的逻辑。

经济学思维是经济类、管理类专业的本科生、专科生必备的思维模式,通过对本课程的学习,希望学生能够掌握经济学知识体系,具备经济学的思考分析能力,更好地解释经济现象、解决经济问题。

本教材在第一版的基础上,修订了体现经济学剖析逻辑和思维的知识内容,增加了大量新颖的案例和灵活的思考练习,希望培养学生的经济学直觉。例如,希望把"看不见的手"原理彻底讲清楚,也就是说,希望能让大家"看见"这个世界背后的那只"看不见的手";希望能够解读市场如何促使全世界的人进行合作,价格作为信号如何随着经济条件的变化而变化,以及利润最大化如何导致行业成本最小化等;在分析市场势力的成本和收益时,以一种现代化的视角来分析,即大量的市场势力都是同创新、专利和高额的固定成本联系在一起的。

本教材力图使学习者掌握一种分析思维和方法,因为在当今,经济研究的领域已囊括人类的全部行为以及与之相关的全部决定。经济学的特点在于,它研究问题的本质,而不是该问题是否具有商业性或物质性。因此,凡是在以多种用途为特质的资源稀缺情况下产生的资源分配与选择问题,均可以纳入经济的范围,均可以用经济学的方法加以研究。

书中每章开始会有"学习目标",说明本章重点,同时有"大师简介"和"导入案例",开启学习之旅;每章中间根据内容设置有"知识链接"和"自我测验",课后配有总结与思考练习,巩固本章核心内容,提升分析能力;书后附有附录向导,便于学习者很快检索到需要的内容。

本书由王伟舟和张艳担任主编,段晓华担任副主编,具体编写分工为:王伟舟编写第一章;张艳编写第六章、第七章、第十二章和第十五章;段晓华编写第二章至第五章、第八章至第十一章;穆阿娟编写第十三章和第十四章。最终由王伟舟负责统稿。

本书参考了国内外专家和学者的专著及论文,在此致以深深的谢意!

由于编者的水平和经验有限,时间仓促,书中难免存在不足之处,恳望专家、读者不吝赐教指正,以使我们不断修订和完善。

编 者

2020 年 5 月 4 日

目 录

第一章　绪论 …………………………………………………………（ 1 ）
　第一节　经济学的研究对象 ……………………………………（ 2 ）
　第二节　经济学基本假设 ………………………………………（ 8 ）
　第三节　经济学分类与研究方法 ………………………………（ 14 ）
　第四节　经济学发展简史 ………………………………………（ 23 ）

第二章　需求、供给与市场均衡 …………………………………（ 27 ）
　第一节　需求理论 ………………………………………………（ 28 ）
　第二节　供给理论 ………………………………………………（ 35 ）
　第三节　均衡价格 ………………………………………………（ 39 ）
　第四节　套利 ……………………………………………………（ 42 ）

第三章　管制与市场均衡 …………………………………………（ 49 ）
　第一节　经济福利与效率 ………………………………………（ 50 ）
　第二节　最高限价 ………………………………………………（ 52 ）
　第三节　最低限价 ………………………………………………（ 56 ）

第四章　弹性及其应用 ……………………………………………（ 61 ）
　第一节　弹性概述 ………………………………………………（ 62 ）
　第二节　需求价格弹性 …………………………………………（ 64 ）
　第三节　需求收入弹性 …………………………………………（ 68 ）
　第四节　需求交叉弹性 …………………………………………（ 70 ）
　第五节　供给价格弹性 …………………………………………（ 72 ）

第五章　税收与补贴 ………………………………………………（ 79 ）
　第一节　征税对于均衡的影响 …………………………………（ 80 ）
　第二节　税收楔子与收入分配影响 ……………………………（ 82 ）
　第三节　补贴对于均衡的影响 …………………………………（ 87 ）

第四节　补贴的收入分配影响 …………………………………………（89）
第六章　消费者行为理论 …………………………………………………（95）
　　第一节　效用理论 ……………………………………………………（96）
　　第二节　基数效用论 …………………………………………………（98）
　　第三节　序数效用论 …………………………………………………（104）
　　第四节　消费者行为理论的局限 ……………………………………（113）
第七章　生产者行为理论 …………………………………………………（116）
　　第一节　生产要素与生产函数 ………………………………………（117）
　　第二节　一种可变要素的合理投入 …………………………………（119）
　　第三节　两种可变生产要素的最适组合 ……………………………（123）
　　第四节　生产者行为理论的局限性 …………………………………（133）
第八章　成本理论 …………………………………………………………（136）
　　第一节　成本概念 ……………………………………………………（137）
　　第二节　短期成本分析 ………………………………………………（139）
　　第三节　长期成本分析 ………………………………………………（143）
　　第四节　企业收益与利润最大化 ……………………………………（147）
第九章　市场理论与定价 …………………………………………………（153）
　　第一节　完全竞争市场 ………………………………………………（154）
　　第二节　完全垄断市场 ………………………………………………（159）
　　第三节　垄断竞争市场 ………………………………………………（161）
　　第四节　寡头垄断市场 ………………………………………………（165）
　　第五节　企业定价策略 ………………………………………………（168）
第十章　生产要素与分配理论 ……………………………………………（176）
　　第一节　工资理论 ……………………………………………………（177）
　　第二节　利息理论 ……………………………………………………（180）
　　第三节　租金理论 ……………………………………………………（183）
　　第四节　利润理论 ……………………………………………………（185）
　　第五节　洛伦兹曲线与基尼系数 ……………………………………（188）
第十一章　公共物品与外部性 ……………………………………………（193）
　　第一节　公共物品 ……………………………………………………（194）
　　第二节　公共选择 ……………………………………………………（196）
　　第三节　外部效应 ……………………………………………………（199）
　　第四节　科斯定理 ……………………………………………………（202）
第十二章　国民收入核算理论 ……………………………………………（206）
　　第一节　国内生产总值及其核算方法 ………………………………（208）
　　第二节　国民收入的核算方法 ………………………………………（212）

第三节　国民收入的恒等关系 ·· (215)
第十三章　国民收入决定理论 ·· (220)
　　第一节　简单的国民收入决定模型 ·· (221)
　　第二节　IS – LM 模型分析 ·· (231)
　　第三节　总供求模型分析 ·· (237)
第十四章　失业与通货膨胀理论 ·· (244)
　　第一节　失业理论 ·· (245)
　　第二节　通货膨胀理论 ·· (252)
　　第三节　失业和通货膨胀的关系 ··· (259)
第十五章　经济周期与经济增长理论 ·· (263)
　　第一节　经济周期 ·· (264)
　　第二节　经济增长 ·· (270)
附录 A　经济学大师简介向导 ·· (278)
附录 B　导入案例向导 ·· (279)
附录 C　知识链接向导 ·· (280)
参考文献 ·· (282)

第一章

绪 论

学习目标

- 了解经济学的研究对象。
- 掌握经济学的基本假设。
- 掌握经济学的分类及研究方法。
- 了解经济学发展简史。

大师简介

经济学家：亚当·斯密（Adam Smith，1723—1790年）

简介：经济学鼻祖，主要著作有《道德情操论》和《国富论》，因《国富论》的影响深远，被世人尊称为"现代经济学之父"和"自由企业的守护神"。

主要成就：首次提出了全面系统的经济学说，倡导"自由放任"和排除政府干预经济事务，提出"无形的手"的作用——看起来似乎杂乱无章的自由市场实际上是一个自行调整机制，自动倾向于生产社会最迫切需要的货品。该思想极大地影响了后代的经济学家。

导入案例

经济学王冠上的明珠

人类几乎随时随地需要同胞的协助，但要想仅仅依赖他人的恩惠，那一定是不行的。他如果能够刺激他们的利己心，便有利于他，并告诉他们，给他做事是对他们自己有利的，他要达到的就容易得多。不论是谁，如果要和旁人做买卖，他首先就要这样提议，"请给我所要的东西吧，同时，你可以获得你所要的东西"，这句话是交易的通义。我们所需要的相互帮忙，大部分是依照这个方法获得的。我们每天所需的食物和饮料，不是出于屠户、酿酒师或烙面师的恩惠，而是出于他们自利的打算。我们不说唤起他们利他心的话，而说唤起他们利己心的话。我们不说自己有需要，而说对他们有利。

他所盘算的也只是他自己的利益。在这种场合，像其他许多场合一样，他受一只看不见的手的指导，去尽力达到一个并非他本意想要达到的目的。也并不因为非出于本意，就对社会有害。他追求自己的利益，往往使他能比在真正出于本意的情况下更有效地提高社会的效益。

（资料来源：亚当·斯密. 国民财富的性质和原因的研究：上卷 [M]. 郭大力，王亚南，译. 北京：商务印书馆，2009.）

第一节　经济学的研究对象

提起"经济"一词，一般都会想起在旅游时，有经济舱、经济客位、经济线路等，从这些联想就会感觉到，经济包含节约的意思。当然，这是对经济非常狭隘的理解。"经济"一词在《现代汉语词典》中主要有两个方面的含义：一是指省、有效率，以较少的人力、物力、时间等获得较大的成果；二是用来统称人类社会生产、消费、分配、交换等活动，以及组织这些活动的制度、系统，如计划经济、市场经济等。"经济"这个词源于希腊语，其含义为"管理一个家庭的人"。

斯蒂格利茨认为，经济学研究的是我们社会中的个人、厂商、政府和其他组织是如何进行选择的，这些选择又怎样决定社会资源如何被利用。稀缺是经济学的一个显著的现象，因为资源稀缺，所以选择是必要的。

萨缪尔森和诺德豪斯对经济学下的定义为：经济学研究社会如何利用稀缺资源生产有价值的商品以及在不同群体中进行分配。

不同的经济学家给经济学下的定义尽管有差异，但实质都是一样的，即经济学就是研究如何有效配置稀缺资源的问题。由于资源稀缺，社会资源的管理就十分重要了。稀缺性是指社会资源的有限性。正如没有稀缺就不需要"管理一个家庭的人"一样，没有稀缺就不需要经济学。

那么，到底什么是经济学？通过本节的学习，可以总结出经济学的定义。

一、资源及资源的稀缺性

在讲资源的稀缺性之前，我们先来看什么是资源。

（一）资源概述

人类物质资料生产活动所需要的各种生产要素称为资源。总的来说，我们把资源分为两大类：一类是自由取用物，它是自然界客观存在的，人类不需要付出任何代价就可以自由取用，如空气、阳光、雨水等，它的数量是无限的，但是它在人类需要中所占的比重很小；另一类是经济物品，它是经过人类加工，必须付出代价才能得到的物品，即必须消耗一定的资源、借助生产工具、通过人类劳动才能生产出来的物品，在人类生活中占有十分重要的地位。

在经济学的学习中，更常用的分类是把资源分为四种：劳动力、资本、土地和企业家才能。劳动力（L）是包含在劳动者体内的无形资产，包括脑力劳动和体力劳动两种。资本（K）包括厂房、设备等。土地（N）是一切自然资源的简称，包括由大自然提供的一切，诸如土地本身、空间场所、矿产、森林、水域等，是原始的资源。企业家才能（E）用以组织、管理企业，西方经济学认为，企业家才能是一种很重要的资源。

（二）资源的稀缺性

稀缺性是西方经济学关于经济学研究对象的基础性概念。稀缺性是指经济生活中存在这样一个基本事实：社会拥有的资源是有限的，因而不能生产人们所希望拥有的所有物品和劳务。稀缺性是相对于人类无限的欲望而言的。人的欲望具有无限增长的趋势，为了满足这种需要，就要生产更多的物品和劳务，从而需要更多的资源。但在一定时期内，可用于生产物品和提供劳务的资源与人们的欲望相比总是远远不够的，这就是稀缺性。

可以得出稀缺性的定义：资源是有限的，而人类的欲望是无限的，有限的资源总是难以满足无限产生和膨胀的人类欲望，无限的人类欲望和有限资源之间的矛盾就是经济学中通常所说的稀缺性。

可以看出，稀缺性总是指经济物品的稀缺性，自由取用物不存在稀缺性，有害物品也无须谈稀缺性。如果生产消费品的所有生产要素都是取之不尽、用之不竭的自由物品，那么消费品也不存在稀缺性，而会自然成为自由物品。所以，稀缺性一般指的是经济物品。

稀缺性是相对于人的欲望来说的，人的欲望具有无限性，一种欲望得到满足，另一种欲望又会很快产生。1943年，美国著名的心理学家马斯洛提出了五个层次的需求理论。马斯洛认为，动机是由许多不同层次与性质的需求组成的，而各种需求之间有高低和顺序之分，每个层次的需求与满足程度将决定个体的人格发展境界。马斯洛需求层次理论将人的需求划分为五个层次，由低到高分别为：生理需求、安全需求、归属与爱的需求、尊重的需求和自我实现的需求。生理需求是最基本的需求，如食物、水、空气、衣服等，是人类生存的必需条件。比如，当一个人极需要食物时，会不择手段地抢夺食物。安全需求同样属于低级别的需求，如人身安全、财产安全等。归属与爱的需求也称社交的需求，属于较高层次的需求，如人们对亲情、友情、爱情的渴望。尊重的需求也属于较高层次的需求，如成就、名声、地位、晋升机会等。自我实现的需求包括对成就或者自我价值的个人感觉，也包括他人对自己的认可与尊重。

稀缺性是人类社会面临的永恒问题，即稀缺性的存在是绝对的，它存在于社会和人类历史的各个时期。从现实看，无论是富可敌国的豪族，还是一贫如洗的难民，都要面对资源的稀缺性，只是稀缺的内容有所不同。所以，只要有人类社会，就会有稀缺性存在。稀缺性是经济学研究的根本主题，如果没有稀缺性，也就不需要研究经济学。

二、资源配置

（一）资源的选择

资源的稀缺性决定了每一个社会和个人都必须做出选择，选择的过程就是资源配置。选择就是用有限的资源去满足不同欲望的决策，或者说是如何使用有限资源的决策。所谓选择,就是研究如何利用现有的资源去生产经济物品以更有效地满足人类的欲望。它一般包括:①如何利用现有的经济资源;②如何利用有限的时间;③如何选择满足欲望的方式;④在必要时如何牺牲某些欲望来满足另一些欲望。如土地可以生产粮食,也可以作为建筑基地,还可以作为交通用地和绿地,这时就需要选择。由于资源的稀缺性,用于生产某一种物品的资源多了,生产其他物品的资源就会相应减少。因为稀缺,人们不能得到所有想要的东西,不得不在有限的资源下做出选择。

例如,一个学生必须决定如何配置她最宝贵的资源——时间。她可以把所有的时间用于学习经济学,可以把所有的时间用于学习心理学,也可以把时间分配在这两个学科上。她把某一个小时用于学习一门课时,就必须放弃本来可以学习另一门课的一小时。而且,她用于学习一门课的每一个小时,都是放弃本来可用于睡眠、骑车、看电视或打工赚点零花钱的时间换来的。

再如,父母决定如何使用自己的家庭收入。他们可以购买食物、衣服或全家度假,也可以为退休或孩子的大学教育储蓄一部分收入。当他们选择把一元用于上述物品中的一种时,他们在其他物品上就要少花一元。

(二) 生产可能性曲线

1. 生产可能性曲线的概念及图形

生产可能性曲线指能生产出来的产品与劳务的组合与不能生产出来的产品与劳务的组合之间的曲线,或是可以达到的产量与不能达到的产量之间的曲线,如图1-1所示。

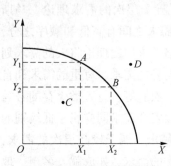

图1-1 生产可能性曲线

由于资源稀缺性的存在,人们就必须做出各种选择,如决定用有限的货币收入去购买商品 A 还是 B,用有限的资源去生产产品 X 还是 Y。一个生产者运用他所有可用的资源进行生产时,假设资源的用途有两种,可用于生产产品 X(如大炮)和产品 Y(如黄油)中的一种,那么如果将资源用于生产 X,便失去了生产 Y 的机会。

2. 生产可能性曲线的假设

用一个简化的经济模型来说明生产可能性曲线,在该模型中有三个假设。首先,现有资源仅用于生产两种产品,如衣服和面包,分别用 X 和 Y 表示。在现实生产中,生产无数的产品与劳务也可以通过组合或抽象成为两类产品,这里是为了便于分析。其次,资源是固定的,而且充分利用。即在现有生产过程中可供使用的各种生产要素的数量是固定不变的,所有的生产要素均得到充分的使用,不存在资源的闲置现象。最后,生产技术,即由投入转化为产出的能力,在一定时间内是固定不变的。

3. 生产可能性曲线的经济含义

首先,生产可能性曲线是稀缺性的具体化。任何经济都不可能无限量地生产,使用一定资源所能生产出来的衣物和面包也有一个最大限量,这个最大限量就在生产可能性曲线上,在这条线内和线上任何一点的组合都可实现,但是在线内的任何一点(如图1-1中点 C),其资源没有实现充分利用;在线外的任何一点(如图1-1中点 D),在现有条件下是无法实现的。

其次，生产可能性曲线表明任何经济都必须做选择。由于稀缺性的存在，人们在生产这两种产品时受最大限量的限制，因此必须选择多生产衣物少生产面包，或少生产衣物多生产面包。在图 1-1 中就表现为在生产可能性曲线上选择某一点的组合，然后根据这种选择来进行资源配置，而选择哪一点取决于人们的偏好。

最后，生产可能性曲线还说明选择的具体内容。当选择了在生产可能性曲线上哪一点进行生产时，就解决了生产什么及生产多少的问题。当从资源使用的效率出发来决定选择生产可能性曲线上的某点时，也就是选择了如何进行生产，资源利用的效率高过其他点，而过多地生产衣物会由于资源的不适用而使同样的努力得不到同样增加的产量。生产可能性曲线上的某一点表示了人们的某种偏好，而对某点的选择也就解决了为谁生产的问题。如果生产更多的面包表示偏重于为注重饮食的人生产，而生产更多的衣物则表示偏重于为注重穿着的人生产。

对生产可能性曲线的经济含义的理解需要注意的是，当关于生产可能性曲线的假设条件发生变化时，生产可能性曲线就会发生平移。如资源的数量增加、技术水平提高等，会使生产可能性曲线向右方平移，代表着正的经济增长；如资源的数量减少或技术水平的降低等，就会使生产可能性曲线向左方平移，代表着负的经济增长。

在资源稀缺性存在的情况下，人们必须做出究竟该生产多少衣服和多少面包的决策。经济学家把选择概括为三个方面，也就是资源配置要解决的三大基本经济问题。

第一，生产什么与生产多少？这个问题实质上包括了生产什么品种、生产多少、什么时间生产以及在什么地点生产等四个方面的问题。资源的有限性决定了不能生产人们所需要的所有产品，而必须有所取舍。用衣服与面包的例子来说，就是生产衣服还是生产面包；或者生产多少衣服、多少面包，即在衣服与面包的各种可能性组合中选择哪一种。

第二，如何生产？一个经济系统必须决定采用什么样的生产方法或资源配置方式来生产预期水平和构成的产品。如何生产包括四个方面的问题：其一，由谁来生产；其二，用什么资源生产；其三，用什么技术生产；其四，用什么样的组织形式生产、怎样生产。如何生产实际上就是如何对各种生产要素进行组合，是多用资本、少用劳动，用资本密集型方法来生产，还是少用资本、多用劳动，用劳动密集型方法来生产。不同的方法尽管可以达到相同的产量，但经济效益是不相同的。

第三，为谁生产？为谁生产是指生产出来的产品和财富如何在社会成员之间进行分配，如衣服与面包按什么原则分配给社会各阶层与各个成员。

资源的稀缺性是人类社会各个时期和各个社会面临的永恒问题，所以，生产什么、如何生产和为谁生产这三个问题是人类社会必须解决的基本问题，经济学正是为了解决这三个基本问题而产生的。从这个意义上，一般认为经济学就是研究稀缺资源在各种可供选择的用途中进行合理配置的科学。

(三) 资源配置方式

在现实世界中，一个国家或者地区如何解决经济学中的上述三个基本问题，即为资源配置方式。到目前为止，主要有三种资源配置方式。

1. 完全自由市场经济配置方式

完全自由市场经济配置方式即政府不对经济施加任何影响，资源配置完全由市场机制自由配置。这是资源配置的一种极端情况。在完全自由市场经济配置情况下，资源配置、产品分配以及生产组织方式的选择完全由市场价格来调节。

市场经济体制下三个经济问题是如何解决的？厂商生产什么产品取决于消费者的货币选票，也就是消费者的需求。如何生产取决于不同生产者之间的竞争。在市场竞争中，生产成本低、效率高的生产方法必然取代成本高的生产方法。为谁生产是分配问题，市场经济中，分配的原则是按要素分配（与按劳分配不同）。市场经济不是万能的，市场机制也存在着缺陷，也存在市场失灵的现象。

2. 完全指令计划经济配置方式

完全指令计划经济配置方式即通过政府权力对所有资源进行配置。完全指令计划经济配置方式又称计划经济方式，是资源配置的又一极端形式。在这种资源配置的体制下，所有经济问题的解决完全依赖于各级政府的指令，国家和各级政府拥有全部资源，控制着所有资源的价格。在计划经济体制下，生产什么、生产多少、如何生产、为谁生产完全是由政府决定的。

在生产力不发达的情况下，计划经济有其必然性和优越性，可以集中有限的资源实现既定的经济发展目标。但在生产力越来越发达以后，管理就会出现困难，漏洞也越来越多，计划经济也就无法有效地进行资源配置了。

3. 混合经济配置方式

纯粹的计划经济和市场经济都各有其利弊。事实上，世界上没有哪一个国家的资源配置属于这两种极端体制中的一种，都是计划经济和市场经济的有机结合。经济问题的解决既依赖于市场的价格机制，又需要政府的调控和管制。在这种经济体制下，解决经济中的三个基本问题就要靠市场机制和政府宏观调控共同作用。大众化商品的资源配置主要靠市场来调节，价格和交易数量也主要靠市场供求关系来决定，政府通过法律、财政、货币等政策手段对资源配置的状况实施监督和调节。对于关系到国计民生的特殊资源配置和商品的分配，则主要依靠政府的指令来调节，并在一定范围内有限地引入市场竞争机制。

三、资源利用

资源利用就是人类社会如何更好地利用现有的稀缺资源，使之生产出更多的物品。世上的事情总是很难两全齐美的。政府也是一样，也会陷入两难的困境。政府都希望实现效率和公平，但是，要同时实现效率和公平几乎是不可能的。要提高效率就难免不公平，要公平就要以牺牲效率为代价。所以，在效率和公平的问题上，必须做出选择。

在我国经济欠发达的时期，政府的政策是效率优先、兼顾公平；但当经济发展到一定水平时，需要解决的就是公平问题。我们衡量公平有一个指标，就是基尼系数。基尼系数在 $0\sim1$，基尼系数越大，越不公平。

知识链接　　　　　　　**亚当·斯密的制针工厂**

《国富论》是亚当·斯密最重要的著作，但这部作品并没有选择从对国家大事的论述开始，而是选择描述了一段扣针的制造经过。

扣针制造，几乎是一项被人遗忘的产业，但是正如斯密所指出的，"一个劳动者，如果对这职业没有受过相当训练，又不知怎样使用这职业上的机械，那么纵使竭力工作，也许一天也制造不出一枚扣针，要做二十枚，当然是绝不可能了"。而如果工人们有了分工，"一个人抽铁线，一个人拉直，一个人切截，一个人削尖线的一段，一个人磨另一端以便装上圆头……"，如此分工之下，一个十人的小厂，一天就可以生产十二磅的针。十二磅是什么概念？就是四万八千根，也就是平均每个工人生产了四千八百根针。由此可见，即使在扣针制造这样一个小小的产业，只要利用分工，生产的效率也能提升成百上千倍。

从这个看似平凡的制针的例子中，竟得到了令人吃惊的结果。正因为如此，它成为经济学中最为著名的例子之一。

（资料来源：亚当·斯密. 国民财富的性质和原因的研究：上卷［M］. 郭大力，王亚南，译. 北京：商务印书馆，2009.）

总的来说，研究资源利用要解决以下四个相关问题。

第一，充分就业问题。即如何使稀缺资源得到充分利用，经济生活中既没有资源闲置，也无资源浪费，并且使社会既定资源所能实现的产量达到最大，使社会实现充分就业。

第二，经济增长问题。资源的充分利用不仅是一个时点的要求，还是一个时期的要求。研究资源的充分利用就是要考虑如何用既定资源生产出更多的物品，即实现经济的持续稳定增长。

第三，物价稳定问题。现代社会是一个以货币为交换媒介的商品社会，物价的变动对由资源配置与利用所引起的各种问题的解决都影响很大。物价水平普遍、持续、大幅度地降低会导致资源利用不足，失业增加，这就是通货紧缩问题；物价水平普遍、持续、大幅度地上升可能导致资源利用过度，造成通货膨胀问题。因此，经济学研究资源的充分利用就必须涉及货币购买力的变动，即如何实现物价稳定的问题。

第四，国际收支平衡。国际收支平衡是指一国在特定年度内对外贸易进、出口总额基本上趋于平衡。一般来说，一国政府在对外贸易中应设法保持进出口基本平衡，这样有利于国民经济健康发展。但在现实生活中，各个国家的国际收支总是存在顺差或者逆差，对经济会产生一定的影响。顺差指一国在一定时期内（通常为一年）对外经济往来的收入总额大于支出总额。巨额顺差会产生不利的经济影响，主要表现在：①外汇储备过多会造成资金的闲置与浪费，不利于本国经济发展；②国内总需求与总供给的平衡被打破；③储备货币汇率下跌时，外汇储备会遭受损失；④一国的外汇储备增加，本币发行也必然相应增加，从而产生潜在的通货膨胀压力；⑤本币如果是可兑换的货币，顺差将使外汇市场上对本国货币的求大于供，易受抢购冲击；⑥本国货币被迫升值，使出口处于不利的国际竞争地位。逆差指在对外贸易中，一定时期内（一般是一年）一国的出口额大于进口额。贸易逆差不利于经济发展。

综上所述，正是因为资源存在着稀缺性，才产生了经济学。因此，如何将稀缺的资源在商品和劳务的生产及消费中进行最有效的配置，就成为经济学研究的不变课题。经济学可以定义为：一门研究稀缺资源如何在多种用途之间进行合理配置和有效利用的学科。

第二节　经济学基本假设

任何一个理论的研究一定要基于一个出发点，也就是研究的假设。这是起点，是一个大家公认的、正确的、符合事实的认识。现代经济理论的研究同样也需要一个基本的出发点：理性与自利的假设。虽然几百年来，对于这样一个出发点，很多人提出过质疑，但没有人能够真正推翻这个假设。原因也很简单，因为没有一个更好的假设可以替代它来提升经济理论的解释力。接下来让我们深入了解一下这个假设的合理性。

一、理性假设

经济学中所指的理性是指每一个经济体在进行决策时，会选择使自己获得最优结果的决策。当然，这个最优决策具有一定的主观性，主要体现在两个方面：首先，决策者会有自己的约束条件，而这个约束条件是别人无法了解或体会的，包括信息的不对称；其次，这个最优决策的结果不仅体现在经济报酬上，同时也可以是效用的增加、风险的降低、时间成本的降低或情感的收益等非经济报酬的最优。

对于理性的调研结果显示，大多数人认为人有时候会理性，有时候会不理性。比如，人们认为比较平静的时候会比较理性，冲动的时候会不理性。这是真实的吗？现实生活中存在很多的"不理性"行为，比如有人会购买楼下商店里的高价牛奶，而不是选择去较远的超市购买比较便宜的牛奶。其实这个事情恰恰说明了人是理性的，因为商店里的牛奶可能价格比较贵，但相对于时间成本比较高（工作收入高）的人来说，买楼下的牛奶就是一个理性的选择；而对于时间成本比较低（退休人员）的人来说，购买超市便宜的牛奶才是最划算的。不同的主体选择不同的理性，只是其约束条件不同而已。

再如，现实中有很多企业在雇用大学生的时候会选择名牌大学的毕业生，这对于普通高校毕业的学生显然不公平。名牌大学毕业生也有能力很差的，而在进入企业以后，很多普通高校大学毕业生显现出了非凡的能力，而他们的成本也可能更低。那么企业选择名牌大学毕业生是不理性的吗？其实通过分析发现，企业要想雇用到工作能力强的毕业生就需要进行筛选，而筛选需要很高的成本（如时间成本、搜寻成本、接触成本等），如果选择名牌大学毕业生，雇用到工作能力强的毕业生概率会更大，因此，为了节约筛选成本，企业宁愿付出更高的工资，也不愿雇用普通高校的毕业生，这是理性的选择。

南方人喜欢吃米饭，北方人喜欢吃面食；高寒地区的人喜欢吃高热量、高脂肪的肉食；俄罗斯人更加喜欢酒精饮品。这些并非简单的习惯，而是千百年来最终理性选择的结果。南方人如果选择面食或北方人选择米饭，在物流流动性较差的古代，这部分人会被食物选择淘汰；高寒地区的人如果没有高热量、高脂肪的食物，很难抵御高原反应带来的身体影响；而俄罗斯人对酒精的偏爱可能与他们所处的纬度有密切关系。这一切也是理性的选择结果。

冲动是理性的对立面。经常会听到有些人说："我一冲动就买下了那个包包！"意思是非理性支配了当时的行为。这是真的吗？其实，很多冲动也是在权衡了利弊之后的"冲动"。你会冒着失业的风险和你的上司吵架吗？那要看你是否能够比较轻松地找到下一份工作，或者工作对于你是否重要。

知识链接

冲动的理性

一

"大多数时候,我们往往凭借着冲动去做一件事情,在喜欢思考的经济学家眼中很可能根本不符合我们自己的根本利益。"这是刊登在著名的文摘杂志上的一篇文章中的一句话。在该文中,作者还引用了一个神经科学家所描述的一个丧失冲动的患者基于理性计算而没有办法做出决定所给人带来的恐怖感。作为一个以经济学为专业的人,本人的个性也非常冲动,常被人称为冲动大于理性的人,这好像与杂志所描述的经济学家的专业素养相违背。如何看待冲动中的理性?

二

人会面对刺激做出反应,这是人具有理性的一个重要特征,表现在冲动上。我们可以看到,在不同的环境下,冲动存在着程度的差别,这就是冲动背后理性的表现形式之一。

购物中的"血拼"是不少人认为自己不理性的原因。看到好的东西即使不需要也想买,一次逛街下来,手上的东西多得拿不动。接下来的一段时间,只好天天吃窝窝头。但我们可以看到的是,与冲动时的快感相比,天天吃窝窝头是可以忍受的结果。这也就意味着在"血拼"的那一刻,消费者的偏好是尽情而为,享受购物所带来的快感和未来一段时间的"苦日子",而不是平稳消费。

我们也可以看到,即使是最冲动的消费者,在购买日常用品的时候也许会非常地冲动,但随着所购买商品价格的上升,谨慎的程度也在增加。一个冲动购物型的女生可以一拍脑袋就购买一只"黑眼睛"的布袋,但她不会一拍脑袋就购买一台笔记本电脑,购买房子时更要多方打听,慎重决策。原因是作为消费者的女士可以承担购买一只"黑眼睛"布袋的决策的错误后果,这最多也就是吃几天的窝窝头;如果一拍脑袋就购买了笔记本,她可能就不得不吃几个月的窝窝头;如果一拍脑袋就购买了房子,可能一辈子吃窝窝头也弥补不了决策错误所造成的损失,所以她就会非常地小心。

在日常生活中,我们经常可以看到一些人,行为方式非常冲动,非常难控制自己的情绪,动不动就发火。那么,这类冲动还是理性行为吗?其实,在这类冲动中,我们同样可以看到理性的影子,其中最主要的表现就是在冲动之时,对待不同的人的冲动程度存在着很大的差别。例如,你可以向自己的父母大喊大叫,但在面对爱人的父母时,只能强忍脾气;你可以向你的同学发火,但在面对导师时,只能忍声吞气;你会向"县官"表达你的愤怒,但你不会向"现管"做出同样程度的表示,除非你已经做好了离职的准备。

因此,冲动的背后隐含着这已经经过自己的过滤,自己知道可以承担这个偶然事件的后果。而且,随着承担后果的难易不同,人会选择不同的冲动程度。

三

尽管冲动程度的差别体现着人的理性,冲动这个行为的本身是不是合乎理性的呢?经济学也给予了肯定的回答。理性的人考虑边际,我们就从冲动的边际成本和收益讲起。

冲动购物的成本是决策的失误,即买了不该买的东西,但这里面存在着一个概率问题,如在10次购买的冲动中,有1次买了不该买的东西,则每一次冲动的成本就是购买不该买东西所造成的损失的1/10。冲动的收益则是节约了思考和权衡的时间，因为计算一个行动所产生的成本和收益总是需要时间的。时间是有价值的，衡量的方法就是在经济学中最常见的概念——机会成本，即从冲动中节约下来的时间可以创造的最高价值的财富。一个丧失冲动的患者的"理性计算行为"并不是真正的理性，因为他并没有考虑理性计算时所必须花费的时间成本。因此，当我们将时间成本加入约束条件时，冲动也就不成为冲动了。

从这里我们也可以看出：所购买物品价值的上升也就意味着冲动成本的上升，理性的消费者就会减少冲动，以促使冲动的边际成本重新等于边际收益。

由于自然禀赋不同，个性之间存在着差异，每个人控制情绪的能力有强有弱，但控制情绪需要付出成本，如心情压抑乃至造成心理疾病等。因此，冲动的收益就是控制情绪的成本，冲动的成本则是人际关系等方面的损失。尽管不少人感觉"自己在冲动时脑子一热，什么事情都干出来了"，其实，理性的影子还是深深地埋在冲动之中，每一次冲动的形式、程度等均与冲动的成本收益密切相连。当你觉得"忍无可忍，无须再忍"时，控制情绪的成本变得无限高，冲动的收益也同样处于无限高的水平，权衡的结果当然是任由情绪当众发出。尽管随着情绪的回落，冲动的人往往常出现后悔、懊悔等情绪，但这并不意味着在情绪爆发之时，当事人是不理性的，毕竟事后诸葛亮是比较容易的。不同的人有不同的联系，人际关系出现裂痕时的损失也就不一样，这意味着冲动在面对不同人时存在着成本差别，冲动程度的差异也就体现着这种差别。

因此，在考虑冲动的边际成本和边际收益后我们可以发现，冲动本身是一种理性行为，具有工具性内涵。它节约了人的思考成本（时间），缓解了人的心理压力。

四

我们日常在评论一个人会"做人"时，常用的一句话是"这个人大事清楚，小事糊涂"。在时间资源、情绪资源有限的情况下，以小事上的冲动换来大事上的清醒，何乐而不为呢？

（资料来源：俞炜华. 冲动的理性：经济学家茶座（第26辑）[C]. 济南：山东人民出版社，2006. 有少量改动。）

当然，对于一些特殊的群体，如吸毒者或醉酒者，以及精神非正常者，他们的意识是非清醒状态，所做的决策不在理性范畴内。

因此，以理性为假设，研究一般人的决策行为，往往能够得到与现实基本相符的结果，同时也能为社会提供符合理性的经济学解释。

二、自利假设

每当谈及自利假设时，总会引起一些争议，这些争议主要来自两个方面。首先，认为假设本身不成立。人是否是自利的？我们常常会看到很多利他的行为。其次，从道德角度看，自利是很不可取的，人们固有的认知是"损人利己"。那么自利假设能成立吗？

（一）自利的定义

经济学中自利的定义并不是"损人利己"的自利，而是指人们在决策时，总是会选择有利于自己的决策方案，如规避风险、提升效用、提高利润，是一种"趋利避害"的选择，是一种追求福祉最大化的过程。因此，不应将自利理解为贬义词，它应是中性词。

自利和利他的关系，并非像日常中我们所理解的那样对立。换句话说，二者之间有时候是相辅相成或者互补的。而作为经济学中所描述的自利，恰恰是以自利驱动利他，最终达到社会福利最大化的目标。引用一位学者的观点：损人利己的人是小人；利己利他的人是君子；损己利他的人是圣人；而损人不利己的人是非正常人。这个比喻而非常适合解释经济学的自利假设，因为经济学寻找的是一种符合社会发展的自利解读：小人的思维显然不符合社会利益标准；圣人的标准会被生存法则淘汰；非正常人很个别，不需要经济学研究；而君子之自利，恰恰符合经济学自利假设的解读。"医善吮人之伤，含人之血，非骨肉之亲也，利所加也"，韩非子所述，正是对利己利他的最好解释。现实生活中有很多这样因利己而不得不先利他的现象：面包师做面包不只是为了自己食用，同时希望别人能有面包吃，这不是因为爱心，而是他需要给自己的孩子买衣服；裁缝给别人做衣服，也不是为了"岂曰无衣？与子同袍"，而是为了给家人盖房子；建筑师盖房子更不是为了"大庇天下寒士俱欢颜"，而是为了让自己的家人吃饱饭。经济学所指自利，是让社会能够向着更好的福利去运转的自利，这正是我们要理解的自利的定义。

（二）自利与社会进步

在人类漫长的进化和发展过程中，我们无法想象一个不利己的物种是如何生存下来。捕获食物让别人先享用，寻求配偶让别人先延续基因，遇到危险冲在最前面，相信这样的不利己基因是无法延续下来的。道金斯在其名著《自私的基因》中提出：自私是与生俱来的，是基因决定的，是遗传的，不可更改，从而为自私（自利）奠定了演化生物学的基础。

自利不仅见于生产行为，也涉及交易行为。在自利的驱动下，交易才可能形成。在交易过程中，我们会理所当然地为购买的商品讨价还价，希望以更低的价格成交，而对方则竭尽全力说服你不要降低商品的价格，双方向着同一个价格趋近。这个看似平常的现象其实无比美好，最终交易会完成，因为你们会得到一个双方都能满意的价格。而如果没有自利，价格向着相反的方向背离，你们不会得到一个双方都接受的价格，当然也就无法完成交易了。

在自利的驱动下，人们为了获得更好的生活，不断地努力工作，为社会做出贡献，同时也提升了自己的生活水平，推动社会进步。为了获得更高的利润，全世界的医药研发机构都在努力研究治疗癌症的药物，虽然这是一项投入非常高的研发，但是在巨大利益的驱使下，人们还是攻克了部分癌症病例。想想看，如果没有保护专利的承诺使这些药企能够获得高额利润，那么人类在攻克癌症的路上基本是走不下去的。需要说明的是，"利"并非只是物质收益，还包括了一切能够使人们获得极大满足的其他物质及精神，如权力、声誉、心理安慰等。

在自利的前提下，我们能找到人类行为的动机，包括犯罪的动机。很多的破案高手沿着犯罪动机最终找到了罪犯，而在这当中，自利性动机是所有犯罪动机的基础。获得钱财、掩盖事实、降低风险、减少成本等，都是犯罪者实施犯罪行为的动机。反过来推理，不自利的现象背后是什么呢？那一定是我们未察觉到的自利动机。经济学家们是可以通过经济思维破案的。

知识链接

因为人是理性和自利的

故事的核心在于一个谜：某人的行为无法被人看穿，但我们不知道是什么被隐藏起来了。当斯皮尔曼看见有人的行为似乎不太理性，不是以表面上最低的成本来达到目标，他就知道其中必有蹊跷，暗藏不为人知的目标或成本。只要斯皮尔曼充分观察这些显然非理性的行为，就能够推论出对方葫芦里卖的什么药。

让我举一个书上没有的简单例子（或许有点荒谬）。假设你在某家旅馆的餐厅，看见有人在两个看似相同的甜甜圈之间做选择，一个十五元，一个三十元，结果，他选了三十元的甜甜圈。于是你就推想，这两个甜甜圈在他看来并不相同。但是，假设你又看见他把你住的那家旅馆里所有的早报全买光，尽管理性的人通常只需要一份报纸，但你知道那份报纸的头版新闻是关于一尊印第安人像前额上红宝石失窃的消息，或许你会推论，这个三十元的甜甜圈里可能藏着那颗印第安红宝石。

（资料来源：马歇尔·杰文斯. 边际谋杀 [M]. 江丽美, 译. 北京：北京时代文华书局，2019.）

要让所有的激励机制产生作用，首先需要以人们的自利假设为前提。老板想要你加班，最好的方式就是给你高额的加班费，而不是将你的加班费平均分给公司每一个员工。同样，老师想要你取得更好的成绩，最好的方法是当着全班同学的面表扬你，而不是表扬所有同学。在一个丧失了利己诱因的社会里，激励机制是无法推动社会发展的，经济增长也将停滞。

自我检测

一个人会犯罪，是否说明他不是理性人？

_____

_____

三、其他的假设

（一）微观经济学的基本假设

为了研究方便，又不影响问题结论的得出，微观经济学还有另外的两个假设。

1. 市场出清

市场出清指在价格可以自由调节的情况下，产品既无过剩，又非不足，意味着产量等于销量。出清本意是指商品可以交换出去从而发挥效用。由于没有时间和价格上的限制，所以，只要是可以保存的商品，比如黄金，早晚都会被出清的，不论价高价低，不在此价位出清则在另一个价位出清。现实的情况就是，因为没有出清而被扔掉的产品占总量的比例是微乎其微的。自古以来，人类所生产的产品，绝大多数被人类使用了而不是被扔掉了。

2. 完全信息

这一假设条件的主要含义是指市场上每一个从事经济活动的个体（即买者和卖者）都对有关的经济状况具有完全的信息，他们可以免费获得所有的信息。而实际上很多的信息是不透明的？如应聘、二手车市场的交易等。中国有一句俗话，"南京到北京，买的不如卖的精"，即指由于卖者往往掌握着更多的信息而对信息较少的买者进行欺诈的现象。

知识链接

阿里巴巴的支付宝

第三方平台是电子商务的重要机制。我们在网上交易时信息是最不对称的，在实体店买东西时至少能看一下，如看一下衣服是否有掉线、照明器材插上电源是否工作，网上交易根本连这样的机会都没有，只能看图片下单。所以，买的人会担心花钱之后买的是假冒伪劣产品，卖的人担心货到之后买家不付钱。如果不能够解决这个问题，网络交易、电子商务就不可能有效运行。阿里巴巴的支付宝就是为解决这个问题而发明的。阿里巴巴最初是和招商银行签订一个协议，客户的钱都放到招商银行的账户上，就是这样一个协议创造了支付宝。支付宝同时解决了两个方面的问题：第一，卖家不敢卖假东西，因为买家收到货并验货之后，卖家才能拿到钱；第二，买家不可能赖账，因为钱已经在支付宝账上，一旦验货通过，就会转到卖家账上，拿了货不退货又不付钱是不可能的。因此，支付宝作为第三方机制解决了交易双方的信息不对称问题。

（资料来源：张维迎．经济学原理[M]．西安：西北大学出版社，2015．）

以上这两个假设条件是微观经济学中的基本假设条件。西方经济学者承认，上述两个假设条件未必完全合乎事实，它们是为了理论分析的方便而设立的。

（二）宏观经济学的基本假设

宏观经济学为了研究方便，同样提出两个基本假设。

1. 市场失灵，即市场机制是不完善的

市场机制配置资源的缺陷具体表现在以下方面。

（1）收入与财富分配不公。这是因为市场机制遵循的是资本与效率的原则，而资本与效率的原则又存在着马太效应。从市场机制自身作用看，这是属于正常的经济现象，资本拥有越多，在竞争中越有利，效率提高的可能性也越大，收入与财富也越向资本与效率集中。这种拉大又会由于影响到消费水平而使市场相对缩小，进而影响到生产，制约社会经济资源的充分利用，使社会经济资源不能实现最大效用。

（2）外部负效应问题。外部负效应是指某一主体在生产和消费活动的过程中，对其他主体造成的损害。如化工厂，它的内在动因是赚钱，为了赚钱对企业来讲最好是让工厂排出的废水不加处理而进入下水道、河流、江、湖等，这样就可减少治污成本，增加企业利润。但是这样会对环境、其他企业的生产和居民的生活带来危害，社会若要治理，就会增加负担。

（3）失业问题。失业是市场机制作用的主要后果，从微观看，当资本为追求规模经营、提高生产效率时，劳动力会被机器排斥；从宏观看，市场经济运行的周期变化、对劳动力需求的不稳定性，也需要有产业后备军的存在，以满足生产高涨时对新增劳动力的需要。劳动者的失业从宏观与微观两个方面满足了市场机制运行的需要，但失业的存在不仅对社会与经济的稳定不利，也不符合资本追求日益扩张的市场与消费的需要。

(4) 区域经济不协调问题。市场机制的作用只会扩大地区之间的不平衡现象。经济条件越优越、发展起点越高的地区，发展也越有利。随着这些地区经济的发展，劳动力素质、管理水平等也会相对提高，可以支付给被利用的资源的价格也高，也就能吸引优质的资源，以发展当地经济。落后地区也会因经济发展所必需的优质资源的流失而越发落后，区域经济差距会拉大。再者，因为不同地区有不同的利益，在不同地区使用自然资源的过程中也会出现相互损害的问题，可以称为区域经济发展中的负外部效应。例如，江河上游地区的林木过量开采，可能影响的是下游地区居民的安全和经济的发展。这种现象造成了区域间经济发展的不协调与危害。

2. 政府有能力调节经济，纠正市场机制的缺点

人类不仅要顺从市场经济的作用，而且要能在遵从基本规律的前提下，对经济进行调节和干预。而实现这种调节的是政府，政府可以通过观察和研究，认识和掌握经济运行规律，并采用适当的手段和措施进行干预。整个宏观经济学正是建立在信任政府调节经济的能力的基础上的。政府应该调节经济，政府有能力调节经济，这是宏观经济学的前提。

第三节　经济学分类与研究方法

一、国民经济循环

经济现象是错综复杂的，它由成千上万的变量构成，我们可以通过简单的经济循环来进一步了解经济现象。这个循环流向图是一个简单的经济模型。一个复杂的、更为现实的循环流向模型应该包括政府和国际贸易的作用，但这些细节对于经济如何组织的基本了解并不是至关重要的。所以，以简单的经济循环流向图为例来说明。

所谓国民经济循环流向图，是指表示国民经济活动中商品、劳务与货币的持续循环活动的图。简单的国民经济循环流向图有如下几种假设。

(1) 整个经济只有两个部门，即居民和厂商。
(2) 居民的全部收入用于消费，没有储蓄。
(3) 政府不干预经济活动。
(4) 社会经济是封闭的，不与外界进行贸易活动。
(5) 物价在一定范围内是不变的。
(6) 整个经济协调发展，商品的交换没有任何障碍。

市场经济由经济主体与市场两部分组成。经济主体包括居民户、厂商。居民户是产品的需求者和生产要素的供给者，厂商则是产品的供给者和生产要素的需求者。市场则有产品市场和要素市场。产品市场是产品和劳务买卖的市场，要素市场是各种生产要素买卖的市场。居民户与厂商的活动就是通过这两个市场联系起来的。

市场构成与运行循环图如图1-2所示，居民户的经济行为表现为：首先在生产要素市场上提供生产要素，如劳动、土地等，以获得收入；然后用所得收入在产品市场上购买所需的商品，如粮食、衣物等，以获得效用满足。而厂商首先在生产要素市场上购买生产所需的生产要素，如工人的劳动力、厂房；然后进行生产，将生产出来的产品投入产品市场进行出

售。可见，居民户和厂商都具有供给者和需求者的双重身份。

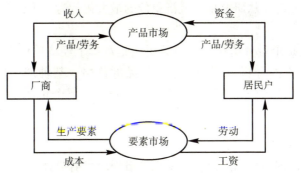

图1-2 市场构成与运行循环图

再看图1-2所示的两个市场。产品市场中，厂商提供产品，而居民户则在这里购买产品，产品与劳务通过产品市场从厂商流向居民户；生产要素市场中，居民户提供生产要素，而厂商则在这里购买生产要素，劳动、土地、资本等生产要素通过要素市场从居民户流向厂商，同时厂商向居民户支付工资、租金、利息和利润。这就是说，居民户与厂商在产品市场和要素市场相遇。在供需中，居民户要决定供给多少劳动、土地和资本，以换取作为要素收入的工资、租金、利息和利润，还要决定在产品市场上购买多少产品与劳务。厂商要决定在要素市场上购买多少劳动力、土地和资本，以及提供多少产品与劳务。居民户与厂商都具有经济人的性质，即以最小的投入追求自身经济利益最大化。在完全竞争条件下，产品市场与要素市场中的每一种产品和每一种生产要素都会通过价格和数量的不断调节实现市场的均衡状态。

二、经济学的基本分类

经济学按其研究的对象来分，可以分为微观经济学和宏观经济学。

（一）微观经济学

1. 微观经济学的含义

"微观"的原意是"小"。微观经济学以单个经济单位为研究对象，通过研究单个经济单位的经济行为及其对相应的经济变量单项数值的决定，来说明如何利用价格机制解决社会的资源配置问题。

在理解微观经济学概念时应注意以下几点。

第一，研究的对象是单个经济单位。单个经济单位是指组成经济的最基本的单位，如家庭与厂商。家庭是经济中的消费者和生产要素的提供者，它以实现效用（即满足程度）最大化为目标。厂商是经济中的生产者和生产要素的需求者，它以实现利润最大化为目标。

第二，中心理论是价格理论。在市场经济中，家庭和厂商的行为要受价格的支配，生产什么、如何生产和为谁生产都由价格决定。价格像一只看不见的手，调节着整个社会的经济活动，从而使社会资源的配置实现最优化。因此，价格理论是微观经济学的中心理论，其他内容均围绕这一中心理论展开。

第三，解决的是资源配置问题。资源配置问题，即生产什么、如何生产和为谁生产的问题。解决资源配置问题就是要使资源配置达到最优化，即在这种资源配置下能给社会带来最大的经济福利。微观经济学从研究单个经济单位的最大化行为入手，解决社会资源的最优配置问题。

第四，研究方法是个量分析法。个量分析法是对单个经济单位和单个经济变量的单项数值及其相互关系所作的分析。例如，某种商品的价格、某种产品的产量就属于价格和产量这类经济变量的单项数值。微观经济学就是分析这类个量的决定、变动及其相互之间的关系。

2. 微观经济学的基本内容

微观经济学包括的内容相当广泛，主要有价格理论、消费者行为理论、生产者行为理论（包括生产理论、成本理论和市场均衡理论）、分配理论、一般均衡理论与福利经济学、市场失灵与微观经济政策。

价格理论研究商品的价格如何决定，以及价格如何调节整个经济的运行；消费者行为理论研究消费者如何把有限的收入分配于各种物品的消费上，以实现效用最大化；生产者行为理论研究生产者如何把有限的资源用于各种物品的生产上从而实现利润最大化；分配理论研究产品按什么原则分配给社会各集团与个人，即工资、利息、地租和利润如何决定；一般均衡理论与福利经济学研究社会资源配置最优化的实现，以及社会经济福利的实现等问题。按微观经济学的理论，市场机制能使社会资源得到有效配置。但实际上，市场机制的作用并不是万能的，其原因主要有三点。首先，市场机制发挥作用的前提是完全竞争，但实际上不同程度垄断的存在是一种极为普遍的现象。这样，市场机制往往不能正常发挥作用。其次，市场机制对经济的调节是自发的，其结果不一定符合社会的要求。最后，市场机制不能解决经济中的某些问题。例如，不能提供公共物品，无法解决个体经济活动对社会的不利影响。正因为如此，就需要相应的微观经济政策。

现代微观经济学还包括了更为广泛的内容。诸如，产权经济学、成本收益分析、时间经济学、家庭经济学、人力资本理论等。这些都是在微观经济学基本理论的基础上发展起来的。

（二）宏观经济学

1. 宏观经济学的含义

"宏观"的原意是"大"。宏观经济学以整个国民经济为研究对象，通过研究经济中各有关总量的决定及其变化，来说明资源如何才能得到充分利用。这一定义包括以下几个内容。

第一，研究的对象是整个经济。宏观经济学所研究的不是经济中的各个单位，而是由这些单位所组成的整体。这样，宏观经济学就要研究整个经济的运行方式与规律，从总体上分析经济问题。

第二，中心理论是国民收入决定理论。宏观经济学把国民收入作为最基本的总量，以国民收入的决定为中心来研究资源利用问题，分析整个国民经济的运行，其他理论都围绕着这一理论展开。

第三，解决的是资源利用问题。宏观经济学把资源配置作为既定前提，研究现有资源未能得到充分利用的原因、达到充分利用的途径，以及如何增长等问题。

第四，研究方法是总量分析。总量是指能反映整个经济运行情况的经济变量。这种总量有两类：一类是个量的总和，例如国民收入是组成整个经济的各个单位收入的总和，总投资是各个厂商的投资之和，总消费是各个居民户消费的总和；另一类是平均量，例如价格水平是各种商品与劳务的平均价格。总量分析就是研究这些总量的决定、变动及其相互关系，从而说明整体经济的状况。因此，宏观经济学也被称为总量经济学。

2. 宏观经济学的基本内容

宏观经济学的内容相当广泛，包括宏观经济理论、宏观经济政策以及宏观经济计量模型。其中，主要有以下内容。

第一，国民收入决定理论。国民收入是衡量一国经济资源利用情况和整个国民经济状况的基本指标。国民收入决定理论就是从总供给和总需求的角度出发，分析国民收入及其变动规律，介绍国民收入的核算方式等。国民收入决定理论是宏观经济学的中心理论。

第二，失业与通货膨胀理论。失业和通货膨胀是目前各个国家经济中最主要的问题。宏观经济学把失业与通货膨胀和国民收入联系起来，分析原因及其相互关系，以便找出这两个问题的产生原因。

第三，经济周期与经济增长理论。从国民经济短期和长期的角度出发，经济周期是国民经济短期的表现，经济增长是从长期来看国民收入的表现。这一理论分析国民收入短期波动的原因、长期增长的源泉以及经济增长方式等，以期实现经济长期稳定的发展。

第四，宏观经济政策。宏观经济学是为国家经济调节服务的，主要为这种调节提供理论依据，而宏观经济政策则为这种调节提供具体措施。宏观经济政策包括政策目标、政治工具、政策效应。政策目标，即通过宏观经济政策达到什么样的目的。宏观经济政策的目标是就业充分、物价稳定、经济增长和国际收支平衡。政策工具，即用什么具体方法来达到目的。政策效应，即宏观经济政策对经济的影响。

（三）微观经济学和宏观经济学的关系

从微观经济学与宏观经济学的含义及其理解可以看到，微观经济学和宏观经济学在研究对象、解决的问题、中心理论和分析方法上都有所不同，可以用表1-1进行比较。

表1-1 微观经济学与宏观经济学比较

比较项目	微观经济学	宏观经济学
研究对象	单个经济单位	整个国民经济
中心理论	价格理论	国民收入决定理论
解决的问题	资源配置	资源利用
分析方法	个量分析	总量分析

尽管微观经济学和宏观经济学存在着差别，但作为经济学的不同组成部分，它们之间又有着密切的联系，主要表现在以下两方面。

第一，微观经济学是宏观经济学的基础。单个经济单位之和构成整体经济，宏观经济学分析的经济总量就是由经济个量加总而成的，对宏观经济行为和经济总量的分析是以一定的微观经济学分析为基础的。例如，失业理论和通货膨胀理论作为宏观经济学的重要组成部分，总要涉及劳动供求和工资决定理论以及商品价格如何决定的理论，而充分就业的宏观经济模型正是建立在以完全竞争为假定前提的价格理论和工资理论基础之上的。

第二，微观经济学与宏观经济学的研究方法都是实证分析。微观经济学与宏观经济学都把社会经济体制作为既定的前提，不分析社会经济体制变动对经济的影响。也就是说，它们都把市场经济体制作为一个既定的存在，分析这一经济体制下的资源配置与利用问题。这种不涉及体制问题、只分析具体问题的方法就是实证分析。从这种意义上看，微观经济学与宏观经济学都属于实证经济学的范畴。

三、实证经济学和规范经济学

经济学根据其研究方法，可以分为实证经济学和规范经济学。

（一）实证经济学

所谓实证经济学，是指用实证的方法来研究经济，即根据现实中的经济现象来研究经济现象本身的规律，并根据这些规律分析和预测人们经济行为的效果。实证经济学回答"是什么"的问题，而不对事物的好坏进行评价。如今年的财政预算会使通货膨胀率下降1%，最低工资引起失业。微观经济学和宏观经济学均属于实证经济学。

实证分析要运用一系列的分析工具，诸如个量分析与总量分析、均衡分析与非均衡分析、静态分析与动态分析、定性分析与定量分析、逻辑演绎与经验归纳、经济模型以及理性人的假定等。

（二）规范经济学

规范经济学是用规范的方法研究经济，即通过社会伦理价值判断提出某种标准，并依据这种标准来分析处理经济问题，回答"应该是什么"的问题。价值判断具有一定的主观性，对于同一经济现象，具有不同价值观念的人会有不同的判断结果。

规范经济学研究和回答的经济问题是：①经济活动应该是什么，以及应该怎样解决；②什么方案是好的，什么方案是不好的，方案是否应该、是否合理，为什么要做出这样的选择。

规范经济学涉及经济行为和经济政策对人们福利的影响和评价问题，涉及是非善恶、合理与否的问题，与伦理学、道德学相似，具有根据某种原则规范人们行为的性质。由于人们的立场、观点、伦理和道德观念不同，对同一经济事物、经济政策、经济问题会有迥然不同的意见和价值判断。对于应该做什么、应该怎么办的问题，不同的经济学家可能会有完全不同的结论。

（三）实证经济学与规范经济学的关系

实证经济学与规范经济学有联系也有区别。规范经济学指导实证经济学的研究，实证后面都有规范问题，都有道德标准的问题，实证研究离不开规范。实证研究又给规范问题的研究提供了有力的支持，实证分析的结果使规范研究具有说服力。实证经济学与规范经济学的区别表现在以下方面。

首先，表现在是否存在价值判断。所谓价值判断，是指对经济事物社会价值的判断，即对某一经济事物是好还是坏的判断。实证经济学着重考虑经济效果；规范经济学主要着眼于社会规范、道德等方面。

其次，实证经济学只研究经济本身的内在规律，因此它要回答"是什么"的问题。而规范经济学则以一定的价值判断为基础，是以某些标准作为分析处理经济问题的标准，因此要回答的是"应该是什么"的问题。

最后，实证经济学的内容具有客观性，即不以人们的意志为转移，所得的结论可以根据事实来检验。规范经济学则没有客观性，它所得出的结论要受到不同价值观的影响，处于不同阶级地位、具有不同价值判断标准的人对同一事物的好坏或许会做出截然相反的评价，谁是谁非没有什么绝对标准，从而也就无法进行检验。

四、经济学的研究方法

经济学是一门科学，在社会学科中具有举足轻重的地位，虽然在其发展的过程中出现过非常多的争论与批评，但这并不影响经济学分析社会问题的准确性。任何一门科学都需要有相应的方法与工具，经济学也不例外。

（一）数学方法

经济思维逻辑的过程，实际是一系列缜密的推理和推导过程。在所有的学科中，数学的逻辑性和缜密性是最强的，因此使用数学的方法来分析经济问题就变得顺理成章了。然而，如何使用数学工具分析经济问题，却是在经济学发展历史中不断深化的一个过程。那么都有哪些数学方法用于分析经济问题呢？

1. 数量表格

将一系列用来表示经济变量的数字，连续地放在一张表格中展示，观察相应的数字变化过程，发现其变化规律，这种研究的方式就是表格分析法。例如，市场中某种蔬菜的价格和需求量如表1-2所示。

表1-2 市场中某种蔬菜的价格和需求量

序号	价格/元	需求量/kg	序号	价格/元	需求量/kg
A	1.8	200	D	2.1	80
B	1.9	150	E	2.2	50
C	2.0	100			

表1-2展示的是市场中某种蔬菜的价格和需求量，我们可以清楚地发现价格和需求量之间存在一定的关系。虽然我们并不确定所得到的是全部信息，但至少这个表格让我们能够通过数据去了解真实生活中的经济现象。

2. 图形分析

如果说上面的表格分析能够让我们比较清晰地看到数据的变化结果，那么图形分析能够更加直观地让我们看到变化趋势和二者之间的关系。使用表1-2的数据，我们可以利用数学上建立坐标系的方法将以上的对应关系用图形表现出来，如图1-3所示。

在图1-3中，横轴表示了需求量（Q），纵轴表示了价格（P），这样我们就能够直观地看到需求量与价格之间的关系。在初学者接触经济学时,图形可以帮助他们理解一些较为复杂的理论,这是非常有意义的。

3. 数学公式

通过上述数据,我们还可以把这两种变量的关系利用数学公式展示出来。结合数据,我们发现它们存在着反方向的变化关系,因此可以假设它们的关系符合如下的函数关系式。

$$Q = f(P)$$

如果再通过图形的观察,我们发现它们之间呈负相关,那么这种关系可能可以表示为:

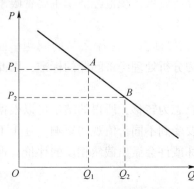

图1-3 市场中某种蔬菜的需求曲线

$$Q = a - bP \text{ (其中 } a > 0, b > 0) \text{ 或者 } Q = a/P \text{ (其中 } a > 0)$$

我们可以通过数据的导入,最终求出这个函数,也就是使用数学公式展示出两种经济变量之间的相关关系(具体需求函数的求解会在第二章详细介绍)。

(二)其他方法

经济学中,将理论与实际相互联系的分析方法是计量经济学的方法,根据大量实际统计资料和数据,回归出我们想要的关系模型。经济学发展过程中,计量方法的使用变得越来越主流,并且越来越重要。本书作为经济学的入门教材,可能不会大量介绍计量经济学的内容,但最基本的思考逻辑我们应该具备。同时,一些适合经济学使用的物理方法,比如说均衡分析,也被拿来作为一种重要的经济学方法使用。

1. 内生变量与外生变量

在研究复杂的经济学问题时,我们会面对很多影响因素,而我们所看到的结果往往是多种因素共同影响下的最终结果。比如,鸡蛋价格上涨是个结果,但为什么会上涨呢?我们会发现可能的影响因素有鸡饲料价格上涨了,运输成本增加了,大量的鸡蛋出口了,营养师说鸡蛋是完美的食物,甚至气候影响了母鸡产蛋率等。那么每个因素是如何影响鸡蛋价格的呢?为了要研究清楚这个问题,我们必须要定义出清晰的关系:内生变量与外生变量。

假定我们打算了解鸡饲料价格对于鸡蛋价格的影响,就将鸡饲料价格和鸡蛋价格作为可变量,也就是内生变量,而将其他变量加以控制,使它们保持不变,那么其他变量就是外生变量。其中,鸡蛋价格是因变量,饲料价格是自变量,而其他变量就变成了常数。这样分析,可以更加清晰地了解变量与变量之间存在的真实关系而不受其他变量的影响。

总之,内生变量就是我们在研究过程中定义为研究对象的变量;而外生变量是指我们在研究过程中假定为不变的,一般为常数的量。这样的定义可能不够严谨,但有助于初学者加深理解。

2. 局部分析与一般分析

局部分析是指将有限的或者部分的变量定义为内生变量,研究这些部分变量之间相互关系的分析方法;而将所有变量全部定义为内生变量,研究全部变量关系的方法称为一般分析。了解一个变量对另一个变量的影响相对比较容易,而如果将所有变量都拿来同时进行研究是比较困难的。经济学发展过程中，很难有学者完成一般分析，或者说完成准确的一般分析。当然，作为理论研究，完成一般分析的意义其实并不是很大，因为经济中存在着太多的不确定性，因此局部分析成为现代经济学研究的主流。

3. 静态分析、比较静态分析与动态分析

静态分析是指在某一个时点上，在每个变量所在的位置，通过各个变量位置的研究得出简单变量之间的关系。静态分析的优势在于相对比较简单，体现在计量经济学中就是横截面数据。在经济学中，很多变量是时点数据，比如GDP，不同国家之间可以进行横向比较；比如资产、负债、所有者权益，不同企业之间也可以进行横向比较。不过静态分析最大的缺陷就是无法展现趋势变化，要想了解趋势，就必须做比较静态分析与动态分析。

比较静态分析是指在静态分析的基础之上，通过调节一定的外生变量，形成另一时点的所有变量位置，通过比较前后位置的不同，得出变量之间的变化关系。两个时点之间同一变量的变化，能够反映出一定的变量变化趋势，体现在计量经济学中，其数据特征是面板数据或时间序列数据。这种分析方法相对于静态分析有了一定的复杂性，但对时间并未将其作为变量来加以研究。

动态分析是将时间作为连续变量加入所有变量中进行分析，着重研究各个变量随时间的变化而出现的趋势性变化。相对于静态变化，这种分析更加注重对趋势及时间价值的研究，研究方法也更加复杂，其数据特征体现为时间序列数据和面板数据。

4. 均衡分析

均衡分析最早使用于物理学，后来被引入经济学中作为一种重要的研究方法。均衡状态在物理学中的描述为：当一个物体的受力大小相等、方向相反时，该物体就处于均衡状态，即静止或匀速直线运动。经济学运用了这一理念，解释均衡状态为：任何一个经济决策者都不能通过改变自己的决策以增加利益的状态。均衡分析是在假定各经济变量及其关系已知的情况下，考察达到均衡状态的条件和状况的分析方法。均衡分析存在的缺陷在于过分关注因果关系，而忽略了过程，因此在现实经济现象方面的解释力有一定削弱。但这并不影响均衡分析方法在研究经济逻辑方面的贡献，本书多章节内容采用均衡分析方法进行研究。

作为社会学科的核心学科，经济学在未来还会有更多的方法被使用，特别是大数据与人工智能的出现，一定会让现代经济理论研究方法出现跨时代的飞跃。

五、学习经济学的意义

经济学作为一门社会经济理论科学，在整个人类社会经济发展实践中具有十分重要的地位和作用。因此，学习经济学理论，对每一个社会成员和经济工作者都具有十分重要的意义。

知识链接　　　　　　　　　**经济学的作用**

要做出经济的决策，并不一定要涉及金钱。当某个军事医疗队抵达战场，见到各种各样的伤员，他们面临的就是一个经典的经济学问题，即如何分配具有多种用途的稀缺资源。在这种情况下，几乎不可能有足够的医生、护士或护理人员，也没有足够的药物。一些伤员濒临死亡，几乎没有救活的可能；而另一些伤员如果得到及时救护，就很可能活下来；还有一些伤员只受了轻伤，不管他们是否得到及时的医疗救助都很可能康复。

如果医疗队不能有效分配时间和药物，就会在不需要紧急救护的伤员身上浪费时间，或把时间和药物分配给不管怎么救治死亡的概率都很高的伤员，而那些及时救治就能活下来的伤员将会无谓地死去。尽管不涉及任何金钱交易，这却是个经济学问题。经济学就是试图教会我们做出这些选择的方法。

（资料来源：托马斯·索维尔. 经济学的思维方式 [M].
吴建新，译. 成都：四川人民出版社，2018.)

第一，学习经济学可以为学习其他经济学科和管理学科打好基础。因为经济学是其他经济学科和管理学科的理论基础，为它们提供理论指导。同时，学好经济学有助于更好地学习和掌握其他经济学科的理论，懂得科学技术发展和运用的特点，达到讲求经济效率、实现现代化的科学管理、按经济规律办事的目的。

第二，学习经济学有助于了解生活的世界是如何运行的。有许多经济问题会激起你的好奇心。比如，你可以知道一段时间内为什么房地产市场价格不断上涨；石油价格上涨，而航空公司的机票价格有时可以打三折、五折。同样，你还可以明白为什么在北京、上海找房子、找工作这么困难；为什么如果旅客停留周六一个晚上，航空公司对往返票的收费就要降低；物价不断上涨的时候，政府为什么要不断调整银行的存贷款利率。这些问题恰恰是经济学可以帮助你回答的问题。

第三，学习经济学有助于正确地做出个人决策。在一生中，你需要做出许多经济决策。比如，大学毕业的时候，你需要决定是继续深造还是去工作；在工作以后，你要决定如何使用你的收入，多少用于现在的消费，多少用于储蓄，如何把储蓄用于投资，是买股票还是存银行；有一天你若成为一个企业的老板或经理，你就要做出更多的经济决策，比如要为产品制定价格策略。为什么要做出各种决策？因为资源是有限的。比如，你的时间有限，收入有限。如果你参加工作，就不能继续上学；如果你把钱用于买房子，你就不能再用于买汽车……所以你必须在各种需求之间分配有限的资源。学习经济学本身不会使你富有，但它能给你致富的工具、方法，使你变得聪明起来。

第四，学习经济学有助于理解政府的政策。每个社会都有政府，学习了经济学，你会明白我们为什么需要政府，什么是政府应该做的，什么是政府不应该做的。我们需要政府，是因为单靠市场不能使所有的资源都得到有效配置。比如，如果没有政府的干预，追求利润最大化的企业可能会使你呼吸受污染的空气；我们可能无法拥有良好的社会治安，无法保证个人财产和人身安全；市场交易也没有必须遵循的规则和秩序；对于不断上涨的房价，工薪阶层或普通老百姓只能望而却步。但政府对市场干预过多也会导致产品供给不足、价格扭曲、资源浪费、垄断横行。政府的政策选择正确与否，不仅影响整个社会的资源配置效率，也影响每个公民的经济利益。所以当你决定支持哪一种政策时，当你希望政府制定某种政策的时候，你必须谨慎考虑这种政策的不利后果，经济学常识就有助于你思考这样的问题。

第四节 经济学发展简史

经济学作为一门独立学科,是在资本主义产生和发展的过程中形成的。在资本主义社会出现以前,对当时的一些经济现象和经济问题形成了某种经济思想,但是并没有形成系统。虽然早在古代,许多思想家就研究了经济问题,但这些对经济问题的论述与哲学、政治学、伦理学等混杂在一起,经济学在当时并没有成为一门独立的科学。经济学从产生到现在,经历了重商主义、古典经济学、新古典经济学和当代经济学四个重要发展阶段。

一、重商主义——经济学的萌芽时期

重商主义产生于15世纪,终止于17世纪中期。这是资本主义生产方式的形成与确立时期。重商主义原指国家为获取货币财富而采取的政策。16世纪末以后,在英、法两国出现了不少宣扬重商主义思想的著作。

重商主义的主要代表人物有英国经济学家威廉·配第、约翰·海尔斯、托马斯·孟,法国经济学家安·德·孟克列钦等人。代表著作是威廉·配第的《赋税论》和托马斯·孟的《英国得自对外贸易的财富》。孟克列钦在1615年发表了《献给皇上和皇太后的政治经济学》,最早使用了"政治经济学"这一概念。重商主义者并没有什么系统的理论,其基本观点是:金银形态的货币是财富的唯一形态,一国的财富来自对外贸易,增加财富的唯一方法就是扩大出口、限制进口,这样就必须实行国家对经济的干预,即用国家的力量来扩大出口、限制进口。

重商主义的这些观点,反映了原始积累时期资本主义经济发展的要求。但重商主义仅限于对流通领域的研究,其内容也只是一些政策主张,并没有形成一个完整的经济学体系,只能说是经济学的萌芽阶段。真正的经济科学只有在从流通领域进入生产领域中才算形成。

二、古典经济学——经济学的形成时期

古典经济学从17世纪中期开始,到19世纪70年代前为止,主要代表人物有英国经济学家亚当·斯密、大卫·李嘉图、托马斯·马尔萨斯,法国经济学家让·巴蒂斯特·萨伊、布阿吉尔贝尔、西斯蒙第等。最重要、最杰出的代表人物是亚当·斯密,其代表作是1776年出版的《国民财富的性质和原因的研究》(简称《国富论》)。

《国富论》的发表被视为经济学史上的第一次革命,即对重商主义的革命。以亚当·斯密为代表的古典经济学家的贡献,是建立以自由放任为中心的经济学体系。古典经济学家研究的中心是国民财富如何增长。他们强调财富是物质产品,增加国民财富的途径是通过增加资本积累和分工来发展生产。围绕这一点,他们研究了经济增长、价值、价格、收入分配等经济问题。亚当·斯密从"人是利己的经济人"这一假设出发,论述了由价格这只"看不见的手"来调节经济运行的问题。因此,由价格调节经济就是一种正常的自然秩序,由此得出了自由放任的政策结论。

古典经济学的政策主张是自由放任,主张通过价格这只"看不见的手"来调节经济的运行,使人们在追逐自己利益的过程中实现社会资源合理而有效的配置。古典经济学自由放

任的思想反映了自由竞争时期经济发展的要求。古典经济学家把经济研究从流通领域转到生产领域，使经济学成为一门真正独立的学科。

三、新古典经济学——微观经济学的形成与发展时期

新古典经济学从19世纪70年代的"边际革命"开始，到20世纪30年代结束。这一时期，经济学的中心仍然是自由放任，它是古典经济学的延伸。但由于它用新的方法论述了自由放任思想，并建立了说明价格如何调节经济的微观经济学体系，因而称为新古典经济学。

19世纪70年代初，奥地利经济学家门格尔、英国的杰文斯、瑞士的瓦尔拉斯几乎同时但又各自独立地提出了边际效用价值论，揭开了"边际革命"的序幕。边际效用价值论者认为：效用是价值的源泉，而边际效用是衡量价值的尺度，物品的价值量则是由该物品合理使用时产生的最小效用决定的。这里采用了一种新的分析方法，即边际分析法。正是这种分析方法使经济学进入了一个新的时期，标志着新古典经济学的开始。1890年，英国经济学家阿尔弗雷德·马歇尔综合了当时的各种经济理论，出版了《经济学原理》一书，继承19世纪以来英国庸俗经济学的传统，兼收并蓄，以折中主义手法把供求论、生产费用论、边际效用论、边际生产力论等融合在一起，建立了一个以完全竞争为前提、以"均衡价格论"为核心的相当完整的经济学体系。这是继穆勒之后庸俗经济学观点的第二次大调和、大综合，奠定了现代微观经济学的理论基础。因此该书被称为新古典经济学理论的代表作，马歇尔则被认为是新古典经济学理论的主要代表和创始人。

虽然新古典经济学的政策主张仍然是自由放任，但他们明确地把资源配置作为经济学研究的中心，论述了价格如何使社会资源配置达到最优化，从而在理论上证明了市场机制的完善性。他们把需求分析与供给分析结合在一起，建立了现代微观经济学的框架体系。边际效用价值论认为，商品的价值取决于人们对商品效用的主观评价。这种边际效用价值论采用边际分析法。

新古典经济学家已不像古典经济学家那样只重视对生产的研究，而是转向了消费和需求，他们把消费和需求分析与生产和供给分析结合在一起，建立了现代微观经济学体系及基本内容。由于该体系是以完全竞争为前提的，所以在20世纪初出现垄断后，英国经济学家琼·罗宾逊和美国经济学家爱德华·张伯伦在20世纪30年代提出了垄断竞争或不完全竞争条件下的资源配置问题，这是对微观经济学体系的重要发展。

四、当代经济学——宏观经济学的形成与发展时期

当代经济学是以20世纪30年代凯恩斯主义的出现为标志。这一时期的中心是宏观经济学的形成与发展，可以分为三个小阶段。

第一阶段是凯恩斯革命时期。这一时期从20世纪30年代到50年代之前。1929—1933年，资本主义国家所爆发的空前的经济大危机，使得新古典经济学论述的市场调节的完善性的神话被打破，传统的经济理论与经济现实发生了尖锐的冲突，经济学面临着有史以来的第一次危机。在此形势下，1936年，英国经济学家凯恩斯出版了《就业、利息和货币通论》（简称《通论》）一书。这本书从总需求的角度分析国民收入，并用有效需求不足来解释失业的原因；在政策上则提出了国家干预经济的主张，并提出了一整套国家干预经济进行需求

管理的办法。凯恩斯的这些观点被绝大部分西方经济学家接受，他的政策主张也被西方发达国家的政府采纳，史称凯恩斯革命。这次革命所产生的以国民收入决定理论为中心、以国家干预为基调的理论和政策主张，形成了当代宏观经济学体系。因此，凯恩斯被称为宏观经济学之父。

第二阶段是凯恩斯主义发展时期。这一时期从20世纪50年代到60年代末。第二次世界大战后，西方各国都加强了对经济生活的全面干预，凯恩斯主义得到了广泛的传播与发展。美国经济学家萨缪尔森等人把凯恩斯主义的宏观经济学与新古典经济学的微观经济学结合起来，建立了一个适合于当代资本主义需要的、既有微观经济理论又有宏观经济理论的新体系，形成了新古典综合派。

第三阶段是自由放任思想复兴时期。这一时期始于20世纪70年代。凯恩斯主义的经济理论和政策在西方各国推行之后，引起了许多问题，出现了经济停滞与失业和通货膨胀并存的"滞胀"局面，导致资本主义经济恶化。凯恩斯主义陷入困境，而以美国经济学家弗里德曼为首的货币学派所主张的自由放任思想却得到复兴。他们从不同的角度论述了市场机制的完善性，提出了减少国家干预、充分发挥市场机制作用的主张。20世纪80年代中期以后，新经济自由主义的理论和政策又受到人们的普遍怀疑，国家干预主义重新抬头。美国一些有主见的中青年学者——新一代凯恩斯主义者，如哈佛大学的曼昆等，在继承凯恩斯主义传统和基本学说的基础上，从理论和分析技术上改进了原凯恩斯主义，对宏观经济学的微观基础进行了重新构建，提出了许多新的研究成果和实证结论，形成了标明"新凯恩斯主义经济学"的一个新学派，在西方经济学界崭露头角并迅速成为影响最大的学派之一。

从经济学发展的历史脉络中我们可以清楚地看出，经济学是为现实服务的，经济学的形成、确立与发展是与资本主义市场经济的建立与发展相适应的。

知识链接

司马迁论自由市场

司马迁是汉代的伟大史学家，也是在世界上最早倡导自由放任市场的人。在他的巨著《史记》中不仅描述了帝王将相的生平，也记录了当时市场的繁盛及运作的规律。

作为市场经济的倡导者，司马迁的第一个贡献是提出了著名的"善因论"，认为当政者应该顺应经济规律去治理国家。他指出："耳目欲极声色之好，口欲穷刍豢之味，身安逸乐，而心夸矜势能之荣使。俗之渐民久矣，虽户说以眇论，终不能化。故善者因之，其次利道之，其次教诲之，其次整齐之，最下者与之争。"可见，在司马迁看来，治国的最高境界是顺应人性，给人们追求幸福的自由，而不是与民争利。只有人民有了追求幸福的自由，社会才会和谐发展。

司马迁的第二个贡献是指出了商人阶层在社会中的重要性。他指出："待农而食之，虞而出之，工而成之，商而通之。"这里，他将商人和农、虞（指管理山泽的人）、工等职业相提并论，指出了其在经济生活中的不可或缺性，这在当时是十分可贵的。

司马迁的第三个贡献是总结了市场运作的一些规律。例如，他指出："物贱之征贵，贵之征贱，各劝其业，乐其事，若水之趋下，日夜无休时，不召而自来，不求而民出之。岂非道之所符，而自然之验邪？"这一思想是和经济学中的供求规律不谋而合的。

司马迁的第四个贡献是总结了企业家的特质，并记录了企业家的行动。他指出，企业家应该"时用则知物""择人而任时""富无经业，则货无常主，能者辐凑，不肖者瓦解"。这和现代奥地利学派经济学中关于企业家的论述有很多契合之处。另外，他还描述了当时企业家的生活，指出"千金之家比一都之君，巨万者乃与王者同乐"，由此我们可以一窥企业家在当时社会中的重要性。

除此之外，司马迁还提出了很多其他有价值的论述。例如，他指出"是以廉吏久，久更富，廉贾归富"，这其实就是现代的声誉理论。

(资料来源：《史记·货殖列传》)

本章要点总结

经济学是一门研究稀缺资源如何在多种用途之间进行合理配置和有效利用的学科。

经济学按研究对象可分为微观经济学和宏观经济学。

经济学是以理性和自利假设作为分析的逻辑起点、研究人类行为的学科。

经济学从产生到现在，有很长的发展历程，简要来说经历了重商主义、古典经济学、新古典经济学和当代经济学四个重要发展阶段。

关键概念

经济学　稀缺性　微观经济学　宏观经济学　理性　自利

思考与练习

1. 在你看来，经济学是什么？它研究的主要内容是什么？
2. 经济学的基本假设是什么？说说你的看法。
3. 研读下列陈述，判断它们是规范性的还是实证性的，并加以解释。
   (1) 我国汽车销量每年保持稳定增长，汽车保有量不断攀升，2017 年，我国汽车销量达到 2 888 万辆，同比增长 3%。
   (2) 美国政府应该增加碳税以减少引起全球变暖的碳排放。
4. 你的朋友住在一个 5 月份经常下雨的城市，尽管如此，他们仍计划在 5 月举办一场户外婚礼，且没有为如果出现下雨而准备相应的备份计划。结果婚礼当天天气很好。你认为你的朋友制订婚礼计划时是理性的吗？请解释。
5. 简要说明微观经济学和宏观经济学的区别。

第二章

需求、供给与市场均衡

学习目标

- 掌握需求理论和供给理论的内容。
- 掌握均衡价格形成机制。
- 理解套利的内涵。

大师简介

经济学家：阿尔弗雷德·马歇尔（Alfred Marshall, 1842—1924年）

简介：近代英国最著名的经济学家，新古典学派的创始人，剑桥大学经济学教授，19世纪末和20世纪初英国经济学界最重要的人物，主要著作有《经济学原理》。

主要成就：局部均衡分析的创始者，研究单个市场的行为，用上升的供给曲线和下降的需求曲线分析收入、成本的变化对价格的影响。最重要的贡献之一是建立了弹性的概念和计算弹性的公式；分析得出在短期内，需求是影响价格的决定性因素，而在长期，供给或生产成本是影响价格的决定因素的重要结论。

导入案例

亚当·斯密论价格调整过程

市场上任何一种商品的供售量，如果不够满足对这种商品的有效需求，那些愿意支付这种商品出售前所必须支付的地租、劳动工资和利润的全部价值的人，就不能得到他们所需要的数量的供给。他们当中有些人，不愿得不到这种商品，宁愿支付较大的价格。于是竞争便在需求者中间发生，市场价格便或多或少地上升到自然价格以上。价格上升程度的大小，要看货品的缺乏程度及竞争者富有程度和浪费程度所引起的竞争激烈程度的大小。

相反，如果市场上这种商品的供售量超过了它的有效需求，这商品就不可能全部卖给那些愿意支付这商品出售前所必须支付的地租、劳动工资和利润的全部价值的人，其中一部分必须售给出价较低的人。这一部分价格的低落，必使全体价格随之低落。这样，它的市场价格便或多或少降到自然价格以下。下降程度的大小，要看超过额是怎样加剧卖方的竞争，或者说，要看卖方是怎样急于要把商品卖出。

如果市场上这种商品量不多不少，恰够供给它的有效需求，市场价格便和自然价格完全相同或大致相同。所以，全部商品量都能以自然价格售出，而不能以更高价格售出。商人之间的竞争使他们都得接受这个价格，但不使他们接受更低的价格。

（资料来源：亚当·斯密. 国民财富的性质和原因的研究：上卷［M］. 郭大力，王亚南，译. 北京：商务印书馆，2009.）

第一节　需求理论

微观部分研究的需求主要是基于消费者的购买性消费需求展开的，与宏观部分的需求有着本质的区别。本节内容主要介绍需求与价格的相互关系、与需求相关的影响因素等方面的内容。

本节内容中将首次展开研究经济学中的图形与函数，在学习相关知识的同时，更要注重如何用经济学的语言来表达和分析问题。

一、需求与需求价格

与生活中的需求概念不同，经济学中的需求有特定的含义。在经济学中，需求是指在各种价格水平下消费者愿意并且能够购买的商品的数量。首先，需求是数量，是定量分析的一个变量；其次，有效的需求要从两个方面达到要求，即购买意愿与购买能力，二者缺一不可。如用公式表达，需求可写为：

$$需求 = 需要（欲望）+ 购买能力$$

对需求量的影响因素是很多的，本节研究的重点就是需求与价格的关系，即价格变化如何影响需求。

需求价格是指消费者为购买一定量商品所愿意接受或承担的价格水平。需要注意的是，需求价格与实际价格是有区别的，它反映的是需求方单方面的意愿，并不代表实际价格，但需求价格会直接影响实际价格，特别是在商品的买方市场，需求价格更是起着决定性作用。

需求价格的高低主要决定于消费者的欲望及商品的稀缺程度。简单来说，消费者的欲望越强烈，商品越稀缺，该商品的需求价格就会越高；反之，需求价格会越低。

二、需求曲线与消费者剩余

（一）需求表与需求曲线

既然商品的需求会受到需求价格的影响，那么就可以利用表格的方式来反映需求随价格的变化结果。这种反映需求与价格关系的表格通常称为需求表,如表 2-1 所示。

表 2-1 某种商品需求表

组合类别	A	B	C	D	E	F	G	H
价格/元	2	3	4	5	6	7	8	9
需求量/个	900	850	800	750	700	650	600	550

从表 2-1 中可以看出,随着价格的不断上涨,商品的需求量会不断减少。根据表 2-1 的数据绘制的需求曲线如图 2-1 所示。

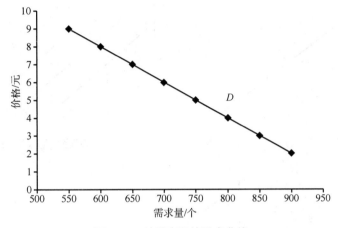

图 2-1 某种商品的需求曲线

图 2-1 中,横轴代表需求量,纵轴代表价格,D 为需求曲线。需求曲线向右下方倾斜,表示需求量与价格反方向变动。

知识链接

石油的需求曲线

这个世界靠石油驱动。每天,大约有 8 200 万桶"黑色黄金"从地下和海底流出,来满足这个世界的需求。石油需求和供给的变化可能会导致一个经济体陷入衰退,同时也可能会刺激另一个经济体走向繁荣。从华盛顿到利雅得,各国首都的政治家们都在小心翼翼地监控着石油的价格,普通的消费者也同样如此。汽油是由石油提炼的,因此,如果像中东战争这样的世界性事件干扰了石油供给,路边加油站的汽油都会涨价。夸张点说,石油市场是这个世界上最重要的市场,没有之一。

(资料来源:考恩,塔巴洛克. 考恩经济学:微观分册[M]. 3 版. 王弟海,译. 上海:格致出版社,2018.)

(二)市场需求曲线与消费者剩余

需求曲线代表的是个人的价格和需求之间的关系,还是代表市场总需求与价格的关系?其实这主要取决于坐标轴的横轴(数量轴)而不是纵轴(价格轴)。假设市场中有三个人,甲、乙、丙，每个人都有相同的一根需求曲线 D，而每个人的需求情况大体相同，即在价格为 P_1 的水平时每个人都有一个需求量 Q_1，如图 2-2（a）所示。那么市场的总需求量是多少呢？市场的总需求曲线又如何呢？其实我们发现，要想得到市场的总需求曲线，只要将每个消费者在这一价格水平线上所对应的需求量加总就可以得到，如图 2-2（b）所示，$D_{甲+乙+丙}$ 就是市场总需求曲线。当然，这么看很不方便，因为市场中可能有成千上万个消费者而不是三个，因此我们需要做一下改动，而这样的改动非常简单，只需要改变横轴的数量级就可以得到一个直观的市场需求曲线了，如图 2-2（c）所示，我们看到 Q 的数量扩大了 1 000 倍，但价格依然还是用原来的价格轴来表示。

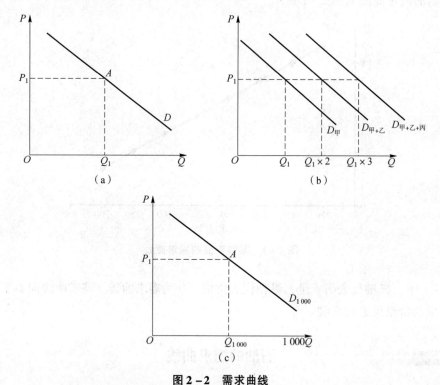

图 2-2 需求曲线

（a）甲、乙、丙的需求曲线；（b）需求量的横向加总；（c）市场总需求曲线

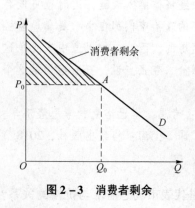

图 2-3 消费者剩余

有了市场需求曲线，我们就能得到另一个重要的概念——消费者剩余。如图 2-3 所示，当市场的价格在其他因素的决定下稳定在 P_0 水平上时，消费者无法选择价格，就只能选择买与不买。很明显，Q_0 左边的消费者出价高于 P_0，他们选择购买并且能够成交；而 Q_0 右边的消费者出价比 P_0 低，因此他们无法成交。并且我们可以看到，仅在点 A 上消费者出价刚好等于 P_0，而其余左边的点出价都高于 P_0，这意味着有很多消费者愿意出更高的价格购买这个商品，即需求价格高于实际售价，那么实际成交价格是多少呢？毋庸置疑，依然还是 P_0。因为人们是理性且自利的，

他们会很愉快地以更低的价格购买这种商品，而他们的愉悦感就来自需求价格与实际价格的差额，这就是消费者剩余。具体来说，消费者剩余＝需求价格－实际价格。

那么一个市场当中会有多少消费者剩余呢？很好计算，只需要将所有高于 P_0 的购买者的需求价格与实际价格的差额加总起来就得到了，其实就是图 2－3 中的三角形阴影面积。消费者剩余无疑是消费者幸福感的重要体现，一个国家总体的消费者剩余越多，说明国民在购物的过程中获得的幸福感越强烈。因此，消费者剩余也被当作非常重要的社会福利水平的衡量指标。

那么是不是只要价格够低，消费者剩余就会越多呢？这个说法其实并不合理，因为消费者剩余的多少取决于需求价格和实际价格差额的大小，单方面的影响不足以决定其大小。只有那些需求价格高、同时实际价格低的商品，才会产生高的消费者剩余，而需求价格取决于需求的强烈程度，即效用水平。关于效用，我们将在第六章进行详细的解读。

自我检测

印度的经济增长提高了印度劳动者的收入，那么印度人对汽车的需求会发生怎样的变化？

三、影响需求的因素

影响需求的因素很多，有经济因素，也有非经济因素，概括起来主要有以下几种。

第一，商品本身的价格。商品本身价格高，需求就少；价格低，需求就多。

第二，其他商品的价格。各种商品之间存在着不同的关系，因此，其他商品价格的变动也会影响某种商品的需求。商品之间的关系有两种，一种是互补关系，另一种是替代关系。互补关系是指两种商品互相补充，共同满足人们的同一种欲望。例如，录像机与录像带之间就是互补关系。这种有互补关系的商品，当一种商品（如录像机）价格上升时，另一种商品（录像带）的需求就减少。因为录像机价格上升，需求减少，录像带的需求自然也减少。可见，两种互补商品之间的价格与需求成反方向变动。替代关系是指两种商品可以互相代替来满足同一种欲望。两种替代商品之间价格与需求成同方向变动。例如，羊肉和牛肉就是替代关系，当羊肉价格上升时，牛肉的需求就会增加；相反，当羊肉价格下降时，牛肉的需求就减少。

第三，消费者的收入以及社会收入分配的平等程度。收入水平与社会收入分配平等程度提高会使需求增加；相反，收入水平下降与社会收入分配不平等会使需求减少。

第四，消费者偏好。偏好也叫嗜好，是指消费者对某种商品的喜欢和偏爱。随着社会生活水平的提高，消费不仅要满足人们的生理需求，还要满足心理需求。因此，消费者偏好，即社会消费风尚的变化对需求的影响也很大。例如，对某些快餐食品的需求，对某些音像制品的需求等都存在着这种变化。消费者的偏好受很多因素的影响，其中广告宣传的影响相当大。

第五,消费者对未来的预期,包括对自己收入水平和商品价格变动水平的预期。如果预期未来收入或价格水平上升,则会增加现在的需求;相反,如果预期未来收入水平或商品价格水平下降,则会减少现在的需求。

第六,人口数量和结构的变动。人口数量的增减会使需求发生同方向变动。人口结构的变动主要通过影响需求的构成,从而影响某些商品的需求。

第七,政府的消费政策。例如,政府提高利息率的政策会减少消费,而实行消费信贷制度则会鼓励消费。

总之,影响需求的因素是多种多样的。有些主要影响欲望(如消费者嗜好和消费者对未来的预期),有些主要影响需求能力(如消费者收入水平),这些因素共同作用决定了需求。

知识链接　　　　　　　　　　　**预期的影响**

21世纪的某年7月,尼日利亚南部油田的一名建筑工人被绑架了。该消息一公布,全世界石油的价格立刻跃居到创纪录的新高点。一名普通的建筑工人对世界石油的供给会如此重要吗?不!惊扰世界石油市场的因素是,人们担心这一绑架事件将是尼日尔河三角洲地区大规模破坏活动的开始。尼日尔河三角洲是尼日利亚主要的石油生产区域,也是很多反政府武装的基地。对未来混乱的担心增加了对石油的需求,因为企业和政府都开始增加应急储备量。换句话说,预期未来石油供给的减少增加了今天石油的需求。

你可能曾经也以与这类似的方式,来对未来事件的预期做出反应。当天气预报员说有大暴风雨时,很多人会跑到商店去购买暴风雨应急装备。

预期的威力是巨大的,它们对需求(和供给)产生的影响可能同事件本身的影响一样大。

(资料来源:考恩,塔巴洛克. 考恩经济学:微观分册 [M]. 3版. 王弟海,译. 上海:格致出版社,2018.)

四、需求函数

将所有影响需求的因素作为变量,研究它们与需求之间影响关系的函数就是需求函数。也就是说,将上面的影响因素当作自变量,把需求作为因变量来加以研究,可以用以下的公式表示。

$$Q_d = f(P, P_c, P_s, P_e, Y, N, T \cdots)$$

在经济分析中,不能同时对所有影响需求的因素进行研究。假定影响需求的其他因素不变,只考察影响需求量的最重要因素——某商品本身的价格,以 P 代表价格,则需求函数公式为:

$$Q_d = f(P)$$

五、需求定理及其特例

根据上述分析,我们可以把商品价格与需求量的关系概括为需求定理:在其他条件不变的情况下，某商品的需求量与价格之间成反方向变动，即需求量随着商品本身价格的上升而减少，随着商品本身价格的下降而增加。

在理解需求定理时，要特别注意"其他条件不变"这一点，其他条件不变是指影响需求的其他因素不变。也就是说，需求定理是在假定影响需求的其他因素不变的前提下，研究商品本身价格与需求量之间的关系。离开了这一前提，需求定理就无法成立。例如，如果收入增加，商品本身的价格与需求量就不一定成反方向变动。

需求定理指的是一般商品的规律，但这一定理也有例外，比较重要的例外是炫耀性商品与"吉芬商品"。炫耀性商品是用来显示人的社会身份的商品，例如首饰、豪华型轿车。这种商品只有在高价时才有显示人的社会身份的作用，因此价格下降时需求反而减少。此外，在某些特定条件下，某些商品的价格上升，需求反而增加。英国经济学家吉芬发现，在1845年爱尔兰大灾荒时，马铃薯的价格上升，需求量反而增加。这种价格上升、需求增加的情况被称为"吉芬之谜"，具有这种特点的商品被称为"吉芬商品"。

六、收入效应与替代效应

在价格降低时消费者需求会增加，而当价格上涨时需求会减少。这虽然是普遍的认知，但如果要进行具体的解释就需要用到两个基本的概念：收入效应与替代效应。限于学习进度，我们在本章只能介绍收入效应与替代效应的概念，而具体的测度及划分将在第六章学习消费者均衡以后再详细介绍。

（一）收入效应

收入效应的字面意思是由于收入增加而带来的商品需求增加的效应，但在价格降低的过程中却并未出现收入的变化。这如何解释呢？其实收入效应是指由于在消费者预算不变的情况下，商品价格的降低（P_1降低到P_2）则意味着消费者购买力的增加，可以视同消费者收入增加的结果。例如，消费者手中持有10元货币，苹果原来每千克10元，消费者可购买1千克；当价格下降到每千克8元时，同样的10元钱就可以买到1.25千克苹果，等同于消费者收入增加。而我们在研究影响需求的因素时了解到，大多数正常商品的需求是和消费者收入成正相关的，因此在商品降价时，该商品的需求会增加。

（二）替代效应

除了收入效应会使价格降低后商品需求增加以外，还有另一个效应会产生同样的效果：替代效应。实际影响商品需求最重要的因素并非商品的绝对价格，而是商品的相对价格。如果说收入效应是纵向相对价格（P_2/P_1）的降低带来的需求增加，那么替代效应就是横向相对价格的降低带来的需求增加。比如当鸡肉价格（P_C）降低以后，猪肉的需求就会减少，而减少的猪肉需求实际转化为对鸡肉的需求。虽然猪肉价格（P_P）没有降低，但鸡肉价格的降低使得鸡肉对猪肉的相对价格，即P_C/P_P变小，使人们觉得买鸡肉更划算（毕竟它们是可替代的），从而增加了对鸡肉的购买力。这种以减少替代品消费为代价来增加降价商品需求的效应就是替代效应。

因此，对于正常商品我们发现，当价格降低时，会同时产生收入效应和替代效应，即产生两个效应同时使该商品的需求增加；而当价格上升时，也会产生两个相反效应同时使该商品的需求减少。

(三) 对"吉芬商品"的解释

收入效应和替代效应不仅可以用来解释需求定理，还可用来解释需求定理的特例——"吉芬商品"。为什么会产生"吉芬现象"呢？其实答案就在收入效应。对于正常商品，收入增加会使需求增加，但劣质商品或者低层次商品的需求是与收入成反比的，而"吉芬商品"恰恰就是这类商品。价格的提高使人们收入效应成为负值，意味着实际购买力降低，而购买力的降低会迫使人们增加劣质品需求，当这种劣质品需求增加的收入效应大于价格上涨的替代效应时（替代效应始终不变，保持价升量跌），就会出现"吉芬现象"，即价格上涨、需求增加的需求定理特例。但需要说明的是，这种价升量升的现象仅仅局限于一个很小的范围，如果价格上涨一直持续，人们最终会因为购买力限制而导致需求降低，毕竟愿意购买"吉芬商品"的并非高收入群体。

七、需求量的变动与需求的变动

在分析需求变动时，要区分商品本身价格变动引起的需求量的变动和由其他因素引起的需求的变动。当商品自身价格变动时，所引起的是需求量的变动。所谓需求量的变动，是指在其他条件不变的情况下，商品本身价格变动所引起的需求量的变动，如图 2-4 所示。当价格由 P_0 上升到 P_1 时，需求量从 Q_0 减少到 Q_1，在需求曲线上表现为点 B 向上方移动到点 A。可见在同一条需求曲线上，向上方移动是需求量减少，向下方移动是需求量增加。

当价格以外的其他影响需求量的因素变动时，则引起需求的变动。所谓需求的变动，是指在商品本身价格不变的情况下，其他因素变动所引起的需求的变动。需求的变动表现为需求曲线的平行移动，如图 2-5 所示。价格 P_0 不变，由于其他因素的变动，如收入变动，在收入减少时，需求量从 Q_0 减少到 Q_1，需求曲线由 D_0 移动到 D_1。收入增加时，需求从 Q_0 增加到 Q_2，需求曲线由 D_0 移动到 D_2。可见，需求曲线向左方移动是需求减少，向右方移动是需求增加。

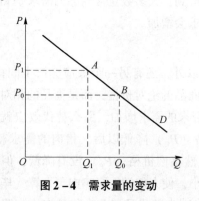

图 2-4 需求量的变动

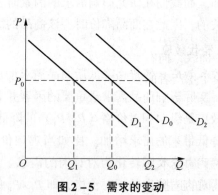

图 2-5 需求的变动

需求的变动都会引起需求量的变动。例如，当需求增加的时候，在各个价格下的需求都增加了。但是，需求量的变动不一定引起需求的变动。例如，当需求量随着价格的上升而减少时，需求可以不变。

第二节　供给理论

供给部分主要研究的是通过生产所产生的商品供给，区别于要素供给与宏观经济学的总供给概念。本节内容主要是研究供给与价格的相互关系，以及与供给相关的影响因素等方面的内容。

一、生产与供给与供给价格

供给与需求是相对应的概念，需求的实现与满足来源于供给。供给是指厂商（生产者）在某一特定时期内，在某一价格水平时愿意而且能够供给的商品量。供给要具备两个条件：一是生产者愿意供给；二是有供给能力。供给的商品既包括以前生产的存货，也包括新生产的商品。供给取决于生产。

供给也分为个别供给与市场供给。个别供给是指单个厂商对某种商品的供给，市场供给是指该商品市场所有的个别供给的总和。

供给价格是指生产者（厂商）为提供一定数量的商品所愿意接受的价格。每个生产者在不同的价格水平条件下，对商品的供给量也会不同。这种反映供给量与价格关系的表格通常被称为供给表，如表 2-2 所示。

表 2-2　某种商品供给表

组合类别	A	B	C	D	E	F	G	H
价格/元	2	3	4	5	6	7	8	9
供给量/个	550	600	650	700	750	800	850	900

供给表实际是用数字表格形式来表述供给这个概念。

二、供给曲线与生产者剩余

我们还可以用图示法把这种关系表现出来。根据表 2-2 可以做出图如 2-6 所示的供给曲线，横轴表示供给量，纵轴表示价格，S 为供给曲线。供给曲线是表示某种商品价格与供给量关系的曲线，向右上方倾斜，表明供给量与价格同方向变动。

那么单个生产者的供给曲线与市场总供给曲线有什么不同吗？实际上和需求曲线一样，单个的生产者横向加总就得到了整个市场的总供给曲线，两条曲线唯一的区别就是横坐标数量轴的量级：一个是企业量级，一个是市场量级。

生产者并非在所有价格水平下都愿意进行生产，一个最基本的制约条件就是成本，而每个生产者的平均成本又各不相同，有的高有的低，因此在不同的市场价格水平下，不同的企业会做出不同的选择。

在总供给曲线中，每个生产者的供给价格其实就是其平均成本，因为他们无法在亏本的情况下愿意生产。在图 2-7 所示的供给曲线中，假定由于其他因素导致市场价格稳定在 P_0，此时生产者只有选择生产或不生产的权利，其中某生产者平均成本刚好等于 P_0，他的生产刚好位于点 A，而其他选择生产的企业都位于点 A 的左侧，也就意味着其他选择生产的

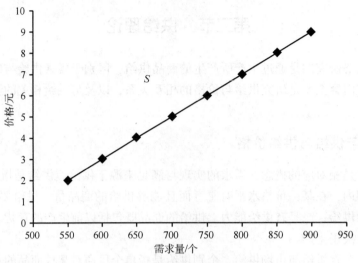

图 2-6 某种商品的供给曲线

生产者的供给价格都要低于 P_0，而位于点 A 右侧的企业都会选择不生产，因为他们的供给价格都高于 P_0。那么供给价格低于实际价格 P_0 的企业愿不愿意以他们自己的供给价格提供产品呢？当然不愿意。企业也是自利和理性的，能卖高价为什么要以低价出售呢？不仅如此，供给价格越低的企业从销售中获得的好处就越多，这个好处就是生产者剩余，即实际价格 - 供给价格。一个市场总的生产者剩余有多少呢？只要将点 A 左边每一个企业的生产者剩余加起来就得到了，图 2-7 中阴影三角形的面积就是生产者剩余。与消费者剩余一样，生产者剩余是生产者社会福利体现的重要指标。因此，衡量一个国家的总福利水平通常需要看消费者剩余及生产者剩余的总和，而不是只看其中一个。

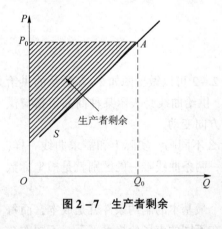

图 2-7 生产者剩余

三、影响供给的因素

影响供给的因素有很多，有经济因素，也有非经济因素，概括起来主要有以下几种。

第一，厂商的目标。在微观经济学中，一般假设厂商的目标是利润最大化，即厂商供给多少取决于这些供给能给他带来的最大利润是多少。如果厂商的目标是产量最大或销售收入最大，或以其他政治的或社会道义的责任为目标，那么供给就会不同。

第二，商品本身的价格。一般来讲，商品本身的价格高，供给就多；价格低，供给就少。

第三，其他相关商品的价格。在两种互补商品之间，一种商品的价格上升，另一种商品的需求就减少，使这种商品的价格下降，供给减少；相反，一种商品的价格下降，另一种商品的需求增加，使这种商品的价格上升，供给增加。而在两种替代品之间，一种商品的价格上升，另一种商品的需求增加，使这种商品的价格上升，供给增加；相反，一种商品的价格下降，另一种商品的需求减少，使这种商品的价格下降，供给减少。

第四,生产技术的变动。在资源既定的条件下,生产技术的提高会使资源得到更充分的利用,从而增加供给。

第五,生产要素的价格。生产要素的价格下降,会使产品的成本减少,从而在产品价格不变的情况下增加利润,增加供给;相反,生产要素的价格上升,会使产品的成本增加,从而在产品价格不变的情况下减少利润,减少供给。

第六,厂商对未来的预期。厂商对未来的经济持乐观态度会增加供给;持悲观态度,则会减少供给。

第七,政府的政策。政府采取鼓励投资与生产的政策(例如减税),可以刺激生产,增加供给;相反,政府采取限制投资与生产的政策(如增税),则会抑制生产,减少供给。

影响供给的因素比影响需求的因素复杂得多。在不同的时期、不同的市场上,供给要受多种因素综合影响。还应该强调的是,供给的变动与时间因素密切相关。一般来说,在价格变动之后的极短期内,供给只能通过调整库存来做出反应,变动不会很大。在短期内可以通过变更原料、劳动力等生产要素来调节供给,变化会较大。但只有在长期中才能变更厂房、设备等生产要素,使供给适应价格而充分变动。

自我检测

芯片制造的技术革新压低了计算机的生产成本,这对计算机的供给曲线会有怎样的影响?为什么?

四、供给函数

如果把影响供给的因素作为自变量,把供给作为因变量,则可以用函数关系来表示影响供给的因素与供给之间的关系,即供给函数。以 Q_S 代表供给,$a,b,c,d,\cdots,n$ 代表影响供给的因素,则供给函数为:

$$Q_S = f(a,b,c,d,\cdots,n)$$

如果假定影响供给的其他因素不变,只考虑供给量与价格之间的关系,以 P 代表价格,则供给函数为:

$$Q_S = f(P)$$

五、供给定理及其特例

根据上述分析,我们可以把商品价格与供给量的关系概括为供给定理:在其他条件不变的情况下,某商品的供给量与价格之间成同方向变动,即供给量随着商品本身价格的上升而增加,随着商品本身价格的下降而减少。

其他条件不变是指影响供给的其他因素不变。供给定理是在假定影响供给的其他因素不变的前提下,说明商品本身价格与供给量之间的关系。离开了这个前提,供给定理就无法成立。例如,如果厂商生产某种产品的目的不是利润最大化,而是出于人道主义而生产残疾人用品,那么,商品本身的价格与供给量就不能成同方向变动。

供给定理指的是一般商品的规律,这一定理也有例外。第一,有些商品的供给量是固定的,价格上升,供给也无法增加,文物、艺术品就属于这种情况。第二,劳动力的供给也是例外。在开始阶段,提高工资,工人愿意增加工作时数。但工资水平上升到一定高度后,劳动者的一般生活需要得到了满足,就会希望多一点休息和娱乐的时间。这时,工资越高,他用于劳动的时间反而越少。因此,劳动力供给曲线先是随着工资的上升而向右上方延伸,然后向左弯曲成为向后倾斜的供给曲线。第三,某些商品小幅度升降价时,供给按供给定理正常变动;而大幅度升降价时,供给则会出现不规则的变化。证券、黄金市场就常常如此。以股票为例,当市场上某种股票价格大幅下降时,股票持有者害怕其进一步贬值,会抛售这种股票,使股票不仅不会随其价格的下跌而减少,反而会增加。其他有价证券的供给也是这样。第四,有些商品,在正常时期,供给量按供给定理正常变化;在不正常时期,则会出现不正常的变化。比如粮食歉收、粮价上涨,并不能立即引起粮食供给量的增加,甚至会因生产者囤积居奇而减少;丰收、粮价下降也不能立即引起供给量的减少。

六、供给量的变动与供给的变动

为了区分商品本身价格和其他因素对商品供给的影响,要区分供给量的变动和供给的变动这两个不同的概念。

供给量的变动是指在其他条件不变的情况下,商品本身价格变动所引起的供给量的变动。供给量的变动表现为同一条供给曲线上的移动,如图 2-8 所示。当价格由 P_1 上升到 P_2 时,供给量从 Q_1 增加到 Q_2,在供给曲线 S 上则从点 A 向上方移动到点 B。可见,在同一条供给曲线上,向上方移动是供给量的增加,向下方移动是供给量的减少。

供给的变动是指在商品本身价格不变的情况下,其他因素变动引起的供给的变动。供价的变动表现为供给曲线的平行移动,如图 2-9 所示。在价格 P_0 不变的情况下,由于其他因素影响,例如生产要素价格下降,在同样的价格水平下,厂商所得的利润增加,从而产量增加,供给从 Q_0 增加到 Q_1,供给曲线从 S_0 移至 S_1;当生产要素价格上升后,供给从 Q_0 减少至 Q_2,供给曲线从 S_0 移至 S_2。可见,供给曲线向左方移动是供给减少,向右方移动是供给增加。

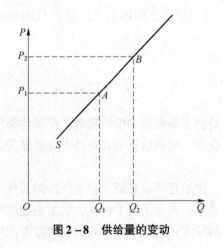

图 2-8　供给量的变动

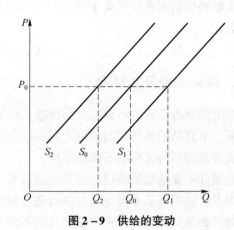

图 2-9　供给的变动

第三节 均衡价格

均衡分析最早出现在物理学中。当一个物体受力大小相等、方向相反的时候，该物体就会处在均衡状态，即静止或匀速直线运动。均衡最早被引入经济学领域是由英国剑桥学派的马歇尔教授完成的，用来表示经济中某个变量在受到其他多变量影响时，如果仍能处在稳定或静止状态，那么，该变量就处在均衡状态。均衡价格就是指，在其他条件不变的情况下，分析当价格静止或稳定时该商品的供求关系，从而探究商品价格的决定机制。

一、均衡价格的形成过程

在市场上，消费者受收入水平等诸多因素的影响，在消费一种商品的时候，必然有一个愿意接受的最高价格，超过这一价格，他就会减少对这种商品的消费量，这一价格就是需求价格。同样的，厂商受生产要素价格等诸多因素的影响，在供给一种商品的时候，也有一个愿意接受的最低价格，低于这一价格，厂商就会减少对这种商品的供给量，这一价格就是供给价格。一种商品的市场价格并不由消费者和厂商单方向决定，而是由需求和供给这两种力量互相影响、互相冲击而形成的。需求和供给就像一把剪刀的双刃，共同剪出了商品的市场价格。

在经济学中，均衡是指经济中各种对立的、变动着的力量处于一种力量相当、相对静止、不再变动的状态。均衡一旦形成，若有某种力量使它离开原有的均衡位置，则会有其他力量使之恢复均衡。

按需求定理和供给定理可知，价格愈高，需求量愈小，而供给量愈大；相反，价格愈低，需求量愈大，而供给量愈小。在完全竞争市场条件下，当商品的市场价格过高，致使供给量超过了需求量时（称为需求不足，亦称为供给过度），供给者之间的竞争会把价格压低。而价格下降一方面会使需求量增加，另一方面会使供给量减少。如果这种情况持续下去致使市场价格过低，就会出现需求量大于供给量的情况（称为需求过度，或称供给短缺）。这时，需求者之间将发生竞争，希望得到商品的需求者之间的竞争会把过低的价格抬高，而价格上升又会使需求量减少，供给量增加。正是通过价格联系的需求和供给互相影响，此消彼长，才最终使需求与供给双方力量均等，需求量与供给量一致，需求价格与供给价格也一致。我们把这时的市场状态称为均衡状态，这时的商品价格称为均衡价格，相应的商品数量称为均衡数量。更明确地说，均衡价格是指需求价格与供给价格相等时的商品价格，亦即一种商品的需求和供给达到均衡状态时的市场价格。而均衡数量则是指需求量与供给量相等时的商品交易量，亦即一种商品的需求和供给达到均衡状态的商品交易数量。均衡价格的形成如图 2-10 所示。

从图 2-10 我们可以看出，P_0 就是均衡价格。在这个价格水平上，消费者愿意购买的数量为 Q_0，恰好等于生产者在这个价格水平上愿意并且能够生产的商品的数量，不存在多余，也不存在不足，达到均衡状态。

然而，在现实生活中，均衡的状态往往不是一下就形成的，更多见的是非均衡状态。那么，均衡状态又是如何形成的呢？在图 2-10 中，当实际价格高于均衡价格时，即价格在

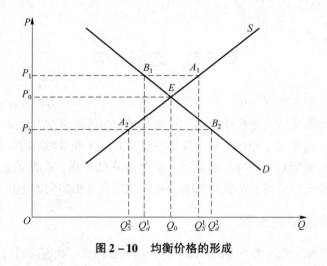

图 2-10 均衡价格的形成

P_1 水平时，$Q_S^1 > Q_d^1$，即市场出现了供过于求的现象，那么，生产者之间的竞争会使价格下降，从而向着均衡价格变化；而当实际价格高于均衡价格时，即价格在 P_2 水平时，$Q_S^2 < Q_d^2$，即市场出现了供不应求的现象，那么，消费者之间的竞争会使价格上升，从而向着均衡价格变化。最终，供求双方的协调变化，实现均衡价格。

二、供求定理

均衡价格（及均衡数量）是由需求与供给决定的，而需求与供给是不断变化的，所以，需求或供给任何一方的变动都会引起均衡价格的变动。

（一）需求变动对均衡价格的影响

如前所述，需求变动是指价格不变的情况下，影响需求的其他因素变动所引起的需求变动。这种变动在图形上表现为需求曲线的平行移动，我们可以用图 2-11 来说明需求变动对均衡价格的影响。

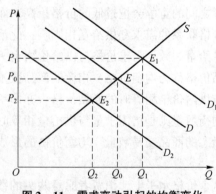

图 2-11 需求变动引起的均衡变化

需求增加，需求曲线向右上方移动，即由 D 移动到 D_1，D_1 与线 S 相交于 E_1，决定了均衡价格由 P_0 上升到 P_1，均衡数量也由 Q_0 上升到 Q_1。这表明，由于需求增加，均衡价格上升了，均衡数量也增加了。

需求减少，需求曲线向左下方移动，即由 D 移动到 D_2，D_2 与 S 相交于 E_2，决定了均衡价格从 P_0 降低到 P_2，均衡数量从 Q_0 下降到 Q_2。这表明，由于需求减少，均衡价格下降了，均衡数量减少了。

结论是：需求变动引起均衡价格与均衡数量同方向变动。

（二）供给变动对均衡价格的影响

供给变动是指在价格不变的情况下，影响供给的其他因素变动所引起的变动。这种变动在图形上表现为供给曲线的平行移动,我们可以利用图 2-12 来说明供给变动对均衡价格的影响。

在图 2-12 当中,S 是供给曲线,S 与需求曲线 D 相交于点 E,决定了均衡价格为 P_0,均衡数量为 Q_0。

供给增加时,供给曲线向右下方移动,即由 S 移动到 S_1,S_1 与 D 相交于点 E_1,决定了均衡价格为 P_1,均衡数量为 Q_1。这表明,由于供给的增加,均衡价格下降了,均衡数量增加了。

供给减少,供给曲线向左上方移动,即由 S 移动到 S_1,S_1 与 D 相交于点 E_2,决定了均衡价格为 P_2,均衡数量为 Q_2。这表明,由于供给的减少,均衡价格上升了,均衡数量减少了。

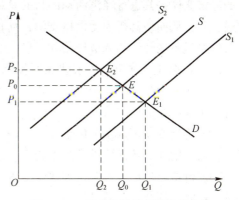

图 2-12 供给变动引起的均衡变化

结论是:供给变动引起均衡价格反方向变动,均衡数量同方向变动。

(三) 供求定理

分析以上关于需求与供给变动对均衡价格的影响,可以得出供求定理。

第一,需求的增加引起均衡价格上升,需求的减少引起均衡价格下降。

第二,需求的增加引起均衡数量增加,需求的减少引起均衡数量减少。

第三,供给的增加引起均衡价格下降,供给的减少引起均衡价格上升。

第四,供给的增加引起均衡数量增加,供给的减少引起均衡数量减少。

可见,需求的变动引起均衡价格与均衡数量同方向变动;供给的变动引起均衡价格反方向变动,引起均衡数量同方向变动。这就是微观经济学中的供求定理。

自我检测

假设某件商品对你价值 50 元,商场 A 愿意以 45 元销售该商品,商场 B 愿意以 35 元销售该商品。在自由市场下,总消费者剩余是多少?现在假设商场 B 被禁止销售,消费者剩余会有什么变化?

三、价格机制

价格机制又称市场机制,是指价格自动调节供给和需求,使之达到市场均衡的机理与功能。西方经济学认为,价格机制像一只"看不见的手",在指挥着社会经济的运行,驱动着每个经济人的活动。供给和需求相互作用,决定价格。供给减少或需求增加都会使价格上升;供给增加或需求减少都会使价格下降。反过来,价格的升降又使供给与需求发生变化:价格上升会使供给增加、需求减少;价格下降又使供给减少、需求增加,从而使市场实现相对的均衡状态。

价格机制调节经济的前提条件是完全竞争市场的存在。参与市场活动的每个单位都是独立的经济实体，其进行经济活动的目的是最大化，即消费者要求效用最大化、生产者要求利润最大化，从而使其行为受价格支配，而价格也只由市场供求关系决定。

价格对市场经济的调节作用如下。

（1）价格是反映市场供求状况的指示器。价格受供求关系的影响迅速变化，一种商品价格上升，表示其需求大于供给；相反，价格下降，表示需求小于供给。通过价格变动，可以直接了解市场的供求状况。

（2）价格变动可以调节供求关系。价格上升使供给增加，需求减少；价格下降会使供给减少，需求增加。从而使供求基本趋于一致，关系协调。

（3）价格可使社会资源得到优化配置。通过价格对供给和需求的调节，最终使供求趋于一致。这时，社会资源通过价格分配在各种用途上，实现了消费者的效用最大化和生产者的利润最大化，其配置呈现最优状态。

价格调节经济的方式，主要是通过经济利益诱导，发挥刺激与抑制的双重作用。当某种商品供过于求时，其价格下跌，一方面刺激消费，使需求增加；另一方面抑制生产，使供给减少，逐步使供求相等，达到资源的合理配置。同理，当某种商品供不应求时，其价格上升，一方面刺激生产，使供给增加；另一方面抑制消费，使需求减少，逐步使供求相等，达到社会资源的合理配置。

知识链接　　　　　**为什么滑雪场不在旺季提高价格**

滑雪场在周末和节假日是高峰期，排队的人很多。学了经济学之后我们自然会想，排队的人很多，说明供不应求，滑雪场提高价格不就可以实现新的均衡解决排队问题吗？为什么现实中滑雪场没有在旺季提高价格呢？经济学家罗默和巴罗对这个问题做了研究。他们认为，虽然门票价格不变，但是滑雪场实际上已经提高了价格。我们原来把价格理解为去一天滑雪场需要交多少钱，但是实际上应该看滑一趟雪需要多少钱。假如门票是100美元，高峰期需要排队，一天只能滑5趟，平时一天能滑20趟，这意味着高峰期的价格是20美元一趟，平时的价格是5美元一趟。所以对滑雪场来讲，名义上价格保持不变，实际上已经把价格提高了，因为排队使你的实际滑雪数量减少、人数增加，平均每趟滑雪的价格提高了，滑雪场的收入也就增加了。对于滑雪场来说，排队是一种更好的选择，因为这样管理起来更方便，同时也让顾客承受滑雪人数不确定性的风险，不会让消费者觉得企业贪婪。如果每天改变价格的话，就显得企业太贪婪了，道德上公众可能不愿意接受。因此，排队可以理解为价格的替代品，调整了顾客支付的实际价格。

（资料来源：张维迎. 经济学原理 [M]. 西安：西北大学出版社，2015.）

第四节　套　　利

套利广泛存在于实际生活中，这是一种均衡逐渐扩大的过程，因此我们可以使用供求定理来分析套利问题。

一、跨地区套利

跨地区套利是指当商品或资源可以在两地自由流动时，逐利的商人会把商品从低价地区贩卖到高价地区的行为。例如，当一个地区由于自然灾害而粮食减产时，该地区的粮食价格就会大幅度提高，从而使地区间出现粮食价格的不一致。在自利的驱动下，逐利的商人就会把其他地区的低价粮食购进，然后拿到受灾的地区高价出售而获利。随着越来越多的粮食涌入受灾地区，该地区的粮食价格会逐渐下降，直到该地区的粮食价格水平和其他地区的粮食价格水平之间只差运输成本时，这种套利行为才会结束。

跨地区套利行为往往伴随着逐利商人的价格欺诈，这往往会被执政者认为是人性丑恶的一面而予以打击。但实际情况是，价格机制正在发挥着它的激励作用，使更多的商品被配置到最需要的地区去。另外，也使得受灾所产生的福利损失被更多地区共同承担，因为单个地区的粮食价格大幅度上涨会演变为所有地区的粮食价格微小的上涨。

知识链接

赞扬价格欺诈

政治家和媒体对卡特里娜飓风之后的物价上涨极为愤慨。他们要惩罚加油站和水供给商。如果你想打倒那些卑鄙、贪婪的奸商，那么制定一系列的反"欺诈"规则就是一件好事。但是，如果你是反价格欺诈的法律所针对的人群之一，那么你的日子就不好过了。

我们假设这样一个场景：你口干舌燥，担心自己的孩子会脱水。你找到一家开门的商店而且店主人认为乘人之危是不道德的，因此，他不会比上一周多收你一毛钱。但是，你无法从他这里买到水，因为水卖完了。

你继续当你的顾客，并最终发现了面目可憎的价格欺诈者。他上周卖 1 美元的一瓶水现在是"可耻"的价格，比如说 20 美元。为了在灾害中活下去，你支付了这个价格。

你对这个价格欺诈者非常不满。但是如果他不要价 20 美元，他的水早就卖完了。正是这个价格欺诈者的"趁火打劫"救了你的孩子。

孩子之所以得救，是因为人们关注自己的利益。在 1 美元一瓶时，他们把水囤积起来了。在 20 美元一瓶时，他们更谨慎地购买。通过要价 20 美元，价格欺诈者确信他的水卖给了真正需要它的人。

那些被愚蠢的政治家认为最残酷的人正是做了对人们最有帮助的事。由于预期瓶装水的需求将增加，他们去购买了大量瓶装水，并计划以惊人的利润出售。如果他们没有这样做，那些最需要水的人就得不到水。

可以由自愿者提供水吗？肯定有一些人会出于仁慈帮助其他人。但是我们不能指望仁慈之心。正如亚当·斯密所写的："我们每天所需的食品和饮料，不是出自屠户、酿酒师或面包师的恩惠，而是出于他们利己的打算。"

从店主的角度考虑一下，如果他不想获得高利润，他为什么要开商店？留在灾区是危险的，而且意味着为了满足陌生人的需要而放弃与家人在一起的机会，他为什么要承担这种风险？

在灾难发生之后，许多服务，比如修屋顶、木匠或移树等的需求都是巨大的。当重建新奥尔良的时刻来临时，可以大胆地预料当地木匠存在稀缺：这个城市自己的木匠是不够的。

如果这是一个集权国家，政府可以命令一群匠人到新奥尔良来。但在自由社会中，必须说服这些匠人离开他们的住所和家庭，离开他们的雇主和客户，并从其他地方（比如说威斯康星州）来新奥尔良工作。如果他们在路易斯安那州赚的钱并不比威斯康星州多，他们为什么要来？

一些人可能会受成为英雄的愿望的激励而来这里，但我们不能指望有足够的英雄来满足人们的需求。一周又一周，大多数来灾区工作的人的目的和大多数来美国工作的人的目的一样：赚钱。任何一个愿意到灾区的匠人都必须得到比他在家乡更高的工资，否则他就不会来。如果非要把其收入限制在暴风前新奥尔良同事的收入水平，即使是一个想要成为英雄的人也会说："真该死！"

如果他的收费与他的冒险是相当的，他也可能受到他想帮助的那些人道德上和法律上的谴责。但是这些人并不懂基本经济学，强迫价格下降，你会把供给者赶走；让市场发挥作用，供给者就来了。而且，竞争者会使价格下降到灾难挑战所允许的水平，即使是穷人也可以得到供给短缺的物品。

正是"价格欺诈者"们带来了水，运来了汽油，修缮了屋顶，重建了城市。"价格欺诈者"们拯救了生命。

(资料来源：曼昆. 经济学原理：微观经济学分册 [M]. 5版. 梁小民，译. 北京：北京大学出版社，2009.)

如果两个地区之间保持较高的价格差，那么一定是地区间存在障碍，使得套利成本高到无利可套的水平。例如，香港是国际著名的免税区之一，所有入港的人都发现香港的奶粉非常便宜，而一线之隔的深圳同款进口奶粉价格却高很多，那么为什么没人套利呢？原因在于要缴纳较高的商品关税，加税之后的奶粉价格基本上和深圳的价格没有什么差别了。不过一项政策让很多套利者又发现了新的机遇，那就是每个成人可以免税带两罐奶粉入关，于是往返于海关的套利者甚至要求陌生的旅客为其"带货"并向其支付一定的费用。

自我检测

为什么杭州、上海的食品价格和西安类似，但房价比西安贵得多？

二、跨时间套利

与跨地区套利类似，套利者通过某件商品在不同时间上的价格差异，低价买入而高价售出。当知道石油的价格在下个月将上涨时，如果我们是原油加工企业，此时我们会选择今天增加原油的储备，从而减少未来石油的买入量；而如果我们是石油的开采企业，我们会削减今天的销售量来增加未来的销售量，从而使获利更多。

就石油而言，其实还有一个重要的工具来跨期套利：原油期货。最早的期货其实是用来规避远期价格的不确定性，而后来逐渐演变成套利者们用来套利的工具，即用今天的价格与未来价格之差进行对赌。买入者将获得正的价格差，而卖出者将获得负的价格差。而套利成功与否取决于是否能够准确预期未来。金融衍生工具将跨期套利演绎到了极致。

知识链接   **金融市场的套利**

  套利指同时买进和卖出两张不同种类的期货合约。交易者买进自认为"便宜"的合约，同时卖出那些"高价"的合约，从两合约价格间的变动关系中获利。在进行套利时，交易者注意的是合约之间的相互价格关系，而不是绝对价格水平。

  套利一般可分为三类：跨期套利、跨市套利和跨商品套利。

  跨期套利是套利交易中最普遍的一种，是利用同一商品在不同交割月份之间正常价格差距出现异常变化时进行对冲而获利的，又可分为牛市套利和熊市套利两种形式。例如，在进行金属牛市套利时，交易所买入近期交割月份的金属合约，同时卖出远期交割月份的金属合约，希望近期合约价格上涨幅度大于远期合约价格的上涨幅度；而熊市套利则相反，即卖出近期交割月份合约，买入远期交割月份合约，并期望远期合约价格下跌幅度小于近期合约的价格下跌幅度。

  跨市套利是在不同交易所之间的套利交易行为。当同一期货商品合约在两个或更多的交易所进行交易时，由于区域间的地理差别，各商品合约间存在一定的价差关系。例如，伦敦金属交易所（LME）与上海期货交易所（SHFE）都进行阴极铜的期货交易，每年两个市场间会出现几次价差超出正常范围的情况，这为交易者的跨市套利提供了机会。当 LME 铜价低于 SHFE 时，交易者可以在买入 LME 铜合约的同时，卖出 SHFE 的铜合约，待两个市场价格关系恢复正常时再将买卖合约对冲平仓并从中获利。在做跨市套利时应注意影响各市场价格差的几个因素，如运费、关税、汇率等。

  跨商品套利指的是利用两种不同但相关联的商品之间的价差进行交易。这两种商品之间具有相互替代性或受同一供求因素制约。跨商品套利的交易形式是同时买进和卖出相同交割月份但不同种类的商品期货合约，金属之间、农产品之间、金属与能源之间等都可以进行套利交易。

（资料来源：百度知道）

三、套利与无差别原则

  套利往往会在很短的时间完成并形成新的均衡，因为"利"的出现往往转瞬即逝。在超市进入结账高峰期的时候，新开的结账窗口会瞬间被移动过去的人占满；堵车的时候，新开的便道也会被车辆快速进入而堵满；机场过安检时，为疏散人流而新开的闸口也会瞬间排出一样长的队伍。套利的结果是无利可套，你的选择将是一个无差别的选择。兰兹伯格（Steven Landsburg）的无差别原则为：如果一项资产是流动的，那么长期均衡中，此资产在哪里使用都是无差异的。

  例如，在现实生活中，我们发现很多商品的价格在国内是基本均等的。北京、上海与西安的蔬菜水果价格相差不大，但是如果看住房价格却相差很远，这是为什么呢？那是因为蔬菜水果可以通过跨地区套利使价格实现无差别；而作为固定资产的住房，是无法通过流动来实现无差别均衡的。如果有电影中那样的传送门开在这几个大城市之间，走进去就会瞬间来到另一个城市，那么这三个城市的住房价格也会趋同，实现无差别均衡结果。

现实生活中，我们不应指责那些套利者，而应该指责那些阻碍套利实现的机制。因为无法实现套利就无法实现无差别均衡，而均衡是实现社会福利与社会效率最大化的最佳形式。

知识链接

华盛顿大学教授的工资

美国西雅图华盛顿大学曾经选择了一处地点，决定修建一座体育馆。消息一传出，立刻引起教授们的反对，而校方更是从善如流，不久就取消了这项计划。体育馆修建计划引起教授们抵制的原因是，这个拟建的体育馆原来选定的位置是在校园内的华盛顿湖畔，一旦建成，将恰好挡住从教职工餐厅可以欣赏到的窗外的美丽湖光。而校方对教授们的意见如此尊重的原因则略为复杂一点。

原来，与美国平均水平相比，华盛顿大学教授的工资通常要低20%左右。按照我们习惯的逻辑，这就是教授市场上表现出的地区差距。然而，可疑之处在于，美国地区之间是不存在劳动力流动障碍的，而且教授这种职业又恰恰是最具流动性的。既然不存在跨地区职业选择障碍，为什么华盛顿大学的教授们愿意接受较低的工资，而不到其他州去寻找更高报酬的教职呢？原来，许多（肯定不是全部）教授之所以接受华盛顿大学较低的工资，完全是因为留恋西雅图的湖光山色。西雅图位于北太平洋岸，华盛顿湖等大大小小的水域星罗棋布，天气晴朗时可以看到美洲最高的雪山之一——雷尼尔山，开车出去还有一息尚存的火山——圣海伦火山……

为了美好的景色而牺牲获得更高收入的机会，被华盛顿大学经济系的教授们戏称为"雷尼尔效应"。运用一个劳动力市场分析模型，我们可以模拟出这种"雷尼尔效应"产生的过程。

假设最初华盛顿大学的教授工资与其他地区没有差别，人们在同等报酬条件下，自然愿意选择到生活条件更好的地区工作并安家。于是，西雅图教授市场上就会出现供过于求的局面。校长们发现，他们付同样的工资，可供聘用的教授后备队伍比其他地区要庞大。把教授工资降低一些，校长们仍然可以聘到称职的教授。

劳动力市场继续运作，华盛顿大学最后达到比其他地区低20%的教授工资，实际上就是教授们对西雅图美丽景色的估价。换句话说，华盛顿大学教授的工资，80%是以货币形式支付的，20%是由良好的自然环境补偿的。如果因为修建体育馆而破坏了这种景观，就意味着工资降低了相应的程度，教授们认为所欣赏的景色超过了经济上可以承受的程度，于是就会流向其他地方的大学。可以预见，学校就不能以原来的货币工资水平聘到同样水平的教授了。

（资料来源：蔡昉."雷尼尔效应"与西部开发：经济学家茶座（第1辑）[C]．济南：山东人民出版社，2000.）

本章要点总结

市场是一群交换商品或服务的经济主体以及交易规则和协议。在一个完全竞争市场上，所有的卖者销售相同的商品或服务，任何单个买者或卖者自身都没有强大到能够影响该商品或服务的市场价格的程度。

需求法则说，在几乎所有情况下，在所有其他因素都相同的条件下，当价格下降时，需求量上升。供给法则说，在几乎所有情况下，在所有其他因素都相同的条件下，当价格上升时，供给量上升。

只有在给定价格下的需求量变动时，才会有需求曲线的移动。如果一种商品自身的价格发生变化且需求曲线没有发生移动，那么，自身价格的变动产生了沿着需求曲线的移动。

只有当给定价格下的供给量变动时，才会有供给曲线的移动。如果一种商品自身的价格发生变化且供给曲线没有发生移动，那么，自身价格的变动产生了沿着供给曲线的移动。

竞争均衡是供给曲线与需求曲线的交点。竞争均衡价格使供给量与需求量相等。竞争均衡数量是与竞争均衡价格相对应的数量。

当市场不均衡时，在不同地区、不同时间之间，以及要素市场上发现有潜在的盈利机会，就可利用它们实现套利。

关键概念

需求定理　供给定理　供求定理　替代品　互补品　均衡价格　套利

思考与练习

1. 假定下表显示了一个国家在不同价格下洗衣液的需求量和供给量。

价格/元	需求量/百万千克	供给量/百万千克	价格/元	需求量/百万千克	供给量/百万千克
20	65	35	60	45	55
30	60	40	70	40	60
40	55	45	80	35	65
50	50	50			

（1）利用表格中的数据画出洗衣液市场的需求曲线和供给曲线。
（2）该市场的均衡价格和均衡数量是多少？
2. 解释下列因素将使葡萄酒的供给曲线如何移动。
（1）新灌溉技术增加了葡萄庄园的葡萄产量。
（2）在非熟练劳动力移民增加后，酿酒葡萄采摘工的工资下降了。
（3）政府对季节性雇用设定了最低工资。
3. 解释需求曲线和供给曲线的同时移动如何能够解释以下局面。
（1）糖尿病患者使用的胰岛素注射包的价格从120元上升至135元，但均衡数量不变。

(2) 番茄遭受的虫害增加了生产番茄酱的成本,但番茄酱的均衡数量不变。
(3) 暖冬导致牛群异常庞大,从而导致汉堡的价格下降。

4. 电脑需求函数为 $Q_D = 15 - 2P$,这里的 P 表示电脑的价格。起初,电脑供给函数为 $Q_S = P$。
(1) 求出最初的均衡价格和数量。
(2) 假定存储器芯片和主板(电脑的两个重要部件)的价格上升,结果,电脑供给曲线变成 $Q_S = -3 + P$。求出新的均衡价格和数量。

5. 假设企业甲和企业乙是某市仅有的两家60瓦灯泡的供给商。根据以下两个公司的供给量表格,画出某市60瓦灯泡行业的供给曲线。

供给量表

价格/元	企业甲供给量/只	企业乙供给量/只	价格/元	企业甲供给量/只	企业乙供给量/只
5	10	5	12	25	15
8	15	7	15	35	20

6. 如果不考虑限购,房价的上升对于市场上的住房需求会产生怎样的影响?其中收入效应和替代效应分别是什么?

7. 利用下图,计算并在图中标出当石油价格为每桶50美元时的总生产者剩余。

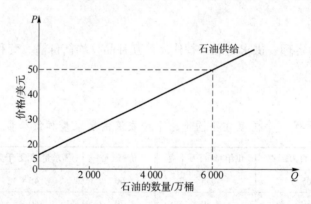

8. 司马迁在《史记·货殖列传》中写道:"百里不贩樵,千里不贩籴。"如何解释?

第三章

管制与市场均衡

学习目标

- 理解经济福利与效率的概念。
- 掌握支持价格与限制价格的分析。
- 理解价格管制对市场均衡的影响。

大师简介

经济学家：维尔弗雷多·帕累托（Vilfredo Pareto，1848—1923年）

简介：意大利经济学家、社会学家，经典精英理论的创始人，社会系统论的代表人物，主要代表作有《政治经济学讲义》和《普通社会学》。

主要成就：提出了帕累托最优的概念，并用无异曲线来帮助发展了个体经济学领域，提出在收入分配既定的条件下，为达到最大社会福利，生产资料配置所必须达到的状态，这种状态称为"帕累托最适度"；在"帕累托分布""帕累托指数"及精英理论方面均有贡献。

导入案例

交通拥堵费简介

交通拥堵费是指在交通拥挤时段对部分拥堵区域的道路使用者收取的一定的费用，其本质上是一种交通管理的经济手段，目的是利用价格机制来限制城市道路高峰期的车流量，达到缓解城市交通拥堵的目的，提高整个城市交通的运营效率。

收取道路拥堵费的做法最初来自20世纪70年代的新加坡。1975年起，新加坡政府在市中心6平方千米的控制区域内,对进入的车辆每天收费3新元的道路拥堵费(公交车除外)。欧洲最早收取交通拥堵费的城市是英国伦敦。从2003年2月起,伦敦对城市中心的行驶车辆征收道路拥堵费。据统计,收取道路拥堵费后,每天进入伦敦市中心的汽车减少了20%~30%,公交车因此较以前提速了25%。2008年3月31日,美国纽约市议会表决通过了在曼哈顿区征收交通拥堵费的提案。根据该提案,从早6时至晚6时,纽约市曼哈顿区60街以南到华尔街商圈路段将加征交通拥堵费,收费标准为轿车每天8美元,卡车每天21美元,出租车多收1美元附加费。中国最早收取交通拥堵费的城市是深圳。2007年起,深圳对进入东门、华强北等容易发生交通拥堵的重点中心城区的车辆进行收费。

(资料来源:张维迎.经济学原理[M].西安:西北大学出版社,2015.)

第一节 经济福利与效率

一、消费者剩余与生产者剩余

我们在第二章了解了消费者剩余与生产者剩余。在无外力影响的情况下,生产者与消费者在均衡价格成交,没有浪费也没有不足,此时,生产者与消费者剩余的总和达到最大,如图3-1所示。需要说明的是,这张图是在完全竞争市场的背景下形成的,消费者与生产者都是既定均衡价格的接受者,并且消费者内部与生产者内部都经过了充分的竞争。

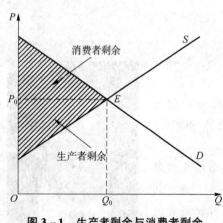

图3-1 生产者剩余与消费者剩余

消费者剩余是自P_0起,由价格与需求曲线围成的阴影面积。反映的是在P_0价格水平时,愿付价格高于均衡价格的所有消费者获得的剩余的总和。它反映了消费者在交易中能够获得的社会福利水平。例如,当你想购买苹果时,你愿意为苹果支付的价格为10元/千克,而当你在市场中购买时,却发现苹果只有6元/千克,这时候如果交易产生,那么你从每千克苹果中获得了4元的消费者剩余。很显然,每个人的愿付价格是不同的,因此每个人从购买中获得的消费者剩余也是不同的。愿付价格越高,消费者剩余就越多,而愿付价格低于市场价格时,交易便无法完成。均衡点右边的需求曲线就是无法成交的需求,这些消费者的愿付价格低于P_0。

生产者剩余是自P_0起,由价格与供给曲线围成的阴影面积。它反映的是在P_0价格水平时,供给价格低于均衡价格的所有生产者获得的剩余总和。它反映了生产者在交易中所能够获得的福利水平。例如,当某个生产杯子的企业的供给价格为3元/个,市场价格是5元/个时,生产者就能从中获得2元的生产者剩余。同样,每一个生产者的供给价格由于效率不同而不同,因此他们所获得的生产者剩余也是不同的。供给价格比市场价格高的企业会在竞争中被淘汰。均衡点右边的就是无法成交的供给。

从图3-1中可以发现,只要能够达成交易,每一个参与交易的主体都能从交易中获得好处。因此，交易是不公平的，只要是自愿交易，每一个人都觉得自己占了便宜。交易越丰富，社会福利越大；交易在理性与自利的条件下自发完成，同时达到社会总剩余的最大。这就是"看不见的手"定理。

在整个均衡里，生产者与消费者之间的交易价格可以通过讨价还价而改变。但无论怎么改变，剩余总会在生产者与消费者之间变化，而不会流出市场。因此，市场的总剩余是不变的。

在整个过程中，竞争是充分的。生产者为了将产品售出，会努力提高生产效率，消费者为了购买到商品而不得不把价格提得更高，而这取决于消费者对商品的渴望程度。因此，我们会发现，资源都被分配到了使用效率最高的使用者手中。可以说，资源配置效率是另一个衡量社会福利的指标。接下来，我们了解一下帕累托效率标准。

二、帕累托效率标准

社会最优标准其实有很多，这里只介绍一个标准，也是经济学研究中最常用的一个标准：帕累托效率（Pareto Efficiency）标准。

帕累托效率（帕累托有效），有时也称帕累托最优（Pareto Optimality），指的是社会资源配置的一种状态。与这种状态相比，不存在另外一种可选择的状态，使得没有人的状况比原来差，而至少有一个人的状况比原来好。换种说法，帕累托效率意味着资源配置已经达到了最好，没有更好。我们也可以换一种更加便于理解的说法：如果资源配置没有更好的选择，那么现在的选择就是最好的。

那么如果存在可能更好的选择呢？那么这种情况很明显没有实现帕累托最优，被称为存在帕累托改进。帕累托改进是指在不使其他人环境变坏的情况下，可以使某人的环境变得更好的资源再配置。帕累托最优与帕累托改进之间存在的简单关系就是：如果存在帕累托改进，则资源配置没有达到最优；而不存在帕累托改进时，资源配置有可能达到帕累托最优。

可见，在竞争环境下，最终的均衡结果是，资源配置总能够实现帕累托最优。我们可以简单举例说明：市场中只有两个生产者A与B，两个消费者甲和乙，一种商品桌子。A生产桌子的成本是50元，B生产桌子的成本是60元。在竞争环境下，桌子的价格会降到60元以下，最终生产资源被配置到A，因为他的成本更低、效率更高。甲和乙购买桌子，当只有一张桌子时，谁出价更高，谁就能买到桌子。在购买力充足的情况下，谁出价高意味着谁对桌子的需求更强烈，最终资源被配置到最需要它的消费者手中。这就是福利经济学第一定理。

可能会有人会对购买力充足提出质疑，因为现实生活中并非最需要的人获得商品，而是有钱人。我们非常同意这个观点，在关注效率时也需要关注公平。因此，政府所要做的事情不是干预资源配置的过程，而是在特殊的情况下使资源的初始配置更加公平。例如，在扶贫商品分配问题上，不应该直接将物品进行发放，而应该平均地给各个家庭发放扶贫券，让他们用券直接在扶贫物品兑换处兑换自己急需的商品。我们只需要做到初始分配的公平，市场的交易会最终使每个人都能够达到资源配置的最优。这就是福利经济学第二定理：社会通过适当安排初始资源禀赋，然后让人们自由交易，就可以实现帕累托最优的资源配置。

第二节 最高限价

一、最高限价的定义

最高限价是指外力迫使某个产品或服务的价格低于均衡价格,这时的价格就形成了最高限价。在第二章讲到,市场在没有外力干预的情况下,是无法长期偏离均衡价格的,如果长期偏离均衡价格,那么一定有外力在干预。而我们通常能够见到的合法的外力,就是政府制定的最高限价。

最高限价出现的初衷是阻止某种商品或劳务价格的上涨,因为这种商品或劳务的价格上涨在政府看来可能会导致一些社会问题。但在实施价格管制时,我们必须了解更多的由于价格管制带来的经济问题:社会福利及效率的损失。那么,具体体现在哪些方面呢?

二、最高限价带来的社会福利损失

(一)短缺

最高限价打开了一个供需的缺口,我们可以用图像来展示它,如图 3-2 所示。

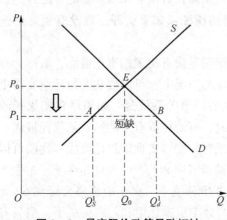

图 3-2 最高限价政策导致短缺

从图 3-2 中可以看出,这些产品由供求关系所决定的均衡价格为 P_0,均衡数量为 Q_0。但这种价格对于低收入者可能是一个比较高的价格。政府为了制止过高的价格,规定的限制价格为 P_1,$P_1 < P_0$,即限制价格一定低于均衡价格。这时的需求量为 Q_d^1,供给量为 Q_s^1,$Q_d^1 > Q_s^1$,产品供给不足,$Q_s^1 - Q_d^1$ 为供给不足部分。如果没有价格管制,需求者之间的竞争将使价格上升,从而吸引更多的供给进入市场。而由于价格管制的存在,供给被冻结了。

由于最高限价导致短缺的例子非常多。如美国 20 世纪 70 年代对石油价格的管制,导致当时美国的加油站从 24 小时营业改为 12 小时营业,甚至 8 小时营业;纽约曼哈顿地区的租金管制使很多想要租房子的人租不到房子;利率的管制也使很多需要资金的企业在面对银行信贷部门时被层层刁难。这些例子在我们身边时常出现,但我们往往忽略了它们产生的原因。

(二)商品及服务的低质量

由于管制导致的短缺,消费者之间产生激烈的竞争。在没有价格管制的情况下,竞争会促使价格上涨,生产者就可以通过价格上涨获得更多的消费者剩余。但当价格无法上涨时,价格以外的因素就会发生作用:卖者通过降低质量而不是提高价格来获取消费者剩余,毕竟管制方只规定了价格的要求,而并没有规定其他的要求。

因此,在价格管制下,即使表面短缺并不明显,但质量的下降却显而易见。书籍用低质量的纸张印刷；新汽车的油气层更薄；甚至为了解决纸张短缺问题，报纸改用了更小的版面。

质量下降的另一种方式是服务质量的下降。一般来说，卖方有动力取悦于买方。但是当价格被控制在市场均衡水平以下时，卖方拥有的顾客量超过了他的需要。没有利润潜力的顾客只是一种负担。因此，在价格不能上涨的时候，我们可以预期质量会下降。例如，石油价格的管制使加油站的全套服务消失了，并且不再是 24 小时营业，甚至最短只营业 8 小时。

同样的案例出现在金融行业，银行贷款的利率管制导致了银行业服务效率的降低，很多信贷客户不得不等待更久的时间以期获得信贷的审批；而相反的是，对于存款客户，他们明显要积极热情得多。

（三）浪费的另类竞争与搜寻成本

从 20 世纪银行业的信贷利率管制看，很多客户被告知，需要进行信贷审批和资质审查。当然，这是基于银行风险管理的必要性。但实际情况是，很多符合贷款要求的客户会在银行进行客户筛选时被淘汰，因为企业规模太小或者贷款时间太短。即便能够通过信贷审查，也可能会因为信贷规模总量的限制，必须等到下一年银行有了信贷规模才能获得贷款，因此需要排队等候。

如图 3-3 所示，不论是价格被管制到 P_0，还是数量被管制到 Q_1，都会导致短缺的长期存在。而消费者为了获得相对短缺的商品，其愿付价格会高到 P_1 水平，消费者之间会展开非常激烈的竞争。但是由于价格（或数量）被管制住了，所以价格是不会上升的，但这并不意味着竞争不存在了，消费者会采取一些其他的方式进行竞争，从而形成了非货币的代价。如果是以排队来决定竞争的结果，那么谁排在前面谁就将获得商品，谁排在后面谁就将无法获得商品，结果仍然是仅有很少的一部分消费者获得了商品。会不会有插队的情况出现呢？这个很难杜绝，因为消费者宁愿付出 $P_1 - P_0$ 的代价去购买一个更加靠前的位置。

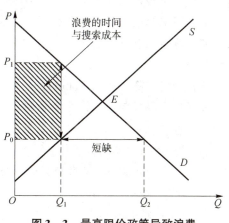

图 3-3　最高限价政策导致浪费

当然，如果我们将分配权交于某个机构或个人手中，那么 $P_1 - P_0$ 将会有很大一部分可能转化为贿赂。消费者会通过贿赂获得优先贷款权，获得项目审批，甚至小到生活中获得优先做手术的权利。不难想象，社会中的很多腐败都与管制有着密切的关系。

价格管制并不能消除竞争，只是改变了竞争的方式。贿赂会使损失转化为权利交易的利得，看似比较合理，但这对法律无疑是一种践踏，因为法律的初衷是激励人们更加守法，而在这里，不守法的人却能够获得优先权。另外，如果用排队去解决竞争问题，那么浪费将更严重。因为排队是一种彻底的浪费，不会产生任何社会价值和财富，人们原本可以用这个时间去生产或休闲，但现在它唯一的意义是被用来决定谁应该获得商品，而这原本是可以通过价格机制快速解决的。在图 3-3 中，我们用阴影的面积来表示这种损失，它是用每单位时间成本 $(P_1 - P_0)$ 乘以 Q_1 来计算的，这部分原本应属于生产者剩余或消费者剩余。

知识链接

公寓租金管制中的奇招

在一个到处都有租金管制的城市里，找一个公寓通常是一个很昂贵的寻找过程。纽约人已经想出了很多奇招，正如比利·克里斯特尔（Billy Cristal）在电影《当哈利遇上莎莉》中的抱怨：你所做的就是，去读讣告栏。是的，你发现有人死了，并跑到那座大楼里，你再给守门人一点小费。为了办事更顺利些，他们所做的事情就是把讣告和房产情况结合起来。比方说，你可能会被告知："克莱因先生今天死了，留下妻子、两个孩子和一套三间卧室的宽敞公寓，以及一个烧木材的壁炉。"

对于那些房东认为不是理想租客的人来说，寻找过程可能会更加昂贵。在管制租金下，找房东租房的人比房东要出租的公寓多。因此，房东们可能会在那些前来租房的人中进行挑选。房东都希望把房子租给那些看上去可能会及时付房租，而又不会给其他房客添麻烦的人，例如，没有小孩和狗的富裕老年夫妇。房东还可能会有种族歧视或其他方面的歧视。实际上，一个看你不顺眼的房东可能会拒绝你，而回头马上就把房子租给下一个排队等候租房的人。当然，即使没有管制，房东也可能会有歧视，但他却必须为歧视付出成本。而在价格管制下，他却不需要承担任何歧视成本了。

通过贿赂房东或住房部经理来获得受租金管制的公寓也是很普遍的现象。贿赂是违法的，但它们很隐蔽。对于一套公寓，可能租金是一个月500美元，却另有5 000美元的"家具"费。房客们把这种搭售称为付"钥匙费"，就好比房租是每个月500美元，但钥匙的费用还得另算。

诺拉·艾芙隆（Nora Ephron）——《当哈利遇上莎莉》的编剧，在一个拥有5间卧室的豪华公寓住了很多年。感谢租金管制，她每个月的房租只有1 500美元。然而，为了能够把她的前任房客赶走，她竟在"钥匙费"上花了24 000美元。

（资料来源：考恩，塔巴洛克．考恩经济学：微观分册［M］．3版．王弟海，译．上海：格致出版社，2018.）

（四）无谓损失

在第一节内容当中我们了解到，在竞争的市场中如果没有一个交易者是资源的控制者，那么交易可以提升每一个人的福利。直观来看，就是生产者获得了生产者剩余，而消费者获得了消费者剩余。在最高限价出现后，生产者无法获得全部的生产者剩余，同时，消费者剩余也减少了，如图3-4所示。消费者与生产者剩余减少的部分并未全部转化为浪费掉的时间与搜索成本（矩形 P_0ABP_1 围成的面积），点 E、A、B 所围成的面积凭空消失了，我们把这部分损失称为无谓损失，或者贸易利得损失。

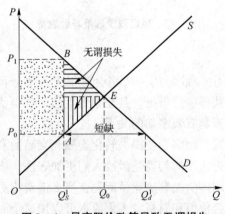

图3-4 最高限价政策导致无谓损失

这部分损失是如何产生的呢？这还需要从交易中获得的好处开始思考。在没有交易时，生产者无法获得利润消费者，也无法进行消费。交易与互换使人们以最优效率的方式进行生产和消费。通过交易，面包师可以获得鞋匠的鞋子，屠夫也可以获得酿酒师的葡萄酒，每个人都在分工中做了自己最擅长并且效率最高的工作，而不需要做其他工作。但当交易无法进行时，整个社会的所有人都必须做每一项工作，效率与福利因此而减少。而这部分无谓损失，正是由于管制带来的交易无法进行所产生的无谓损失。

（五）资源的扭曲配置

从帕累托效率标准可以了解到，在自由竞争的市场中，价格机制像一只无形的手，自发地配置资源，使之总是能够达到某种帕累托最优。而价格管制将打破这一均衡，从而使资源配置被扭曲。

还是以生产和购买桌子为例。A和B两个企业同时生产，一个成本是50美元，另一个成本是60美元。如果我们对价格进行管制，那么这个价格可能有三种情况：①有可能会高于60美元，此时由于短缺，无论A还是B生产，其产品都能够被一抢而空，高成本低效率的B仍然生存了下来，资源中有一半被配置到了这样的企业中；②介于50和60美元之间，B企业直接被淘汰，A企业留下来，但由于价格是不变的，且市场长期处在短缺环境，A企业将失去进一步提升效率的激励，坐吃利润；③低于50元，这种状况最危险，每一个企业都将逃离市场，最终在最高限价的影响下桌子产业将消失。

知识链接

中国药品限价的后果

近年来，中国政府有关部门对不少药品实行了最高限价，希望通过压低药物的价格来保护患者。据媒体报道，像治疗甲亢的一些基本药物由于政府限价，其利润非常低，最终使得18家企业集体逃离了这个行业。在《国家基本药物目录》中，有一种药品叫作"他巴唑"。列入《国家基本药物目录》的药物，其价格不是由市场决定的，而是由国家发展和改革委员会价格司制定最高限价，再通过省级集中招标、统一采购。他巴唑这种药每100片的零售价定在2~3元，生产企业觉得无利可图，所以都没有进行生产，因此就断货了。但这种药有一种进口替代品，叫赛治。因为是进口药，价格不受限制，所以最后取代了国产药。本来比较便宜的国产药就可以治疗甲亢，现在却要用更贵的进口药。虽然政府的初衷是保护消费者，但是实际上却伤害了消费者。由限价导致缺货甚至消失的廉价药远远不止他巴唑，还有一批廉价有效的好药，其都面临消失的尴尬。比如，2011年，心脏手术用药鱼精蛋白出现全国性紧缺，由于没有替代药品，医院一度面临停做心脏外科手术的局面。造成紧缺的原因，也是该药长期维持低价，影响了企业的生产积极性，导致唯一生产厂家——上海第一生化药业有限公司决定停产。

药品限价的弊端已经逐渐被人们认知。2015年5月，国家发展改革委、卫生计生委、人社部等7部委联合下发《关于印发推进药品价格改革意见的通知》（发改价格〔2015〕904号），宣布自2015年6月1日起，除麻醉药品和第一类精神药品仍然实行最高出厂价格和最高零售价格管理外，取消原政府制定的药品价格。

（资料来源：张维迎. 经济学原理[M]. 西安：西北大学出版社，2015.）

再来看消费者：甲和乙本来需要通过价格竞争来购买这张桌子，但是由于实行了最高限价，我们无法知道最终谁更需要这张桌子，他们必须支付同样的价格。短缺迫使甲和乙必须使用其他的方式完成竞争，来决定由谁购买这张桌子。贿赂以及黑市交易都是违法的，于是一种看似公平的方法诞生了：抽签或摇号。

价格管制在消费者方面存在同样的问题，那就是资源的扭曲配置。非价格机制的配置除制造了不公平，同时还使资源被用到了更加低效率的用途上。

三、数量管制

数量管制与最高限价从本质上来讲是一样的，区别在于一个通过限制价格形成短缺，而另一个则直接进行数量的短缺式管理。

数量管制在我们生活中非常常见。例如，出租车牌管制、私家车牌管制、出行限号管制、汽车使用年限管制、购房限制，等等。

第三节 最低限价

一、最低限价的定义

最低限价也称为支持价格，是政府为了保护供给一方的利益而使用的价格管制政策。通常，这类被保护的供给者是农民或者劳动者，如图 3-5 所示。

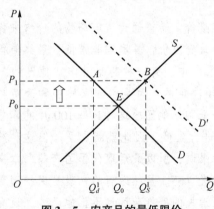

图 3-5 农产品的最低限价

从图 3-5 中可以看出，该行业产品由供求关系所决定的均衡价格为 P_0，均衡数量为 Q_0，政府为了支持该行业生产而规定的支持价格为 P_1，$P_1 > P_0$，即支持价格一定高于均衡价格。这时，需求量为 Q_d^1，而供给量为 Q_s^1。$Q_d^1 < Q_s^1$，即供给量大于需求量，$Q_d^1 - Q_s^1$ 为供给剩余部分。

许多国家通过不同的形式对农产品实行支持价格政策，以稳定农业。在具体运用中，农产品支持价格一般采取两种形式。一种是缓冲库存法，即政府或其代理人按照年份收购全部农产品，在供大于求时增加库存或出口，在供小于求时减少库存以平价进行买卖，从而使农产品价格维持在某一水平上。另一种是稳定基金法，也就是由政府或其代理人按照某种平价收购全部农产品，但并不是建立库存进行存货调节，以平价买卖，而是供大于求时努力维持一定的经济水平，供小于求时使价格不至于过高。在这种情况下，收购农产品的价格也是稳定的，同样可以起到支持农业生产的作用。

支持价格的运用对经济发展和稳定有积极的意义。以对农产品实行的支持价格为例，从长期来看，支持价格政策确实有利于农业的发展。这是因为：第一，稳定了农业生产，减缓了经济危机对农业的冲击；第二，对不同农产品实施不同的支持价格，可以调整农业结构，使之适应市场需求的变动；第三，扩大农业投资，促进了农业现代化的发展和劳动生产率的提高。正因如此，实行农产品支持价格的国家，农业生产发展都较好。

同最高限价一样，最低限价对社会福利也会造成四个不良的后果：过剩；无谓损失；高质量的浪费；资源的扭曲配置。

二、最低限价带来的社会福利的损失

（一）过剩

虽然在农产品市场上，我们看到了支持价格的作用，但在劳动力市场中，这种作用造成了比较严重的后果。在劳动力市场中的最低限价就是最低工资法案。

图3-6中给出了劳动力的供给曲线与需求曲线，并显示出被控制在市场均衡水平之上的价格是如何产生过剩的，即一种劳动力供给量超过需求量的状态。劳动力的过剩有一个特别的名词：失业。

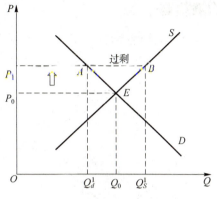

图3-6 最低限价政策导致过剩

知识链接　　　　　　　　**美国的最低工资法案**

最低工资法规定了任何一个雇主要支付的最低劳动力价格。美国国会在《1938年公平劳动标准法案》（*Fair Labor Standards Act of 1938*）中第一次制定了最低工资，以保证工人最低的生活水平。2009年，根据联邦法律，最低工资是每小时7.25美元（某些州规定的最低工资高于联邦规定水平）。大多数欧洲国家也有最低工资法，如法国和英国，最低工资还远远高于美国。

最低工资对青少年劳动力市场的影响最大。青少年的均衡工资往往较低，因为青少年属于技能最低而且经验最少的劳动力成员。此外，青少年为了得到在职培训的机会，往往愿意接受较低的工资（实际上，有些青年人愿意以"实习"之名来工作且不要任何报酬。但是，由于实习不支付工资，所以，最低工资不适用于实习。如果适用的话，这些实习岗位就不会存在了）。结果，最低工资对青少年的限制往往比对其他劳动力成员的限制更大。

许多经济学家研究了最低工资如何影响青少年劳动市场。这些研究者比较了多年来最低工资的变动与青少年的就业变动。虽然对于最低工资如何影响就业仍有一些争论，但有代表性的研究发现，最低工资每上升10%，就会使青少年就业减少1%～3%。在解释这种估算时，我们注意到了，最低工资提高10%并没有使青少年的平均工资提高10%。法律变动并没有直接影响那些工资已大大高于最低工资的青少年，而且，最低工资法的实施也并不彻底。因此，所估算的就业1%～3%的减少是不小的。

除了改变劳动的需求量之外，最低工资还改变了劳动的供给量。因为最低工资增加了青少年可以赚到的工资，也增加了找工作的青少年人数。一些研究发现，较高的最低工资会影响哪些青少年被雇用。当最低工资提高以后，一些正在上学的青少年会选择退学并参加工作。这些新退学的青少年替代了那些在他们之前就已退学就业的青少年，使后者成为新的失业者。

（资料来源：曼昆. 经济学基础 [M]. 6版. 梁小民，译. 北京：北京大学出版社，2014.）

一个适度的最低工资也可能造成失业吗？答案是肯定的。最低工资会减少低技术工人的就业机会。雇主需要支付给低技术工人的工资越高，被雇用的低技术工人就会越少。

自我检测

欧盟向他们的农场主承诺，黄油的价格一定高于最低限价，而最低限价通常在市场均衡价格之上。你认为这一举措带来的后果是什么？

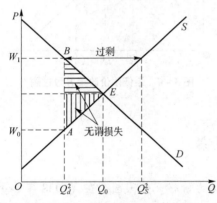

图 3-7 最低限价政策导致无谓损失

（二）无谓损失

如图 3-7 所示，雇主在最低工资水平 P_1 下愿意雇用 Q_d^2 的工人。如果可以提供更低的工资，雇主将会雇用更多的工人。更重要的是，如果允许雇主这样做的话，工人也愿意在更低的工资水平上工作。如果雇主和工人可以自由讨价，工资会下降，被雇用的劳动量会增加到市场均衡下的就业水平。注意，在市场均衡的就业水平下，贸易利得会增加 $\triangle EAB$ 的面积。这个三角形的上半部分是增加的消费者剩余（雇主利得），而下半部分是生产者剩余（劳动者利得）。

虽然最低工资造成了一定的失业，但是在保护就业者工资方面还是起到了重要作用。我们需要了解到的是，获取最低工资的劳动力人口一般在低技术岗位，这意味着这些劳动力具有可替代性。如在建筑工地上，当劳动力被限制了最低工资，原本挖土方工人及搬运工人就很有可能被机器设备取代；当城市清洁工人受到最低工资影响时，他们也很有可能被扫地车和洒水车取代。如果我们大幅度提高最低工资，可以预见的就是这些劳动者的失业。

（三）高质量的浪费

高质量的浪费是指在最低限价的影响下出现了过剩，供给者想尽一切办法来取悦需求者，从而出现了与产品需求无关的高质量选择。这是一种合理的市场反应——当你管制住价格时，供给者就可以在产品的其他方面做文章，从而赢得竞争。这一点与最高限价的效果很相似：竞争一方会使用各种方法合法地绕过监管。

一个很有意思的例子就是，美国民用航空局（CAB）从 1938 年到 1978 年对美国的航线进行了大范围的管制，没有企业能够进入或退出这个市场、选择价格或者在没有 CAB 允许的情况下改变航线。CAB 把价格定在市场均衡价格水平之上，有时甚至拒绝企业提出的降价请求。价格被制定在市场均衡水平之上是因为 CAB 有权控制各州开通航线。美国州内大部分没有被管制。比较一下州内和州间的价格，我们发现有管制的州间机票价格几乎是同里程的州内机票价格的两倍。

可以借助图 3-8 来了解为什么机票价格会相差这么远。在图中，管制价格是 P_1，而航空企业想要卖的票价是 P_2。在航空业刚刚兴起时，有钱的需求者并不是那么多，因此管制价格使航空企业获得了更多的生产者剩余，或者说更多的消费者剩余因为联合定价而被垄断的票价强行占有。

但随着时间的推移，越来越多的人选择乘飞机出行，而航空公司之间也越来越需要通过竞争获取客户。这时的限制价格就制约了价格的竞争。当然，与最高限价相同，航空公司将竞争引入了其他的方面——服务质量。例如，他们会向顾客提供精美的瓷器餐具、更加有特色的美食、宽敞的座位。如果质量的提高是消费者所不愿支付的，那么，它就是一种浪费性的高质量。因此，当公司通过提高质量来进行竞争时，期初所获得的生产者剩余被浪费在这些服务上，消费者虽然也喜欢这些服务，但他们其实并不愿意为此进行支付。因此，图 3-8 中的阴影矩形面积就是高质量的浪费。到

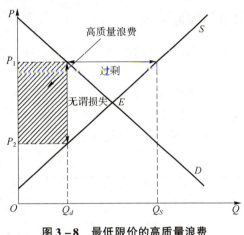

图 3-8　最低限价的高质量浪费

1978 年，航空公司的成本已经增加得非常多，以至于航空公司再也无力在航空管制下盈利，减少了浪费性竞争。取消管制也以另一种方式减少了浪费和提高了效率——提高资源的配置效率。

（四）资源的扭曲配置

限制行业进入扭曲了资源配置，因为低成本的航空公司被阻挡在该行业之外。例如，由于无法从 CAB 获得开通跨州航线的许可证，美国西南航空公司开始只有得克萨斯州州内的航线，在 1978 年取消管制以后，西南航空公司才进入全美市场。

美国西南航空公司的进入不仅仅增加了供给，这一市场过程的本质在于，它为新思想、创新和实验开辟了道路。例如，美国西南航空公司开创先例，使用统一的飞行器来降低维修成本，大量使用像芝加哥 Midway 机场这样的小型机场，长期对燃料成本进行保值。取消管制提高了资源的配置效率，因为它允许低成本的创新型企业在全国扩张。

对价格的管制会对社会福利形成一定的影响，不过市场的应激往往会使管制趋于失效。这是市场与管制之间的博弈，也应该是价格机制的一部分。

本章要点总结

最高限价是指由外力迫使某个产品或服务的价格低于均衡价格，这时的价格就形成了最高限价。最高限价有几个严重的后果：它造成了短缺、产品质量下降、浪费时间排队和其他搜寻成本，以及资源的扭曲配置。

最低限价也称支持价格，是政府为了保护供给一方的利益而使用的价格管制政策。最低限价则造成过剩、无谓损失、浪费性的质量提高，以及资源的扭曲配置。

关键概念

最高限价　最低限价　无谓损失

思考与练习

1. 在苏宁、国美的促销活动中，时常有"进店前20名免费送电饭煲"等活动，据你判断，一早去排队抢电饭煲的人会是谁？你的逻辑是什么？

2. 美国实行房租管制，纽约市的公寓受到租金管制，那里的房东常常要求租户从他们那里购买破旧家具，这是为什么？

3. 假设牛奶市场的供给量和需求量如下表所示。

需求量表

单价/(美元·升$^{-1}$)	需求量/升[①]	供给量/升	单价/(美元·升$^{-1}$)	需求量/升	供给量/升
5	1 000	5 000	2	4 100	2 000
4	2 000	4 500	1	6 000	1 000
3	3 500	3 500			

（1）牛奶的均衡价格和均衡数量是多少？

（2）如果政府把牛奶的最高限价设定为2美元，这会导致牛奶短缺还是过剩？短缺或过剩的数量是多少？卖出的牛奶是多少升？

4. 你认为最低工资对年轻人的工作经验和培训的获得会产生什么影响？

5. 假设政府希望居民能住得起合适的住房，试考察达到这一目标的三种方法。第一种方法是，通过立法使所有房租下降25%；第二种方法是，对所有修建住房的人提供补贴；第三种方法是，直接给予租房者相当于他们房租的25%的补贴。试预测每一种方法在长期和短期对住房价格和数量的影响。

---

① 1升=1立方分米。

第四章

弹性及其应用

学习目标

- 掌握弹性的概念与计算。
- 掌握需求价格弹性、需求收入弹性、需求交叉弹性及其应用分析。
- 掌握供给价格弹性及其应用分析。

大师简介

经济学家：加里·斯坦利·贝克尔（Gary Stanley Becker，1930—2014 年）

简介：1930 年出生于美国宾夕法尼亚州，美国芝加哥大学教授、芝加哥经济学派代表人物之一，1992 年诺贝尔经济学奖得主，被誉为 20 世纪最杰出的经济学家和社会学家之一。主要论著有《歧视经济学》《生育率的经济分析》《人力资本》《人类行为的经济分析》《家庭论》。

主要成就：贝克尔把经济理论扩展到对人类行为的研究，获得巨大成就而荣膺诺贝尔经济学奖。他是现代西方经济学方面最富独创思维的人之一，常常把观察到的明显不相关的现象同某一些原理的作用相联系，从而开拓经济分析的新视野。贝克尔开辟了一个以前只是社会学家、人类学家和心理学家关心的研究领域，他在扩展经济学的范围方面所做的一切是其他经济学家所不及的，是新学术领域的开拓者。也正是如此，沙克尔顿（Ernest Shackleton）将贝克尔称为"作为帝国创建者的经济学家"。贝克尔善于把经济理论运用于对人类行为的研究，把经济理论运用到过去同市场力量没有联系的领域，如社会学、政治学、人口统计学、犯罪学和生物学等。他在研究人类行为时，总是力图用经济学的方法和观点去揭示其经济动因，在分析影响人类行为的各种因素时，始终把经济因素放在重要地位。在运用经济理论分析人类行为方面，贝克尔是一个成功的先驱。

> **导入案例**
>
> **救赎奴隶的经济学**
>
> 在 21 世纪初,不可想象有的国家还依然有奴隶的存在。2000 年秋,哈佛大学大二学生杰伊·威廉姆斯(Jay Williams)飞往苏丹,那里一场可怕的内战已经导致成千上万人死亡。妇女和儿童在交战部落的袭击中被俘虏,并沦为奴隶和成为勒索赎金的对象。同并肩作战的基督教人权组织(Christian Solidarity International)一起,威廉姆斯为 4 000 人的释放支付了赎金。
>
> 但是,威廉姆斯做的事情是对的吗?这是一个非常严肃的问题,也是一个无论是从道德上还是从经济学上讲,都极其复杂的问题。在为释放奴隶支付赎金的同时,威廉姆斯是不是可能正在促使更多的人重新沦为奴隶呢?如果是这样的话,有多少人会重新沦为奴隶?由于奴隶制度的可怕后果,我们有必要谨慎地思考处理这一问题的最好方法。也许会令你惊讶,"弹性"这一经济学概念,可能会帮助大家更清楚地想出一种有效的政策来结束这一奴隶制度。
>
> (资料来源:考恩,塔巴洛克. 考恩经济学:微观分册[M]. 3 版. 王弟海,译. 上海:格致出版社,2018. 略有改动)

第一节 弹性概述

前面章节分析了需求与价格、供给与价格之间的关系,这种关系表现为方向上的相互影响,这很重要。但有时我们需要关注的内容可能会更多、更细致,比如两个变量之间相互影响的幅度有多大,例如当价格上涨了一定幅度时需求下降了多大幅度。这对于企业定价、营销策略制定、政策制定、消费者选择都具有非常重要的意义。对这种变化幅度的研究主要使用的工具就是弹性。

弹性分析最早是数学中用来分析两个相关变量之间关联度及敏感度的一种重要分析工具。弹性的引入主要是为了解决需求、供给与价格以及其他相关影响因素的关联度及敏感度的问题,在一定程度上为企业和消费者决策提供分析参考依据。

一、弹性计算方法

弹性是一个物理学名词,指一物体对外部力量的反应程度。在经济学中,弹性是在经济变量之间存在函数关系时,因变量对自变量变化的反应程度。弹性的大小可用弹性系数来表示。弹性系数是因变量变动比率与自变量变动比率的比值,公式为:

$$弹性系数 = \frac{因变量的变化率(\%)}{自变量的变化率(\%)}$$

对于任意函数 $y = f(x)$ 都可以求它的弹性,其中因变量变化率可以用 $\Delta y/y$ 来表示,自变量变化率我们可以用 $\Delta x/x$ 来表示,用 E 表示弹性系数,那么弹性计算公式就可以写为:

$$E = \frac{\dfrac{\Delta y}{y}}{\dfrac{\Delta x}{x}}$$

或者表示为：

$$E = \frac{\Delta y}{\Delta x} \cdot \frac{x}{y}$$

可以发现，几乎所有存在函数关系的经济学变量之间都能够求其相关弹性。不过在计算过程中，我们还要注意一些计算技巧。

二、点弹性与弧弹性

弹性的计算不仅取决于变化量 Δy 与 Δx 的大小，y 与 x 的初始量取值也有很大的影响，当这个变化量取值比较大时，计算出的弹性结果就会相差很远。如图 4 – 1 所示。

由点 A 向点 B 变化的弹性为：

$$E = \left| \frac{y_2 - y_1}{x_2 - x_1} \right| \cdot \frac{x_1}{y_1}$$

而由点 B 向点 A 变化的弹性为：

$$E = \left| \frac{y_1 - y_2}{x_1 - x_2} \right| \cdot \frac{x_2}{y_2}$$

很明显，计算结果是不一样的，这不符合我们的认知，因为两点间的弹性不论从哪个方向去计算，结果应该是一样的。这个问题的出现是因为计算方法不合理。因此，我们要修正计算方法。可以看出，问题的关键是初始 y 和 x 的值是取点 A 的值还是取点 B 的值。所以我们有了两种解决办法：点弹性和弧弹性。

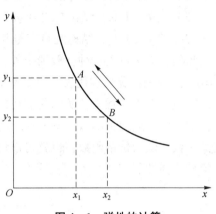

图 4 – 1　弹性的计算

（一）点弹性

点弹性计算的基本思想就是消灭掉一个点：当 Δx 取值非常小的时候，我们认为点 A 和点 B 几乎是重合的，点 A 的点弹性为：

$$E = \lim_{\Delta x \to 0} \frac{\Delta y/y}{\Delta x/x} = \frac{\partial y}{\partial x} \cdot \frac{y}{x}$$

这样，每给出一个点的 X 值和 Y 值，就可以直接求出该点的弹性大小。这种方法适用于变化相对比较小的情况，而当变化量比较大的时候，就不能使用点弹性计算公式，而要考虑使用弧弹性计算公式。

（二）弧弹性

从图 4 – 1 中可以看出，点 A 的初始量 x_1、y_1 与点 B 初始量 x_2、y_2 的差异很大，那么如何处理这两个初始变量的取值才能让弹性计算结果一致呢？最简单的方法就是取两点值的算术平均值。因此，弧弹性计算公式为：

$$E = \frac{y_1 - y_2}{x_1 - x_2} \cdot \frac{(x_2 + x_1)/2}{(y_2 + y_1)/2}$$

这样，不论是从点 A 到点 B，还是从点 B 到点 A，计算结果都只有一个，符合我们对弹性结果的认知。

弧弹性的计算主要针对的是两点间的弹性计算，通常情况下，我们更加关注点弹性的计算结果，因为它能够更加准确地反应出弹性的大小。

三、弹性的分类

弹性的计算其实是在比较大小：是 X 变化率大还是 Y 的变化率大。数学中经常用到的比大小的方法有两种：做差和零比；做商和 1 比。很明显，弹性属于后者。负值在这里是没有意义的，它仅代表方向，因此我们取绝对值，这样和 1 比大小就有了意义。

按照弹性的大小可以将它在数轴上基本分为三类。

(1) 当 $E > 1$ 时，结论是因变量变化更大，我们称这种结果为富有弹性。
(2) 当 $E < 1$ 时，结论是自变量变化更大，我们称这种结果为缺乏弹性。
(3) 当 $E = 1$ 时，结论是自变量和因变量变化一样大，我们称这种结果为单位弹性。

当然，除了以上三种一般情况外，我们还可能碰到另外两种比较特殊的情况：$E \to \infty$ 及 $E = 0$。这两种情况分别代表了函数对自变量无限敏感及函数与自变量无关的情况，实际弹性计算值没有太大意义，所以我们更加关注前三种情况。

如果将上述随机函数 $y = f(x)$ 变换为之前学过的需求价格函数、需求收入函数、需求交叉函数、供给价格函数，也就可以计算出需求价格弹性、需求收入弹性、需求交叉弹性及供给价格弹性了。

第二节　需求价格弹性

将 $Q_d = f(P)$ 作为目标函数，可以计算需求量对于价格的反应程度，这个弹性就被称为需求价格弹性。

一、需求价格弹性的含义

需求价格弹性又称需求弹性，指价格变动的比率所引起的需求量变动的比率，即需求量变动对价格变动的反应程度。显然，需求价格弹性反映了消费者对该商品价格变化的敏感程度。各种商品的需求弹性是不同的，一般用需求弹性的弹性系数来表示弹性的大小。需求弹性的弹性系数是需求量变动的比率与价格变动的比率的比值。如果以 E_d 代表需求弹性的弹性系数，以 P 代表价格，ΔP 代表价格的变动量，Q 代表需求量，ΔQ 代表需求的变动量，则需求价格弹性的弹性系数公式为：

$$E_d = \frac{\Delta Q / Q}{\Delta P / P} = \frac{\Delta Q}{\Delta P} \cdot \frac{P}{Q}$$

例如，某商品的价格从 5 元下降为 4 元时，需求量从 20 万吨增加到 30 万吨，求需求价格弹性。

解：在这里有 $P_1 = 5$，$P_2 = 4$，$Q_1 = 20$，$Q_2 = 30$。

按公式可得：$E_d = \dfrac{30 - 20}{4 - 5} \cdot \dfrac{5}{20} = -2.5$

所求得的结果表明，当该商品价格下降 1 个百分点时，需求量将增加 2.5 个百分点。值得注意的是，由于商品需求量一般是与其价格反向变动的，所以需求价格弹性一般是一个负数。在经济学中，为了方便起见，一般会省略掉负号，取它的绝对值。如上例中会说，该商品的需求价格弹性系数为 2.5，而不说 -2.5。

二、需求价格弹性的分类

根据需求弹性的弹性系数大小，可以把需求的价格弹性分为五类。

第一类，需求完全无弹性，即 $E_d = 0$。在这种情况下，无论价格如何变动，需求量都不会变动。这时的需求曲线是一条与横轴垂直的线，如图 4-2 中的曲线 D_1 所示。

第二类，需求有无限弹性，即 $E_d \to \infty$。在这种情况下，当价格既定时，需求量是无限的。这时的需求曲线是一条与横轴平行的线，如图 4-3 所示的曲线 D。

第三类，需求单位弹性，即 $E_d = 1$。在这种情况下，需求量变动比率与价格变动的比率相等。这时的需求曲线是一条正双曲线，如图 4-2 中的曲线 D_2。

以上三种情况在现实中是很少的，现实中常见的是以下两种。

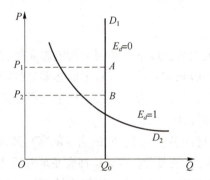

图 4-2　需求无弹性和需求单位弹性的需求曲线

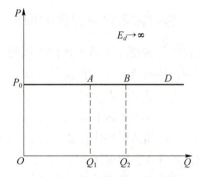

图 4-3　无限弹性的需求曲线

第四类，需求缺乏弹性，即 $1 > E_d > 0$。在这种情况下，需求量的变动比率小于价格变动的比率。这时的需求曲线是一条比较陡峭的线，如图 4-4 所示的需求曲线。

第五类，需求富有弹性，即 $E_d > 1$。在这种情况下，需求量变动的比率大于价格变动的比率。这时的需求曲线是一条比较平坦的线，如图 4-5 所示的需求曲线。

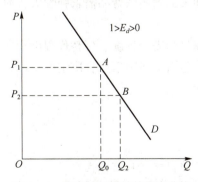

图 4-4　需求缺乏弹性的需求曲线

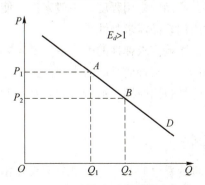

图 4-5　需求富有弹性的需求曲线

> 知识链接

处方药需求缺乏弹性

许多人认为处方药和其他救命药物的需求应该完全无弹性。毕竟患者如果不吃药就可能会死,而且许多情况下药费由保险公司支付而非患者承担,这两个因素导致药物需求相对缺乏弹性。但是外科手术和生活方式的改变成为许多救命药物的替代品,经济理论预测救命药物的需求不可能完全无弹性。

研究发现,心血管病药物的需求弹性为0.4,抗感染药物的需求弹性为0.9,心理治疗药物的需求弹性为0.3,抗溃疡药物的需求弹性为0.7。由此可得:救命药物的需求缺乏弹性但并非完全无弹性。

需求价格弹性的计算是基于行业内每种药物的需求数据,对行业内的特定品牌而言,需求价格弹性可能更敏感。

(资料来源:贝叶,普林斯. 管理经济学 [M]. 8版. 王琴,译. 北京:中国人民大学出版社,2017.)

三、影响需求价格弹性的因素

为什么各种商品的需求弹性不同呢?一般说来,以下几种因素影响着需求弹性的大小。

第一,消费者对某种商品的需求程度。一般来讲,消费者对生活必需品的需求强度大而稳定,所以生活必需品的需求弹性就小,像粮食、油、盐、蔬菜这类生活必需品的需求弹性都较小。而奢侈品、高档消费品的需求价格弹性就较大。

第二,商品的可替代程度。如果一种商品有许多替代品,它的需求就富有弹性,因为价格上升时,消费者会购买其他替代品,价格下降时,消费者会购买这种商品来取代其他替代品。

第三,商品在家庭支出中所占的比例。在家庭支出中所占比例小的商品,价格变动对需求的影响小,需求弹性也小。在家庭支出中占比例大的商品,价格变动对需求的影响大,需求弹性也大。

第四,商品本身用途的广泛性。一般来说,商品的用途广泛,需求弹性就大;用途小,则需求弹性也小。因为一种商品的用途越多,消费者的需求在这些用途之间进行调整的余地越大,需求量做出反应的幅度也就越大。

第五,商品的耐用程度。一般来讲,使用时间长的耐用消费品需求弹性大,而使用时间短的非耐用消费品需求弹性小。

在以上影响需求弹性的因素中,最重要的是商品的需求程度、可替代程度和在家庭支出中所占的比例。某种商品的需求弹性到底有多大,是由上述因素综合决定的。而且,某种商品的需求弹性也因时期、消费者收入水平和地区而不同。

> 自我检测

计算机的需求和戴尔计算机的需求相比,哪一种需求更具有弹性?

四、需求价格弹性的运用：需求价格弹性与总收益

需求价格弹性的大小，同消费者购买该商品的货币支出变动和生产者的总收益都密切相关。因为价格变动引起需求量的变动，从而引起了消费者货币支出的变动。同时，消费者的支出和生产者的收益在量上是相同的，即为价格和销售量（需求量）的乘积。所以分析需求弹性对总收益的影响实际上也是分析需求弹性对居民户总支出的影响。

总收益也可以称为总收入，指厂商出售一定量商品所得到的全部收入，即销售量与价格的乘积。如果以 TR 代表总收益，Q 为销售量，P 为价格，则总收益的计算公式为：

$$TR = P \cdot Q$$

按这个公式，好像只要提高价格，总收益就会增加；降低价格，总收益就一定会减少。实际上并不是这样的，由于各种商品的需求价格弹性不同，价格变化对总收益的影响也不一样。下面，我们分别分析需求富有弹性的商品与需求缺乏弹性的商品的需求价格弹性与总收益之间的关系。

（一）需求富有弹性的商品需求弹性与总收益的关系

如果某种商品的需求富有弹性，当该商品的价格下降时，需求量（从而销售量）增加的幅度大于价格下降的幅度，从而使总收益（即总支出）增加；当该商品的价格上升时，需求量（销售量）减少的幅度大于价格上升的幅度，所以总收益（总支出）会减少。可以得出：如果某种商品的需求是富有弹性的，则价格与总收益成反方向变动，即价格上升，总收益减少；价格下降，总收益增加。可用图 4-5 来说明。

在图 4-5 中，D 是某种需求富有弹性的商品的需求曲线，当价格为 P_1 时，需求量为 Q_1，总收益为 OQ_1AP_1；当价格为 P_2 时，需求量为 Q_2，总收益为 OQ_2BP_2，而 $OQ_2BP_2 > OQ_1AP_1$。当价格由 P_1 降为 P_2 时，总收益由 OQ_1AP_1 增加到 OQ_2BP_2；相反，当价格由 P_2 上升到 P_1 时，总收益由 OQ_2BP_2 减少到 OQ_1AP_1。根据这种需求富有弹性的商品价格上升与下降引起的总收益的变化可以得出：如果某商品的需求是富有弹性的，则价格与总收益成反方向变动，即价格上涨，总收益减少；价格下降，总收益增加。

需求富有弹性的商品价格下降而总收益增加，就是一般所说的"薄利多销"的原因所在。所以，能够做到薄利多销的商品是需求富有弹性的商品。

（二）需求缺乏弹性的商品需求弹性与总收益的关系

如果某种商品的需求是缺乏弹性的，当该商品的价格下降时，需求量（从而销售量）增加幅度小于价格下降的幅度，从而总收益（即总支出）会减少；相反，当该商品的价格上升时，需求量（销售量）的减少幅度小于价格上升的幅度，从而总收益（即总支出）会增加。可用图 4-4 来说明。

在图 4-4 中，D 是某种需求缺乏弹性的商品的需求曲线，当价格为 P_1 时，需求量为 Q_1，总收益为 OQ_1AP_1；当价格为 P_2 时，需求量为 Q_2，总收益为 OQ_2BP_2，而 $OQ_2BP_2 < OQ_1AP_1$。当价格由 P_1 降为 P_2 时，总收益由 OQ_1AP_1 减少到 OQ_2BP_2；相反，当价格由 P_2 上升到 P_1 时，总收益由 OQ_2BP_2 增加到 OQ_1AP_1。根据这种需求缺乏弹性的商品价格上升与下降引起的总收益的变化可以得出：如果某商品的需求是缺乏弹性的，则价格与总收益成同方向变动，即价

格上涨,总收益增加;价格下降,总收益减少。

"谷贱伤农"就是这个道理。在丰收的情况下,由于粮价下跌,农民的收入减少了。因为农产品属于需求缺乏弹性的商品,丰收造成粮价下跌,并不会使需求同比例增加,从而使总收益减少,农民受损失。

知识链接　　　　　　第一刚需商品——盐

食盐作为人类生存最重要的物质之一,是日常烹饪中必备的调味料。盐的主要化学成分是氯化钠(NaCl),它占食盐的比重为99%。中国盐业起源已经无法精确追溯,我们只能从相关资料中窥见一二。许慎《说文解字》中对盐的解释是:"卤咸也。从卤,监声。古者,宿沙初作煮海盐。"由于食盐几乎没有替代品且需求量巨大,所以其需求弹性极小,因此,对盐业经营实行管制甚至由政府直接垄断,就成为政府获取财政收入的重要手段。

中国早在周朝就有对盐征消费税的记载。春秋时期,管仲在齐国的经济改革中创立了食盐专卖。此后除了隋朝和唐朝初期之外,历代政府为确保政府财政收入,对盐业生产大都实行征税或专卖制度。

西汉汉武帝即位以后,盐业专卖变得非常严苛。汉武帝时,对民间私自贩盐执行严格的处罚。西汉昭帝时期,废除了铁、酒专营的限制,但是仍然保留了盐业专卖。到了东汉光武帝时期,食盐专卖被废止,改为征税。此后直到唐朝中期前,政府对食盐交易的管制相对比较宽松。

从宋朝以后,政府和盐业商人处于半合作、半竞争的状态。盐商们需要从政府获得经营盐业的特许权,向政府交纳盐课,赚得比普通商人更高的利润。由于高利润的诱惑,尽管有严酷的刑法惩罚,民间私盐贩卖还是屡禁不止。明朝洪武时期,国家设立九边进行北方防御。为了支撑防御的补给,洪武帝朱元璋与山西商人达成了协议,要求山西商人向大同、居庸关等几大边关要塞输送粮食。作为回报,朝廷赋予山西商人合法贩卖官盐的资格。由此,山西商人获得了河东盐池和两淮的盐引。清代政府对盐业的管制大致与明代类似。鸦片战争之后,日、俄等国染指中国盐业,且国内私盐盛行,专卖制度形同虚设。

改革开放以来,中国食盐管理体制不断变迁,但盐业专卖制度一直延续。2014年10月29日,国家发改委主任办公会议通过盐业体制改革方案,决定从2016年起废止盐业专营,2017年放开所有盐产品市场价格。

(资料来源:维基百科词条"盐业专卖")

第三节　需求收入弹性

除了价格,在影响需求的因素中还有很多其他的影响因素,收入是其中非常重要的一个。把 $Q_m = f(M)$ 作为目标函数,研究收入和商品需求量的关系时,就可以研究需求收入弹性了。

一、需求收入弹性的含义

需求收入弹性是指收入变动的比率所引起的需求量变动的比率,即需求量变动对收入变动的反应程度。不同的商品,需求的收入弹性不尽相同,一般用需求收入弹性的弹性系数来表示和比较其弹性的大小。需求收入弹性系数是需求量变动比率与收入变动比率的比值。设 E_M 为需求的收入弹性系数,Q 为需求量,ΔQ 为需求的变动量,M 为收入,ΔM 为收入的变动量,则收入弹性的弹性系数的计算公式为:

$$E_M = \frac{\Delta Q/Q}{\Delta M/M}$$

二、需求收入弹性的分类

一般来说,消费者的收入与需求量是同方向变动的。但各种商品的需求收入弹性大小并不相同,大致可分为五种类型。

第一种,收入无弹性,即 $E_M = 0$,意味着无论消费者收入如何变动,需求量都不变。这时,需求收入曲线是一条垂线,如图 4 - 6 中曲线 A 所示,这类商品如食盐等。

第二种,收入富有弹性,即 $E_M > 1$,意味着需求量的变动幅度大于收入变动的幅度。这时,需求收入曲线是一条向右上方倾斜而比较平坦的线,如图 4 - 6 中曲线 B 所示,这类商品如高档消费品。

第三种,收入缺乏弹性,即 $E_M < 1$,意味着需求量的变动幅度小于收入变动的幅度。这时需求收入曲线是一条向右上方倾斜而比较陡峭的线,如图 4 - 6 中曲线 C 所示,这类商品如粮食等。

第四种,收入单位弹性,即 $E_M = 1$,意味着需求量变动的幅度与收入变动的幅度相同。这时,需求收入曲线是一条向右上方倾斜而与横轴成 45 度的线,如图 4 - 6 中曲线 D 所示。

第五种,收入负弹性,即 $E_M < 0$,意味着需求量的变动与收入变动成反方向变动。这时,需求收入曲线是一条向右下方倾斜的线,如图 4 - 6 中曲线 E 所示。

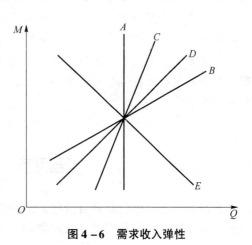

图 4 - 6 需求收入弹性

以上五种类型中,前四种属于正常情况,弹性系数为正值,表明需求量与收入成同方向变动。第五种则属于特殊情况,弹性系数为负值,表明需求量与收入成反方向变动。一般来说,高档消费品、耐用消费品收入弹性较大,消费者收入增加会导致这些消费品的消费大幅度增加;而一般生活必需品的收入弹性较小,消费者收入增加只会导致这些商品的消费较小幅度增加;而收入弹性为负值的商品,如玉米面、高粱米等,随着消费者收入的增加,消费反而减少,因为收入增加以后,消费者就会少买粗粮而多买细粮。

三、需求收入弹性的应用:恩格尔定律

19 世纪,德国统计学家恩格尔根据他对德国某些地区消费统计资料的研究,提出了一个定理:随着家庭收入的增加,食物开支所占的比例会越来越小。这就是恩格尔定律,也可以用恩格尔系数来表示。恩格尔系数是指食物支出与全部支出之比,公式表示为:

$$恩格尔系数 = \frac{食物支出}{全部支出}$$

恩格尔系数可以反映一国或一个家庭的富裕程度与生活水平。一般来说,恩格尔系数越高,富裕程度和生活水平越低;恩格尔系数越低,富裕程度和生活水平越高。

知识链接

恩格尔系数与恩格尔曲线

恩斯特·恩格尔(Ernst Engel)是19世纪德国统计学家和经济学家,以恩格尔曲线和恩格尔系数闻名。恩格尔根据统计资料,对消费结构的变化得出一个规律:一个家庭收入越少,家庭收入中用来购买食物的支出所占的比例就越大;随着家庭收入的增加,家庭收入中用来购买食物的支出所占比例则会下降。推而广之,一个国家越穷,每个国民的平均收入中用于购买食物的支出所占比例就越大;随着国家的富裕,该比例呈下降趋势。这就是恩格尔定律。而食品支出总额占个人消费支出总额的比重即恩格尔系数。

国际上常常用恩格尔系数来衡量一个国家和地区人民生活水平的状况。根据联合国粮农组织提出的标准,恩格尔系数在59%以上为贫困,50%~59%为温饱,40%~50%为小康,30%~40%为富裕,低于30%为最富裕。按此划分标准,20世纪90年代,恩格尔系数在20%以下的只有美国,达到16%;欧洲、日本、加拿大的恩格尔系数一般在20%~30%,是富裕状态;东欧国家的恩格尔系数一般在30%~40%,相对富裕;剩下的发展中国家,基本上分布在小康状态。根据我国数据,我国城乡的恩格尔系数已经从改革开放初期的温饱水平步入了小康甚至富裕水平。

恩格尔曲线是刻画商品消费数量随着收入增长而变动的路径,由消费者的收入消费曲线推导得出。必需品的恩格尔曲线为递增的凹函数,表明必需品的需求量随着收入的增加而增加得越来越慢;奢侈品的恩格尔曲线为递增的凸函数,表明奢侈品的需求量随着收入的增加而增加得越来越快;劣等品的恩格尔曲线的斜率是负的,表明劣等品的需求量随着收入的增加而减少。

(资料来源:张维迎.经济学原理[M].西安:西北大学出版社,2015.)

第四节 需求交叉弹性

商品的需求量不仅对自身价格和消费者收入的变化有反应,而且对其他相关产品的价格变化也有反应,这就是需求交叉函数:$Q_x = f(P_y)$,同理我们可以研究需求交叉弹性。

一、需求交叉弹性的含义

需求交叉弹性是指在相关的两种商品中,一种商品价格变动的比率所引起的另一种商品需求量变动的比率,即一种商品的需求量变动对另一种商品价格变动的反应程度。如果 E_{xy} 表示商品的交叉弹性系数,P_y 表示 y 商品的价格,ΔP_y 表示 y 商品价格的变动,引起 x 商品需求量的变动为 ΔQ_x,则需求弹性公式为:

$$E_{xy} = \frac{\Delta Q_x / Q_x}{\Delta P_y / P_y}$$

需求的交叉弹性用于研究替代品之间或互补品之间的价格与需求量的变动之间的关系。当两种商品彼此为替代品时，一种商品的需求量与另一种商品价格之间成同方向变动，其交叉弹性的弹性系数为正值，且交叉弹性系数越大，两种商品之间的替代性就越大。如羊肉价格上升将使牛肉的需求量上升，因为消费者将会多买牛肉而少买羊肉。同样，当羊肉价格下降时，消费者将改买羊肉以代替牛肉，牛肉的需求量也下降。当两种商品彼此为互补品时，一种商品的需求量与另一种商品价格之间成反方向变动，其交叉弹性的弹性系数为负值，且交叉弹性系数的绝对值越大，则两种商品之间的互补性越大。例如照相机的价格上升，购买量减少，会使胶卷的需求量下降，因为照相机与胶卷必须结合使用；同样，如果照相机价格下降，其购买量增加，对胶卷的需求量也必然增加。两种商品的交叉弹性系数为零，则表明这两种商品既不是替代品，也不是互补品。

知识链接　　　　　不同交叉价格弹性的例子

下表总结了经济学家利用过去几十年间的消费和价格数据估计得到的几个交叉价格弹性值。从这些例子中得到的第一个见解是肉和鱼、服装和娱乐、全脂牛奶和低脂牛奶等商品是替代品，肉和土豆、食品和娱乐是互补品。第二个见解是交叉价格弹性的大小。例如，全脂牛奶和低脂牛奶的交叉价格弹性为0.5，这告诉我们，全脂牛奶的价格上升10%导致对低脂牛奶的需求增加5%。经济学家发现，这些弹性估计值可以用于预测经济的某个部分的变动对另一个部分的需求会产生何种影响。政策制定者用这些估计值来理解对一种商品征税会如何影响另一种商品的需求。

交叉价格弹性值

商品类型	交叉价格弹性	商品类型	交叉价格弹性
肉和鱼	1.6	肉和土豆	-0.2
服装和娱乐	0.6	食品和娱乐	-0.7
全脂牛奶和低脂牛奶	0.5		

（资料来源：阿西莫格鲁，莱布森，李斯特. 经济学：微观部分 [M]. 卢远瞩，尹训东，译. 北京：中国人民大学出版社，2016.）

二、需求交叉弹性的应用：反垄断

通过上述分析可以知道，需求交叉弹性可以用来判定两种商品之间的关系。有时很难一眼看出两种商品之间具有什么关系，其实只需要观察一下当其中一个商品价格上涨或下降时，另一个商品的需求量的变化情况。E_{xy}如果等于0，表明它们之间基本没有什么关系；当E_{xy}大于零时，它们之间是竞争关系的替代品。这一点非常重要，也常常被拿来衡量一个企业的企业势力是否达到垄断标准。

尽管企业可以拿到很多证据证明自己没有垄断，但通过计算需求交叉弹性就可以发现是否有产品和它发生竞争。E_{xy}很小，意味着这家企业拥有强大的市场势力，使得它们的产品无法被替代,几乎没有市场竞争。这将作为企业垄断的重要依据,而这家企业很有可能面临反垄断法的制裁。同样的道理,E_{xy}比较大,说明市场中产品的替代性很强,竞争比较充分,这是有利于提升整个社会福利与效率的。

第五节 供给价格弹性

一、供给价格弹性的含义

影响供给的因素对供给的影响程度也要运用供给弹性理论来分析。所谓供给弹性,是指供给量对影响供给因素的变量变化所做出的反应程度。供给弹性可以分为供给价格弹性、供给收入弹性与供给交叉弹性。供给弹性通常是指供给的价格弹性,它是指价格变动的比率所引起的供给量变动的比率,即供给量变动对价格变动的反应程度。

各种商品的供给弹性是不同的,一般用供给弹性的弹性系数来表示弹性的大小。供给弹性的弹性系数是指供给量变动的比率与价格变动的比率的比值。设 E_s 为供给弹性的弹性系数,P 表示价格,ΔP 表示价格的变动量,Q 表示供给量,ΔQ 表示供给的变动量,则供给弹性系数的公式为:

$$E_s = \frac{\Delta Q/Q}{\Delta P/P}$$

形式上,供给弹性公式与需求弹性公式完全相同,只是 Q 所代表的是供给量,而不是需求量。

二、供给价格弹性的分类

供给价格弹性也可以分为五种类型。

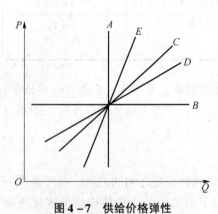

图 4-7 供给价格弹性

第一种,供给无弹性,即 $E_s = 0$。它是一条垂直于横轴的直线,表示无论价格怎样变化,供给量都固定不变,如图 4-7 中的曲线 A,这类商品如土地、文物、某些艺术品等。

第二种,供给有无限弹性,即 $E_s \to \infty$。它是一条平行于横轴的直线,表示在某一既定的价格下,供给者可以无限地提供产品,如图 4-7 中的曲线 B。

第三种,单位供给弹性,即 $E_s = 1$。它是一条向右上方倾斜且与横轴成 45 度角的线,表示价格变动的百分比与供给量变动的百分比相同,如图 4-7 中的曲线 C。

第四种,供给富有弹性,即 $E_s > 1$。它是一条向右上方倾斜且与相对平滑的线,表示供给变动的幅度大于价格变动的幅度,如图 4-7 中的曲线 D。

第五种,供给缺乏弹性,即 $E_s < 1$。它是一条向右上方倾斜且与比较陡峭的线,表示供给量变动的幅度小于价格变动的幅度,如图 4-7 中的曲线 E。

三、影响供给价格弹性的因素

在现实经济生活中,影响供给价格弹性的因素比影响需求的因素还要复杂,主要有以下几点。

第一,供给时间的长短。市场上要使供给量增加或减少,都必须经过一段时间,调整生产要素、组合,改变生产规模,从价格变化到供给量的变化有一个过程,存在一个时滞,时间越短,供给弹性越小,时间越长,供给弹性越大。

第二,生产成本的变化。如果产量增加引起成本增加,供给弹性就小,反之就大。

第三,供给的难易程度。容易生产且生产周期短的产品的供给弹性大,而不易生产且生产周期长的产品,供给弹性小。

第四,生产要素的供给情况。生产要素供给充足,或生产要素价格较低,供给弹性大;反之,供给弹性就小。

知识链接　　　　　麦当劳应该对弹性感兴趣吗?

企业感兴趣的是利润,因为利润对企业而言是最重要的因素。但是,在达到任何利润目标前,企业必须先有收益。收益就是企业从销售其商品和服务中得到的钱的数量。例如,粗略的计算表明,在2013年,麦当劳卖掉了156亿个汉堡,单价大约为2.5美元。因此,麦当劳通过汉堡销售得到了390亿美元的收益。

汉堡收益如何随价格和收入变动而变动是麦当劳特别感兴趣的问题。正如我们在本章所讨论的,决定在价格变动时收益如何变动的秘密是弹性。

正如我们所说明的,当需求无弹性时,麦当劳汉堡涨价将导致收益增加;相反,当需求有弹性时,汉堡涨价将导致收益减少。原因是:当需求无弹性时,价格上升导致的需求量下降相对较少,因此收益将增加;当需求有弹性时,价格上升导致的需求量下降相对较多,这时收益实际上是下降的。

由于这一有趣的性质,价格弹性对企业和政策制定者很重要。对快餐店需求弹性的研究表明,该行业的弹性为0.8。

那么,为什么麦当劳不提高汉堡的价格呢?(提示:思考麦当劳是否面临着这一行业弹性。如果不是,麦当劳面临的弹性是高于还是低于这一行业弹性?另一个应考虑的因素是汉堡价格如何影响麦当劳其他产品的销售。)

我们刚刚提到,其他弹性也很重要。例如,食品和娱乐之间的交叉价格弹性为-0.7,这意味着它们是互补品。

如果麦当劳的汉堡与娱乐之间有着相似的关系,那么,当娱乐的价格上涨10%时,麦当劳可以预期它的产品的需求将下降7%,这个见解对定价和存货管理是很重要的。

同样,一旦理解了收入变动如何影响其产品的需求,麦当劳可以运用广告、定价或其他手段来维持健康的财务状况。

(资料来源:阿西莫格鲁,莱布森,李斯特.经济学:微观部分[M].卢远瞩,尹训东,译.北京:中国人民大学出版社,2016.)

自我检测

某一汽车生产商设计了一种实验性的节能型汽车配件,得到了评论家们的好评,这导致对该种配件的需求大大增加。短期内该配件的供给弹性如何?长期会怎么样?

_____
_____

四、供给价格弹性的应用:轻资产

一个供给高弹性企业应该具备的基本特征就是可以快速地随着市场价格来调整其产量,这就要求企业必须将大量影响其调整能力的资产——固定资产不断地减少。越来越多的企业在固定资产的投资上变得越来越谨慎,同时不断增加流动资产的占比,从而使自己的供给弹性快速增加,这种流行的做法被称作"轻资产"。

例如,很多服装企业实际没有属于自己的服装厂,而是采取 OEM(贴牌生产)的方式请别的企业按照其提供的图纸来加工;很多银行将柜面服务由第三方服务外包公司来包揽,它们只需要付较为低廉的劳务费,与签约一名长期的银行行员相比,是一个不错的人力资源"轻资产"的选择。

弹性的本质是逃离市场和进入市场的能力。当市场不利时,弹性低的企业逃离市场的能力会很差;当市场变得有利时,进入该市场会变得很难。

五、均衡价格与供求弹性影响:蛛网理论

蛛网理论运用弹性理论来分析价格波动对产量的影响,以解释不连续生产的商品价格与产量是怎样波动的。由于描述价格和产量周期波动的图形好像蛛网,所以叫蛛网理论。蛛网理论所运用的是动态均衡分析,动态均衡分析引入时间因素来分析均衡状态的变动过程,即研究一种均衡向另一种均衡变动的过程。蛛网理论就是要运用动态均衡分析来考察市场均衡的变动过程和稳定条件。

(一)蛛网理论的基本假设

蛛网理论是用于分析不连续生产的商品,如粮食、水果、猪、牛、羊等价格与产量的波动的,其基本假设是:第一,从开始生产到生产出产品需要一定的时间,而且在这段时间内生产规模无法改变;第二,本期的产量决定本期的价格;第三,本期的价格决定下期的产量。

在以上假设条件下,根据需求弹性与供给弹性的不同关系,价格和产量的变化过程主要有三种情况,即收敛型蛛网、发散型蛛网、封闭型蛛网。

(二)供给弹性小于需求弹性:收敛型蛛网

供给弹性小于需求弹性,意味着价格变动对供给量的影响小于对需求量的影响。这时,价格波动对产量的影响越来越小,价格与产量的波动越来越弱,最后自发地趋于均衡。这种情况形成一个向内收敛的蛛网,称为收敛型蛛网,如图 4-8(a)所示。

在图 4-8(a)中,横轴 Q 代表产量,纵轴 P 代表价格,S 为供给曲线,D 为需求曲线。需求曲线 D 与供给曲线 S 相交于点 E,E 为均衡点,P_0 为均衡价格,Q_0 为均衡数量。如

果市场价格高于或低于均衡价格,就会引起产量波动,产量波动又引起下一期价格波动,如此下去就是价格与产量的波动。第一期开始时,假设丰收了,产量增加到 Q_1,Q_1 大于均衡数量 Q_0,供过于求,价格下降,购买全部 Q_1,消费者愿意支付价格为 P_1。第二期,生产者按 P_1 的价格,决定第二期的产量减少到 Q_2,Q_2 小于均衡数量 Q_0,供不应求,价格上升到 P_2。第三期,生产者根据 P_2 的价格决定第三期的产量增加到 Q_3,于是又供过于求,价格跌到 P_3。第四期,生产者又按 P_3 的价格,把产量减少到 Q_4,供不应求,价格又上升到 P_4……如此循环下去,价格与产量的波动幅度逐渐缩小,最后趋向均衡点 E。

图4-8(b)表明价格变动趋向均衡价格的过程。纵轴 P 表示价格,横轴 t 表示时间或一个生产周期。图4-8(b)表明,随着时间推移,价格越来越接近均衡价格 P_0。从分析可知,收敛型蛛网的稳定条件是供给弹性小于需求弹性。

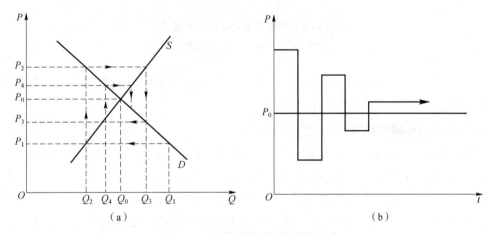

图4-8 收敛型蛛网及其价格波动
(a)收敛型蛛网;(b)价格波动

(三)供给弹性大于需求弹性:发散型蛛网

供给弹性大于需求弹性,意味着价格变动对供给量的影响要大于对需求量的影响。这时,价格与产量的波动越来越强,越来越远离均衡点,这种蛛网称为发散型蛛网,可用图4-9来说明。

图4-9(a)中,需求曲线 D 与供给曲线 S 相交于点 E,决定了均衡价格为 P_0,均衡数量为 Q_0。如果市场价格高于或低于均衡价格,就会引起产量波动,产量波动又会引起下一期价格波动,如此下去就是产量与价格的波动。在第一期产量为 Q_1,Q_1 大于均衡产量 Q_0,产量 Q_1 决定了价格为 P_1,需求量为 Q_1,$P_1 < P_0$;第二期,P_1 决定了产量为 Q_2,供给量又决定了价格为 P_2,需求量为 Q_2,$P_2 > P_0$;第三期,P_2 决定了产量为 Q_3,供给量 Q_3 决定了价格为 P_3,需求量为 Q_3,$P_3 < P_0$。如此反复下去,价格和产量的波动越来越大,离均衡点越来越远。因此,供给弹性大于需求弹性被称为蛛网不稳定的条件。

图4-9(b)中,曲线说明了价格随着时间的推移越来越远离均衡价格 P_0。

蛛网理论说明了在市场机制自发调节的情况下,农产品市场上必然发生蛛网型周期波动,从而影响农业生产和农民收入的稳定。一般而言,农产品的供给对价格变动的反应大,

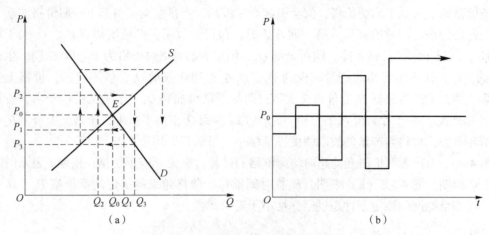

图 4-9 发散型蛛网及其价格波动

(a) 发散型蛛网；(b) 价格波动

但需求较为稳定，对价格变动反应程度小，即农产品的供给弹性大于需求弹性。因此，发散型蛛网波动正是农业生产不稳定的重要原因。

（四）供给弹性等于需求弹性：封闭型蛛网

供给弹性等于需求弹性，意味着价格变动对供给量和对需求量的影响是一样的。这时，价格和产量的波动幅度相同，既不趋向均衡点，又不远离均衡点，价格与产量始终保持相同的波动程度。这种蛛网称为封闭型蛛网，如图 4-10 (a) 所示。

图 4-10 (a) 中，第一期产量为 Q_1，Q_1 大于均衡产量 Q_0，决定价格降至 P_1；第二期，价格 P_1 决定第二期产量为 Q_2，Q_2 小于 Q_0，决定价格升至 P_2；第三期，价格 P_2 决定第三期产量为 Q_1，这一产量仍然同第一期产量相同，这就开始了同上次完全相同的波动。

图 4-10 (b) 说明价格与产量按相同幅度变化，因此，供给弹性等于需求弹性称为蛛网的中立条件。

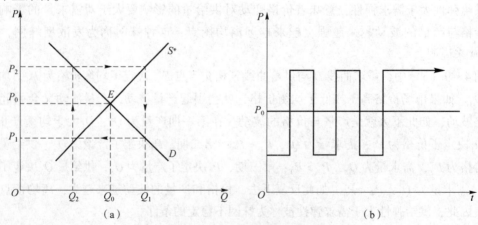

图 4-10 封闭型蛛网及其价格波动

(a) 封闭型蛛网；(b) 价格波动

> **知识链接**

张五常说弹性：不能预知用途不大

需求的价格弹性对解释行为帮不到多少忙，是因为我们不容易（其实不能）预知这系数的大概数字。虽然需求量我们看不到，但因为有需求定律，我们知道若价格下降，需求量是会上升的。用价格的弹性系数，我们就没有这种方便了。

举一个例。1997年香港新建的西区海底隧道是私营的，经营者当然要增加收入。该隧道开始收费30元，生意不好，用几种方法打个折。后来生意好一点，收费提升到40元。这个提升使收入下降（弹性系数大于1），收费降至35元。多一辆车过隧道的服务、维修费用等接近于零，所以该隧道主要是争取最高的总收入。说不定收费20元的总收入会比收35元或30元高得多。

举另一个例。多年以来，香港政府每次加烟、酒税，都先行预测库房的收入会增加多少。但是这种预测从来不准确，与街上担瓜卖菜的差不多水平。

（资料来源：张五常．经济解释（二〇一四增订本）[M]．北京：中信出版社，2015.）

本章要点总结

弹性测度了一个经济变量对另一个经济变量变动的敏感程度。

需求的价格弹性指价格变动的比率所引起的需求量变动的比率，即需求量变动对价格变动的反应程度。需求价格弹性的大小，同消费者购买该商品的货币支出变动和生产者的总收益密切相关。

需求的收入弹性是指收入变动的比率所引起的需求量变动的比率，即需求量变动对收入变动的反应程度。需求交叉弹性是指在相关的两种商品中，一种商品价格变动的比率所引起的另一种商品需求量变动的比率，即一种商品的需求量变动对另一种商品价格变动的反应程度。

供给弹性是指供给量对影响供给因素的变量变化所做出的反应程度。

各类弹性均可分为五种类型：完全无弹性、有无限弹性、单位弹性、缺乏弹性和富有弹性。弹性程度对想了解消费者行为如何对价格或政策变动做出反应的企业和政策制定者特别重要。

关键概念

需求价格弹性　需求收入弹性　需求交叉弹性　供给价格弹性　缺乏弹性　富有弹性

思考与练习

1. 考虑如下需求表。

需求表

价格/元	数量/个	价格/元	数量/个
12	5	5	20
10	10	3	30

(1) 用中点公式计算以下各价格变动时的需求弹性。

1）价格从 3 元上升到 5 元。

2）价格从 5 元上升到 10 元。

3）价格从 10 元上升到 12 元。

(2) 当价格从 3 元上升到 5 元时，支出增加、减少还是不变？当价格从 5 元上升到 10 元呢？当价格从 10 元上升到 12 元呢？

(3) 一旦有了问题（1）的答案，就应该能预期到问题（2）的答案，为什么？

2. 请判断出现以下变化时，商品的需求弹性是会更大还是变小？简述你的理由（不论需求曲线可能会向右上方或左下方移动）。

(1) 在细菌和其他各种微生物造成的传染病的知识被广泛理解之后，对消毒/灭菌洗手液的需求曲线。

(2) 核能工厂被发明之后对煤的需求曲线。

(3) 当更多的雇主允许雇员远程办公时，对汽车的需求曲线。

(4) 经济繁荣时期对新智能电视机的需求曲线。

3. 在以下情形下，请判断情况变化后，商品的供给弹性是会变得更大还是更小？简述你的理由（不论供给曲线可能会向右下方或左上方移动）。

(1) 如果发明了一种制造钻石的新方法，对钻石的供给曲线。

(2) 如果杀虫剂和化肥被禁止使用，食物的供给曲线。

(3) 如果石油产出相当大的部分被用于生产塑料，塑料的供给曲线。

(4) 保姆的工资增加数年之后，保姆的供给曲线。

4. 当小张从大学毕业开始工作时，他的收入从 5 000 元增加到 20 000 元，他的消费习惯也发生了大幅改变。利用如下信息确定他的需求的弧收入弹性，说明该商品是正常品、劣等品还是奢侈品。弧收入弹性是使用收入和数量的中点来计算的。

(1) 拉面的消费从每周 7 包下降到 0。

(2) 领带的消费从每年 1 条上升到 11 条。

(3) 玉米煎饼的消费从每周 1 个上升到 2 个。

5. 娜娅消费两种商品：食品和衣服。食品的价格为 2 美元，衣服的价格为 5 美元，她的收入为 1 000 美元。无论食品和衣服的价格及收入为多少，娜娅总是将 40% 的收入用在食品上。

(1) 她的食品需求价格弹性是多少？

(2) 她的食品需求对衣服价格的交叉价格弹性是多少？

(3) 她的食品需求收入弹性是多少？

6. 为什么会出现"谷贱伤农"的现象？请从弹性的角度分析。

第五章

税收与补贴

学习目标

- 掌握买方和卖方税收分析。
- 掌握买方和卖方补贴分析。
- 理解税负和补贴福利分析。

大师简介

经济学家：阿瑟·拉弗（Arthur Laffer，1941— ）

简介：美国经济学家，南加利福尼亚大学教授，供应学派代表人物，以其拉弗曲线而著称于世，并当上了里根总统的经济顾问，为里根政府推行减税政策出谋划策。

主要成就：拉弗之所以引人注目，最主要的还是他所提出的描述税收与税率之间关系的曲线——拉弗曲线。尽管这一曲线最初画在华盛顿一家饭店的餐巾纸上，但由于其对税收政策影响经济的解释更形象，从而确立了拉弗曲线作为供应学派思想精髓的地位。一般情况下，税率越高，政府的税收就越多，但税率的提高超过一定的限度时，企业的经营成本提高，投资减少，收入减少，即税基减小，反而导致政府的税收减少，描绘这种税收与税率关系的曲线就叫拉弗曲线。

导入案例

税收与生死

"如果你是一位超级富豪，今年是最好的死亡时间。"一位房地产策划师在2010年这样说道。2010年，美国暂时性撤销了不动产遗产税，这给每一位有钱人都送了一个税务大礼包，只要他们在这一年死亡。乔治·施泰因布伦纳（George Steinbrenner）是一位亿万富翁，他死的时间就刚好合适。这位纽约洋基棒球队的老板拥有11亿美元,他2010年死了,但没有给美国税务局缴纳一分钱的税收。如果施泰因布伦纳死于2009年或者2011年,他有可能要缴纳大约5亿美元的遗产税。

不动产遗产税的暂时性撤销创造了一些特殊的激励。在2009年,这一税收足以把一位富豪的生命支撑到至少2010年1月。但是在2010年,从经济上来讲,最好的是马上就死。经济上的激励真的能改变个人的死亡时间吗?实际上,乔舒亚·甘斯(Joshua Gans)和安德鲁·利(Andrew Leigh)这两位经济学家已经发现,在澳大利亚,潜在不动产遗产税减少1万美元就可以把死亡时间延迟一星期。如果这看起来不可信的话,下面的内容有助于加强你的理解:存在这样一种虽小却显著的趋势,即人们都等在他们的生日过后或其他重大事件之后才死。例如,纽约医院报道,1999年最后一周(也是20世纪的最后一周)死亡的人数比通常少得多,而21世纪第一周死亡的人数比通常也多得多。如果死亡可以因为重大事件而被延迟的话,那么为什么死亡不会因为避税而被延迟呢?或者如果死亡时间没有被延迟,那么为什么不等低税率政策生效后再报告登记死亡呢?

如果这看上去太令人毛骨悚然的话,不要担心,不仅死亡可以因避税而延迟,出生同样也可以因此而提前。父母因为抚养孩子可以减免税收,只要孩子出生在12月31日的午夜钟声敲响之前,家庭在整个这一年中就都可以享受到税收减免。因此,同1月初出生的孩子相比,12月出生的孩子可以为父母节省数千美元。新闻记者戴维·伦哈特(David Leonhardt)就此在《纽约时报》上刊文写道:"除非你是一位认为人人都自私的'愤青'或者经济学者,否则,我想你可能很难相信,国家那错综复杂的免税代码会影响孩子出生这一类重要的事情。不过你们的想法似乎还是错了。"

不仅12月底比1月初出生的孩子多,而且,正如那些认为人人都自私的"愤青"和经济学者们所预测的那样,只有那些能够从税收减免中获得更多好处的人才会生更多的孩子。伦哈特曾专门创造了"国民出生日"这样一个词,来称呼一年中出生人口最多的那一天。长期以来,"国民出生日"大约都在9月中旬(可能是因为以前12月又冷又阴暗吧)。但是,令人惊奇的是,当人工引产、剖宫产和税收等全部都增加之后,一年中人口出生最多的日期却移到了12月底。

(资料来源:考恩,塔巴洛克. 考恩经济学:微观分册[M]. 3版. 王弟海,译. 上海:格致出版社,2018.)

第一节 征税对均衡的影响

税收与补贴是政府干预经济的主要手段和方法之一,也是实现社会治理的基础。一个国家需要由政府提供必要的公共物品,如国防、环境治理、公共卫生、社会管理等,同时在维持社会公平方面,税收和补贴也发挥着巨大作用。但是,从市场机制运行的过程中我们也会发现,税收和补贴对经济运行的效率及福利方面产生了一定的阻碍作用。在权衡利弊的过程中,我们必须了解税收及补贴的真实运行机制,并且掌握它对收入分配所产生的影响。

一、征税对市场结果的影响

针对商品及劳务征收的税会使市场均衡发生改变。征税有多种方式,可以从征税对象分为对买方征税和对卖方征税；按照征税是否与收入相关可以分为直接税与间接税；按照征税的方式分为从价税与从量税等。不论哪种税，其基本的原理都是从社会创造的财富或价值中划分出属于政府的一部分，因此对整个市场的均衡结果必然产生影响。

对均衡结果的影响可以通过研究征税对象的变动来了解，例如对买方征税，意味着买方会将一部分利益让渡出来用于交税，而对卖方的征税意味着卖方将让渡一部分利益用于交税。因此，从本质分析我们会发现，均衡的交易量一定会减少。对商品及劳务征税要强调一些事实。

首先，谁最终承担税负，与征税部门向谁征税无关。

其次，谁最终承担税负，由供给和需求的相对弹性决定。

最后，征税提高了政府的财政收入，却造成了无谓损失。

二、买方征税分析

在未征税时，价格处在均衡状态，如图 5-1 所示，此时均衡价格为 P_0，均衡数量为 Q_0。当对买方征税时，单位税额为 T，意味着消费者将不得不接受一个更高的价格 P_1，因为税收是一个外生变量，将导致需求发生变动，由原来的 D_1 向下平移 T 个单位到 D_2，需求减少，而由于供给未受到影响，因此供给曲线不变。从结果来看，由于需求的降低，均衡的成交量减少，由 Q_0 减少至 Q_1。

另外，生产者并未得到 P_1 的价格，也未维持原有的 P_0 价格，而是以更低的 P_2 价格出售商品。这是由于高价格迫使需求减少，而供给未变的生产者就出现了过剩，为了使自己的产品能够销售出去，生产者之间开始竞争，导致价格水平从原来的 P_0 下降至 P_2。

因此，生产者以 P_2 销售商品，消费者以 P_2 购买商品，此时 P_2 为不含税价格，消费者还要另行缴纳 $P_1 - P_2 = T$ 的税负。用单位税额乘以交易量 Q_1，就得到征税的税额，为图中的阴影面积。

三、卖方征税分析

在未征税时，价格处在均衡状态，如图 5-2 所示，此时均衡价格为 P_0，均衡数量为 Q_0。当对卖方征税，单位征税为 T，意味着生产者由于生产成本的提高，会使供给曲线 S_1 向上方平移 T 个单位到 S_2，此时，均衡价格上升到 P_1。原因是生产者由于成本升高而减少了产出，消费者为了争夺稀缺的商品而产生竞争，竞争的结果是使均衡价格从 P_0 提高至 P_1。

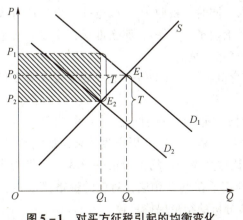

图 5-1　对买方征税引起的均衡变化

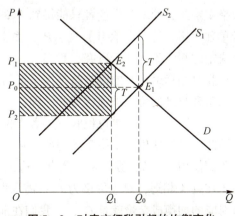

图 5-2　对卖方征税引起的均衡变化

另外，生产者虽然是以 P_1 的价格和消费者成交，但此时 P_1 是含税价格，生产者在完成销售以后必须将 P_1-P_2 的税上缴税务部门，因此，生产者也只拿到了 P_2，而不是 P_1 的收入。用 P_1-P_2 的单位税 T 乘以实际成交量 Q_1 就得到了税收总额，为图 5-2 中的阴影面积。

我们发现，对卖方征税和对买方征税的结果是一致的。买卖双方的支出与收入完全一致，甚至连政府的税收额都完全一致。可见，税负由谁来承担并不取决于由谁来向政府缴税。那么税负到底是由谁来承担呢？

知识链接　　　　价内税与价外税

我国目前流转税中，增值税采用价外税模式，消费税与营业税采用价内税模式。

价内税是由销售方承担税款，销售方取得的货款就是其销售款，而税款包含在销售款中并从中扣除，因此，税款等于销售款乘以税率。价外税是由购买方承担税款，销售方取得的货款包括销售款和税款两部分，即货款＝销售款＋税款。

不管是价内税还是价外税，税款都需要随着商品交换的实现而收回。但是价内税形式较隐蔽，不易被人察觉，所以给人的税收负担感较小。由于价税一体，税收的增加必然影响到商品的价格，并可能对生产和消费产生连锁反应，最终还可能危及税基的稳定增长。相比而言，价外税的税款是独立于商品的价格的，且形式公开、数额固定，很容易在人们的心理上产生较大的税负压力。但是价外税的价格影响较小，是一种中性的税收，加之转嫁渠道安全流畅，不存在重复征税等问题，所以具有广阔的发展空间，成为越来越多国家流转税的主要形式。

（资料来源：根据相关资料整理编写）

第二节　税收楔子与收入分配影响

一、税收楔子

上一节分析了一个事实：无论是对卖方征税还是对买方征税，最终消费者都要付出 P_1 的价格来购买，而最终生产者只能得到 P_2 的收入。同时，税收 P_1-P_2 也并非由生产者或消费者单独承担，消费者承担了 P_1-P_0，而生产者承担了 P_0-P_2。那么谁承担多少到底是由什么决定的呢？为了便于研究，我们引入税收楔子这一概念。

税收对均衡最重要的影响就是在买者与卖者之间插入一个楔子，这个楔子使买者支付的价格与卖者收到的价格被强行分开，即：

单位税收＝买者支付的价格－卖者收到的价格

因此，可以使用一个稳定的均衡（供求曲线不再变动）来分析税收效果，如图 5-3 所示。我们使用一个 T，强行从均衡点左边楔入，让这个楔子把均衡价格一分为二，供给曲线与楔子在点 A 相遇，对应价格为 P_2；需求曲线与楔子在点 B 相遇，对应的价格就是 P_1，而此时对应的均衡成交量就是 Q_1，与我们在前一节分析的结论保持一致。

二、税负归属分析

利用税收楔子这一概念，我们就可以进行税负归属分析。在税收楔子与均衡所形成的三角形 EAB 中，税负的分配将由点 E 在线 AB 的相对投影位置决定。因此，我们只要考察 EA 的长短与 EB 的长短就能够了解谁的税负更多。$EA > EB$，则卖方承担的税负更大，而买方承担的税负更小；$EB > EA$，则买方承担的税负更大，而卖方承担的税负更小。而 EA 与 EB 的大小，取决于需求曲线与供给曲线哪一个更加平滑以及哪一个更加陡峭。我们在第四章中已经了解到，需求曲线与供给曲线具有一个相同的弹性特征：弹性越大的一方其曲线会越平滑；弹性越小的一方其曲线会越陡峭。因此，可以通过变动需求曲线与供给曲线的倾斜程度分类研究税负的负担。

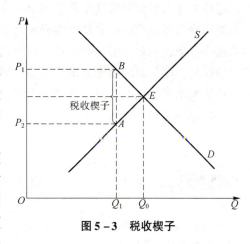

图 5-3　税收楔子

如图 5-4（a）所示，需求曲线平滑而供给曲线陡峭，此时需求弹性大于供给弹性。比较点 E 相对于点 A、点 B 的位置可以发现，点 E 更接近点 B，买方承担的税负会更小。这个结论需要用 P_1 与原来的均衡价格进行比较，意味着在征税前后价格由消费者承担的上浮水平。而卖方承担了更多的税负，同样需要用原来的均衡价格与 P_2 进行比较，意味着征税前后供给方由于征税所导致的价格的损失。结论是相对缺乏弹性的供给者承担了更多的税负。

如图 5-4（b）所示，供给曲线平滑而需求曲线陡峭，此时供给弹性大于需求弹性。比较点 E 相对于点 A、点 B 的位置可以发现，点 E 更接近点 A，卖方承担的税负会更小。同样，这个结论需要用征税之前的均衡价格与征税后的 P_1 与 P_2 进行比较，可以发现需求者支付的增加大于供给者收入的减少。结论是相对缺乏弹性的需求者承担了更多的税负。

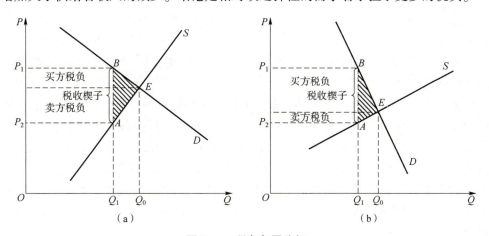

图 5-4　税负归属分析
(a) 需求弹性大于供给弹性；(b) 供给弹性大于需求弹性

综合上述分析可以发现，不论是需求者还是供给者，税负总是缺乏弹性的一方承担得更多，这是为什么呢？其实这个答案在上一章的弹性中已经提到过，弹性=规避。弹性越强的一方意味着当市场变得不利时，规避能力越强。例如，需求方弹性比较高，意味着买家有更多的选择余地，一旦商品价格由于征税而提高，买方可以迅速做出决策，放弃该商品而选择其他替代品，税负最终由卖方承担更多。同样的道理，卖方具有较高的弹性，意味着一旦征税导致成本增加，那么生产要素就可以及时逃离该行业，从而使买方承担更多的税负，当然，前提是不会因为太多的生产者退出而使该行业消失。要牢记：谁的弹性更大，谁的规避及逃离能力就更强，谁承担的税负就更少。

知识链接

谁为香烟税买单？

美国各州都对香烟征税，从新泽西州的每包 2.57 美元到加利福尼亚州的每包 7 美分（2009 年税率），香烟的税率在各州各不相同。谁最终在为香烟付税呢？卖者还是买者？同一般的情况一样，最终付税取决于供给和需求的相对弹性。

或许你可能想象得到，由于尼古丁的上瘾特征，吸烟者对香烟的需求都是缺乏弹性的，其需求弹性大约是 -0.5。供给者怎么样呢？

通过在其他地方销售香烟，香烟厂商可以很容易地规避某个州的税收。实际上，由于香烟生产商很容易把它的产品运往全国各地，任何一个州的供给弹性都非常大，这就意味着买者将承担绝大部分税收。

如果买者支付的价格上涨的幅度几乎等于税收的大小，那么，无论各个州的税率如何，卖者在所有的州所收到的税后价格一定差不多。为什么会这样？想象一下，如果厂商在像新泽西这样高税率的州每包香烟所收到的钱比在像加利福尼亚这样低税率的州要更少，情况会怎样呢？如果是这样，生产商将会减少运往新泽西州的香烟，而把更多的香烟运往加利福尼亚州。这一过程将会一直持续下去，直到两个州香烟的税后价格相同。

我们可以很容易地来验证这一理论。一包香烟在加利福尼亚州卖 3.35 美元，在新泽西州卖 6.45 美元（根据 2009 年价格）。因此，新泽西州买者的价格几乎是加利福尼亚州的两倍。但是卖者收到的税后价格基本上是相同的，在加利福尼亚州是 3.28 美元（3.35 美元 − 0.07 美元），在新泽西州是 3.88 美元（6.45 美元 − 2.57 美元）。微小的差别可能来自两个州不同的商业成本。

顺便提一下，主张高香烟税的一个理由是政府应该鼓励不吸烟。但是，香烟税对于鼓励不吸烟并不是一种好方法。新泽西州的税会鼓励新泽西州的居民少吸烟，然而，正如刚才所看到的，为了规避新泽西州的税，香烟生产商会把更多的香烟运往其他地方，这就会促使其他州的香烟价格下降，从而增加了其他州对香烟的需求。因此，新泽西州的香烟税会减少新泽西州的吸烟数量，但它会增加其他州的吸烟数量。香烟生产商规避联邦税要比规避州税困难得多。所以，如果征香烟税的目的是减少国民对香烟的消费量，联邦税就要优于州税。

（资料来源：考恩，塔巴洛克. 考恩经济学：微观分册 [M]. 3 版. 王弟海, 译. 上海：格致出版社，2018.）

三、税负福利分析

税收能增加政府的收入,却会带给市场一定的影响。税负的增加会使整个市场的交易状况产生怎样的变化呢?可以通过图 5-5 来说明整个征税过程的福利变化。

在征税之前,市场处在均衡状态,如图 5-5(a)所示。此时的均衡价格是 P_0,均衡交易量为 Q_0。同时也可以看到,消费者在均衡价格时拿到了消费者剩余,如图中 P_0 上方三角形阴影面积所示;生产者在均衡价格时拿到了生产者剩余,如图中 P_0 下方三角形阴影面积所示。

在征税以后,税收楔子使买方价格升高(P_1)而使卖方价格降低(P_2),如图 5-5(b)所示,同时均衡的交易量也从 Q_0 降低到 Q_1。从图中可以看到,消费者剩余减小了,在图中显示为 P_1 上方的三角形阴影面积,原因是价格从 P_0 增加到 P_1,一部分消费者放弃了购买;另外,生产者剩余也减小了,在图中显示为 P_2 下方的三角形阴影面积,原因是价格从 P_0 降低到 P_2,部分生产者无法盈利了,所以退出了供给;而中间多出来的矩形面积,就是政府的税收收入 $[(P_1 - P_2) \times Q_1]$。

可以发现,消费者剩余和生产者剩余的减少总额,比税收的总额要大,那么多余的剩余哪里去了?从图 5-5(b)可知,差额就是三角形 ABE 的面积。这部分剩余谁也没有拿到,被称为无谓损失。产生无谓损失的原因是由于贸易无法完成而产生的利得损失,因此无谓损失也叫贸易利得损失。

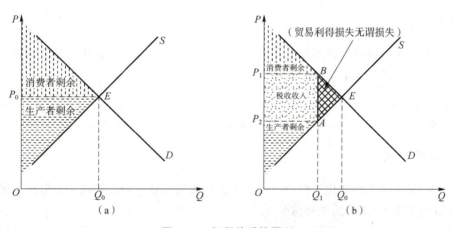

图 5-5 征税前后的福利
(a)未征税的福利;(b)征税带来的福利变化

决定无谓损失大小的关键因素是什么呢?无谓损失是由征税使交易者逃离市场导致无法交易所产生的,那么如果交易者逃离市场的能力减弱,或者无法逃离市场,那么无谓损失就会减小。交易者逃离市场的能力在上一部分内容中已经研究过,那就是弹性。

通过图 5-6 可以看出,同样的税收楔子,在不同弹性的市场中所形成的无谓损失大小不同。图 5-6(a)中,供给弹性与需求弹性相对较高,图 5-6(b)中,供给弹性与需求弹性相对较低。从图中可以看出,阴影三角形的面接取决于底(T)与高($Q_0 - Q_1$)的大小。很明显,当 T 值大小相等时,弹性较低的供求曲线,其阴影面积,即无谓损失更小。

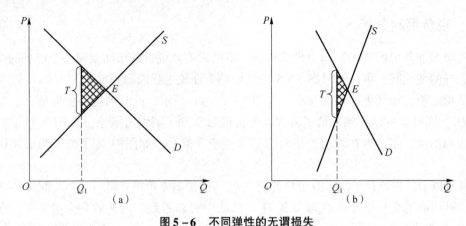

图 5-6 不同弹性的无谓损失
(a) 高弹性的无谓损失；(b) 低弹性的无谓损失

从实际看，政府如果对弹性较小的物品征税，对整个社会福利产生的无谓损失会更小。具体地说，就是交易不会因为征税而过分地减少，从而使生产者剩余与消费者剩余能够更加多地转化为税收而不是转化为无谓损失。我国古代的盐铁专卖会对盐和铁征收比较高的税就是这个原因：征税不会使交易过多地减少，从而在获得较高的税收的同时，避免了无谓损失大量产生。

自我检测

虽然政府几乎对每样商品都征税，但是，政府更愿意对哪些产品征税？是供给和需求相对更具有弹性的，还是相对更缺乏弹性的？为什么？

四、拉弗曲线

另一方面是税率大小变化对税收收入及无谓损失的影响。通过将税率由低向高进行三次调整，就得到了图 5-7 中的三种情况。

从图 5-7（a）中可以看到，较低的税率使市场中由于税收楔子所造成的无谓损失比较小，但此时的政府税收也相对较少，可以用图中的阴影面积表示税收收入。

把税率进一步提高，从图 5-7（b）中发现，这时政府的税收（图中阴影面积）增加了，但与此同时，市场中的无谓损失也增加了。

把税率在进一步提高到很高的水平时，如图 5-7（c）所示，政府的税收收入并没有很显著的提高，甚至会有一些减少。同样，图中阴影面积表示的是政府的税收收入，但它看起来并不比图 5-7（b）中的阴影面积大。但是可以确定的是，很高的税率带了更大的无谓损失。

政府税收收入与税率之间的变化关系反映出，税收并没有随着税率的提高而增加。相反，当税率足够高的时候，税收反而会减少。这种税收与税率的关系被描述为拉弗曲线，如图 5-8 所示。拉弗曲线产生于 1974 年的某一天，在华盛顿的一家餐馆里，经济学家阿瑟·

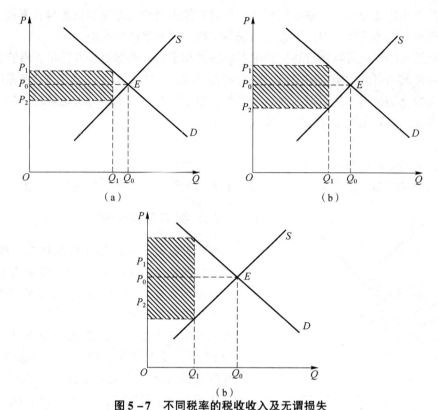

图 5-7 不同税率的税收收入及无谓损失

(a) 较低的税率；(b) 适中的税率；(c) 较高的税率

拉弗为其经济学理论主张进行说明时，将税率与税收的关系在一张餐巾纸上画了出来，这就是最早的拉弗曲线。同时，拉弗还说明了当时的美国已经处在不合理的税率水平上：过高的税率使得税收（图 5-8 中的阴影部分）降低。因此他主张降低税率，一方面可以减少无谓损失，激活市场，同时也可以增加政府的税收，让税率回归合理区间。虽然该理论受到很多经济学家的质疑，但当时的美国总统里根接受了他的主张，使以减税为核心的供应学派在滞胀时期得以确立。

当然，减税可能并不像拉弗所描述的那样增加了美国政府的税收收入，但可以确定的是，减税对于激活市场、降低无谓损失的效果是显著的。

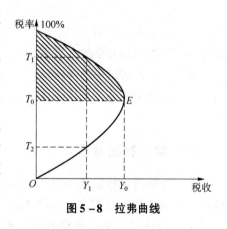

图 5-8 拉弗曲线

第三节 补贴对均衡的影响

一、补贴对市场结果的影响

针对商品及劳务进行补贴同样会使市场均衡发生改变。补贴主要有两种：对买方补贴和对卖方补贴。不论哪种补贴,基本的原理都是政府使用财政支出向市场参与者发钱,从而改变参与者面对的市场价格,因此对整个市场的均衡结果必然产生影响。

对均衡结果的影响可以通过研究补贴对象的变动了解,例如对买方补贴,意味着买方会因为补贴而使其面对的均衡价格降低,从而增加对商品的需求;而对卖方的补贴意味着卖方将面临更高的市场价格,从而增加商品及劳务供给。因此,从本质分析会发现,均衡的交易量一定会增加。对商品及劳务补贴要强调一些事实。

首先,谁最终获得补贴,与政府向谁发放补贴无关。

其次,谁最终获得补贴,由供给和需求的相对弹性决定。

最后,补贴提高了市场交易量,却造成了无谓损失,这一点与征税结果一致。

二、买方补贴分析

在未补贴时,价格处在均衡状态,如图 5-9 所示,此时均衡价格为 P_0,均衡数量为 Q_0。当对买方补贴时,单位价格补贴,意味着消费者将面对一个更低的价格 P_1,因为补贴是一个外生变量,将导致需求发生变动,由原来的 D_1 向上平移补贴单位到 D_2,需求增加,而由于供给未受到影响,因此供给曲线不变。从结果来看,由于需求的增加,均衡的成交量增加,由 Q_0 增加至 Q_1。

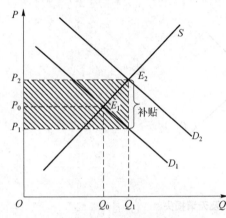

图 5-9 对买方补贴引起的均衡变化

另外,生产者并未按照 P_1 的价格降低产量,也未维持原有的 P_0 价格,而是以更高的 P_2 价格出售商品。这是由于补贴使需求增加,而供给未变,就出现了产品的不足,虽然供给者没有拿到补贴,但是拿到补贴的消费者之间会产生竞争,竞争使价格一路上升,直至达到 P_2。

因此,生产者以 P_2 销售商品,消费者以 P_1 加补贴购买商品,两者在点 E_2 实现新的均衡,均衡数量变为 Q_1。用单位补贴额乘以交易量 Q_1,就得到补贴的总额,用图中的阴影面积表示。

三、卖方补贴分析

在未补贴时,价格处在均衡状态,如图 5-10 所示,此时均衡价格为 P_0,均衡数量为 Q_0。当对卖方进行补贴时,单位价格补贴,意味着生产者由于生产成本的降低,使供给曲线 S_1 向右下方平移补贴单位到 S_2,此时,均衡价格下降到 P_1。原因是生产者由于成本降低而增加了产出,生产者为了争夺消费者而产生竞争,竞争的结果是均衡价格从 P_0 降低至 P_1。

另外,生产者虽然是以 P_1 的价格和消费者成交,但此时生产者拿到的价格却是 P_2,生产者在

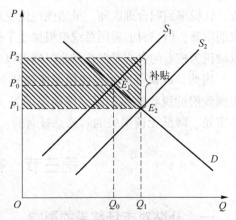

图 5-10 对卖方补贴引起的均衡变化

完成销售以后政府会将 $P_2 - P_1$ 的补贴额补贴给生产者，因此，生产者拿到了 P_2 而不是 P_1 的收入。用 $P_2 - P_1$ 的单位补贴额乘以实际成交量 Q_1 就得到了补贴总额，用图 5 – 10 中阴影面积表示。

可以发现，对卖方补贴和对买方补贴的结果是一致的：买卖双方的支出与收入完全一致，甚至连政府的补贴额都完全一致。可见，补贴由谁获得并不取决于政府向谁补贴。那么税负到底是由谁来承担呢？

第四节 补贴的收入分配影响

一、补贴楔子

上一节分析了一个事实：无论是对卖方补贴还是对买方补贴，最终消费者都会付出 P_1 的价格来购买，而最终生产者却能得到 P_2 的收入。同时，补贴 $P_2 - P_1$ 也并非由生产者或消费者单独来获得：消费者获得了 $P_0 - P_1$，而生产者获得了 $P_2 - P_0$。那么谁获得多少到底是由什么决定的呢？为了便于研究，同研究税收的方法一样，我们引入补贴楔子这一概念。

补贴对于均衡最重要的影响就是在买者与卖者之间插入一个楔子，这个楔子使买者支付的价格与卖者收到的价格被强行分开，即：

补贴 = 卖者收到的价格 – 买者支付的价格

与税收不同的是，此时卖方收到的价格是高于买方支付的价格的。因此，我们可以使用一个稳定的均衡（供求曲线不再变动）来分析补贴效果，如图 5 – 11 所示。我们使用一个补贴强行从均衡点右边楔入，让这个楔子把均衡价格一分为二，供给曲线与楔子在点 B 相遇，对应价格为 P_2；需求曲线与楔子在点 A 相遇，对应的价格是 P_1，而此时对应的均衡成交量就是 Q_1，与我们在前一节分析的结论保持一致。

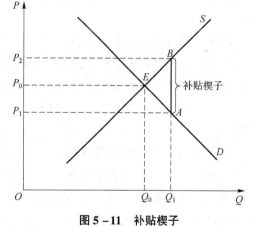

图 5 – 11 补贴楔子

二、补贴归属分析

利用补贴楔子这一概念，就可以进行补贴归属分析。在补贴楔子与均衡所形成的三角形 EAB 中，补贴的分配将由点 E 在线段 AB 的相对投影位置决定。因此，只要考察 EA 的长短与 EB 的长短，就能够了解谁的补贴更多。$EB > EA$，则卖方拿到的补贴更大，如图 5 – 12（a）所示，而买方获得的补贴更小；$EA > EB$，则买方拿到的补贴更大，如图 5 – 12（b）所示，而卖方拿到较少的补贴。

而 EA 与 EB 的大小，取决于需求曲线与供给曲线哪一个更加平滑、哪一个更加陡峭。我们在第四章中已经了解到，需求曲线与供给曲线具有一个相同的弹性特征：弹性更大的一方其曲线会越平滑；弹性更小的一方其曲线会越陡峭。因此，可以通过变动需求曲线与供给曲线的倾斜程度分类研究补贴的负担。

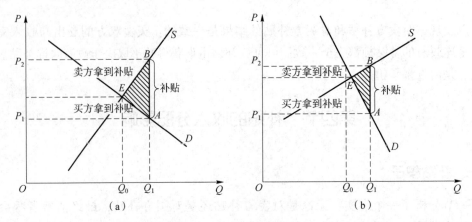

图 5-12 补贴归属分析
(a) 需求弹性大于供给弹性；(b) 供给弹性大于需求弹性

如图 5-12 (a) 所示，需求曲线平滑而供给曲线陡峭，此时需求弹性大于供给弹性。比较点 E 相对于点 A、点 B 的位置可以发现，点 E 更接近点 A，买方获得的补贴会更小。这个结论需要用 P_1 与原来的均衡价格进行比较，意味着在征税前后价格由消费者获得的价格下降水平；而卖方获得了更多的补贴，同样需要用原来的均衡价格与 P_2 进行比较，意味着征税前后供给方由于补贴所导致的价格的上升。结论是相对缺乏弹性的供给者获得了更多的补贴。

另外一种情况如图 5-12 (b) 所示，供给曲线平滑而需求曲线陡峭，此时供给弹性大于需求弹性。比较点 E 相对于点 A、点 B 的位置可以发现，点 E 更接近点 B，卖方获得的补贴会更小。同样，这个结论需要用补贴之前的均衡价格与补贴后的 P_1 与 P_2 进行比较，可以发现买方获得的补贴要大于卖方获得的补贴。结论是相对缺乏弹性的需求者获得了更多的补贴。

综合上述的两方面分析可知，不论是需求者还是供给者，补贴总是由缺乏弹性的一方获得更多，这一点和税负承担的结果保持一致，这是为什么呢？其实这个答案同样是弹性＝规避。弹性越差，离开市场的能力越差。因此，当补贴出现时，一直未能离开市场的低弹性一方将获得更多的补贴。因此，不论是税负还是补贴，最终都会落在弹性更低的一方。

知识链接 **经济增长的果实最终会落在土地所有者身上**

经济增长的果实最终会落在土地所有者的身上，这在经济学中是一个重要的命题，对这个命题同样可以从弹性的角度进行解释。

假设某国有 A 和 B 两个地区，原先两地处于均衡状态，即不存在人口的净流动。但从某一刻开始，A地区的经济增长速度快于B地区，这会造成A地区工人工资高于B地区。当两地区工人的工资存在差别时，工资较低的B地区的工人会向A地区流动套利。此时，A地区工人数量增加，对房屋的需求也会随之增加，对房屋需求的增加会造成房租和房价的上涨。而房租和房价的上升会降低B地区的工人向A地区转移套利的期望收益（期望工资减去房租）。但只要在A地区工作的期望收益高于B地区工作的期望收益，工人就不会停止流动。因此，这个过程直到A和B两地工人的期望报酬相等才结束。

在套利结束后，可以发现，A地区的房租和房屋价格上升，B地区的房租和房屋价格下跌，而无论是A地区还是B地区的工人的工资和期望报酬均会上升。因此，A地区的房屋所有者和土地所有者的福利会因为房租和房价上涨而得益；而B地区的房屋所有者和土地所有者的福利会因为房租和房价下跌而受损，而工人的福利因为工资的增加而增加。

如果某国有很多地区，如果A地区的经济增长相对地快于其他地区，则其他地区的房租和房价下跌有限，即房屋所有者和土地所有者的损失有限。同理可得，劳动力能够获得的收益也有限。收益中的绝大部分被A地区的房屋所有者和土地所有者拿走，即经济增长的果实最终会落在土地所有者的身上。

孙中山受美国经济学家乔治·亨利的影响，在三民主义中有条叫平均地权，其核心的内容是土地的增值归公。其背后的经济学就是上述的经济增长的果实最终会落在供给非常缺乏弹性的土地所有者的身上。资本和劳动要素所能获得的经济增长的好处有限。从某种意义上讲，土地所有者是"不劳而获"，加上土地的供给高度缺乏弹性（甚至无弹性），将其增值归公并不会造成社会福利的损失。

相似的案例非常多，如某高校门口的水果店生意非常好，许多人第一反应就是这家水果店很赚钱。答案其实是否定的，因为地段好，商人对这个地段的争抢会也非常激烈，这会使得房租价格不断上升，最终商人在该地段经商能拿到的收益与在其他地段持平，而房东拿到了地段好的全部好处。

（资料来源：俞炜华，赵媛. 经济学的思维方式 [M]. 西安：西安交通大学出版社，2020.）

三、补贴福利分析

补贴增加市场交易，却会给市场带来无谓损失。补贴的增加会使整个市场的交易状况产生怎样的变化呢？可以通过图5-13来说明整个补贴过程的福利变化。

在补贴之前，市场处在均衡状态，如5-13（a）所示。此时的均衡价格是P_0，均衡交易量为Q_0。同时也可以看到，消费者在均衡价格时拿到了消费者剩余，如图中P_0上方三角形阴影面积所示；生产者在均衡时拿到了生产者剩余，如图中P_0下方三角形阴影面积所示。

在补贴以后，补贴楔子使买方价格降低（P_1）而使卖方价格升高（P_2），如图5-13（b）所示，同时均衡的交易量也从Q_0增加到Q_1。从图5-13（b）中可以看到，消费者剩余增加了，在图中显示为P_1上方与需求曲线围成的三角形阴影面积，增加的消费者剩余为P_0EAP_1

的面积，原因是价格从 P_0 下降到 P_1，一部分消费者增加购买；另外，生产者剩余也增加了，在图中显示为 P_2 下方与供给曲线围成的三角形阴影面积，增加的生产者剩余为 P_0EBP_2 的面积，原因是价格从 P_0 提高到 P_2，部分生产者原来无法盈利而现在可以盈利了，所以加入了供给。而政府补贴的总额就是矩形 ABP_2P_1 的面积 $[(P_1-P_2)\times Q_1]$。

通过分析可以发现，消费者剩余和生产者剩余的增加总额，比补贴的总额要小，那么多余的补贴到哪里去了？我们还是通过图 5-13（b）看得更清楚些，补贴与增加剩余的差额就是三角形 ABE 所围成的阴影面积。这部分补贴谁也没有拿到，被称为无谓损失。补贴产生无谓损失的原因，是由于过度的无利得贸易被激发，而这些资源本可以被用于更有效的用途，因此无谓损失也叫无效率交易损失。

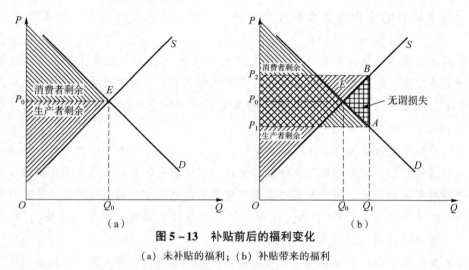

图 5-13　补贴前后的福利变化

（a）未补贴的福利；（b）补贴带来的福利

知识链接　　"棉花国王"和水补贴的无谓损失

在加利福尼亚、亚利桑那和美国其他西部各州，对农业用水都进行了巨大的补贴。例如，在加利福尼亚中央谷（Central Valley）地区种棉花、苜蓿和稻谷等作物的农场主，他们对每英亩英尺的用水只需付 20~30 美元，而这些水的实际成本是每英亩英尺 200~500 美元（1 英亩英尺是指为了使 1 英亩的面积覆盖 1 英尺的水所必需的用水数量，1 英亩 =4 046.86 平方米，1 英尺 =0.304 8 米）。这之间的差额由政府补贴。

农场主利用这些享有补贴的水，把荒地变成了主要的农业用地。但是，把一块加利福尼亚的荒地转变成一块农田，所耗费的成本相当于阿拉斯加建几个温室！美国已经有大量的耕地，这些耕地上生产的棉花更便宜。花数十亿美元在河上建坝，并把水引到几百英里（1 英里 =1 609.344 米）之外来种植庄稼，而这些庄稼本可以在佐治亚州更便宜地生产出来，这是一种资源的浪费，是一种无谓损失。例如，如果把加利福尼亚州生产棉花用的水用于圣何塞市的硅片生产，或者改为洛杉矶的饮用水生产，这些都比把它作为灌溉用水产生的价值更高。

自由市场能够最大化贸易利得的条件之一，就是不存在资源浪费的贸易。我们现在可以看到，在某些情况下，补贴是如何造成浪费性贸易的。

由水补贴所造成的浪费同各种其他形式的农业补贴掺杂在一起。中央谷地区的一些农场主是"两头捞好处"——他们利用享受补贴的水生产享受补贴的棉花，有些区域甚至是"三头捞好处"——他们利用在生产方面享受了补贴的庄稼来养奶牛，从而生产出享受补贴的牛奶！

（资料来源：考恩，塔巴洛克．考恩经济学：微观分册［M］．3 版．王弟海，译．上海：格致出版社，2018．）

关于税收与补贴，不能仅仅只通过市场交易效率来评价，因为还有很多评价的维度，例如社会公平、社会效益最大化以及资源开发力度等方面。但效率分析无疑可以为其他维度的分析提供一个非常重要的角度，并且为政策实施的有效性进行效率方面的评价。

本章要点总结

税收与补贴是政府干预经济的主要手段和方法之一，也是实现社会治理的基础。利用供给和需求的工具解释了税收和补贴的效应。

利用楔子这一工具，我们发现税收和补贴都造成了无谓损失。

政府收入与税率之间的变化关系反映出，税收并没有随着税率的提高而增加，相反，当税率足够高的时候，税收反而会减少。这种税收与税率的关系被描述为拉弗曲线。

税收的承担者和补贴的受益者都不依赖于谁去向政府签单或者谁从政府那里拿钱，谁最终承担税负和谁最终从补贴中获利取决于供给和需求的相对弹性。不论是税负还是补贴，最终都会落在弹性更低的一方。弹性＝规避，市场中更具弹性的一方（买者或卖者）将更能规避税收。

关键概念

税收楔子　补贴楔子　拉弗曲线

思考与练习

1. 假设小明愿意付 40 元剪发，他的理发师安师傅只要 30 元就愿意给他剪发。

（1）什么样的价格能使这次剪发让小明和安师傅两人都受益？这次剪发所创造的总剩余（也就是消费者剩余和生产者剩余之和）是多少？

（2）如果小明和安师傅所在的地区对发型师和理发师就这项服务每次征收 5 元的税，那么，能让小明和安师傅都从中获利的剪发的可行价格范围有什么变化？剪发还能继续进行吗？税收改变了这次剪发的总经济利益吗？

（3）如果税收是 20 元呢？

2. 一些糖尿病患者必须有规律性地注射胰岛素才能生存下去。生产胰岛素的药物公司可以找到很多赚钱的其他办法。

(1) 如果某国政府对胰岛素生产厂商征收每毫升 10 元的税收，厂商应按月给该国财政部付税。谁将会承担大部分税负？是胰岛素的生产厂商还是糖尿病患者？或者在现有的信息下你无法给出答案？

(2) 假设情况正好相反，胰岛素的生产厂商说服了该国政府对胰岛素生产者每毫升胰岛素补贴 10 元，补贴每月从该国财政部领取。谁将会从这项补贴中获得最大的好处？是胰岛素生产者还是糖尿病患者？或者在现有的信息下你无法给出答案？

3. 美国政府曾经对一些豪华汽车和游艇征收 10% 的税。由此，造船业的定价大幅度下跌，还造成了大量的失业。但对汽车行业来说，影响却非常有限。请问为什么？

4. 假设存在两个同样的电子商务零售企业，其中一个提供免费送货服务，一个则收费，请问买方实际支付的价格有区别吗？为什么？

5. 在订机票时，乘客通过在线渠道订票往往比通过旅行社订票获取更低的价格。你认为是消费者还是航空公司从低价中获利了？

第六章

消费者行为理论

学习目标

- 了解效用、总效用、边际效用、边际替代率等概念。
- 理解边际效用递减规律、边际替代率递减规律、消费者均衡条件。
- 掌握边际效用分析方法和无差异曲线分析方法对消费者的均衡分析。
- 理解替代效应和收入效应的分析方法。

大师简介

经济学家：赫尔曼·海因里希·戈森（Hermann Heinrich Gossen，1810—1858 年）

简介：德国经济学家，边际效用理论的先驱，主要著作为《人类交换规律与人类行为准则的发展》。

主要成就：较早在经济学中应用了数学分析方法，并完整地提出了边际效用理论的雏形，理论的出发点是最大幸福原则，提出戈森第一定律（即边际效用递减规律）和戈森第二定律（即边际效用均等规律）。

导入案例

口红效应

"口红效应"是指因经济萧条而导致口红热卖的一种有趣的经济现象，也叫"低价产品偏爱趋势"。在美国，每当经济不景气时，口红的销量反而会直线上升。这是因为，在美国，人们认为口红是一种比较廉价的奢侈品，在经济不景气的情况下，人们仍然会有强烈的消费欲望，所以会转而购买比较廉价的奢侈品。

口红作为一种廉价的非必要之物，可以对消费者起到一种"安慰"的作用，尤其是当柔软润泽的口红接触嘴唇的那一刻。再有，经济的衰退会让一些人的消费减少，这样手中反而会出现一些"小闲钱"，正好可以买一些廉价的非必要之物。

经济危机之下，消费者的购物心理和消费行为等都发生了变化，普通消费者个个都变成了砍价高手，经济危机也使口红这类的廉价化妆品和文化类的产品出现了大卖。20世纪30年代，美国经济大萧条时期首次提出了"口红效应"经济理论。

韩国经济不景气的时候，流行的是鲜艳的色彩，并且短小和夸张的款式订单多；日本的服装销量很低，但是修鞋、补衣服的铺子生意却前所未有地火。格仔铺这种新型的销售和购物模式吸引了很多时尚新潮一族，最早源于日本一些卖二手商品的店铺，很快在中国香港、中国澳门等地区"旋风式"出现，开得非常火爆。正是"口红效应"的作用表现。

（资料来源：MBA智库·百科词条"口红效应"）

第一节 效用理论

对消费者行为的研究是一个很难开展的研究，因为个人行为存在不确定性，很难用比较确定的规律去描述人们的消费行为。但可以确定的是，人们在消费的过程中是被欲望支配着的，在单纯研究欲望时，似乎也很难界定它，因为欲望是无穷大的。因此，为了更加准确地描述每一个不同个体对消费的态度，我们使用了效用这个概念。效用概念不仅在微观经济学中非常重要，并且对于研究宏观经济理论依然有效。

一、欲望与偏好

欲望是经济学研究的出发点，我们需要解决资源的稀缺性与人们永无止境的欲望之间的矛盾。人们的欲望是罪恶的吗？人们往往把欲望和贪婪放在一起，诉说一系列的罪恶都源自"欲壑难填"的贪婪。其实重点不在于是否"欲壑难填"，而在于使用什么样的方式来满足欲望。以犯罪的形式满足欲望当然是罪恶的，但如果以合法的方式满足欲望，那么这种方式就应该得到鼓励。这是因为一切探索、发现、创新、生产与消费都在欲望的驱使下才能实现，应该说，社会正是在欲望的激励下才得以发展和进步。一个没有欲望的社会，人们不愿工作，经济增长缺少动力，社会陷入停滞，而这些有可能在未来成为困扰高福利国家的现实问题。因此，认可欲望的合理性是研究消费者行为的基础。在消费理论中，欲望被满足的过程是短期的。但这种短期的行为为经济的循环带来了可能：在满足自己欲望（消费）的同时，也要给别人提供产品及服务（生产），从而持续获得满足自己欲望的权利。

欲望是多层次的，消费者也会在安排优先次序上进行选择。最低层次的是关乎生存的欲望，如生理及安全的需要；高层次的是相关精神层面的欲望，如社会交往中的尊重他人与自我尊重，以及自我实现的需要。

知识链接

功利主义幸福观

经济学的幸福观是功利主义幸福观。"功利"在英文中对应的单词是utility，这个词在经济学中通常翻译为"效用"，而utilitarian被翻译为"功利主义"。功利主义由英国哲学家杰里米·边沁（Jeremy Bentham）在18世纪末19世纪初提出，后来由另一位经济学家约翰·穆勒（John Mill）作了进一步发展，从此变成经济学的一种基本哲学。现在的主流经济学仍然建立在这样一个功利主义的基础上。它的含义是人们追求的是情感和欲望的满足，所以快乐越多越好，痛苦越少越好，也就是我们中国人讲的"趋利避害"。人的行为目标，就是最大化自己的效用，也可以说是最大化个人的快乐、最小化个人的痛苦。

功利主义有个人功利主义和社会功利主义之分。个人功利主义，是指个体选择某种手段追求效用最大化。因此，手段的价值完全是由其对个人效用的贡献决定的。社会功利主义，是指社会的目的是社会总福利的最大化，或者说最大多数人的最大幸福。按照社会功利主义的观点，一种政策或制度的好坏，完全由这一政策或制度对社会总福利的影响决定，增加社会总福利就是好的，减少社会总福利就是坏的。因此，功利主义完全是后果主义的：重要的是结果，而不是动机和手段；只要目的是正当的，有利于实现目的的任何手段都是正当的。

虽然个人功利主义为经济学分析个体行为提供了有价值的哲学基础，但社会功利主义是值得怀疑的，因为它忽视了人的基本权利，为专制主义和集体主义提供了借口。举例来说，假如一个团体有500个人，其中有5个人长得特别难看，其他495人看到就难受。按照功利主义的观点，把这5个人关起来是正当的，因为这样可以增加社会总福利。但我们想一想，这符合社会正义吗？为了这495个人福利的提高，就应该牺牲那5个人的自由吗？

经济学面临的一个重要转型是从功利主义转向权利主义。权利主义意味着个体的基本权利必须得到尊重，任何以集体利益的名义剥夺个人权利的行为都是不正当的，目的的正当性不能代替手段的正当性。

（资料来源：张维迎. 经济学原理［M］. 西安：，西北大学出版社，2015.）

二、效用理论的内容

消费者行为虽然是由欲望支配的，但衡量是一个难题。为了给消费这一行为确定一个目标，我们使用了欲望这个概念，它被定义为消费者在消费商品及服务的过程中所获得的满足的感觉。这样，就把消费者行为的目标具体化了：消费者消费的目的就是获得效用。当然，也可以从商品的角度去定义：效用就是商品能够满足人们欲望的一种能力。那么效用和商品的使用价值之间有什么关系呢？例如，一瓶水的使用价值是解渴，而这瓶水是否对我有效用则取决于我渴不渴，如果我不渴，这瓶水对我是没有效用的。从中可以发现效用的第一个特性：主观性。

效用的主观性是指效用水平的大小并不是由商品本身决定的，而是由商品和消费者共同决定的。因为效用源自欲望，而欲望取决于消费者的差别，如口渴或不渴、饿或不饿、冷或不冷、瞌睡或不瞌睡等，而与之相对应的商品——一瓶水、一个面包、一件棉衣、一张床等，在面对不同的消费者时，效用也会大相径庭。因此在后面的学习中需要注意，效用是主观判断的结果。

除了主观性之外，效用水平是可以进行大、小、正、负的判断的。正的效用是指欲望的满足，而负的效用是指痛苦或不适。例如，当我们因不想浪费而强迫自己吃完所有食物时，会感觉到胃部鼓胀带来的不适。很多学者认为负效用在理性环境下是不会产生的，其实这种认知是不对的，负效用在特定场合下还是有一定的用途的，比如将负效用作为一种惩罚的机制。例如，猜拳游戏的输者将饮下更多的酒，而不是赢的一方饮下更多的酒，就是因为过多地饮酒产生的是负效用，是一种惩罚。而对于效用大小的评价，需要更加专业的工具来进行分析。

三、基数效用论与序数效用论简介

效用的大小评价在经济学的发展中出现了两种基本方式：基数效用论与序数效用论。两种效用评价方法都存在一定的争议，但作为对消费者行为的研究来说确实迈出了非常重要的一步。

1. 基数效用论

基数效用论是对所有的消费满足感所产生的效用进行赋值的方法加以度量。例如，早晨上班吃了一份早餐获得 10 个单位效用，买了一份报纸获得 5 个单位效用，乘坐出租汽车到达公司获得 15 个单位效用。于是可以计算出早晨获得的总效用水平是 30 个单位，并且还可以知道，一顿早餐的效用是一份报纸效用的两倍，但这个效用小于乘坐出租车的效用，因为上班不迟到对我们来说更重要。

基数效用论看起来既简单又方便，但实际上却存在一个很明显的缺陷。因为效用是主观的一种感觉，很难用一个数字去描述大小，甚至无法规定出 1 单位效用水平是多少。这使得很多学者重新开始寻找效用评价的工具。

2. 序数效用论

相对于基数效用论，序数效用论的优势在于虽然无法说出具体效用是多少，但可以对消费带给我们的效用水平进行排序，从而研究如何实现最优的消费组合。苹果、橘子、香蕉，你到底是喜欢哪一个呢？消费者偏好在这里起到了重要的作用。这样的排序使我们同样可以研究消费者效用水平的高低。但是偏好却具有两个最基本的要求：完备性与传递性。这两个要求是效用可以进行数学评价的基础，虽然很多经济学家对这个基础提出了一定的质疑，但这并不妨碍我们利用它来研究普遍问题。

第二节　基数效用论

一、边际分析法

经济学使用了很多数学的方法来研究问题，其中最为著名的就是边际分析法。边际分析是利用数学中微小变量的概念，来研究增量对均衡产生何种影响。在经济学中，我们真正关注的往往并非总量，而是变化量。例如，单位价格上涨所带来的需求减少量，其实我们并不关注价格以前是多少，而更加关注提高价格所带来的需求减少量。在企业决定是否增加产量时，也是要考量边际成本与边际收益之间的关系，这个后面会学习到。可以说，边际思维贯穿了整个经济学理论体系，在这一章我们也会接触到一个边际量：边际效用。这是整个基数效用论的基础，也是分析消费者行为的重要标准。

二、边际效用递减规律

（一）基础变量

在学习边际效用递减规律之前，必须先了解几个重要的基础变量。

（1）消费量 Q（Quantity），是指消费者连续消费的某商品的数量。强调该数量不可微，在求边际的过程中，ΔQ 通常取 1。

（2）总效用 TU（Total Utility），是指消费者从连续的消费商品中所获得的效用总值，是由单个消费品（不分种类）的效用加总求和得到的。总效用与消费量的函数关系表达式为：

$$TU = f(Q)$$

（3）边际效用 MU（Marginal Utility），是指消费者在连续消费的过程中，每增加一单位消费品所获得的总效用的增量。因此，MU 是一个典型的个量，是每个消费品具体的效用值。边际效用的函数关系表达式为：

$$MU = \frac{\Delta TU(Q)}{\Delta Q}$$

在上式中，ΔQ 通常取值为 1，表达的是增加 1 单位某商品的消费所带来的满足感，就是这 1 单位消费品的边际效用。例如，我们吃了第五个包子带给我们的满足感，就是第五个包子的边际效用。要注意，这个值是一个个量。为什么 ΔQ 通常只能取 1 呢？因为连续的 Q 是没有意义的。假设 Q 可微，那么包子的边际效用就无法考量了，因为不能考察咬第一口和咬第二口包子的边际效用，人们嘴的大小是不确定的。

在以上的定义中，要有一定的范围限制，也就是说要在短期内连续消费，我们才能研究它们之间的相互关系，并且使用数学的方法来加以计算。如果从长期进行研究，我们无法得到任何规律。

（二）边际效用递减规律的内容

在其他条件不变的前提下，消费者在连续消费某一种商品时，随着消费数量的不断增加，他从每单位消费品中所获得的满足感不断减少，即边际效用是递减的，这个规律就是边际效用递减规律。

边际效用递减规律最早是由戈森第一定律总结出来的：人们的欲望与消费量成反比，与边际效用成正比。这也揭示了边际效用递减规律的原因，主要有以下三点。

（1）因为欲望逐渐被满足，因此边际效用值降低了。例如不断喝水，我们对水的欲望降低了，同时从每单位水中所获得的满足感减少了。

（2）由于生理或心理的反复刺激所形成的麻木。人们总是会对新的东西爱不释手，但随着时间的延长而越来越不在乎。喜新厌旧也是对边际效用递减规律的形象描述。

（3）对于多用途的商品，我们在安排其使用时就会以效用水平由高向低的顺序去排列。

（三）特例

除了要了解为什么会出现边际效用递减规律外，还需要了解这个规律存在着一定的特例。特例意味着边际效用不是递减的，而是递增的。

1. 成瘾性消费

成瘾性消费在日常生活中是可以看到的,比如嗜酒的人,一般要在喝到一定数量的酒以后才能感觉到欲望的极大满足;网络游戏的成瘾者也不会是越玩越无趣,而是越玩越无法自拔。这些消费往往出现边际效用递增的现象,因此消费量会越来越大。

2. 积攒配套型消费

类似集邮、集钱币或者收集成套古董等。人们在得到一套商品的其中一件时,满足感往往不是最强烈的,而集齐一套商品中最后一件商品时的满足感才是最强烈的,这符合边际效用递增规律。

除了以上两种特例,生活中大多数商品的消费符合边际效用递减规律。

(四)总效用与边际效用

通过 MU 计算公式可知,由于 ΔQ 通常情况下取 1,那么 $MU = \Delta TU$,即边际效用是总效用的单位商品效用增量。因此,可以用图 6-1 和图 6-2 来表示它们之间的关系。

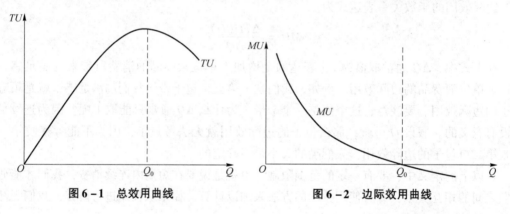

图 6-1 总效用曲线　　　图 6-2 边际效用曲线

在图 6-1 中,随着商品消费量的递增,总效用曲线 TU 呈现出一个先递增后递减的过程,意味着总效用存在一个最大值:曲线 TU 的顶点。为什么会存在 TU 的最大值呢?这个问题需要观察另一条曲线:MU 曲线。

在图 6-2 中,我们发现 MU 的变化规律,即边际效用递减规律。随着消费量 Q 的不断增加,MU 始终递减。当消费量超过一个临界值时,MU 甚至递减到了负值。边际效用可以为负值吗?答案是肯定的。过量的消费不仅不会产生满足的感觉,还会给人带来痛苦的感觉,这就是负效用。会有人进行负效用消费吗?理论上是没有的,因为消费都是逐单位逐单位增加的,一旦产生负效用我们可以立即停止消费。但是现实生活中可能无法做到,例如吃饺子,我们不可能一个一个地吃,并且一个一个地付钱,而是一次性购买多个,然后再吃。当你发现购买过量,你又是一个节俭的人时,很有可能因为不浪费而将负效用的饺子全部吃掉。这看似不理性的行为其实背后的理性是:你心理上获得了平静。边际效用 MU 是总效用 TU 进行单位消费时的增量,因此,MU 虽然递减,但是 TU 仍然是递增的,只不过增加的量在逐渐减小。当 MU 等于零时,TU 不再增加;而当 MU 变为负值时,TU 增加量变为减少量,开始递减。因此,当 $MU = 0$ 时,TU 达到最大值,即图 6-1、图 6-2 中所对应的消费 Q_0。

知识链接   男女的购物矛盾：效用与消费者剩余

你为什么买东西？这个问题看似很简单，但回答起来却并不容易，有时候可能你自己也会欺骗自己。不信？那我们拿些现实的例子来看看。你有没有过这样的经历：买了一件衣服却从来没有穿过，多年以后发现还贴着标签？去超市买了很多吃的东西，到家后却发现自己根本吃不完？买到个便宜的东西总喜欢让别人猜猜价钱，是炫耀吗？这一系列的问题归纳起来都是一个经济学问题，那就是消费者的需求动机。

经济学对消费者需求动机其实是分了两个部分来看的。一个叫消费者剩余，另一个叫效用。

所谓效用，是指消费者在消费某一消费品时所获得的满足的感觉，或者说商品能够满足消费者欲望的一种能力。有点绕，简单举个例子：有位同学，刚刚打完篮球很口渴，于是买了一瓶矿泉水喝，那么，这位同学就获得了效用，因为口渴的欲望被矿泉水满足了。同时，喝水的时候这位同学获得了满足的感觉。效用是具有主观性的，因此，它和使用价值是不同的，因为一瓶水的使用价值是解渴，而对于人们有没有效用还取决于喝水的人渴不渴。德国经济学家戈森认为，效用水平的高低和欲望的强弱成正比，即欲望越强烈，在消费时获得的满足的感觉会越大，效用水平越高。同一瓶水，对于不同的人，效用水平也不相同，比如对打篮球、跑10千米、从沙漠归来，甚至掉河里差点淹死的人，效用明显大不相同。效用，是我们消费动机中最简单也最好理解的一种，是我们为了满足欲望所进行的购买。总结一下这个动机就是：为了效用而进行的购买。有没有不为了效用的购买行为呢？答案是有，就是消费者剩余。

所谓消费者剩余，是指消费者在购买商品时，需求价格和实际价格的差额。简单举个例子：我们去买一双鞋子，在仔细挑选了各种品牌和质量的鞋子后，发现了一双特别喜欢的鞋子，款式很好，质地很好，上脚舒适，于是我们开始估价（估价环节有时候并非刻意，也可能无意，或者能够基本判断价格范围），应该值300多块吧（需求价格），一问价，结果售货员告诉我们，现在打折，只卖200块（实际价格）。那么这笔交易成交后，我们就获得了100多块的消费者剩余。要注意的是，消费者剩余是消费者心理上的获得，不代表实际收益的增加，是重要的社会福利的组成部分。简单地说，就是衡量消费者幸福感和满足感的一个重要指标。有时候，即使这个商品一时半会儿用不着，消费者也会给自己找各种理由买下它，例如：冬天买夏天的衣服，春天买很多季节性蔬菜和水果放冰箱里慢慢吃，女生给男朋友买衣服或其他用品，等等（这里并不否认女生对男朋友的爱）。总结一下这个动机就是：为了消费者剩余的购买。

那么，有没有可能两种动机都存在呢？或者说既获得了效用，又获得了消费者剩余呢？当然可以，只不过这种情况非常不容易。简单地说就是，你口渴了，去买水，而刚好矿泉水在打折促销，卖得比平时都便宜，你就会喝得解渴而又便宜了。实际情况可能大多数时候仅获得了一种好处，或者获得了高的效用，或者获得了高的消费者剩余。

再来看看两者在不同人群中的选择情况。生物经济学研究结论显示，女生喜欢逛街，而男生不喜欢逛街，原因在于生物进化结果。因为在古代氏族社会中，女性从事的是采集，而采集就要不停地进行比对和选择；而男性负责狩猎，狩猎的要求就是必须要精准，目标性很强。由此而导致男性在消费时更有目标性，即更加注重消费的效用结果；而女性更注重比较结果，即更加注重消费者剩余。从现实情况来看，大多数男生买东西很快，也很干脆，而且只买效用高的商品，价格弹性比较低；女生的行为就比较有意思了，她们会用大量的时间去逛街，可以是有目的的，也可以是没有目的的，即便有目的，也有可能买回一些和计划无关的商品。例如，某女生去逛街，打算买鞋子，结果逛了一圈没有买到心仪的鞋子，却发现裙子由于换季在大减价，于是为了明年夏天穿，她买了一条裙子，并且很开心；又或者没有买到鞋子，却发现男士夹克在大减价，大家都在抢，于是为了家庭中的某个男性，也奋力抢购了一件，同样很开心。

从动机角度分析以上的现象不难发现，无论获得效用还是获得消费者剩余，都会使人获得愉悦和幸福感，只不过不同的群体侧重的需求不同。女生需要效用，但更喜欢消费者剩余；男生不介意消费者剩余，但更注重效用。

通过这个分析结果，很多消费者需求动机的问题就很好解决了，一些社会和家庭的矛盾也就很好解决了。男人不要再抱怨女人乱买东西，买的很多东西都不穿、不用、吃不完，因为女人们在买东西的过程中已经获得满足的感觉了，这种购买并不浪费；而女人也不要再抱怨男人太不会花钱了，总是把东西买贵，因为再贵的东西，只要效用水平够高，欲望满足了也就不浪费。

（资料来源：王伟舟."男女的购物矛盾：效用与消费者剩余"，西安欧亚学院金融学院公众号，2019年4月。）

三、基数效用论的消费者均衡

消费者均衡是研究单个消费者如何把有限的货币收入分配在各种商品的购买中以获得最大的效用。也可以说，它是研究单个消费者在既定收入下实现效用最大化的均衡条件。这里的均衡是指消费者实现最大效用时既不想再增加也不想再减少任何商品购买数量的一种相对静止的状态。

在基数效用论者看来，消费者实现效用最大化的均衡条件是：如果消费者的货币收入水平是固定的，市场上各种商品的价格是已知的，那么，消费者应该使自己所购买的各种商品的边际效用与价格之比相等。或者说，消费者应使自己花费在各种商品购买上的最后一元钱所带来的边际效用相等。

假定：消费者用既定的收入 M 购买 n 种商品，$P_1, P_2, P_3, \cdots, P_n$ 分别为 n 种商品的既定价格，λ 为不变的货币的边际效用。以 $X_1, X_2, X_3, \cdots, X_n$ 分别表示 n 种商品的数量，$MU_1, MU_2, MU_3, \cdots, MU_n$ 分别表示 n 种商品的边际效用，则上述的消费者效用最大化的均衡条件可以用公式表示为：

$$P_1 X_1 + P_2 X_2 + \cdots + P_n X_n = M \quad (6-1)$$

$$MU_1/P_1 = MU_2/P_2 = \cdots = MU_n/P_n = \lambda \quad (6-2)$$

其中，式（6-1）是限制条件；式（6-2）是在限制条件下消费者实现效用最大化的均衡条件。式（6-2）表示消费者应选择最优的商品组合，使自己花费在各种商品上的最后一元钱所带来的边际效用相等，且等于货币的边际效用。

下面以消费者购买两种商品为例，具体说明消费者效用最大化的均衡条件。与式（6-1）

和式（6-2）相对应，在购买两种商品情况下的消费者效用最大化的均衡条件为：

$$P_1X_1 + P_2X_2 = M \tag{6-3}$$

$$MU_1/P_1 = MU_2/P_2 = \lambda \tag{6-4}$$

为什么说只有当消费者实现了 $MU_1/P_1 = MU_2/P_2 = \lambda$ 的均衡条件时，才能获得最大的效用呢？或者说，该均衡条件的经济含义是什么呢？

当 $MU_1/P_1 < MU_2/P_2$ 时，说明对于消费者来说，同样的一元钱购买商品1所得到的边际效用小于购买商品2所得到边际效用。这样，理性的消费者就会调整这两种商品的购买数量：减少对商品1的购买量，增加对商品2的购买量。在这样的调整过程中，一方面，在消费者用减少一元钱的商品1的购买来相应地增加一元钱的商品2的购买时，由此带来的商品1的边际效用的减少量是小于商品2的边际效用的增加量的，这意味着消费者的总效用是增加的。另一方面，在边际效用递减规律的作用下，商品1边际效用会随其购买量的减少而递增，商品2的边际效用会随其购买量的增加而递减。当消费者将其购买组合调整到同样一元钱购买这两种商品所得到的边际效用相等时，即达到 $MU_1/P_1 = MU_2/P_2$ 时，他便得到了由减少商品1购买和增加商品2购买所带来的总效用增加的全部好处，即消费者此时获得了最大的效用。

相反，当 $MU_1/P_1 > MU_2/P_2$ 时，说明对于消费者来说，同样的一元钱购买商品1所得到的边际效用大于购买商品2所得到的边际效用。根据同样的道理，理性的消费者会进行与前面相反的调整过程，即增加对商品1的购买，减少对商品2的购买，直到 $MU_1/P_1 = MU_2/P_2$，从而获得最大的效用。

再从 $MU_i/P_i = \lambda$（$i=1，2$）的关系分析。

$MU_i/P_i < \lambda$（$i=1，2$）说明消费者用一元钱购买第 i 种商品所得到的边际效用小于所付出的这一元钱的边际效用。也可以理解为，消费者这时购买的第 i 种商品的数量太多了。事实上，消费者总可以把这一元钱用在至少能产生相等的边际效用的其他商品的购买上去。这样，理性的消费者就会减少对第 i 种商品的购买，在边际效用递减规律的作用下，直到 $MU_i/P_i = \lambda$（$i=1，2$）的条件实现为止。

相反，$MU_i/P_i > \lambda$（$i=1，2$），这说明消费者用一元钱购买第 i 种商品所得到的边际效用大于所付出的这一元钱的边际效用。也可以理解为，消费者对第 i 种商品的消费量是不足的，消费者应该继续购买第 i 种商品以获得更多的效用。这样，理性的消费者就会增加对第 i 种商品的购买。同样，在边际效用递减规律的作用下，直到 $MU_i/P_i = \lambda$（$i=1，2$）的条件实现为止。

> **知识链接**
>
> ## 手机款式为什么变化这么快
>
> 在通信市场上，各商家为了在竞争中取胜，以获取市场的占有率，不断地提高手机的功能、款式和型号。很多追求时尚的人，也经常变换手机。
>
> 从经济学的理论看，消费者连续消费某一款式的手机给消费者所带来的边际效用是递减的。如果企业连续只生产一种型号的手机，它带给消费者的边际效用就在递减，消费者愿意

支付的价格就低了。因此,企业要不断创造出多样化的产品,即使是同类产品,只要不相同,就不会引起边际效用递减。

(资料来源:人大经济论坛案例库)

第三节 序数效用论

序数效用论采用无差异曲线的分析方法来考察消费者行为,提出消费者均衡的实现条件。

一、无差异曲线

(一) 消费者偏好

序数效用论认为,商品给消费者带来的效用大小应用顺序或等级来表示。为此,序数效用论者提出了消费者偏好的概念。消费者偏好是指消费者对不同商品或商品组合的喜好程度。消费者对不同商品组合的偏好,也就是喜好的程度是有差异的,正是这种偏好程度的差别,反映了消费者对这些不同商品组合的效用水平的评价。例如,对于 A、B 两种商品组合,若消费者对 A 组合的偏好程度大于对 B 组合的偏好程度,则可以说 A 组合的效用水平大于 B 组合。若消费者对 A 组合与 B 组合的偏好程度相同,则可以说两种组合的效用水平无差异。

序数效用论者提出了关于消费者偏好的三个基本的假定。

1. 偏好的完全性

偏好的完全性指消费者总是可以比较和排列所给出的不同商品组合。换言之,对于任何两个商品组合 A 和 B,消费者总是可以做出,而且也只能做出三种判断中的一种:对 A 的偏好大于对 B 的偏好;对 B 的偏好大于对 A 的偏好;对 A 和 B 的偏好相同。偏好的完全性的假定保证消费者对于偏好的表达方式是完备的,消费者总是可以把自己的偏好评价准确地表达出来。

2. 偏好的可传递性

偏好的可传递性指对于任何三个商品组合 A、B 和 C,如果消费者对 A 的偏好大于对 B 的偏好,对 B 的偏好大于对 C 的偏好,那么,在 A、C 两个组合中,消费者必定有对 A 的偏好大于对 C 的偏好。偏好的可传递性的假定保证了消费者偏好的一致性,因而也是理性的。

3. 偏好的非饱和性

该假定指如果两个商品组合的区别仅在于其中一种商品的数量不相同,那么,消费者总是偏好含有这种商品数量较多的那个商品组合。这就是说,消费者对每一种商品的消费都没有达到饱和点,或者说,对于任何一种商品,消费者总是认为数量多比数量少好。此外,这个假定还意味着,消费者认为值得拥有的商品都是好的东西,而不是坏的东西。在这里,坏的东西指诸如空气污染、噪声等只能给消费者带来负效用的东西。

知识链接

墙内开花墙外香的肯德基

很多人对街头随处可见的有白胡子老头的招牌不陌生,看到这个招牌就知道,肯德基快餐店到了。近年来,肯德基在亚洲各国的业务量都在不断增长,在中国、韩国,肯德基已经成为快餐业的老大。然而,在美国,肯德基的销量相对其他快餐业竞争者却在萎缩。

为什么肯德基在亚洲和美国的业绩会出现如此的不同呢?秘密就在于亚洲人和美国人的饮食偏好是不同的。大家都知道,肯德基的特点在于它提供一系列的炸鸡类食品。这类炸鸡很符合亚洲人的胃口。亚洲人本来就有吃鸡的传统。因而相对于其他的快餐类食品,譬如汉堡、比萨,肯德基就因其符合亚洲人偏好而畅销。

然而在美国,由于美国人担心炸鸡类食品会导致心脏病,因而对肯德基的需求不断降低。在美国,人们更偏好汉堡、比萨类食品。

(资料来源:百度文库)

(二)无差异曲线的内涵

无差异曲线是用来表示给消费者带来偏好相同的两种商品的所有数量组合的线。或者说,它是表示能够给消费者带来相同效用水平或满足程度的两种商品的所有组合的线。

假设某个消费者要面临着 X、Y 两种商品,这两种商品可以有 A、B、C、D、E、F 六种不同的消费组合,这六种组合都能给该消费者带来相同的效用,如表 6-1 所示。

表 6-1　某消费者的效用无差异表

组合方式	商品 X 的数量	商品 Y 的数量	组合方式	商品 X 的数量	商品 Y 的数量
A	5	30	D	20	10
B	10	18	E	25	8
C	15	13	F	30	7

根据表 6-1,可以绘制出图 6-3。

在图 6-3 中,横轴代表商品 X 的数量,纵轴代表商品 Y 的数量,点 A、B、C、D、E、F 表示六种不同的商品组合,将各点连接起来的曲线 I 就是无差异曲线。无差异曲线上的任何一个点所表示的商品组合虽然都各不相同,但它们在消费者偏好既定的条件下给消费者所带来的效用,即满足程度都是相同的。

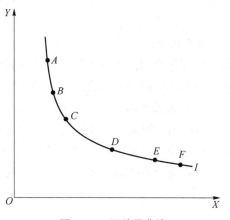

图 6-3　无差异曲线

无差异曲线具有四个基本特征。

(1)在正常的消费阶段,无差异曲线是一条向右下方倾斜的曲线,其斜率为负值。这表明,在消费者消费两种商品的数量都达到饱和之前,也就是增加每一种商品的消费还都能给消费者带来正效用的条件下,消费者为了保证总效用不变,再增加一种商品的消费,就必须减少另一种商品的消费。

(2) 同一平面上可以有无数条无差异曲线,如图 6-4 所示。我们可以画出无数条无差异曲线,以致覆盖整个平面坐标图。同一条无差异曲线上的不同点所代表的不同消费组合给消费者带来相同的效用,不同的无差异曲线上不同消费组合给消费者带来不同的效用。所有这些无差异曲线之间的相互关系是:离原点越远的无差异曲线代表的效用水平越高,离原点越近的无差异曲线代表的效用水平越低。在图 6-4 中,I_1、I_2、I_3 是三条不同的无差异曲线,它们分别代表不同的效用水平,其效用大小为 $I_1 > I_2 > I_3$。

(3) 在同一坐标平面图上的任何两条无差异曲线不会相交。这一点可以用图 6-5 来说明。

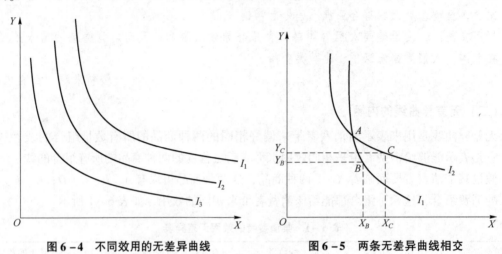

图 6-4 不同效用的无差异曲线　　图 6-5 两条无差异曲线相交

在图 6-5 中,两条无差异曲线相交于点 A,这种画法是错误的。其理由在于:根据无差异曲线的定义,由无差异曲线 I_1 可得点 A、点 B 的效用水平是相等的,由无差异曲线 I_2 可得点 A、点 C 的效用水平是相等的。于是,根据偏好可传递性的假定,必定有点 B 和点 C 的效用水平是相等的。但是,观察和比较图中点 B 和点 C 的商品组合,可以发现点 C 的每一种商品的数量都多于点 B,于是,根据偏好的非饱和性假定,必定有点 C 的效用水平大于点 B 的效用水平。这样一来,矛盾产生了:该消费者在认为点 B 和点 C 无差异的同时,又认为点 C 要优于点 B,这就违背了偏好的完全性假定。由此证明:对于任何一个消费者来说,两条无差异曲线相交的画法是错误的。

(4) 无差异曲线凸向原点。无差异曲线是凸向原点的。这就是说,无差异曲线不仅向右下方倾斜,即无差异曲线的斜率为负值,而且,无差异曲线是以凸向原点的形状向右下方倾斜的,即无差异曲线的斜率的绝对值是递减的。为什么无差异曲线具有凸向原点的特征呢?这取决于商品的边际替代率递减规律。商品的边际替代率是一个重要概念,将在下面进行讨论。

二、商品的边际替代率

(一) 边际替代率的概念

可以想象一下,当一个消费者沿着一条既定的无差异曲线上下滑动的时候,两种商品的数量组合会不断地发生变化,而效用水平却保持不变。这就说明,在维持效用水平不变的前提下,消费者在增加一种商品的消费数量的同时,必然会放弃一部分另一种商品的消费数量,即两商品的消费数量之间存在着替代关系。由此,经济学家建立了商品的边际替代率(MRS)的概念。

边际替代率是消费者在保持效用水平不变的前提下,为增加一单位某种商品的消费所放弃的另一种商品的消费数量。边际替代率的值是减少的一种商品的消费量与增加的另一种商品的消费量之比。

以 ΔX 与 ΔY 分别表示商品 X 与 Y 的变化量,MRS_{XY} 表示商品 X 对商品 Y 的边际替代率,则有:

$$MRS_{XY} = -\Delta Y/\Delta X$$

当消费者的效用既定时,消费者的消费组合只能从同一条无差异曲线上的不同点进行选择。消费者在保持效用不变的前提下,为了增加一种商品的消费就必须减少另一种商品的消费,因而 ΔX 与 ΔY 的符号一定是相反的。为了方便起见,在计算公式中加个负号以使边际替代率成正值。无差异曲线上任何一点的边际替代率等于无差异曲线在该点的斜率的绝对值。

(二) 边际替代率递减规律

我们首先来计算表 6-2 中以商品 X 代替商品 Y 的边际替代率。

表 6-2 边际替代率计算表

变动情况	ΔX	ΔY	MRS_{XY}
A-B	5	-12	2.4
B-C	5	-5	1.0
C-D	5	-3	0.6
D-E	5	-2	0.4
E-F	5	-1	0.2

在表 6-2 中,MRS_{XY} 从 2.4 一直下降到 0.2。这种情况存在于任何两种商品的替代中,这种现象被称为商品的边际替代率递减规律。具体来说,商品的边际替代率递减规律是指:在维持效用水平不变的前提下,随着一种商品的消费数量的连续增加,消费者为得到每一单位的这种商品所需要放弃的另一种商品的消费数量是递减的。之所以会普遍发生商品的边际替代率递减的现象,是因为随着一种商品的消费数量的逐步增加,消费者想要获得更多的这种商品的愿望就会递减,因而,他为了多获得一单位的这种商品而愿意放弃的另一商品的数量就会越来越少。或者说,在 $MRS_{XY} = -\Delta Y/\Delta X$ 这个公式中,当分母 ΔX 不变时,分子 ΔY 在不断减少,因而分数值就在不断减少了。

(三) 边际替代率与无差异曲线的形状

无差异曲线的形状表明了在维持效用水平不变的前提下,一种商品对另一种商品的替代程度。由边际替代率递减规律决定的无差异曲线的形状是凸向原点的,这是无差异曲线的一般形状。下面,考虑两种极端的情况。

1. 完全替代品的情况

完全替代品指两种商品之间的替代比例是固定不变的情况。例如，大米和面粉的替代性很强，在保证效用不变的前提下，消费者每增加消费 1 千克大米，基本上就需要减少消费 1 千克面粉，而且这种替代关系不会发生太大变化，因而表示大米和面粉替代关系的无差异曲线的弯曲程度就较小。如果在完全替代的情况下，则每增加消费一种商品所需要减少的另一种商品的消费数量不会发生变化，也就是边际替代率不变，这时的无差异曲线是一条斜率不变的直线，如图 6-6（a）所示。

2. 完全互补品的情况

完全互补品指两种商品必须按固定不变的比例同时被使用的情况。例如，一副眼镜架必须和两片眼镜片同时配合，才能构成一副可供使用的眼镜，则相应的无差异曲线如图 6-6（b）所示。与横轴垂直的一段无差异曲线表示：为了保持效用不变，商品 Y 无论如何增加，商品 X 也不能减少，也就是商品 Y 完全不能替代商品 X，故以商品 Y 替代商品 X 的边际替代率 MRS_{YX} 为零。与横轴平行的一段无差异曲线表示：为了保持效用不变，商品 X 无论如何增加，也不能替代商品 Y，故边际替代率 MRS_{XY} 为零。

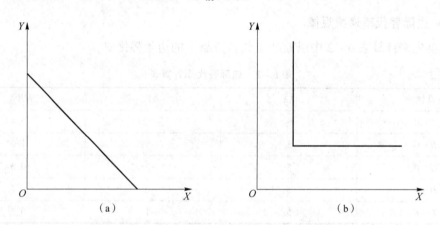

图 6-6 完全替代品和完全互补品的无差异线

(a) 完全替代品的无差异曲线；(b) 完全互补品的无差异曲线

三、消费者预算线（消费可能线）

消费者进行选择时，考虑的一个重要因素是收入。在不考虑借贷的条件下，消费者不能无限制地选择自己喜爱的商品。反映消费者收入约束的概念就是预算约束。

(一) 预算线的含义

预算线也称消费可能线、等支出线或价格线，是用来展示消费者购买力的一条直线。预算线与坐标轴围成的面积大小代表消费者的购买力大小，这个区域也被称为消费可能性区域。在预算线上，是消费者最大支出。

那么，制约消费者购买力的因素有哪些呢？主要包括两个：商品价格和消费者收入。其中，购买力与两种商品的价格成反相关，与消费者的收入成正相关。接下来举例说明。

假设某消费者收入 M 是 100,他面临着两种商品 X 与 Y,各自的价格为 $P_X=1$,$P_Y=2$。根据以上条件能画出一条预算线 L,如图 6-7 所示。

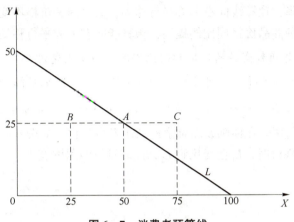

图 6-7 消费者预算线

在图 6-7 中,直线 L 就是预算线。该线上的任何一点都是在收入与价格既定的条件下,能购买到的商品 X 与商品 Y 的最大数量的组合。特别的是,把所有的收入都用来买商品 X,最多可以买 100 个($100 \div 1 = 100$),表现为预算线与 X 轴的交点;而把所有收入都用来买商品 Y,那么最多可以买 50 个($100 \div 2 = 50$),表现为预算线与 Y 轴的交点。除了这两种极端情况以外,还可以选择两种商品都购买,比如购买 25 个商品 Y 和 50 个商品 X($50 \times 1 + 25 \times 2 = 100$),如点 A 所示,同样也在预算线上。以上都是消费者完全支出的情况。如果不完全支出,那么点将落在预算线以内。比如,当购买 25 个商品 Y 以及 25 个商品 X 时($25 \times 1 + 25 \times 2 = 75$),如点 B 所示,就在预算线以内。当然,如果超过支出,点就会落在预算线以外。比如,购买 25 个商品 Y 以及 75 个商品 X($25 \times 2 + 75 \times 1 = 125$),如图中点 C 所示,这是消费者预算不可能实现的。

根据斜率计算公式可以知道,预算线的斜率 $k = -1/2$。具体地说,是由 $-(M/P_Y) \div (M/P_X)$ 求出,经过化简发现 $k = -P_X/P_Y$,意味着预算线的斜率仅与两种商品的价格比值有关,与消费者收入无关。因此,在接下来的预算线变动中,我们就能很容易掌握预算线的变化方向。

(二)预算线的变动

在前面提到过,预算线反映的是消费者的购买力,而购买力和两个变量有关:两种商品的价格和消费者收入。因此,如果预算线发生改变,意味着以上两个变量至少有一个发生了变化。预算线的变动大致可以归纳为以下五种基本情况。

1. 两种商品价格不变,消费者的收入发生变化

此时,预算线斜率不变,预算线的位置会发生平行移动。收入增加,预算线平行向右上方移动,如图 6-8(a)所示。线 L 是原收入条件下的预算线,当收入增加后,预算线向右上方平行移动到 L_1 的位置。相反,收入减少,预算线会平行向左下方移动,预算线由 L 移动到 L_2 的位置。

2. 消费者的收入不变，两种商品的价格同比例同方向发生变化

此时，预算线斜率同样不变，预算线的位置发生平行移动，如图6-8（a）所示。若两种商品价格同比例下降，预算线向右上方平行移动，其原因和价格不变而消费者收入提高是一样的。相反，若两种商品价格同比例提高，预算线向左下方平行移动。

3. 消费者的收入与两种商品的价格都同比例同方向发生变化

这时，预算线不发生变化。这种变化不会使消费者的实际购买能力发生变化。

4. 消费者的收入不变，一种商品的价格不变，而另一种商品的价格发生变化

这时，预算线的斜率和在横轴或纵轴上的截距发生变化，如图6-8（b）所示。商品Y价格不变，当商品X降价时，L_1会变化到L_2，此时预算线斜率变大。

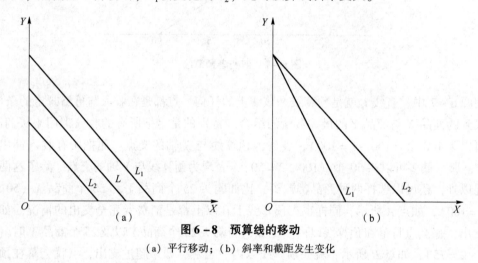

图6-8 预算线的移动
（a）平行移动；（b）斜率和截距发生变化

5. 消费者收入和两种商品的价格都发生不同方向或不同比例的变化

这时，预算线的斜率和在两轴上的截距都会发生变化。由于变化的组合很多，这里不再全部展开讨论。

自我检测

1970年，比萨的价格为每个2.5美元，汽油的价格为每升0.5美元。2010年，比萨的价格为每个10美元，汽油价格为每升2美元。比萨的相对价格变化了吗？

四、序数效用论的消费者均衡

在已知消费者偏好和预算线约束的前提下，就可以分析消费者对最优商品组合的选择。具体的做法是，把前面考察过的消费者的无差异曲线和预算线结合在一起，来分析消费者追求效用最大化的购买选择行为。

如果把无差异曲线与预算线放在一个坐标系，那么，一条既定的预算线必定与无数条无

差异曲线中的某一条相切于一点,这个切点就是消费者均衡点。消费者在收入和商品价格既定的条件下,只要按照消费者均衡点所表示的两种商品的组合进行消费,一定能实现效用最大化。

如图 6-9 所示,I_1、I_2、I_3 是三条效用水平不同的无差异曲线,其效用大小的顺序是 $I_1 > I_2 > I_3$。L 为在消费者收入和商品 X 与 Y 的价格既定条件下的预算线。L 与 I_2 相切于点 E,点 E 就是消费者均衡点。

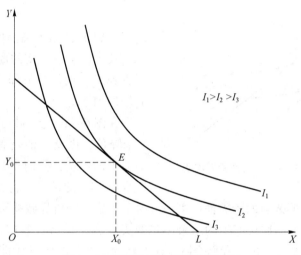

图 6-9 序数效用论的消费者均衡

为什么只有在点 E 才能实现消费者均衡呢?从图 6-9 可以看出,I_1 的效用大于 I_2,但 I_1 与 L 既不相交,也不相切,说明消费者在现有的收入与商品价格条件下,无论怎样优化消费组合也不可能达到 I_1 所表示的效用水平。L 与 I_3 相交于两点,说明按这两点来进行消费组合虽然是现有收入能够达到的,但所实现的效用水平是 I_3 所代表的效用水平。L 与 I_2 相切于点 E,说明按点 E 进行消费组合也是现有收入所能达到的,其实现的是 I_2 所代表的效用水平。由于 I_2 的效用水平高于 I_3,因而按点 E 进行消费组合的效用水平就大于 I_3 与 L 的交点。另外,由于无差异曲线有无数条且相互平行,因而能和既定的预算线 L 相切的无差异曲线有且仅有一条,而且是离原点最远的一条,也就是图上的 I_2。于是点 E 便成为在收入和价格既定条件下的效用最大化的消费组合点。

五、收入效应与替代效应

第二章研究讨论了收入效应与替代效应,但并未具体展示和测量当商品降价时的收入效应和替代效应。在学习过序数效用论的消费者均衡后,就可以使用图形展示收入效应与替代效应。

1. 预算线平行移动——收入效应

在图 6-10 中,预算线由 L_1 向右上方平行移动到 L_2 的位置。这种预算线的变化我们讨论过,是消费者收入提高或者两种商品同比例降价引起的。不论哪一种原因引起的预算线向右平行移动,都意味着消费者的实际购买能力提高了。消费者均衡点由 E_1 移动到 E_2,消费者对两种商品的购买量都会增加。这种由于购买力增加而导致的消费数量的增加，就是收入效应。图 6 – 10 中商品 Y 的收入效应为 $Y_2 - Y_1$ 的部分，商品 X 的收入效应为 $X_2 - X_1$ 的部分。

2. 预算线的转动——收入与替代效应

在图 6 – 11 中，商品 X 的价格下降，而其他条件不变，于是预算线由 L_1 移动到 L_2 的位置。预算线斜率的变化也会引起消费者均衡的变化。在图 6 – 11 中，消费者均衡点由 E_1 移动到 E_2，两种商品的购买量都发生了变化。其中，价格不变的商品 Y 的购买量由 Y_1 减少到 Y_2，而价格下降的商品 X 的购买量由 X_1 增加到 X_2。

在图 6 – 11 中，由于商品 X 降价而商品 Y 未降价，因此，消费者均衡的效果是减少商品 Y 的消费，同时增加商品 X 的消费。只观察商品 X 的消费实际发现，增加的商品 X

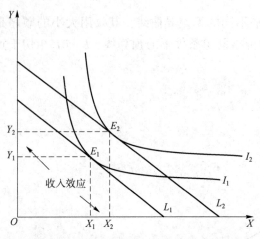

图 6 – 10　预算线平行移动的消费者均衡

的消费（$X_2 - X_1$）实际来自两个方面：第一，由于商品 X 降价导致购买力增加的收入效应；第二，由于减少商品 Y 的购买产生的结余用来购买商品 X 的替代效应。第二个效应可以理解为洗衣粉不降价而肥皂降价，我们会减少洗衣粉的消费而增加肥皂的消费。

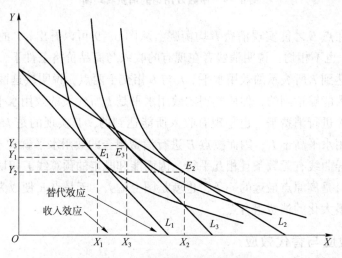

图 6 – 11　预算线转动的消费者均衡

那么在 $X_2 - X_1$ 中有多少是来自收入效应，有多少是来自替代效应呢？我们可以画一条辅助预算线 L_3，使它和原来的预算线平行，让商品 Y 与商品 X 之前降价的幅度相同。此时，均衡点 E_3 对应的均衡消费量分别是 X_3 与 Y_3。这个结论在上一部分已分析过，这个时候产生因为降价的收入效应而不产生替代效应。因此，X 单独降价与 X、Y 一起降价的不同结果就显现出来了（X 降价比例不变）：一个使 X 的消费量增加到 X_2，包含收入效应与替代效应；一个使 X 的消费量增加到 X_3，只包含收入效应。因此，商品 X 降价的替代效应就是 $X_2 - X_3$ 部分。

连接 E_1、E_2 就得到了商品 X 的需求曲线，只不过把 Y 理解为增加商品 X 消费的代价，而不是直接的货币价格。

第四节 消费者行为理论的局限

一、消费者行为理论的局限性

消费者行为理论要说明在消费者具有消费自由的条件下，消费者可以实现效用最大化。但是，仅就消费者私人物品（即要在市场购买才能消费的物品）的消费而言，这种理论也是有局限性的，消费者行为理论是以三个暗含的假设为基本前提的。第一，消费者是具有完全理性的，即他们对自己消费的物品有完全的了解，而且自觉地把效用最大化作为目标；第二，存在消费者主权，即消费者决定自己的消费，而消费者的消费决定了生产；第三，消费仅仅是个人的事，与社会无关。但是，以这三个假设为前提的消费者行为理论遇到了挑战。一些消费学家认为，这三个假设是不现实的。

首先，在现实中，消费者并不具有完全的理性。完全理性仅仅是一种理论上的假设。现实中，消费者由于修养、文化、习俗、思想意识等因素的影响，并不可能具有完全的理性，也不能自觉地来追求满足程度的最大化。他们的消费行为受到许多因素的影响。

其次，消费者的需求要受到许多社会因素的影响。在现代社会中，特别要受广告宣传的影响。各大公司不惜花费巨资通过各种形式宣传自己的产品。这种宣传在很大程度上左右了消费者的需求，使他们消费许多自己实际并不需要的产品。这样，表面上看消费者是完全自由的，消费者主权是至高无上的。实际上，消费者主权受到生产者的操纵。生产者从利润最大化的目的出发，生产出种种产品并通过广告"强迫"消费者接受。生产者主权实际上代替了消费者主权。生产者可以通过广告来影响消费者的偏好，并创造出需求，这就是现代社会的消费特点，而传统的消费行为理论却忽略了这一点。

总之，以个人为中心的消费者行为理论认为，只要确保消费者的个人自由，就可以实现满足程度最大化。从整个社会来看，如果每个消费者都实现了满足程度最大化，社会福利也就实现了最大化。但事实上，消费者并不是真正自由的，消费者的行为需要社会的引导与保护。因此，就需要有各种消费政策。

二、保护消费者的政策

由以上的分析可以看出，在市场中，消费者是弱小的，尤其是在面对厂商不同程度的垄断的时候。消费者在竞争中往往是弱小的，对于单个消费者来说，难以保护自己，更谈不上效用最大化。所以，为了指导消费者的消费行为并保护消费者的利益，各国一般会采取这样一些政策。

1. 确保商品的质量

由政府及有关组织颁布商品的最低限度的质量标准，规定任何商品都必须符合相应的质量标准，并由政府有关机构对商品质量进行检验。同时，要求厂商把商品的成分和商品可能的效用向消费者公布，不得保密，使消费者能消费到符合标准的产品。

2. 正确的消费宣传

首先，商品广告和商品说明书必须诚实可靠，对广告要有一定的限制。例如，烟和烈性酒等不利于健康的商品不得进行广告宣传，广告要对商品作如实的介绍等。其次，还要通过学校教育与其他宣传形式向公众进行有关商品效用的教育，指导消费者正确地进行消费。

3. 禁止不正确的消费

例如，禁止出售枪支和毒品；通过宣传、税收和其他强制性措施，限制烟、烈性酒、某些有刺激性药物的销售与消费。特别是为保护儿童的身心健康，不让儿童消费一些不利于成长的商品，如禁止儿童进入成人影院，禁止出售给儿童一些不健康的玩具或书刊等。

4. 对提供某些劳务的人的素质进行必要的限制

这主要是指对提供医疗服务的医生、提供法律服务的律师和提供教育服务的教师的资历和素质进行规定，并进行考核，考核合格才可从事这类职业。这样，就可以保证消费者能得到符合标准的服务。

5. 在价格管制政策中实行价格限制政策

这也是一种对消费者的保护政策，这种政策可以防止消费者受垄断厂商的剥削，并能保证社会上所有的人都得到基本生活品。对粮食、公用事业服务、房租等商品与劳务的价格限制，在保护消费者方面还是有一定的作用。

6. 建立消费者协会之类的组织，保护消费者的利益

这种组织是非官方的，可以接受消费者对产品与劳务质量、价格等方面的申诉，代表消费者向厂商提出诉讼，以及通过各种形式为保护消费者的利益服务。

这些政策，对保护消费者的利益、指导正确消费起到了积极作用。但是，这些政策的实施也会有不利的影响。例如，政府为此要有一定的支出；企业受的限制较多，会不利于生产效率的提高等；还有些措施在执行中会有许多困难，效果也并不十分理想。因此，政府在消费政策方面应有一个适度的范围。

本章要点总结

基数效用论下，用边际效用的语言来分析消费者决策。一般来说，消费者会把钱配置到使得每一块钱在各种用途上所带来的边际效用都相等，即实现效用最大化。

序数效用论下，用无差异曲线和消费者预算线分析消费者均衡。在已知消费者偏好和预算约束的前提下，将二者结合在一起，只要按照消费者均衡点所表示的两种商品的组合方式进行消费，一定能实现效用最大化。

替代效应是在真实收入不变的情况下，由相对价格变化引起的需求的变化；收入效应是由收入变化引起的需求的变化。

关键概念

边际效用 边际效用递减 边际替代率 无差异曲线 替代效应 收入效应

思考与练习

1. 在空白处填上"商品 X"或者"商品 Y",其中,商品 X 用 x 轴衡量,商品 Y 用 y 轴衡量。

(1) 如果_____的价格是 8 元,_____的价格是 12 元,那么价格比(也就是预算线的斜率)是 1.5。

(2) 1.5 的价格比意味着消费者能够用 1 单位_____交换 1.5 单位的_____。

(3) 如果多增加 1 单位的_____能给消费者增加 20 单位的效用,而多增加 1 单位的_____能给消费者增加 10 单位效用,那么,这位消费者的边际替代率是 2。

(4) 边际替代率为 2,意味着从消费者的角度来看,多 1 单位的_____同多 2 单位的_____一样好。

(5) 如果价格比是 1.5,边际替代率是 2,那么市场估价的_____比消费者的估价要高,消费者估价的_____比市场的估价要高。在这种情况下,消费者应该买进更少的_____和更多的_____。

2. 某消费者收入为 120 元,用于购买 X 和 Y 两种商品,商品 X 的价格为 20 元,商品 Y 的价格为 10 元。

(1) 计算出该消费者所购买的商品 X 和 Y 有多少种数量组合,各种组合的商品 X 和商品 Y 是多少?请列表。

(2) 画出一条预算线。

(3) 商品 X、商品 Y 的购买组合(4,6)与(3,3),是否在预算线上?

3. 已知某人的效用函数为 $TU = 4X + Y$,如果消费者消费 16 单位 X 和 14 单位 Y,试求:

(1) 消费者的总效用;

(2) 如果因某种原因消费者只能消费 4 单位 X,在保持总效用不变的情况下,需要消费多少单位 Y?

4. 如果消费者感觉更富裕了,他购买的低劣品更少;如果他感觉自己变穷了,他购买的会更多。

(1) 假设消费者吃两种不同的食物:土豆和肉。土豆是低劣品,肉是奢侈品。如果土豆的价格上涨,请描述一下消费者关于土豆和肉的最优选择中的收入效应和替代效应。把这两种效应放在一起,你能得出什么结论?

(2) 如果你能肯定替代效应一定会超过收入效应,情况会怎么样?这对消费者关于土豆和肉的最优选择意味着什么?

(3) 相反,如果你知道收入效应一定会超过替代效应,情况会怎么样?在这种情况下又会出现什么?为什么这种结果有些反常?

第七章

生产者行为理论

学习目标

- 了解生产要素和生产函数及其相关变量构成。
- 掌握一种可变要素合理投入区域分析。
- 掌握生产要素最适组合条件和规模经济的原理。

大师简介

经济学家：大卫·李嘉图（David Ricardo，1772—1823 年）

简介：英国古典政治经济学的主要代表人之一，也是英国古典政治经济学的完成者。1793 年独立开展证券交易活动，25 岁时拥有 200 万英镑财产。1799 年读亚当·斯密的《国富论》后开始研究经济问题。

主要成就：在经济理论研究方面，大卫·李嘉图算得上是一位大器晚成的奇才。他 27 岁时才第一次读到斯密的《国富论》，37 岁发表第一篇经济学论文。随后就一发而不可收，其中 1817 年出版的《政治经济学及赋税原理》（Principles of Political Economy and Taxation）最具盛名。《政治经济学及赋税原理》以更为精练的理论架构和更加贴近现实的语言与例证，全面论述了那个年代资本主义生产方式的运行机制，使李嘉图成为英国古典政治经济学的集大成者，以及 19 世纪初叶最伟大的经济学家。李嘉图在《政治经济学及赋税原理》中辟出专章，集中讨论了国际贸易问题，提出了著名的比较优势贸易理论（Comparative Advantage Theory）。

导入案例

在土地上施肥越多越好吗？

早在1771年，英国农学家阿瑟·杨格（Arthur Young）就用在若干相同的地块上施以不同量肥料的实验，证明了肥料施用量与产量增加之间存在着这种边际产量递减的关系。这不是偶然的现象，而是经验性规律。假如农民在一亩（1亩≈666.67平方米）土地上撒一把化肥能增加产量1千克，撒两把化肥增产3千克，但一把一把撒化肥的增产效果会越来越差，过量的施肥量甚至导致土壤板结、粮食减产。边际产量递减规律是从社会生产实践和科学实验中总结出来的，在现实生活的绝大多数生产过程中都适用。如果边际产量递增，全世界有一亩土地就能养活全世界所有的人，那才是不可思议的。

用两种（或两种以上）生产要素相结合生产一种产品时，如果其中一种要素是可以变动的，那么在其他条件不变的情况下，随着这一可变要素连续地等量增加，其边际产量开始会出现递增的现象，但在达到一定数量后，会呈现递减现象。这就是经济学中著名的边际产量递减规律。边际产量递减规律提示我们，在一定的条件下，高投入未必带来高产出，因此要注意投入的合理限度，寻找最佳的投入数量。在现实生活中，边际产量递减的例子很多，目前我国的就业压力很大，其实也是这个规律作用的结果。

（资料来源：百度文库）

第一节　生产要素与生产函数

一、生产与生产要素

生产是对各种生产要素进行组合以制成产品的行为。在生产中要投入各种生产要素并生产出产品，所以，生产就是把投入变为产出的过程。

生产要素是指生产活动中所使用的各种经济资源。这些经济资源在物质形式上可以千差万别，但它们可以归为四种基本形式：劳动力、资本、土地、企业家才能。

劳动力是指劳动者所提供的服务，可以分为脑力劳动和体力劳动。劳动力是劳动者的能力。在经济学中，劳动和劳动力一般不作严格的区分。

资本是指生产中所使用的资金。资本有两种形式：一是指物质资本，如厂房、设备、原材料、流动资金等；二是指人力资本，指体现在劳动者身上的体力、文化、技术状态等。在生产理论中所使用的资本概念主要是指物质资本。

土地泛指一切自然资源。它包括地上的土壤、森林、河流、湖泊、大气和太空中可利用的资源，地下的各种矿藏资源，以及海洋中能够利用的各种物资。

企业家才能指的是企业家经营企业的组织能力、管理能力和创新能力。经济学特别强调企业家才能对生产的作用，认为把劳动、资本、土地等生产要素合理配置起来，生产出最多、最好的产品的关键因素就是企业家才能。所谓"千军易得，一将难求"，企业家正是企业中的"将帅"，企业的生死存亡和荣辱兴衰无不系于企业家之手。

二、技术系数

在不同的行业生产中,各种要素的配合比例是不同的。为生产一定量的某种产品所需的各种要素的配合比例称为技术系数。例如,道格拉斯生产函数的技术系数为3:1,即在生产中使用3个单位的劳动力和1个单位的资本。

如果生产某种产品所需要的各种生产要素的配合比例不能改变,这种技术系数称为固定配合比例,这种固定技术系数的生产函数称为固定配合比例生产函数。

如果生产某种产品所需要的各种生产要素的配合比例可以改变,这种技术系数称为可变配合比例,这种可变技术系数的生产函数称为可变配合比例生产函数。

一般来说,技术系数是可变的。例如,在农业中可以多用劳动、少用土地进行集约式经营,也可以少用劳动、多用土地进行粗放式经营。在工业生产中,也有劳动密集型和资本密集型之分。在生产理论中研究的主要是技术系数可变的情况。

三、生产函数

(一)生产函数概述

生产函数是表明在一定的技术水平下,生产要素的数量与某种组合同它所能生产出来的最大产量之间依存关系的函数。任何生产函数都是以一定时期内的技术水平既定为前提的,一旦技术水平发生了变化,原有的生产函数就会发生变化,形成新的生产函数。新的生产函数可以表现为相同的生产要素及其组合生产出更多或更少的产量,也可以是以变化了的生产要素及其组合生产出相同的产量。

以 Q 表示产量,以 a, b, c, $\cdots$, n 表示各种不同形态的生产要素,则生产函数的一般表达式是:

$$Q = f(a,b,c,\cdots,n)$$

该生产函数表明,在一定的技术条件下,厂商若想生产出产量为 Q 的某种产品,需要投入各种生产要素,并且这些生产要素要按生产函数所需求的配合比例来进行组合。生产函数还可以表明,若企业拥有一定数量的生产要素 a, b, c, $\cdots$, n,根据生产函数可以推算出企业可能达到的最大产量。

上面提及,各种生产要素可以归纳为劳动力(L)、资本(K)、土地(N)和企业家才能(E)四种生产要素,则生产函数的一般表达式可写成:

$$Q = f(L,K,N,E)$$

在分析生产要素与产量的关系时,一般把土地作为固定的生产要素,由于企业家难以具体计算,因此,生产函数的简化形式可以写为:

$$Q = f(L,K)$$

20世纪30年代初,美国数学家柯布和经济学家道格拉斯根据美国1899—1922年的工业生产统计资料,计算出这一时期美国的生产函数为:

$$Q = AL^{\alpha}K^{\beta}$$

这就是经济学中著名的柯布-道格拉斯生产函数。在这个生产函数中,A 与 α 是常数,其中 $0 < \alpha < 1$,$0 < \beta < 1$,并且 $\alpha + \beta = 1$。α 表示劳动力在总产量中的贡献份额,β 表示资本在总

产量中的贡献份额。

柯布和道格拉斯计算出在该时期美国的工业生产函数中，A 为 1.01，α 为 0.75，β 为 0.25，所以柯布－道格拉斯生产函数可以具体写成：

$$Q = AL^{0.75}K^{0.25}$$

从上式可以看出：第一，柯布－道格拉斯生产函数是线性齐次的生产函数；第二，在总产量中，劳动力的贡献约占全部产量的 3/4，而资本的贡献约占全部产量的 25%，根据统计资料的验证，这个估算是符合当时的实际情况的；第三，要增加产量，应该按 3:1 的比例增加劳动力投入和资本投入。

（二）生产函数的分类

经济学中，根据生产者能否调整生产要素的投入，可以将生产分为短期生产与长期生产。短期是指生产者不能调整所有生产要素的时期。就是说，至少有一种生产要素来不及调整的时间周期。长期是指生产者能够调整所有的生产要素投入，即所有投入的生产要素都是可变的时期。如果企业生产的产品供不应求，作为企业老板应该在最短的时间做出反应，购买生产所用的材料、燃料，并延长工人劳动时间，这就是短期的含义；如果产品连续几个月始终保持供不应求的局面，精明的老板应做出扩大生产规模的决策，购买生产该产品的机器设备，甚至建立分厂，同时要增加管理人员。生产规模扩大了还需要增加原材料、燃料，增加工人，即在长期中企业能够调整一切生产要素。

在这里，长期和短期的划分是以生产者能否调动全部生产要素的数量作为标准的。行业不同，决定了不同厂商的短期和长期时间长度不同。比如，变动一个大型炼钢厂的规模可能需要三年的时间，而变动一个面包房的规模可能仅需要一个月的时间。即前者的短期和长期划分界限为三年，而后者仅为一个月。

生产有长期和短期之分，相应的，生产函数也分为短期生产函数和长期生产函数。在短期内，企业的生产要素分为可变投入与固定投入。生产者在短期内可以进行数量调整的那部分要素投入叫可变投入，如原材料、燃料、劳动等。生产者在短期内无法进行数量调整的那部分要素投入叫固定投入，如厂房、机器设备等。产量将随可变投入的变动而变动。

以生产函数的简化形式为例，假设在生产过程中只使用两种生产要素，即劳动力和资本。在短期中，假设资本投入既定，只有劳动力投入变化，则短期生产函数可表示为：

$$Q = f(L, \bar{K})$$

长期是指一个足够长的时期，企业能够调整所有的生产要素投入，包括技术水平和资本投资，因而只有可变投入，没有固定投入。在长期中，假设生产过程中只使用两种生产要素，即劳动力和资本，那么，劳动力和资本都是可变的。所以，长期生产函数为：

$$Q = f(L, K)$$

第二节 一种可变要素的合理投入

在分析生产要素与产量之间的关系时，我们先从最简单的一种生产要素的投入开始。本节所要讨论的问题是，在其他生产要素的投入水平不变的前提下，只有一种生产要素的投入量是可以变化的，这种可变的生产要素的不同投入水平就会有不同的产量水平，那么这种可变要素的最合理投入水平应该如何确定。

为简化分析，假设生产要素只有劳动力和资本两种，这时的生产函数是：

$$Q = f(L, \bar{K})$$

如果资本是不变的生产要素，而只有劳动力投入是可以变化的，这时的产量就只取决于劳动力投入量，于是生产函数又可以表示为：

$$Q = f(L)$$

微观经济学通常以一种可变要素的生产函数考察短期生产，介绍一种可变要素的合理投入，即短期生产理论。

一、总产量、平均产量和边际产量的概念

短期生产函数 $Q = f(L, \bar{K})$ 表示在资本投入量既定的情况下，由劳动力投入量变化所带来的最大产量的关系。由此，我们可以得到劳动力的总产量、平均产量和边际产量这三个概念。总产量、平均产量和边际产量分别为：TP、AP、MP。

总产量（TP）：指一定量的可变生产要素劳动力的投入量所生产出来的全部产量。用公式可以表示为：

$$TP = f(L, \bar{K})$$

平均产量（AP）：指平均每单位某种生产要素（劳动力）的投入量所生产出来的产量。用公式可以表示为：

$$AP = TP/L$$

边际产量（MP）：指某种生产要素（劳动力）投入量增加一单位所增加的产量。用公式可以表示为：

$$MP = \Delta TP/\Delta L$$

二、边际收益递减规律

边际收益递减规律又称边际报酬递减规律，它的基本内容是：在技术水平和其他生产条件不变的前提下，当把一种可变的生产要素投入一种或几种不变的生产要素中时，最初这种生产要素的增加会使产量增加，但当它的增加超过一定限度时，增加的产量将会递减，最终还会使产量绝对减少。边际收益递减规律是短期生产的一条基本规律。

知识链接

几个现实中的实例

我国俗话所说的"一个和尚担水吃，两个和尚抬水吃，三个和尚没水吃"正是对边际产量递减规律的形象表述。

行政部门随着机构增加、人员增加而办事效率降低，也是边际产量递减的表现形式。英国社会学家帕金森把这种现象称为"帕金森病"。

在理解边际收益递减规律时，要注意以下几点。

第一，这一规律发生作用的前提是技术水平不变。技术水平不变是指生产中所使用的技术没有发生重大变革。现在技术进步的速度很快，但并不是每时每刻都有重大的技术突破，技术进步总是间歇式进行的，只有经过一定时期的准备之后才会有重大的突破。例如，农业生产技术可以分为传统农业和现代农业。传统农业以人力和简单的工具为基本技术，现代农业以机械化、电气化、化学化为基本技术。从传统农业变为现代农业，是技术发生了重大变化。在传统农业中，技术也有较小的变化（例如简单生产工具的改进），但在进入现代农业之前，则可称为技术水平不变。离开了技术水平不变这一前提，边际收益递减规律不能成立。

第二，这一规律所指的是生产中使用的生产要素分为可变生产要素与不变生产要素两类。边际收益递减规律研究的是其他生产要素投入量不变，只有一种生产要素投入量变化对产量产生的影响。例如，在农业生产中，当土地等生产要素不变时，增加施肥量；或者在工业中，当厂房、设备等生产要素不变时，增加劳动力。

第三，边际报酬递减并不是一开始就递减，而是在投入的可变生产要素超过一定数量以后才出现的，它表现为一种递减的趋势。具体来说，在其他生产要素不变时，一种生产要素增加所引起的产量或收益的变动可以分为三个阶段：第一阶段表现为产量递增，即这种可变生产要素的增加使产量或收益增加；第二阶段表现为边际产量递减，即这种可变生产要素的增加仍可使总产量增加，但增加的比率（即增加的每一单位生产要素的边际产量）是递减的；第三阶段表现为产量绝对减少，即这种可变生产要素的增加会使总产量减少。

从理论上来讲，边际收益递减规律成立的原因在于：对于任何产品的短期生产来说，可变生产要素投入与不变生产要素投入之间都存在一个最佳数量组合比例。在开始时，不变生产要素投入量既定，可变生产要素投入量为零，因此，生产要素投入量远远没有达到最佳的组合比例。随着可变生产要素投入量的增加，生产要素投入量逐步接近最佳的组合比例，相应地，可变生产要素的边际产量呈现出递增趋势。一旦生产要素投入量达到最佳的组合比例，可变生产要素的边际产量也达到最大值。在这一点之后，随着可变生产要素投入量的增加，生产要素的投入量越来越偏离最佳的组合比例，可变生产要素的边际产量便呈现出递减的趋势。

三、总产量、平均产量和边际产量的图形及相互关系

1. 总产量、平均产量和边际产量的图形

根据总产量、平均产量和边际产量的公式，可以编制一张关于一种可变生产要素生产函数的总产量、平均产量、边际产量的表格，如表7-1所示。

表7-1 劳动力投入与总产量、平均产量、边际产量之间的关系

资本（K）	劳动力（L）	总产量（TP）	平均产量（AP）	边际产量（MP）
10	0	0	0	/
10	1	3	3.0	3
10	2	8	4.0	5
10	3	12	4.0	4
10	4	15	3.8	3

续表

资本（K）	劳动力（L）	总产量（TP）	平均产量（AP）	边际产量（MP）
10	5	17	3.4	2
10	6	17	2.8	0
10	7	16	2.3	-1
10	8	13	1.6	-3

根据表7-1，可以绘制出图7-1。在图7-1中，横轴代表劳动力投入量，纵轴代表产量。TP为总产量曲线，AP为平均产量曲线，MP为边际产量曲线。将总产量曲线、平均产量曲线和边际产量曲线置于同一坐标系中来分析三个产量之间的相互关系。图7-1就反映了短期生产的有关产量曲线相互之间的关系。

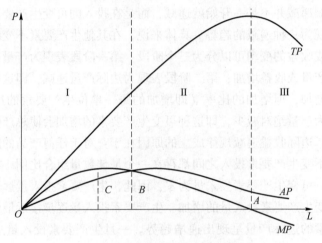

图7-1 一种要素的合理投入区域

（1）总产量。

在一定技术条件下，变动投入要素与某一固定要素相结合所能生产的最大产量，叫总产量（TP）。通常情况下，在变动投入要素刚开始增加时，总产量增加得比较快，以后总产量增加的速度会越来越慢，到后来可能停止增加，甚至下降。

（2）平均产量。

在一定技术条件及其他投入要素保持不变的情况下，平均每单位变动投入要素与总产量之比为该要素的平均产量（AP）。它等于总产量除以变动投入要素的数量。平均产量先增加，后减少，但总是大于零。

（3）边际产量。

在一定技术条件下，其他投入要素都保持不变，每增加一个单位变动投入要素所引起的总产量的变动量，称作此时这种投入要素的边际产量（MP）。边际产量与平均产量开始时都是随着变动投入的增加而增加，然后会随变动投入的过度增加而下降。

2. 总产量、平均产量和边际产量的相互关系

随劳动量变动的总产量、平均产量和边际产量之间的关系有如下几个特点。

第一，在资本投入不变的情况下，随着劳动力投入量的增加，最初总产量、平均产量和边际产量都是递增的，但是各自增加到一定程度后就开始递减。所以，总产量曲线、平均产量曲线和边际产量曲线都是先增加后减少，这反映了边际收益递减规律。

第二，边际产量与平均产量相交于平均产量的最高点。在相交前，平均产量是递增的，边际产量大于平均产量；在相交后，平均产量是递减的，边际产量小于平均产量；在相交时，平均产量等于边际产量，平均产量达到最大。

第三，当边际产量为零时，总产量达到最大；当边际产量为正时（边际产量曲线在横轴以上），总产量递增；当边际产量为负时（边际产量曲线在横轴以下），总产量递减。

四、一种可变生产要素的合理投入区域

根据总产量、平均产量、边际产量随着变动投入要素变动的变化关系，还可以将生产分为三个阶段。

第一阶段：从生产的初始阶段开始，一直到平均产量达到最大点为止。在该阶段中，边际产量先是递增，达到最大，然后递减，但边际产量大于平均产量；而总产量和平均产量都是递增向上的。

第二阶段：从平均产量最大点开始，到边际产量为零结束。在该阶段中，边际产量是递减的，但仍大于零；由于边际产量小于平均产量，使平均产量下降，但总产量还在继续上升。

第三阶段：边际产量为负值，总产量开始下降。

理性的生产者既不会将生产停留在第一阶段，也不会将生产扩张到第三阶段，而是将生产放在第二阶段进行。因为第二阶段是唯一的可变投入和固定投入都合理的阶段。生产者既可以得到由第一阶段增加可变投入要素多带来的全部好处，又可以避免将可变要素投入增加到第三阶段而带来的不利影响。

从以上的分析可以看出，劳动力的增加应该在第二阶段。但应该在第二阶段哪一点上，还应该考虑其他因素。首先要考虑厂商的目标，如果厂商的目标是使平均产量最大，那么劳动力的投入量选择点 B 就可以了；如果厂商的目标是要使总产量达到最大，那么，劳动力的投入量可以增加到点 A。如果厂商以利润最大化为目标，那么就要考虑成本、产品价格等因素。因为平均产量最大时，并不一定利润就是最大的；总产量最大时，利润也并不一定是最大的。劳动力投入量到底在哪一点能够实现利润的最大化，还要结合厂商的成本和产品的价格来考虑。

第三节　两种可变生产要素的最适组合

厂商的生产要素很多，但是为了便于研究问题，我们假设厂商在生产过程中只使用两种生产要素，那么，长期就可以定义为两种生产要素可以调节的生产。以两种可变生产要素的生产函数讨论长期生产中可变生产要素的投入组合和产量之间的关系。假设厂商在长期只投入两种生产要素，即劳动力和资本。长期的生产函数就可以表示为：

$$Q = f(L, K)$$

一、等产量线

(一) 等产量线的含义

等产量线是表示两种生产要素不同数量的组合可以给生产者带来相等产量的一条曲线，或者说是表示某一固定数量的产品，可以用所需要的两种生产要素不同数量的组合生产出来的一条曲线。

例如，某生产者在一定的技术水平条件下，用资本（K）与劳动力（L）两种生产要素生产某种产品。两种生产要素可以有 a、b、c、d 等四种不同的组合方式，这四种组合方式都可以生产出相同的产量，如表 7-2 所示。

表 7-2 等产量表

组合方式	资本投入量	劳动力投入量	组合方式	资本投入量	劳动力投入量
a	6	1	c	2	3
b	3	2	d	1	6

根据表 7-2，可以画出图 7-2。

在图 7-2 中，横轴代表劳动力投入量，纵轴代表资本投入量，Q 即为等产量线，即线上任何一点所表示的资本与劳动力不同数量的组合，都能生产出相等的产量。等产量线与无差异曲线相似，所不同的是，等产量线代表的是产量，而不是效用。

(二) 等产量线的特征

第一，等产量曲线向右下方倾斜，斜率为负。这说明，生产者为了达到相同的产量，在生产要素可以相互替代的阶段，如果增加一种生产要素的投入，就必须减少另一种生产要素的投入。若两种生产要素同时增加，则产量会增加；反之，产量会减少。

第二，在同一平面上，可以有无数等产量曲线。同一条等产量曲线上的不同点表示相同的产量，不同的等产量曲线表示不同的产量。离原点越近的等产量曲线代表的产量越低；离原点越远的等产量曲线代表的产量越高。图 7-3 的三条等产量线的产量水平顺序是：$Q_1 < Q_2 < Q_3$。

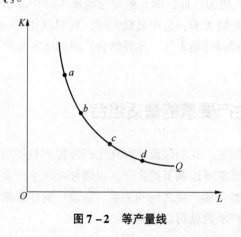

图 7-2 等产量线 　　　　图 7-3 三条等产量线

第三，在同一平面上的任意两条等产量曲线不能相交。用反证法证明如下。

如果等产量曲线可以相交，如图7-4所示，取 A、B、C 三点，用 Q_A、Q_B、Q_C 来表示三点的产量水平。则有：$Q_A = Q_B$，$Q_A = Q_C$，那么 Q_B 与 Q_C 也相等。但显然 $Q_C > Q_B$，与假设矛盾，说明等产量曲线不可能相交。

第四，等产量曲线凸向原点。这是由边际技术替代率递减规律所决定的。

（三）边际技术替代率

1. 边际技术替代率的概念

边际技术替代率（MRTS），是指在维持产量水平不变的条件下，增加一单位某种生产要素投入量时所减少的另一种要素的投入数量。它是一个与等产量线相联系的概念。

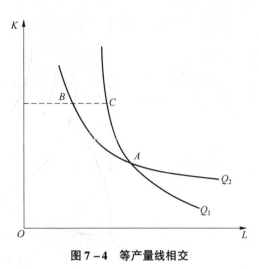

图7-4 等产量线相交

劳动力对资本的边际技术替代率的定义公式为：

$$MRTS_{LK} = -\Delta K/\Delta L$$

式中，$MRTS_{LK}$ 是劳动力对资本的边际技术替代率，ΔL 是在保证产量不变的前提下增加的劳动力投入量，ΔK 是替换出的资本数量。在产量不变的前提下，增加一种要素投入就要减少另一种要素的投入，其变动方向相反，体现为一种替代关系。为计算方便起见，在其前面加一个负号，使边际技术替代率保持正值。边际技术替代率为等产量线上每一点斜率的绝对值。

2. 边际技术替代率递减规律

在两种生产要素相互替代的过程中，在维持产量不变的前提下，当一种生产要素的投入量不断增加时，每一单位的这种生产要素所能替代的另一种生产要素的数量是递减的，这一现象被称为边际技术替代率递减规律。

边际技术替代率递减的主要原因在于：任何一种产品的生产技术都要求各要素投入之间有适当的比例，这意味着要素之间的替代是有限的。在劳动力投入增加到相当多的数量和资本投入量减少到相当少的数量的情况下，再用劳动力去替代资本就将很困难。等产量曲线一般具有凸向原点的特征，是由边际技术替代率递减规律所决定的。

（四）脊线

虽然等产量曲线上所有点所表示的两种生产要素的不同组合都能生产出相同的产量，但生产者并不会任意选择某一种组合来组织生产。因为在一条完整的等产量曲线上的某些区域所表示的生产要素的组合是明显不合理的，可用图7-5来说明。

在图7-5中，Q_1 是一条等产量曲线，用 a_1 和 a_2 两点将该等产量曲线分成三个部分。中间部分的等产量曲线的斜率是负数，这就是我们在讨论等产量曲线斜率时所提到的生产要素的合理组合区域。在这个区域内，生产要素可以相互替代，因而它是可以被选择的生产要素组合区域。在这个区域以外的两个区域，等产量曲线的斜率为正数，说明在这两个区域，

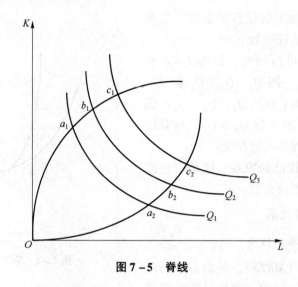

图 7-5 脊线

生产要素的组合极不合理，生产要素之间不能有效替代。为了保证产量不变，增加一种要素的投入就必须同时增加另一种要素的投入。显然，这是不能选择的生产要素组合区域。

如果厂商的生产规模不断扩大，产量水平不断提高，则等产量曲线不断向外移动。如在图 7-5 中，等产量曲线由 Q_1 移动到 Q_2、Q_3。将各条等产量曲线上斜率为负数的分区域的两端点与坐标原点都连接起来，就形成了两条脊线。脊线表示在产量不断扩大过程中的生产的经济区域。脊线说明了两种生产要素的有效替代范围，即在脊线以内是生产要素的有效替代范围，是可以选择的要素组合范围。而脊线以外，由于要素间不能有效替代，因而是不能选择的要素组合范围。

二、等成本线

（一）等成本线的概念

等成本线又称企业预算线。它是一条表明在生产者成本、生产要素价格既定的条件下，生产者所有购买到的两种生产要素最大数量组合的线。等成本线很类似于消费理论中的家庭预算线。

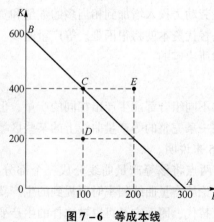

图 7-6 等成本线

假设某生产者有货币成本（C）600 元，为生产某种产品需要投入劳动力与资本两种生产要素，其中劳动力的价格 $P_L = 2$ 元，资本的价格 $P_K = 1$ 元。根据以上条件可以绘出一条等成本线，如图 7-6 所示。当劳动力投入量 $L = 0$ 时，资本投入量 $K = 600$；当 $K = 0$ 时，则 $L = 300$。图 7-6 中的线 AB 就是一条 $C = 600$ 元的等成本线。等成本线一定是一条直线。

等成本线上任何一点所表示的两种生产要素的组合方式都不相同，但它们的成本支出都是相同的

（如点 A、点 B、点 C）；线内的任何一点所表示的要素组合方式（如点 D）的成本支出都小于生产者的既定成本；线外的任何一点所表示的要素组合方式（如点 E）的成本支出都大于生产者的既定成本。

（二）等成本线的变化

绘出一条确定的等成本线需要两个条件：生产成本既定、生产要素价格既定。两个条件中的任何一个发生变化，等成本线都会移动，主要有下述几种情况。

（1）两种要素价格不变，生产者成本变化会引起等成本线平行移动。成本增加，则等成本线平行向右上方移动；成本降低，则等成本线平行向左下方移动，如图 7-7 所示。

（2）生产者成本不变而两种生产要素价格同比例增加，则等成本线平行向左移动；同比例降低，则等成本线平行向右移动。

（3）生产成本和两种生产要素价格同方向、同比例变化，则等成本线位置不变。

（4）生产者成本不变，一种生产要素的价格不变，只有另外一种生产要素的价格变化，则等成本线发生旋转。比如，生产者成本不变，劳动力价格不变，只有资本价格增加，如图 7-8 所示，AB 为等成本线，当资本价格上升的时候，等成本线 AB 会绕着点 A 逆时针旋转至 AB_1 位置。

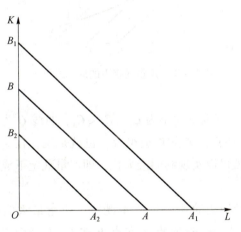

图 7-7 成本变化对等成本线的影响

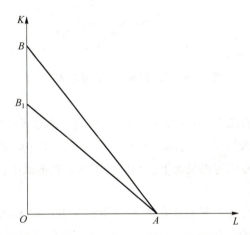

图 7-8 一种生产要素价格变化对等成本线的影响

三、生产要素最适组合

将等产量线和等成本线结合在一起分析生产要素的最适组合。生产者均衡是指生产者将两种生产要素进行最优组合，以实现利润最大化。生产者的利润最大化既可以是成本既定下的产量最大，也可以是产量既定下的成本最小。

1. 成本既定，产量最大

如果把等产量线与等成本线合在一个图上，那么，等成本线必定与无数条等产量线中的一条相切于一点。在这个切点上，就实现了生产要素最适组合，可以用图 7-9 来说明这一点。

在图 7-9 中，Q_1、Q_2、Q_3 为三条等产量线，其产量大小为 $Q_1 > Q_2 > Q_3$，线 AB 为等成

本线,与 Q_2 相切于点 E,这时实现了生产要素的最适组合。也就是说,在生产者的货币成本与生产要素价格既定的条件下,L_0 的劳动力与 K_0 的资本结合就可以实现利润最大化,即成本既定下产量最大。

2. 产量既定,成本最小

如同在既定成本条件下力求实现产量最大化一样,厂商也可以在既定产量条件下实现总成本最小化。同样也可以从等成本曲线与等产量曲线的切点上求得最优解,如图 7-10 所示。

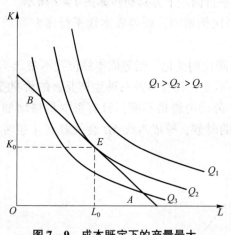

图 7-9 成本既定下的产量最大

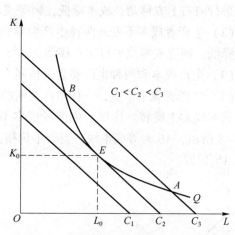

图 7-10 产量既定下的成本最小

在图 7-10 中,C_1、C_2、C_3 为三条等成本线,其成本大小为 $C_1 < C_2 < C_3$,曲线 Q 为等产量线。线 C_2 与曲线 Q 相切于点 E,这时实现了生产要素的最适组合。也就是说,在生产者产量既定的情况下,相切时实现了成本最小,就可以实现利润最大化,即产量既定下成本最小。

为什么只有在点 E 时才能实现生产要素的最适组合呢?以成本既定、产量最大为例来说明。在图 7-9 中,点 A、B、E 都是相同的成本,这时点 A 和点 B 在 Q_3 上,而点 E 在 Q_2 上,$Q_2 > Q_3$,所以点 E 的产量是既定成本时的最大产量。在 Q_2 上产量是相同的,除点 E 外,其他两种生产要素组合的点都在线 AB 之外,成本大于点 E,所以点 E 时的成本是既定产量时的最小成本。等产量线上点 E 的斜率是点 E 的劳动和资本的边际技术替代率。

$$等产量线的斜率 = -\Delta K/\Delta L = -MP_L/MP_K$$
$$等成本线的斜率 = -P_L/P_K$$

在点 E 上,两条线的斜率恰好相等,即劳动与资本的边际技术替代率等于生产要素的价格比率,用公式表示为:

$$MP_L/MP_K = P_L/P_K$$

因此,既定成本下产量最大的条件或既定产量下成本最小的条件是:两种生产要素的边际产量之比等于价格之比。

四、规模经济

（一）规模经济的定义

规模经济就是指在技术不变的情况下，当两种生产要素按同样的比例增加，最初会使产量增加比例大于生产规模的扩大，当规模扩大到一定限度时，则会出现产量增加的比例小于规模的扩大，甚至是产量减少，出现不规模经济。

理解这一规律要注意以下三点。

（1）规模经济发生作用的前提条件是技术不变。技术不变指的是技术没有发生重大变革。

知识链接　　　　全球每四个微波炉就有一台格兰仕

面临着越来越广阔的市场，企业都有很多战略选择，格兰仕选择的是：少产业，大规模，高市场占有率。格兰仕的微波炉在国内已达到 70% 的市场占有率，在国外已达到 35% 的市场占有率。

格兰仕的成功就在于运用了规模经济的理论，即某种产品的生产，只有达到一定的规模时，才能取得较好的效益。微波炉生产的最小经济规模为 100 万台。早在 1996—1997 年，格兰仕就达到了这一规模。随后，规模每上一个台阶，生产成本就下降一个台阶，这就为企业的产品降价提供了条件。格兰仕的做法是，当生产规模达到 100 万台时，将出厂价定在规模 80 万台的企业成本价以下；当规模达到 400 万台时，将出厂价又调到规模为 200 万台的企业成本价以下；而当规模达到 1 000 万台以上时，又把出厂价降到规模为 500 万台的企业成本价以下。这种在成本下降的基础上所进行的降价，是一种合理的降价。降价的结果是将价格平衡点以下的企业一次又一次大规模淘汰，使行业的集中度不断提高，使行业的规模经济水平不断提高，由此带动整个行业社会必要劳动时间不断下降，进而带来整个行业的成本不断下降。

成本低，价格必然就低，降价最大的受益者是广大消费者。从 1993 年格兰仕进入微波炉行业之后，微波炉的价格由每台 3 000 元以上降到每台 300 元左右，这不能不说是格兰仕的功劳，不能不说是格兰仕对中国广大消费者的巨大贡献。

（资料来源：百度文库，有改动。）

（2）在生产中使用的两种可变投入要素是同比例增加的，且不考虑技术系数变化的影响，以及由于生产组织规模的调整对产量的影响。由于若干企业发生合并而使产量发生变化的这种影响也不予考虑。

这与在前面的生产理论分析中所讨论的生产要素的相互关系不同。边际收益递减问题研究的是其他生产要素不变，一种可变的生产要素的不同投入对产量的影响。其中，生产要素之间的组合比例是会发生变化的。也正是由于这种变化，引起了边际收益的改变。生产者均衡问题研究的是在产量或成本既定的条件下，如何通过改善生产要素的组合比例来实现利润最大化。其中，生产要素间的组合比例也是会发生变化的。而规模经济问题则是讨论所有的生产要素按相同比例变化所引起的产量或收益的变化问题。例如，生产者只使用劳动和资本两种生产要素，若劳动和资本都同比例增加了，则产量会增加，但产量增加的幅度可能和劳动与资本同比例增加的幅度有所不同，这才是规模经济所要研究的问题。也就是说，规模经济研究在生产函数中技术系数不变的情况下投入与产出之间的关系。

（3）两种生产要素增加所引起的产量或收益变动情况，就如同边际收益递减规律发生作用一样，也有规模收益递增、规模收益不变、规模收益递减三个阶段。

规模收益递增是指产量增加的幅度大于规模扩大的幅度。例如，规模扩大了一倍，导致产量扩大了两倍。可以用下述生产函数来说明这一点。

$$Q = AL^{\alpha}K^{\beta}$$

式中，Q 代表产量，A 是一个常数，L、K 分别代表劳动力和资本的投入量，α、β 分别表示劳动力 L 和资本 K 对产量影响的程度。当 $\alpha + \beta > 1$ 时，为规模收益递增，表示劳动力和资本的同比例增加会引起产量更大幅度的增加。

规模收益不变是指产量增加的幅度与规模扩大的幅度相同。例如，生产规模扩大一倍，产量因此也扩大了一倍。在上述生产函数中，若 $\alpha + \beta = 1$，表示规模收益不变。

规模收益递减是指产量增加的幅度小于规模扩大的幅度。例如，规模扩大了一倍，而产量只增加了不到一倍。在规模收益递减的生产函数中，若 $\alpha + \beta < 1$，表示规模收益递减。

一般而言，随着企业规模的不断扩大，在开始时会出现规模收益递增，然后会有一段较长的规模收益不变阶段，最后会出现规模收益递减。另外不同行业的规模收益变化也会不同。

（二）内在经济和内在不经济

生产规模的扩大之所以会引起产量的不同变动，可以用内在经济和内在不经济来解释。规模收益递增的原因是内在经济，规模收益递减的原因是内在不经济。

1. 内在经济

内在经济是指一个厂商在生产规模扩大时由自身内部引起的产量的增加。引起内在经济的原因主要有四点。

第一，可以使用更加先进的机器设备，从而提高劳动生产率。当企业规模较小时无力购买先进的大型设备，即使购买了，由于产量较小也不能充分发挥作用。只有在大规模生产中，大型设备才能充分发挥作用，提高设备生产效率。

第二，可以实行专业化生产。在大规模生产中，专业化分工可以更加精细，这样可以提高工人的技术水平和熟练程度，提高劳动生产效率。

第三，可以提高管理效率。各种不同的生产规模所需要的管理机构都是大同小异的。规模越小，管理人员比例越高，产品成本中的管理成本比重越大。扩大生产规模，可以降低管理人员比例，提高企业的管理效率。

第四，在生产要素的购买与产品的销售方面更有利。大规模生产所需的生产要素，如原料、能源等的数量较大，因而大企业不但可以从供应商那里以较低的批发价格购买生产要素，还有可能在生产要素市场上形成垄断，以更低的价格购买生产要素，从而降低产品成本。

2. 内在不经济

如果一个厂商由于本身生产规模过大而引起产量或者收益减少，就是内在不经济。内在不经济的原因主要有两点。

第一，管理效率降低。人浮于事，不便于管理。生产规模过大有可能使管理机构规模过大，层次过多，不够灵活；管理中也有可能出现相互争功等不协调因素。这些都会使管理效率降低。企业规模扩大，但是内部管理松散，管理结构过于复杂，信息的传递时间过长，失真度也会提高。另外，生产要素的价格与销售费用之间的增加同样会导致内在不经济。

第二，生产要素价格和销售费用增加。在产品市场需求量有限的情况下，如企业规模过大，产品过多，有可能造成产品供过于求，使产品价格下降。若产品销售出现困难，企业必然要增加销售人员，又提高了企业销售费用。

综上所述，企业的规模扩大有可能造成内在经济，也有可能造成内在不经济。二者在企业规模扩大过程中往往是同时出现的。因而判断企业规模扩大是否合理，应以规模收益变化为准。

知识链接　　知名企业从内在不经济转为内在经济

王永庆的台塑在创业之初，并不很赚钱，但他发现并不是因为市场供大于求，而是由于成本过高，所以开始扩大生产规模，从而扩大产量，降低成本，使得与当时该行业厂商们反其道而行的台塑销售剧增。

通用电气由于多元化过多，规模过大，信息传递缓慢，成本剧增，濒临破产，在进行缩减规模的重组后才得以重生。

（资料来源：根据相关资料整理编写）

（三）外在经济与外在不经济

前面提到，规模经济的另一层含义是指行业规模变化对行业内每一个企业的影响。若行业规模扩大使企业产量或收益增加就是外在经济。引起外在经济的原因包括：单个企业可以从整个行业规模扩大中获得行业内专业化分工所带来的更多的市场信息与采购、产品销售、金融保险、"三废"处理等服务。这些产前、产中及产后的社会服务都会使企业成本降低，产生规模经济效益。

但是，一个行业的规模过大也有可能使单个厂商的行业环境恶化，产生外部不经济。例如，行业规模过大可能使产品供给增加、产品价格下降，导致产品销售出现困难；还可能使原材料价格上涨、交通运输紧张、环境污染加剧等，因而使单个厂商的生产成本提高。

知识链接　　对外在经济和外在不经济的理解

外在经济的标准例子是果园旁边的蜜蜂养殖场。蜜蜂在果园里四处飞舞采集花蜜，不仅使养殖者得到收益，而且也为果树传播了花粉，从而提高了果园的产量。

外在不经济是指整个行业生产规模扩大以后使个别厂商的单位产量减少或成本增加。如果厂商数量增加，导致整个行业的产量增加，而使单个厂商的成本增加，则称该行业存在着外在不经济。另外，如果厂商的生产活动所依赖的外界环境恶化了，也可以表现为外在不经济。引起外在不经济的主要原因是：整个行业的生产规模过大，加剧了同行业各厂商之间的竞争，各厂商往往要在扩大市场销售份额、争夺生产要素市场等方面付出更高的代价。此外，整个行业的扩大也会使环境污染问题严重，造成交通紧张，因此个别厂商也需为此承担更高的代价。

（资料来源：根据相关资料整理编写）

（四）适度规模

对于一个企业来讲，规模不是越大越好，也不是越小越好，不同的企业要确定自己适度的规模。所谓适度规模，就是指两种生产要素的增加使规模扩大的同时产量或收益达到最大。

对于不同行业的厂商来说，适度规模的大小是不相同的，确定适度规模时应主要考虑如下三个方面的因素。

（1）行业的技术特点。

一般而言，资本集约型行业的适度规模较大，而劳动集约型行业的适度规模较小。资本集约型的产业，如汽车、冶金、造船、化工等，所需投资量较大。规模越大的企业越有能力购置大型的、先进的生产和检验设备，所生产的产品成本较低且质量可靠，在行业竞争中处于有利地位。劳动集约型产业，如传统农业、服装行业、餐饮服务行业，由于其主要投入的生产要素是劳动，因而对劳动的监督和管理成为企业降低成本的关键。小规模生产对劳动的管理显然要优于大规模生产，因而这些行业往往适度规模较小。

（2）市场需求的影响。

一般而言，行业市场容量的大小也制约着企业规模。市场需求量大，产品的标准化程度高，其适度规模就大；反之，适度规模就小。由于产品的标准化程度较高，市场容量较大，对大规模生产有利。例如，重工业中的冶金、化工等行业的规模就较大。相反，标准化程度较低、市场容量较小的行业，适度规模就应该小一些。例如，餐饮业、服务业、服装业，由于其产品和服务的标准千差万别，每一标准的产品市场需求量都很小，而且产品的市场需求变化很快，因而只有小规模企业才能适应这种瞬息万变的市场需求。一般而言，一些重要的行业，国际都有通行的适度规模标准。例如，彩色显像管年产200万套，电冰箱年产50万~80万台，等等。我国的现有规模一般还偏小，因而促进产业集中是我国当前重要的产业政策。

（3）生产力水平。

随着技术进步和生产水平提高，适度规模的标准也是不断变化的。例如，20世纪50年代汽车行业的适度规模是年产30万辆，但到20世纪90年代，汽车行业的适度规模已达到年产200万辆。因而对适度规模的认识应该是动态的。

另外，产业集中是扩大规模的主要方式，但不是唯一方式。现代商业中的连锁经营也可以降低成本，扩大收益，也是规模经济的一种形式。

> **知识链接**
>
> **规模很重要　适度是关键**
> **——适度规模经营体现了现代农业发展的一般规律**
>
> 在各地实践中，对适度规模经营的理解仍存在误区。人们认为农户的耕地面积越大，效益越高。有些地方政府下指标强行土地流转，违背了农户意愿；有的工商企业将流转到手的土地非农化。在这个过程中，不仅农民的土地流转权益得不到保护，而且农业整体效率也受到了损害。我们在南方与20多户千亩以上专业大户座谈时了解到，与50亩以下的经营户相比，他们总收入虽然较高，但以单产水平衡量，大多数大户反而要低。
>
> 经济学的规模报酬理论认为，在生产规模较小时扩大规模，产量增加的比例要大于投入要素增加的比例，产生规模报酬递增的现象，就形成了规模经济；规模达到一定水平后，产量会与规模同比例增加，规模报酬保持不变；但如果规模再继续扩大，产量增加的比例会小于投入要素增加的比例，导致规模报酬递减，也就是规模不经济。一些地区利用行政力量培育、扶持千亩乃至万亩种粮大户，造成了整体效率的下降和利益的损失。从种粮大户的角度出发，他们追求的是总收入的增加，即使到了规模报酬递减阶段，只要边际回报不为零，仍有动机扩大规模。目前，一些地方超小户和超大户并存，已经出现土地经营规模两极化的苗头。
>
> 国际现代农业的发展经验也表明，发展适度规模经营既不能保守、无所作为，也不能一蹴而就、操之过急。若过于保守，就不能解决好生产规模化和专业化问题；但如果一味地依靠市场调节再加上行政力量的助推，也容易导致土地兼并剧烈，大批小农户破产，走进发展停滞的"中等收入陷阱"。因此，在推进规模经营时，要统筹兼顾增产与增收的平衡、劳动生产率与土地产出率的平衡、效率与公平的平衡，既要避免土地撂荒或经营规模过于碎小，又要防止土地过度集中从而加大就业压力并造成新的农村贫富差距。
>
> ［资料来源：钱克明．规模很重要　适度是关键［J］．求是，2015（7）：37-39.］

第四节　生产者行为理论的局限性

关于本章所介绍的生产者行为理论，有以下两点值得注意。

第一，人类的生产活动总是在一定形态的社会中进行的。除了鲁滨逊式的童话故事以外，很少发现个人长期单独进行生产的事例。既然生产必须在一定形态的社会中进行，那么，生产必然受到它所在的社会形态的制约。例如，资本主义社会以追求剩余价值为动机，因此，这一社会的生产必须首先服从剩余价值规律。简言之，就是追求利润最大化。

所以，本章所介绍的生产是一般性生产，即抽掉了生产关系后所剩下的一般条件。这些条件既然为一切社会所共存，那么，显然不能从这些条件中找到某一具体社会的生产的特点，正如人们不能从人类的共同点来识别具体个人的特征一样。这一事实告诉我们，本章所描述的生产和资本主义生产的实际情况有一定的差距。

本章所介绍的内容是生产，所以它的内容与社会主义市场经济的生产有关。在社会主义市场经济中，为了降低生产成本，必须寻求生产要素的最适组合。社会主义市场经济中的企业，也同样存在着规模收益递增、规模收益不变和规模收益递减的问题。因此，在扩大原有企业的规模和新建同一企业之间进行选择的时候，必须把这一点考虑在内。

第二，尽管本章所介绍的一般性生产对社会主义市场经济具有借鉴意义，但是，由于这种对一般性生产的论述抽象掉了现实生产中的两个技术性的重要内容，所以本章的生产者行为理论与现实有相当大的差距，借鉴意义受到限制。现把两个抽象掉的技术性的内容分述如下。

首先，本章关于等产量曲线的介绍表明，不同数量生产要素的组合可以得到相同的产量。然而，在现实生活中，具有一定数量的生产要素并不足以使生产得以进行。除此以外，还需要掌握生产的技术。事实上，每一种生产要素的组合代表一定的技术。一般来说，较多的劳动和较少的资本的组合往往意味着水平较低的技术，而较少的劳动和较多的资本的组合意味着比较先进的技术。因此，等产量曲线的存在就等于假设一切厂商都已经掌握从简单到先进的全部生产技术。关于这一点，西方学者承认，"新古典经济学的技术概念已经被包含在生产函数中。该函数的存在意味着技术对任何人都是免费的，从而可以为一切生产者使用"。正是由于这一原因，厂商才能在等成本线的限制下寻求最优的生产要素组合。

在现实的市场经济中，由于取得技术必须付出代价，又由于技术的商业秘密性质，任何厂商都不可能掌握由简单到先进的全部技术。例如，可口可乐的配方是一个严防外泄和高度机密的数据。在这种限制下，厂商所掌握的技术非常有限，只能在有限技术条件下谋取利润。

其次，本章介绍的生产者行为理论也抽象掉了企业家的技术创新作用。早在1911年，西方著名经济学家熊彼特已经提到了这一点。他认为，资本主义的发展主要取决于厂商的技术创新，而企业家正是技术创新的执行者。因此，在推动市场经济的发展中，企业家的技术创新起着关键性的作用。然而，在本章所介绍的生产者行为理论中，如果企业家发挥作用的话，他的任务仅仅是在各种已知的技术中来选择最适合自己的一种，根本谈不到技术创新。

指出西方的生产论中的缺陷是想说明：生产者行为理论与现实之间存在着很大的差异。因此，把该理论应用于实践时，必须对此加以考虑。

本章要点总结

生产函数是表明在一定的技术水平下，生产要素的数量与某种组合同它所能生产出来的最大产量之间依存关系的函数。在短期，一种或多种生产要素是固定不变的；在长期，所有生产要素都可以改变。

产量可以划分为总产量（TP）、平均产量（AP）和边际产量（MP）。假定其他条件不变而使某种生产要素连续增加，TP、AP 和 MP 呈先上升后下降的变动趋势。TP、AP 和 MP 存在一定关系：当 MP 为零时，TP 达到最大；MP 曲线一定和 AP 曲线相交于 AP 曲线的最高点。

根据边际收益递减规律，当连续把数量相等的某一种生产要素增加到一种或几种不变生产要素上时，最初边际产量会增加，达到最大值以后变为递减。

等产量曲线表示一定产量水平下生产要素的各种组合。与不同产出水平相连的等产量曲线可以反映生产函数。在得到一组等产量线之后，在成本和要素价格既定的条件下得到等成本线,在等成本线和等产量线相切之处得到生产者均衡点。生产要素最优组合的条件是:两种生产要素的边际技术替代率等于两要素的价格之比,或者说,两种生产要素的边际产量分别与各自的价格之比相等。

规模经济问题分析的是生产要素按相同比例变动所引起的产量变动。企业的规模经济变动可分为规模收益递增、规模收益不变和规模收益递减三种情形。

关键概念

生产要素　生产函数　边际产量　边际收益递减规律　等产量线　等成本线　边际技术替代率

思考与练习

1. 在研究企业行为时,长期和短期分别指什么?在长期和短期,企业的选择会有哪些不同?

2. 在一种可变投入生产函数条件下,画图说明厂商应如何确定可变要素的合理投入区域。

3. 画图说明生产者均衡的两种情况。

4. 要 L 和 K 之间的技术替代率为4,现如果希望生产的产品的数量保持不变,但 L 的使用量又要减少3个单位,则需要增加要素 K 多少单位?

5. 设某企业产品总产量为 $TP = 72L + 15L^2 - L^3$,求:

(1) 当 $L=7$ 时,边际产量 MP 是多少?

(2) L 的投入量为多大时,边际产量 MP 开始递减?

(3) 雇佣劳动力最佳数量范围是多少?

第八章

成本理论

学习目标

- 理解成本与产量、利润的相互关系。
- 掌握短期成本分析与长期成本分析。
- 掌握企业收益分析与利润最大化原则。

大师简介

经济学人物：罗纳德·哈里·科斯（Ronald H. Coase，1910—2013 年）

简介：1991 年诺贝尔经济学奖的获得者，新制度经济学的鼻祖，美国芝加哥大学教授、芝加哥经济学派代表人物之一，代表作为《企业的性质》和《社会成本问题》。

主要成就：首次创造性地通过提出交易费用来解释企业存在的原因以及企业扩展的边界问题，揭示了交易价值在经济组织结构的产权和功能中的重要性；交易成本、产权理论早在20世纪30年代就提出来，80年代受到高度评价并获奖；"在完全竞争条件下，私人成本等于社会成本"这一思想被命名为"科斯定理"。

导入案例

为什么航空公司会提供超低票价？

当小王打开"去哪儿"网页的那一刻，他惊呆了。想坐飞机从西安回北京过春节的他，本来已经为可能的高票价做好了心理准备，但在打开网页的那一刻，映入他眼帘的却是10元的超低票价。而在其他的时间，最低票价更是低到了4元！

我们可以为航空公司算一笔简单的账：以波音737为例，这种飞机的每小时飞行成本大约为3万元,而从西安到北京的飞行时间约为1小时40分钟,因此单程飞行成本为5万元左右。这种机型的座位数大概为150个,因此每个座位的平均成本至少也在330元左右。那么问题就来了:既然每个座位的成本这么高,航空公司为什么又会提供10元的超低票价呢?

要回答这个问题,我们需要分析一下航空公司的成本结构。在飞行过程中,燃油费、折旧费等固定成本项构成了成本的主要部分,而多一个乘客带来的边际成本却接近于0。对于航空公司而言,重要的不是固定成本,而是边际成本。这是因为,不管飞机上是坐满了人还是空无一人,只要飞机一起飞,就必须支付相应的固定成本,但只要能以高于边际成本的价格多卖出一张票,他们就能多赚一份钱(或者少亏一份钱)。从这个角度看,那些远远低于平均成本的超低票价就变得容易理解了。事实上,小王选择的乘机时间在春节前几天,这个时间从西安飞往北京的旅客非常少,相关航线的飞机经常会出现大量空置。为了尽可能地减少由空置带来的亏损,航空公司就要努力用低票价吸引旅客,于是低至10元的票价就应运而生了。

(资料来源:张维迎. 经济学原理 [M]. 西安:西北大学出版社,2015.)

第一节　成本概念

一、成本与利润

(一)生产成本

生产成本又称生产费用,是厂商在生产中所使用的各种生产要素的货币支出。生产要素包括劳动力、资本、土地、企业家才能四种基本形式。厂商为获得劳动力而支出的费用是工资,为获得资本而支出的费用是利息,为获得土地而支出的费用是地租,为获得企业家才能而支出的费用是正常利润。因此,生产成本是由工资、利息、地租和正常利润四部分组成的。劳动力-工资、资本-利息、土地-地租、企业家才能-正常利润被称为"四位一体"公式。

(二)利润

企业的全部利润分为正常利润和经济利润两部分。正常利润是企业家才能的报酬,属于成本的组成部分。只要企业未能获得全部正常利润,就意味着企业出现了亏损。经济利润也被称为超额利润,是企业总收益超过总成本的部分。一般称的企业利润就是指经济利润。企业追求利润最大化,就是要最大限度地获得经济利润。

在企业的会计账目上,很难将正常利润和经济利润严格区分。在经济学分析中,区分正常利润和经济利润的目的是说明各种利润的来源。正常利润是企业家才能这一生产要素的报酬,而企业家才能是生产过程中所必不可少的投入要素,因而将正常利润归入生产成本,作为企业应得的收入是合理的。而经济利润,即超额利润,则来源于企业垄断、承担风险或技术创新等。关于超额利润的来源在分配理论中将详细介绍。

二、显成本与隐成本

企业的全部成本可以分为显成本和隐成本两种形式。显成本是指企业需要实际向外支付的成本，包括企业雇用工人所支付的工资、向银行贷款所支付的利息、租用土地所支付的地租、购买原材料和动力所支付的费用等。显成本在的会计账目上直接表现，并需要实际支付。

隐成本是指企业不需要实际向外支付的成本，包括企业自有资金的利息、自有土地的地租、自有厂房和设备等固定资产的折旧费，以及企业所有者自己所提供的劳务的报酬等。经济学认为，企业从生产要素市场上购买或租用的生产要素应支付报酬。同样道理，自有的生产要素投入也应获得相应的报酬。不同的是，对自有生产要素报酬的支付不一定体现在会计账目上。企业所有者自己所提供的企业家才能的报酬，即正常利润，是一种隐成本；而企业所雇用的经营管理人员的报酬采用工资的形式，属于显成本的范畴。

三、机会成本

机会成本是决策者在资源既定的条件下，为获得某种收入所放弃的其他机会的最高收入。

例如，某人有10万元资金，可供选择的投资及收益情况为：开商店，可年获利2万元；开饭馆，可年获利3万元；炒股票，可年获利4万元；炒期货，可年获利5万元。如果他最后选择了炒期货，也就同时放弃了其他几种投资机会。他利用10万元资金炒期货年获利5万元的机会成本就是炒股票的年获利4万元。

在理解机会成本概念时要注意以下几点。

（1）机会成本不同于实际成本，它不是生产者生产某种产品时所实际需要支付的成本，而只是一种观念上的损失，是本来有可能选择的获利机会。

（2）机会成本是做出某种选择时所放弃的其他若干选择中获利最大的一种。上例中，炒期货的机会成本是获利最大的炒股票的收入。

（3）不仅在生产问题上有机会成本，在消费问题、时间利用问题上都可以运用机会成本。例如，某人在休息日，可以在家里睡觉，也可以去进修，还可以去加班挣钱，消费者选择了其中一项，所放弃的其他机会就成了这项选择的机会成本。

知识链接 **书非借不能读**

"书非借不能读"是大家耳熟能详的一句谚语，那么里面是否隐含着什么经济学道理呢？经济学眼中的成本是主观成本，也是一种面向未来的成本，即机会成本。假设现在面临一个选择，即要不要读借来的书。如果我现在不阅读这本借来的书，我下一次想阅读这本书的时候，成本会很高，因为我可能不得不再次去借这本书，再次去借书付出的时间、精力和货币成本就是我现在选择不阅读这本借来书的成本，而这个成本可能会很高，这意味着现在不阅读这本书的成本很高。如果书是自己买的话，现在不读，下一次阅读并不需要付出借书的时间、精力和货币成本，而购买书的成本在做决策时已经是沉没成本，并不会进入决策之中，这意味着相较于借来的书，自己已经购买的书现在不阅读的成本很低。

不阅读借来的书的成本很高，而不阅读自己购买的书的成本很低，这就是书非借不能读背后的经济学。

（资料来源：俞炜华，赵媛. 经济学的思维方式 [M]. 西安：西安交通大学出版社，2020.）

四、短期成本与长期成本

西方经济学将成本分为短期成本与长期成本。短期与长期不是简单的时间长短,而有其特定的经济学含义。

短期是指企业不能根据它所要求达到的产量来调整其全部生产要素的时期。短期内,企业只能在既定的生产规模下,根据产量要求调整原材料、动力、工人等可变的生产要素,而不能调整土地、厂房、大型设备、管理人员等固定的生产要素。生产理论中的边际收益分析属于短期成本分析。

长期是指企业能根据它所要达到的产量来调整其全部生产要素的时期。从长期来看,所有的生产要素都是可以调整的。生产理论中的规模经济问题就属于长期成本分析。

短期成本分析和长期成本分析对企业而言都是非常重要的。一个企业在建设之前,投资者要根据自己的投资能力及市场对产品的需求程度,进行投入产出分析,确定最佳的生产规模,以实现利润最大化。投资者在这一阶段所进行的成本分析属于长期成本分析,因为这时一切生产要素都是可以调整的。当企业的厂房、设备等固定资产购置以后,即生产规模一旦确定,厂商就只能根据现有的生产能力、产品市场及生产要素市场的价格变化,来确定每日、每月或每个季度的实际产量,以实现利润最大化。这时,企业所进行的成本分析属于短期成本分析,因为企业这时只能调整可变生产要素,而不能调整固定的生产要素。如果企业经过一段时间的生产以后,发现企业规模不适度,而要调整规模时,企业又面临着长期成本分析。

第二节 短期成本分析

一、短期成本概念

短期成本可以分为短期总成本(STC)、短期平均成本(SAC)和短期边际成本(SMC)三种。

(一) 短期总成本(STC)

短期总成本是厂商在短期内生产一定量产品所需要的成本总和。短期总成本可以分为固定成本(FC)和变动成本(VC)。

$$STC = FC + VC$$

固定成本是指在短期内厂商所支付的不能调整的生产要素的费用。它不随产量的变动而变动,包括土地租金、房租、设备折旧、管理人员工资等。

变动成本是指在短期内厂商所支付的可以调整的生产要素的费用。它随产量的变动而变动,包括工人工资、原材料及燃料消耗等。

(二) 短期平均成本(SAC)

短期平均成本是在短期内厂商平均每生产一单位产品所支付的成本。短期平均成本可以分为平均固定成本(AFC)和平均变动成本(AVC)。如果用 Q 表示产量,则 $SAC = STC/Q = FC/Q + VC/Q = AFC + AVC$。

(三) 短期边际成本 (SMC)

短期边际成本是短期内厂商每增加一单位产品所增加的成本。

$$SMC = \Delta STC/\Delta Q$$

由于固定成本在短期内不随产量变动而变动,所以短期边际成本实际上就是短期内增加产量所增加的变动成本。

二、短期成本曲线

表 8-1 为短期成本表,描述了在产量不断递增的情况下,各种成本的变动情况。

表 8-1 短期成本表

产量 Q (1)	总成本 STC(2) = (3)+(4)	固定成本 FC (3)	变动成本 VC(4)	平均成本 SAC(5) = (2)/(1)	平均固定成本 AFC(6)	平均变动成本 AVC(7)	边际成本 SMC(8)
0	3	3	0	/	/	/	/
1	15	3	12	15	3.00	12.00	12
2	26	3	23	13	1.50	11.50	11
3	33	3	30	11	1.00	10.0	7
4	36	3	33	9	0.75	8.25	3
5	40	3	37	8	0.60	7.40	4
6	54	3	51	9	0.50	8.50	14
7	70	3	67	10	0.43	9.57	16

从表 8-1 中可以看出各种成本的变动趋势。

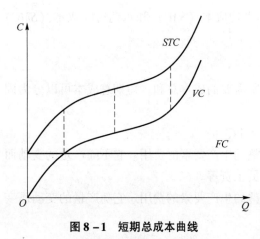

图 8-1 短期总成本曲线

(一) 短期总成本

短期总成本是固定成本与变动成本的和。固定成本是一个不随产量变动的常数。在短期总成本曲线中,以横轴为产量,以纵轴为成本,如图 8-1 所示,固定成本曲线 (FC) 是一条平行于横轴的直线。

变动成本随产量的增加而逐渐增加,其成本曲线是一条从原点出发向右上方渐升的曲线。在产量递增的过程中,每增加一单位产量所增加的变动成本先递减后递增,它反映了边际收益从递增到递减的变动规律。在产量水平较低时,由于固定成本的存在,因而这时增加变动成本能改善资源配置效率,出现边际收益递增,它表现为每增加一单位产量所需增加的变动成本越来越少。当产量达到一定水平之后,固定成本越来越接近充分利用。这时再增加变动成本,固定成本与变动成本之间的配置效率降低,出现边际收益递减。它表现为每增加一单位产量所需增加的变动成本越来越多。这种变化使变动成本曲线存在一个拐点，在拐点之前，变动成本曲线的斜率是递减的，这就是边际收益递增阶段；在拐点之后，变动成本曲线的斜率是递增的，这就是边际收益递减阶段。

由于短期总成本等于固定成本加变动成本，因而总成本曲线也就是固定成本曲线与变动成本曲线的叠加。总成本曲线从纵轴上某一点出发，与原点的截距等于固定成本。它向右上方渐升，与变动成本曲线平行，表示总成本在产量不断增加的过程中只受变动成本的影响。

（二）短期平均成本

短期平均成本等于平均固定成本加平均变动成本。

平均固定成本随产量的增加而减少，表现为平均固定成本曲线一直向右下方渐降，如图8-2中的曲线 AFC 所示。这是由于固定成本不变，产量增加，平均分摊在每一单位产量中的固定成本额越来越少。

平均变动成本随产量的增加先递减后递增，使平均变动成本曲线呈先下降后上升的"U"字形。其原因也是边际收益从递增到递减的规律，如图8-2中的曲线 AVC 所示。

平均固定成本与平均变动成本曲线的双重作用构成了平均成本曲线，如图8-2中的曲线 SAC 所示。平均成本曲线也是一条先降后升的"U"字形曲线。

（三）短期边际成本曲线

短期边际成本是增加一单位产量所增加的成本，而增加的成本就是增加的变动成本。在描述变动成本曲线变动规律时已讨论过，由于边际收益从递增到递减的变动规律，每增加一单位产量所增加的变动成本，也就是边际成本，是先递减后递增的。因此，短期边际成本曲线是一条先下降后上升的"U"字形曲线，如图8-3中的曲线 SMC 所示。

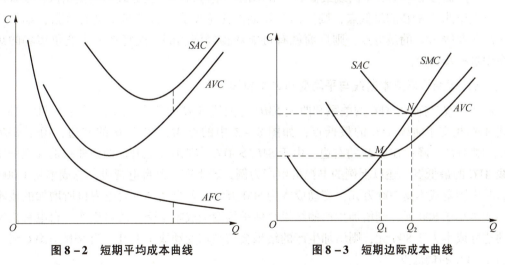

图8-2 短期平均成本曲线　　　　图8-3 短期边际成本曲线

三、各种成本曲线的相互关系

（一）边际成本曲线与总成本曲线

如同边际效用与总效用、边际产量与总产量的关系一样，边际成本就是总成本曲线上相应各点的斜率。

由于 $SMC = \Delta STC/\Delta Q$，当 $\Delta Q \to 0$ 时，则：

$$SMC = \lim_{\Delta Q \to 0} \frac{\Delta STC}{\Delta Q} = \frac{dSTC}{dQ}$$

由于总成本曲线平行于变动成本曲线，因而边际成本也就是变动成本曲线上相应各点的斜率。总成本曲线及变动成本曲线上的拐点是边际成本由递减到递增的转折点，也就是边际成本曲线的最低点。

（二）边际成本曲线与平均成本曲线

把平均成本曲线与边际成本曲线合在同一个坐标系上，会发现这样一条规律：边际成本曲线必定和平均成本曲线的最低点相交，如图 8 – 3 中的点 N。在点 N 之左，$SMC < SAC$，曲线 SAC 下降；在点 N 之右，$SMC > SAC$，曲线 SAC 上升。和前边讨论过的边际产量与平均产量的关系类似，当边际量小于平均量时，边际量将平均量拉下；当边际量大于平均量时，边际量将平均量拉上。例如，一个电视机厂生产 1 万台电视机，总成本为 1 000 万元，平均成本是 1 000 元。厂商又生产了第 10 001 台电视机，如果为增加生产这台电视机所增加的成本，即边际成本，小于 1 000 元（例如 900 元），则增产后的平均成本会下降。这就是产量在点 N 左边、$SMC < SAC$ 的情况，这时的曲线 SAC 是下降的。如果增产的这台电视机的边际成本大于 1 000 元（例如，1 100 元），则增产后的平均成本会上升。这就是产量在点 N 右边、$SMC > SAC$ 的情况，这时的曲线 SAC 是上升的。当然，当 $SMC = SAC$，即曲线 SMC 与曲线 SAC 相交时，曲线 SAC 处于最低点的位置。

短期平均成本曲线的最低点是企业的收支相抵点。只要产品的价格等于平均成本曲线的最低点，厂商按照平均成本曲线最低点所表示的产量进行生产就能做到收支相抵；如果产品的价格低于曲线 SAC 的最低点，则厂商在短期内无论怎么调整产量都会有亏损；如果产品价格高于曲线 SAC 的最低点，则厂商就有可能获得经济利润。这将在完全竞争市场的短期均衡中进一步讨论。

（三）短期边际成本曲线与平均变动成本曲线

曲线 SMC 与曲线 AVC 的关系和曲线 SMC 与曲线 SAC 的关系一样，即曲线 SMC 必定与曲线 AVC 相交于曲线 AVC 的最低点，如图 8 – 3 中的点 M，在点 M 的左边，由于 $SMC < AVC$，则 AVC 下降；在点 M 的右边，由于 $SMC > AVC$，则 AVC 上升。两条曲线的交点一定是曲线 AVC 的最低点。还以上例的电视机生产为例，若生产 1 万台电视机，总成本是 1 000 万元，其中固定成本是 200 万元，变动成本为 800 万元。若再生产一台电视机所增加的成本即边际成本小于 800 元，则增加生产的结果会使平均变动成本下降；若再生产一台电视机所增加的边际成本大于 800 元，则增加生产的结果会使平均变动成本上升。当 $SMC = AVC$ 时，即为曲线 AVC 的最低点。

平均变动成本曲线的最低点是停止营业点。在短期内，如果厂商的规模不适度，或技术水平落后，或市场产品供大于求等，都可能导致产品价格低于平均成本曲线最低点的成本。这时，厂商无论怎么调整产量，亏损都是不可避免的。如果厂商有能力进行规模调整、技术改造或转产，即由短期转入长期，则有可能避免亏损。但如果厂商暂时没有这个能力，则只能在现有的生产条件下，根据亏损最小的原则，决定生产还是停产。如果产品价格虽低于平均成本,却高于平均变动成本,则厂商生产比停产有利。因为这时的产品价格不但能弥补全部变动成本,还能减少部分固定成本的损失,而停产则要亏损全部固定成本。还以上例的电视机生产为例,若电视机价格为 900 元,低于平均成本 1 000 元,但高于平均变动成本 800 元,则每生产一台电视机的亏损额是 100 元,低于停产所造成的固定成本 200 元的损失,厂商在短期内不应该停产。若产品价格不但低于平均成本,还低于平均变动成本,则厂商必须立即停产。例如,电视机价格降到了 700 元,低于平均变动成本 800 元。厂商若生产,不但亏损 200 元的固定成本,还要亏损 100 元的变动成本,所以厂商必须立即停产。当市场价格等于平均变动成本曲线最低点的成本时,厂商只要按该点所表示的产量生产,那么无论停产与否,所造成的亏损额都是相同的,都等于固定成本。因此,平均变动成本曲线的最低点被称为停止营业点。

> **自我检测**
>
> 利用平均成本的概念,描述所有能使企业盈利的价格和所有会使企业亏损的价格。

第三节 长期成本分析

在长期内,厂商可以根据产量的要求调整全部生产要素,调整规模,还可以进入或退出一个行业,这时厂商的成本分析是长期成本分析。长期成本分为长期总成本、长期平均成本和长期边际成本。

一、长期总成本（LTC）

(一) 长期总成本曲线的特征

长期总成本是长期中,厂商生产一定量产品的总和。由于在长期内厂商可以根据产量调整生产规模,因而长期总成本是厂商在各种产量要求下通过调整规模所实现的最低总成本。长期总成本曲线有三个特点。

第一,曲线从原点出发。它表示,当产量为零时,长期总成本也是零,这不同于短期总成本曲线。因为在长期内,一切生产要素都是可以调整的,没有固定成本。

第二,曲线向右上方倾斜。随着产量增加,厂商不断扩大规模,长期总成本不断增加。

第三,曲线向右上方倾斜的角度（即斜率）先递减后递增。其原因可以用规模收益的变动规律来说明。在企业生产规模扩张的开始阶段,厂商由于扩大生产规模而使经济效益提高,出现规模收益递增,这时每增加一单位产量所增加的长期总成本是递减的,因而曲线向右上方倾斜的角度递减。当企业的生产扩张到一定规模以后,厂商继续扩大规模会出现规模收益递减,这时每增加一单位产量所增加的长期总成本递增,它表现为曲线向右上方倾斜的角度递增。在拐点处,企业处于规模收益不变阶段。曲线的变动规律将在长期边际成本中进一步说明。

(二) 长期总成本曲线的构成

曲线 LTC 是无数条曲线 STC 的包络线，其构成可以用图 8-4 来说明。

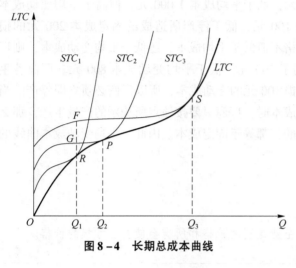

图 8-4 长期总成本曲线

有三条短期总成本曲线：STC_1、STC_2 和 STC_3，它们分别代表三种不同的生产规模。由于曲线 STC 在纵轴上的截距代表固定成本，也就是企业的生产规模，因而三条曲线 STC 所代表的生产规模的大小依次为 $STC_1 < STC_2 < STC_3$。假定厂商要生产的产量为 Q_1，它应将生产规模调整到 STC_1 所代表的规模。因为只有用 STC_1 所代表的规模的生产产量 Q_1 的总成本（点 R）最小，而用另外两种规模生产 Q_1 的产量的总成本分别是点 G 和点 F，都大于点 R。因此，STC_1 的规模是长期内生产产量 Q_1 的最佳规模。如果厂商改变产量，最佳规模也要相应调整。STC_2 是生产产量 Q_2 的最佳规模，其总成本为 P。STC_3 是生产产量 Q_3 的最佳规模，其总成本为 S。

从理论上讲，如果产量可以无限细分，生产规模也可以无限细分，厂商就可以在每一个产量上都找到一个相应的最佳规模，都有一个最低水平的总成本。把这无数个最低的总成本点连接起来就形成了曲线 LTC。所以，曲线 LTC 是无数条曲线 STC 的包络线。

二、长期平均成本 (LAC)

(一) 长期平均成本曲线的特征

长期平均成本是长期中平均每单位产品的成本。厂商在长期内可以通过规模调整实现每一个产量条件下的最小总成本，也就实现了相应的最小平均成本。因此，

$$LAC = LTC/Q$$

曲线 LAC 如图 8-5 所示，是一条随产量增加先下降后上升的 "U" 字形曲线，其原因也是规模收益变动规律。在企业规模开始扩张的阶段，由于规模收益递增，长期平均成本递减。当规模扩张到一定阶段之后，由于出现了规模收益递减，使长期平均成本递增。西方经济学的经验性研究表明，在大多数行业中，企业从规模收益递增到规模收益递减，中间有一段很长的规模收益不变阶段，因而长期平均成本曲线的弯曲程度比较平缓。

需要注意的是，曲线 LAC 的形状类似于曲线 SAC，它们都是 "U" 字形，但二者的形成原因是不同的。曲线 LAC 受规模收益变动的影响，而曲线 SAC 受边际收益变动的影响。

(二) 长期平均成本曲线的构成

曲线 LAC 是无数条曲线 SAC 的包络线，其构成可用图 8-5 来说明。

在图 8-5 中，有 SAC_1、SAC_2、SAC_3、SAC_4、SAC_5 5 条短期平均成本曲线，它们各自代表不同的生产规模。在长期中，厂商可以根据产量的要求，选择平均成本最小的生产规模进

行生产。若企业的产量要求为 Q_1，则应选择 SAC_1 所代表的规模进行生产。因为按这一规模生产 Q_1 的产量，平均成本最低。因此，SAC_1 是生产 Q_1 产量的最佳规模。如果企业产量要求不断增加，最佳规模也应相应扩大。SAC_2 是 Q_2 产量的最佳规模，SAC_3 是 Q_3 产量的最佳规模……SAC_5 是 Q_5 产量的最佳规模。从理论上讲，产量可以无限细分，规模也可以无限细分。若厂商把无数个产量所对应的无数个最佳规模相应的平均成本用一条切线连接起来，形成无数个曲线 SAC 的包络线，这就是曲线 LAC。因为曲线 LAC 上的每一个点都是在产量既定的条件下，最佳生产规模的短期平均成本。

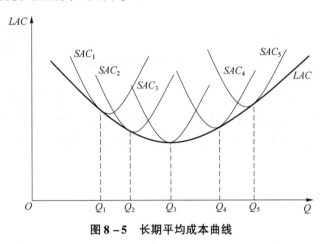

图 8-5　长期平均成本曲线

从图 8-5 中可以看到，曲线 LAC 相切于无数条曲线 SAC，而不是所有曲线 SAC 最低点的连线。在曲线 LAC 最低点的左边，曲线 LAC 相切于曲线 SAC 最低点的左边；在曲线 LAC 最低点的右边，曲线 LAC 相切于曲线 SAC 最低点的右边；只有在曲线 LAC 的最低点，曲线 LAC 相切于曲线 SAC 的最低点。

（三）长期平均成本曲线的移动

长期平均成本曲线的特征及构成描述的是，由于企业自身规模变化所引起的内在经济与内在不经济对曲线 LAC 形状的影响。行业规模变化会改变单个企业的外部生产环境，使单个企业的经济效率发生变化。外在经济会使企业长期平均成本降低，这种成本降低不是企业产量变化引起的，因此在产量与成本的坐标图上表现为曲线 LAC 的向下平行移动，如图 8-6 所示，LAC_1 向下移动到 LAC_2 的位置就是外在经济的结果。反之，外在不经济会使企业长期平均成本提高，则曲线 LAC 就会向上平行移动。

三、长期边际成本（LMC）

（一）长期边际成本曲线的特征

长期边际成本是长期中每增加一单位产量所增加的成本。与曲线 SMC 和曲线 STC 的关系一样，LMC 也是 LTC 曲线上相应各点的斜率。因为 $LMC = \Delta LTC / \Delta Q$，当 $\Delta Q \to 0$ 时，则：

$$LMC = \lim_{\Delta Q \to 0} \frac{\Delta LTC}{\Delta Q} = \frac{\mathrm{d}LTC}{\mathrm{d}Q}$$

如前所述，企业在规模扩张的开始阶段，由于规模收益递增，因而增加产量所增加的长期

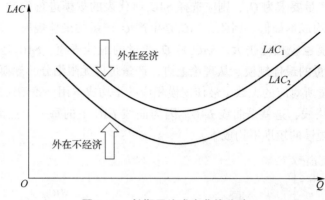

图 8-6 长期平均成本曲线移动

总成本,即长期边际成本,是递减的。长期边际成本递减,也就是曲线 LTC 的斜率递减。经过规模收益不变阶段以后,规模收益递减使长期边际成本递增,也就是曲线 LTC 的斜率递增。如图 8-7 所示,曲线 LMC 呈先下降后上升的趋势,正是反映了规模收益的变动规律。

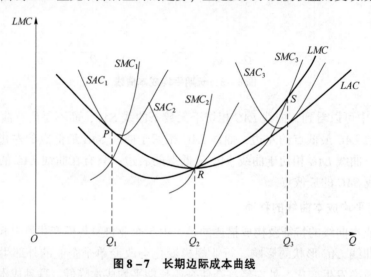

图 8-7 长期边际成本曲线

长期边际成本与长期平均成本的关系和短期边际成本与短期平均成本的关系一样,即曲线 LMC 必然与曲线 LAC 相交于曲线 LAC 的最低点,如图 8-7 中的点 R。其原因在于,当长期边际成本小于长期平均成本时,增加产量会使长期边际成本将长期平均成本拉下,长期平均成本降低。相反,当长期边际成本大于长期平均成本时,增加产量会使长期边际成本将长期平均成本拉上,长期平均成本提高。因此,当长期边际成本等于长期平均成本时,曲线 LAC 处于最低点。

(二)长期边际成本曲线的构成

曲线 LMC 可以由无数条曲线 SMC 得到。

从构成曲线 LTC 的图 8-4 中可见,曲线 LTC 是曲线 STC 的包络线。在长期内的每一个产量上,曲线 LTC 都与一条代表最佳规模的曲线 STC 相切,切点上两条曲线的斜率是相等的。

由于曲线 LTC 的斜率是长期边际成本，曲线 STC 的斜率是短期边际成本，因而在长期内的每一个产量上的最佳生产规模的长期边际成本和短期边际成本是相同的。

在图 8-7 中，有三组代表不同规模的曲线 SAC 和曲线 SMC。若厂商在长期内想生产 Q_1 的产量，它应该选择 SAC_1 和 SMC_1 所代表的最佳规模。运用这一规模生产 Q_1 产量时的短期边际成本由点 P 给出。根据上段的分析，PQ_1 既是短期边际成本，也应是长期边际成本。同理，在 Q_2 的产量上，可以找到既是短期边际成本，又是长期边际成本的点 R。在 Q_3 的产量上，可以找到点 S。在产量可以无限细分，生产规模也可以无限细分的假设下，可以找到无数个这样的点。把这些既是短期边际成本，又是长期边际成本的点连接起来，就得到了曲线 LMC。

第四节　企业收益与利润最大化

一、收益的含义

收益是指企业销售产品的收入，其中既包括成本，又包括利润。收益可以分为总收益（TR）、平均收益（AR）和边际收益（MR）。

总收益是厂商销售一定量商品的全部收入；平均收益是厂商销售每一单位商品的平均收入，也就是商品的价格；边际收益是厂商每增加销售一单位商品所增加的收益。

以 Q 代表销售量，则三种收益概念的关系是：

$$TR = AR \cdot Q$$
$$AR = TR/Q$$
$$MR = \Delta TR/\Delta Q$$

讨论厂商在销售量不断变化的条件下各种收益的变动趋势时，应区分价格不变和价格递减两种市场条件。

二、价格不变的收益曲线

价格不变的市场条件是指对于某一行业中的单个企业来说，无论它生产并出售多少产量，都不会引起市场价格的变化。产品市场价格变化受该行业产品的供给总量和需求总量的影响。当单个企业规模很小、所占市场份额微不足道时，该企业无论增加产量还是减少产量都不足以引起市场供求关系的变化。对该企业而言，它面临着价格不变的市场条件。价格不变市场条件下的总收益、平均收益和边际收益的变动规律如表 8-2 所示。

表 8-2　价格不变的收益表

销售量（Q）	价格（P）	总收益（TR）	平均收益（AR）	边际收益（MR）
0	2	0	/	/
100	2	200	2	2
200	2	400	2	2
300	2	600	2	2

续表

销售量（Q）	价格（P）	总收益（TR）	平均收益（AR）	边际收益（MR）
400	2	800	2	2
500	2	1 000	2	2

在以销售量（产量）为横轴、以价格为纵轴的坐标上，可以分别做出曲线 TR（见图 8-8）、曲线 AR 和曲线 MR（见图 8-9）。曲线 TR 是一条从原点出发、向右上方倾斜的直线。曲线 AR 和曲线 MR 重叠，且平行于横轴。原因在于，由于价格不变，每增加销售一件产品，就等于在总收益中增加了一件产品的价格，因此，边际收益总是等于平均收益。

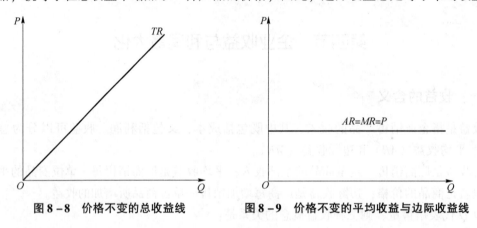

图 8-8 价格不变的总收益线　　　　图 8-9 价格不变的平均收益与边际收益线

三、价格递减的收益曲线

价格递减的市场条件是指，随着单个企业产量，也就是销售量的不断增加，产品的市场价格递减。如果一个企业规模较大，在整个行业中占有很大的市场份额，甚至一个行业只有一家企业提供产品，则这家企业的产销量就会对整个市场的供求关系产生很大影响。当这个企业的产量增加时，也就意味着整个行业的供给量增加，价格必然下降；相反，若这个企业的产量减少，整个行业的供给量也就减少，价格必然上升。在价格递减的市场条件下，总收益、平均收益、边际收益的变动规律如表 8-3 所示。

表 8-3 价格递减的收益表

销售量（Q）	价格（P）	总收益（TR）	平均收益（AR）	边际收益（MR）
0	10	0	/	/
1	9	9	9	9
2	8	16	8	7
3	7	21	7	5
4	6	24	6	3
5	5	25	5	1
6	4	24	4	−1

根据表8-3，我们可以画出价格递减条件下的曲线TR、曲线AR和曲线MR，如图8-10、图8-11所示。

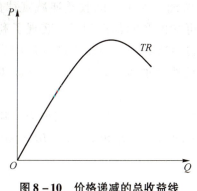

图8-10 价格递减的总收益线

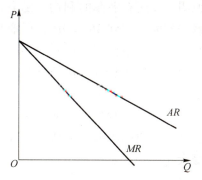

图8-11 价格递减的平均收益与边际收益线

曲线TR是一条从原点出发，随着销售量增加而递增，当销售量达到一定程度后又递减的曲线。

曲线AR即价格线，是一条向右下方倾斜的曲线。曲线MR也是一条向右下方倾斜的曲线。

从曲线TR和曲线MR的关系来看，与其他总量和边际量的关系一样，曲线MR就是曲线TR各点的斜率。当MR>0时，曲线TR上升；当MR=0时，曲线TR达到最高点；当MR<0时，曲线TR下降。

曲线AR和曲线MR都向右下方倾斜，但曲线MR在曲线AR下方，以更快的速度递减。边际收益小于平均收益的原因在于：边际收益是指增加一单位产量所增加的收益。它由两部分组成：其一，增加销售的一单位产品本身所增加的收益，例如在表8-3中，当销量由2增加到3，第三件产品本身使总收益增加了5；其二，由于价格递减所减少的收益。在表8-3中，第三件产品销售使价格由8降到7，于是前两件产品的价格也都由8降到7，共减少收益2，这样，销售第三件产品使总收益增加了5(7-2=5)单位，也就是第三件产品的边际收益是5，小于平均收益7。

价格不变和价格递减的市场条件就是下一章将详细讨论的完全竞争和不完全竞争的市场条件。

自我检测

汽车制造业是成本不变、递增还是递减行业？为什么？

四、利润最大化原则

利润最大化原则是边际收益等于边际成本，即$MR=MC$。为什么厂商只有将产量确定在$MR=MC$时才能获得最大利润呢？

如图 8-12、图 8-13 所示，如果在某一产量条件下，厂商的 $MR>MC$，表明这时厂商每多生产一件产品所增加的收益大于为增加生产这件产品所增加的成本，显然增加生产是有利的，说明厂商还有潜在的利润。随着产量的增加，由于边际收益递减规律的作用，边际成本越来越大，直到 $MC=MR$，厂商将全部可能的利润都得到了，实现了利润最大化。如果在某一产量条件下，厂商的 $MR<MC$，表明这时厂商每多生产一件产品所增加的收益小于为增加生产这件产品所增加的成本，显然增加生产是不利的，会减少厂商的利润。如果厂商这时减少生产，由于减少一件产品所减少的收益小于减少生产一件产品所减少的成本，当然减少生产是有利的，它也能增加利润，或减少利润损失。随着产量不断减少，减少的边际成本越来越小，直到与减少的边际收益相等，即 $MR=MC$，也能实现利润最大化。

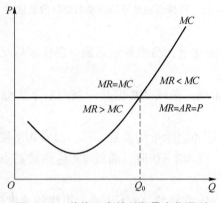

图 8-12 价格不变的利润最大化原则

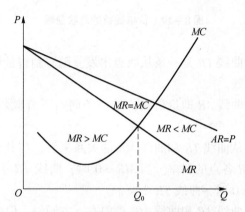

图 8-13 价格递减的利润最大化原则

需要特别强调的是，利润最大化的含义并不是说厂商一定获得了经济利润，而只是表示厂商在既定生产条件下，按 $MR=MC$ 确定产量，对厂商一定是最有利的。它有三种可能的结果：经济利润最大化、亏损最小或盈亏平衡。

知识链接

最大化总利润而不是单位利润

一种常见的思维方式是：如果你最大化了单位利润，那你就最大化了总利润。这是有道理的。如果企业的单位利润为 10 美元，那一定比单位利润为 8 美元要好，不是吗？这一推理的错误在于，这只考虑了最优解的一半。也就是说，它只考虑了总利润方程中的一部分。

总利润不仅包含你在市场上每单位售价多少，还包括你实际上卖出多少单位。如果卖出 500 单位时每单位赚 10 美元，那么总利润为 5 000 美元。但是，如果卖出 1 000 单位时每单位赚 8 美元，总利润为 8 000 美元——这高出很多，尽管单位利润要低一些。

（资料来源：阿西莫格鲁，莱布森，李斯特. 经济学：微观部分 [M]. 卢远瞩，尹训东，译. 北京：中国人民大学出版社，2016.）

第八章　成本理论

本章要点总结

生产成本是企业在生产中所使用的各种生产要素的货币支出。生产要素包括劳动力、资本、土地和企业家才能四种基本形式。

企业的全部利润分为正常利润和经济利润两部分。

机会成本是决策者在资源既定条件下，为获得某种收入所放弃的其他机会的最高收入。

西方经济学将成本分为短期成本与长期成本。短期是指企业不能根据它所要求达到的产量来调整其全部生产要素的时期。长期是指企业能根据它所要达到的产量来调整其全部生产要素的时期。

短期成本分为短期总成本、短期平均成本和短期边际成本。长期成本分为长期总成本、长期平均成本和长期边际成本。短期平均成本曲线的最低点是企业的收支均衡点，平均变动成本曲线的最低点称为停止营业点。

企业的收益可以分为总收益、平均收益和边际收益。利润最大化的原则是边际收益等于边际成本。

关键概念

机会成本　隐成本　固定成本与变动成本　收支均衡点　停止营业点　利润最大化原则

思考与练习

1. 上大学的学费是你上大学的成本吗？生活费是不是你上大学的成本？为什么？

2. 使用机会成本的概念解释如下命题。

（1）当劳动市场就业机会不多时，更多的人选择上研究院攻读学位。

（2）便利店的价格高于超市，但满足了许多工作忙碌的人的需要。

（3）同样是从一个城市到另一个城市，穷人更愿意坐长途汽车，而富人更愿意坐飞机。

3. 本章指出，只要现金被用来购买资产，就会产生利息成本。有时这种成本是显性的，如当小李从银行借钱时；而有时这种成本是隐形的，如小张必须放弃的利息就是当他把钱存在银行时原本可以获得的收入。如果让一名经济学家和一名会计师分别来计算小李和小张的成本，那么，哪一个人的成本计算结果一样？哪一个人的不一样？

4. 画图分析短期平均成本、平均变动成本和短期边际成本之间的相互关系。

5. 画图分析利润最大化原则，并解释。

6. 假设萨姆在一个竞争性市场上出售苹果，苹果是他从自己家的苹果树上摘下来的。且所有的苹果质量都一样，但是，长在苹果树上的高度不同。萨姆有恐高症，不过，对他的补偿越多，他愿意达到的高度也越高。因此，对他来说，他爬得越高，摘一个苹果的成本也就越大，如表8-4中总成本栏所示。现在一个苹果的市场价格是0.50美元。

表8-4 苹果的成本

苹果/个	总成本/美元	边际成本/美元	边际收益/美元	利润的变化/美元
1	0.10	0.10	0.50	0.40
2	0.22			
3	0.50			
4	1.00			
5	1.73			
6	2.78			

(1) 萨姆出售苹果的边际收益是多少？

(2) 萨姆最先摘下的是哪些苹果？是低树枝上的还是高树枝上的？为什么？

(3) 这表明随着所摘下的苹果数量的增加，苹果的边际成本是递增的、递减的还是不变的？为什么？

(4) 填写表格。

(5) 萨姆会摘多少个苹果？

第九章

市场理论与定价

学习目标

- 理解四种市场均衡的含义。
- 掌握四种市场类型的不同特征。
- 掌握完全竞争与完全垄断市场的短期均衡。
- 掌握企业定价策略及其应用分析。

大师简介

经济学家：约翰·福布斯·纳什（John Forbes Nash，1928—2015 年）

简介：著名经济学家，博弈论创始人，美国数学家，研究博弈论、微分几何学和偏微分方程，主要贡献是提出"纳什均衡"的博弈理论。

主要成就：首先用严密的数学语言和简明的文字准确地定义了"纳什均衡"这个概念，奠定了非合作博弈理论的发展基础；证明了"纳什均衡"在 n 人有限博弈中的普遍存在性；他与另外两位数学家在非合作博弈的均衡分析理论方面做出了开创性的贡献，对博弈论和经济学产生了重大影响，获得了1994年诺贝尔经济学奖。

导入案例

谷歌是不是垄断企业？

对外，谷歌当然不会宣称自己是垄断企业。但它到底是不是垄断企业？这取决于：它垄断了什么？我们一起来分析一下。谷歌以做搜索引擎起家。截止到 2014 年 5 月，它占有

68%的市场（而它最强劲的对手——微软和雅虎，分别占有大约19%和10%的市场）。如果这还不足以显示出它的优越，还有一个事实——"谷歌"已经成为一个动词被编入《牛津英语大词典》。而这是"必应"（微软推出的一款搜索引擎）做不到的。

但是假设谷歌刚开始是一家广告公司，那情形就不同了。美国搜索引擎广告市场的规模是每年170亿美元，网络广告市场的规模是每年370亿美元。整个美国广告市场的规模是1 500亿美元，而全球规模达到4 950亿美元。所以，即使谷歌完全垄断了搜索引擎广告市场，也只占全球市场的3.4%。从这个角度来说，谷歌只是这场竞赛中的一名不起眼的小卒。

如果我们把谷歌定位为多元科技公司，会怎么样呢？这个假定很合理，因为除了搜索引擎，谷歌还做其他十几款不同的软件产品，比如自动驾驶汽车、安卓手机、可穿戴装置。但是95%的收益仍然来自搜索引擎广告，其他产品的收益在2012年只达到了22.5亿美元，而且针对科技消费者的产品的收益只占了一小部分。全球科技类消费品市场的规模达到9 640亿美元，谷歌只占了不到0.24%，与垄断相差十万八千里。谷歌把自己定位成一家科技公司，可以躲开注意力，省去麻烦。

（资料来源：蒂尔，马斯特斯. 从0到1：开启商业与未来的秘密［M］. 高玉芳，译. 北京：中信出版社，2015.）

第一节 完全竞争市场

一、完全竞争市场的条件

完全竞争又称纯粹竞争，是指竞争不受任何阻碍和干扰，排除任何垄断可能的市场结构。实现完全竞争的基本条件有四个。

（一）市场上存在着大量的生产者与消费者

由于市场上存在着大量的厂商，每个厂商所生产的产品数量都只占全行业供给总量微不足道的份额，因而每一个厂商都不能通过自己产量的调整影响整个行业的供求关系，当然也就不能成为价格的决定者。这就是在前面介绍收益概念时所提到的价格不变的市场条件。完全竞争不仅是指生产者的完全竞争，也包括消费者的完全竞争。由于存在大量的消费者，每一个消费者的购买量也只占全行业需求总量一个微不足道的份额。这样，每个消费者也不可能通过调整自己的购买数量来影响整个市场的供求关系，改变市场价格，而只能成为市场价格的接受者。

（二）同行业不同厂商所生产的产品完全无差别

这里讲的产品差别不是指不同类产品的差别，而是指同类产品在质量、品牌、性能、包装、销售条件、售后服务等各个方面的差别。强调产品的无差别也就排除了厂商通过产品特色有可能形成的相对垄断，这样的竞争才是完全的。

（三）生产资源可以完全自由流动

在完全竞争条件下，任何厂商进入或退出一个行业是完全自由的，不存在任何障碍。生产资源的自由流动，使厂商能及时向获利的行业转移或及时退出亏损的行业，全社会的经济资源才能得到最有效的配置。在完全竞争的条件下，缺乏效率的企业会被淘汰，取而代之的是具有效率的企业。

(四) 市场信息是完全畅通的

完全竞争市场上的每一个生产者和消费者对市场内的各种经济信息都了如指掌，据此做出自己的生产和消费决策，实现利益最大化，从而排除了个别经济主体由于对信息的垄断而进行不完全竞争的可能。严格理论意义上的完全竞争市场是不存在的。在经济分析中，一般把农产品市场看成接近完全竞争的市场。

二、完全竞争市场的需求曲线

在分析这一问题时，必须区分整个行业的需求曲线和单个厂商的需求曲线。

在任何一个市场中，消费者对整个行业所生产产品的需求曲线称为行业需求曲线，它向右下方倾斜，如图9-1中的线 D。它表示价格越高，消费者对全行业产品的需求量越少；价格越低，消费者对全行业产品的需求量越多。

在完全竞争市场，单个厂商所面临的需求曲线是一条由市场均衡价格水平所决定的水平线，如图9-2中的曲线 d。它表示在完全竞争的条件下，单个厂商只能被动地接受由全行业供求关系所决定的既定的市场价格，无论这个厂商生产多少产量都可以按既定的市场价格卖出去。换句话说，在既定的价格条件下，市场对单个厂商产品的需求量是无限的。

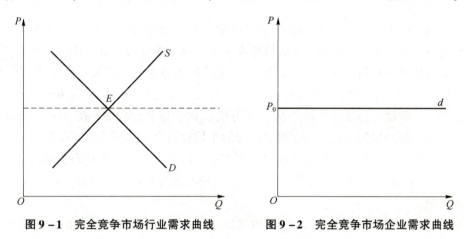

图9-1 完全竞争市场行业需求曲线　　图9-2 完全竞争市场企业需求曲线

消费者根据市场价格决定自己的需求量，因而需求曲线也就是价格曲线。如上一章所述，在价格不变的完全竞争市场，价格线、平均收益曲线和边际收益曲线相互重叠，且平行于横轴。现在可以进一步说，在完全竞争市场，需求曲线（d）、价格曲线（P）、平均收益曲线（AR）和边际收益曲线（MR）都重合在一起，且平行于横轴。

三、完全竞争厂商的短期均衡

厂商的短期均衡是指企业在生产规模既定的条件下，通过产量调整，实现利润最大化。

完全竞争厂商短期均衡条件是：$MR = SMC$。如前所述，$MR = SMC$ 是各种市场条件下，厂商为实现利润最大化确定产量的一般原则。现在我们结合完全竞争市场进行分析。

如图9-3所示，三条成本曲线 SMC、SAC 和 AVC 共同代表了厂商既定的生产规模。P_1、P_2、P_3、P_4 分别代表由市场供求关系所决定的四种不同价格水平，d_1、d_2、d_3、d_4 分别代表各个价格水平下的需求曲线。下面的分析将表明，在完全竞争厂商规模既定的条件下，无论市场价格如何变化，厂商确定产量的原则都是 $MR=SMC$，都能实现利润最大化。在不同的价格条件下，利润最大化的含义是不同的。

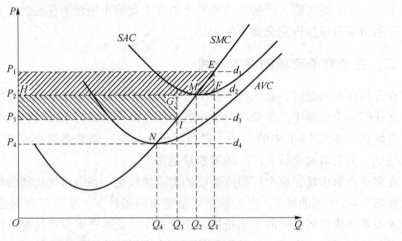

图9-3 完全竞争市场短期均衡分析

（1）当 $AR>SAC$ 时，厂商按 $MR=SMC$ 确定产量，能最大限度地获得经济利润。有两种情况可能使完全竞争厂商在短期面临价格高于平均成本的有利局面。其一，产品市场供不应求，因而价格水平较高；其二，该厂商由于规模技术等原因，其成本低于同行业其他厂商。当市场价格为 P_1，即需求曲线为 d_1 时，厂商就面临这种情况。根据 $MR=SMC$ 的利润最大化原则，厂商确定的最佳产量是 Q_1。因为在 Q_1 的产量上，曲线 SMC 和曲线 MR 相交于点 E。点 E 是厂商的短期均衡点。这时，厂商的平均收益为 EQ_1，平均成本为 FQ_1，平均收益大于平均成本。厂商在单位产品上所获得的经济利润是 EF，经济利润总量是 $EF \times OQ_1$，相当于图9-3中矩形 $EFHP_1$ 的面积。根据上一章利润最大化原则的分析，Q_1 一定是经济利润最大的产量。

（2）当 $AR=SAC$ 时，厂商按 $MR=SMC$ 确定产量，厂商实现盈亏平衡。相对于第一种情况，如果市场价格由 P_1 降到 P_2，厂商的需求曲线是 d_2，正好和曲线 SAC 的最低点 M 相切，曲线 SMC 也经过该点。根据 $MR=SMC$ 确定的均衡产量是 Q_2，这时的平均收益是 MQ_2，平均成本也是 MQ_2，$AR=SAC$，厂商实现盈亏平衡。而在其他产量上，平均成本都大于平均收益，厂商都会有亏损。这也就是我们前面介绍过的收支相抵点。应该说明的是，盈亏平衡意味着厂商已经获得了全部正常利润，只是没有经济利润。

（3）当 $AVC<AR<SAC$ 时，厂商会有亏损，但在短期内还应继续生产，如果市场价格继续降到 P_3 的位置，厂商的需求曲线是 d_3。由于曲线 AR 和曲线 SAC 已没有交点，也没有切点，说明厂商在任何产量条件下都会有亏损。根据前面介绍过的停止营业点的原理，由于厂商的平均收益即市场价格大于平均变动成本，因而在短期内生产比不生产有利。厂商仍然应根据 $MR=SMC$ 的原则确定均衡产量 Q_3。在 Q_3 的产量水平上，平均收益是 IQ_3，平均成本是

GQ_3,平均收益小于平均成本,厂商是亏损的。单位产品亏损额是 IG,总亏损额是 $IG \times OQ_3$。厂商虽然亏损,但按 $MR = SMC$ 所确定的均衡产量 Q_3,一定是总亏损额最小的产量。

(4) 当 $AVC = AR < SAC$ 时,厂商亏损,且处于停止营业的临界点上,如果价格进一步降到 P_4 的水平,需求曲线位于 d_4 的位置,且正好与曲线 AVC 的最低点 N 相切,曲线 SMC 也经过该点。根据 $MR = SMC$ 确定的均衡产量是 Q_4,平均收益小于平均成本,但等于平均可变成本。这时厂商若生产会有亏损,单位产品亏损额是平均成本与平均可变成本的差,即平均固定成本,亏损总额是全部固定成本。厂商若不生产,短期内也要亏损全部固定成本。因而短期内,厂商处在停止营业的临界点上。

(5) 当 $AR < AVC < SAC$ 时,厂商不仅要亏损全部固定成本,还要亏损部分变动成本,应立即停止生产。如果价格降到了 P_4 以下的水平,低于曲线 AVC,说明厂商无论将产量调整在什么水平,其价格都不仅不能弥补平均成本,而且不能弥补全部平均变动成本。这时厂商必须立即停产,因为停产的损失是全部固定成本,而继续生产的损失不仅是全部固定成本,还有部分变动成本。

综上所述,完全竞争厂商在短期内的所有市场价格条件下都应根据 $MR = SMC$ 确定产量。只有当价格低于平均变动成本时,厂商才应立刻停产。所以,完全竞争厂商短期均衡的条件是 $MR = SMC$。利润最大化的含义是:在短期均衡时,有可能获得最大经济利润,有可能蒙受最小亏损,也有可能盈亏平衡。

四、完全竞争厂商的长期均衡

长期均衡是指厂商通过对生产规模的调整来实现利润最大化。这种调整包括两个方面:其一是单个厂商对自己生产规模的调整;其二是新厂商加入和原有厂商退出所引起的整个行业规模的调整。下面分别加以说明。

(一) 厂商自身规模的调整和长期均衡的实现

从长期来看,厂商可以通过自身规模的调整来提高效益。厂商规模的调整使曲线 SAC 沿着曲线 LAC 移动,最终将自身规模调整到曲线 LAC 的最低点,这时厂商的短期成本和长期成本都是最低的。长期均衡条件是 $SMC = SAC = LMC = LAC$。

(二) 行业规模调整和长期均衡的实现

在短期内,如果产品市场供不应求,价格水平偏高,则会使厂商获得经济利润。经济利润的存在会吸引新厂商加入,整个行业规模扩大,产品价格下降,直到经济利润消失。这时,新厂商不再加入,实现长期均衡。

相反,在短期内,如果产品市场供过于求,价格水平偏低,则会使厂商亏损。亏损的存在会使部分厂商退出该行业,行业规模缩小,产品价格上升,直到亏损消失。这时,原有厂商不再退出,实现长期均衡。

完全竞争市场的长期均衡如图 9-4 所示。

行业规模的调整最终会使价格线(也就是曲线 AR)、曲线 MR 与曲线 LAC 的最低点相切。这时,$AR = MR = LAC = LMC$。

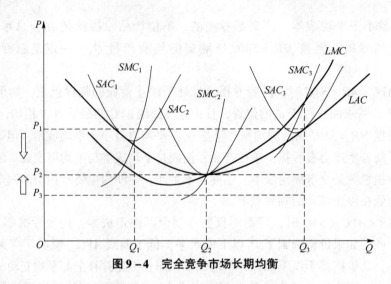

图 9-4 完全竞争市场长期均衡

综合厂商自身规模调整和整个行业规模调整的两个过程来看,完全竞争厂商长期均衡的条件是:

$$MR = AR = SMC = SAC = LMC = LAC$$

它是 $MR = SMC$ 的利润最大化原则在完全竞争市场长期均衡的具体表现。

在实现长期均衡的条件下,完全竞争厂商既不可能有亏损,也不可能有经济利润。

自我检测

在一个竞争性市场中,一个不能控制价格的企业是如何获取利润的?

知识链接

农业保护

现实生活中,完全竞争市场是不存在的,因为其完美的市场条件是任何市场都达不到的。最接近完全竞争市场的行业属于农业类行业,其特性决定了每个国家都必须有效地保护农业产业。

在与其他产业的竞争中,农业处于相对不利的地位。随着经济的发展,城市和非农产业的用地不断增加,地价不断上涨,土地用于非农产业的报酬远远高于农业,使农地的流失不断增加。由于农业的比较利益低下,农业中的资金和较高素质的劳动力流向非农产业,造成农业的资金短缺和高素质劳动力的缺乏,农业发展后劲不足。相对于新兴的非农产业来说,农业科研周期较长,技术进步相对缓慢,农业剩余劳动力的转移又相对滞后于非农产业。产值份额的提高,使得农业劳动生产率比较低。农产品的需求弹性较小、恩格尔定律的作用、农产品不耐储运等特点,使农业的贸易条件不断恶化,农民收入增长乏力,农民与非农业就业者的收入差距拉大。

(资料来源:根据相关资料整理编写)

第二节 完全垄断市场

一、完全垄断市场的条件

完全垄断又称垄断，是指整个行业中只有一家企业。完全垄断市场的产品一般没有相近的替代品，而且其他厂商进入这个行业是不可能的。形成完全垄断的原因有以下几种。

（1）政府实行的完全垄断。例如，政府对供水、供电、铁路、邮政等一些公用事业实行完全垄断。政府垄断的目的是消除私人经营对经济利润追求可能给社会经济和人民生活带来的不稳定。上述行业中，有些是政府特许的私人垄断。

（2）由于私人资本特别雄厚而建立的排他性的垄断企业。

（3）由于对某些技术和特殊资源控制形成的产品垄断。

（4）由于某些行业市场容量过小，只有一家企业提供产品，但已能完全满足市场需求而形成的自然垄断。

二、完全垄断市场的需求曲线

由于垄断行业只有一家企业，所以垄断企业所面临的需求曲线就是整个行业所面临的需求曲线。和所有的市场需求曲线一样，垄断企业的市场需求曲线是向右下方倾斜的。它表示，消费者对该企业产品的需求量与价格成反方向变动。这就是前一章介绍过的价格递减的市场条件。需求曲线（d）也就是价格线（P）、平均收益曲线（AR）。在完全垄断条件下，随着产量的不断增加，需求曲线（d），即曲线 AR 向右下方倾斜，而且曲线 MR 也以更快的速度向右下方倾斜。

三、完全垄断市场的短期均衡

不同垄断厂商的经营目标是不相同的。一般而言，政府垄断企业的经营目标是获得社会效益，而不是利润最大化。我们在这里重点讨论以利润最大化为目标的私人垄断企业如何进行价格与产量的决定。

在生产规模既定条件下的垄断厂商要根据 $MR = SMC$ 的原则来确定价格与产量。

一般而言，垄断厂商在短期内可以获得经济利润，但并不是一定能获得经济利润。如图 9-5 所示，由于垄断厂商规模不适度可能造成曲线 SAC 位置过高，曲线 SAC 和曲线 AR 相互之间既不相交也不相切。这就表示在短期内，垄断厂商无论怎么调整产量，亏损都是不可避免的。但根据停止营业的原则，只要 $AR > AVC$，按 $MR = SMC$ 的原则来确定产量，则能将亏损减至最小。

如果在短期内，平均收益不仅低于平均成本，而且低于平均变动成本，则垄断厂商必须立即停产。在偶然的情况下，垄断厂商根据 $MR = SMC$ 确定的产量也可能正好盈亏平衡。

综合以上分析，完全垄断厂商的短期均衡原则是 $MR = SMC$。在均衡产量条件下，垄断厂商一般能获得经济利润，但也有可能亏损或盈亏平衡。

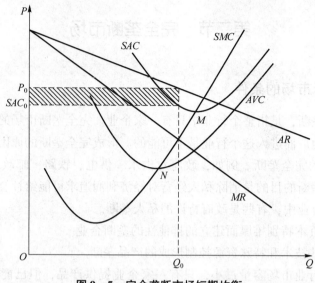

图 9-5 完全垄断市场短期均衡

四、完全垄断市场的长期均衡

完全垄断市场的长期均衡如图 9-6 所示。

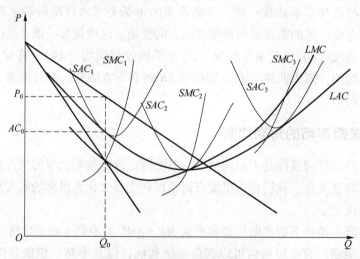

图 9-6 完全垄断市场长期均衡

垄断厂商在长期内可以通过调整自身规模来实现最大利润。由于完全垄断排除了其他厂商加入该行业的可能性,因而垄断厂商的经济利润在长期内可以保持。

垄断厂商在长期内对规模的调整所引起的收益变化有三种可能的结果。

第一种情况,垄断厂商在短期内获得利润,在长期内通过规模调整使利润增加,并长期保持。

第二种情况,垄断厂商在短期内亏损,在长期内通过规模调整摆脱了亏损,甚至获得了经济利润。

第三种情况，垄断厂商在短期内亏损，在长期内又找不到一个能摆脱亏损的生产规模，于是该厂商退出生产。

对于第三种情况不需要再分析，前两种情况的分析是基本相同的。

在长期内，垄断厂商可以通过对生产规模进行调整来扩大利润。因此，垄断厂商的长期均衡条件是：

$$MR = LMC = SMC$$

它是 $MR = MC$ 利润最大化原则在完全垄断市场长期均衡的具体表现。

自我检测

具有市场势力的企业更希望它的产品面临哪种类型的需求曲线？富有弹性的还是缺乏弹性的？为什么？

知识链接　　巴西"福特之城"

在19世纪，合成橡胶还没有出现。所有的橡胶都来自树木，巴西橡胶树是整个世界橡胶的主要来源。橡胶是巴西最大量的出口产品。

在自然状态下，这些橡胶树远离人们数千米，并且很难到达。此外，由于南美真菌叶枯病侵袭巴西橡胶树，并能够很容易地在树木中传播，人们不得密植这些树。1876年，一个叫 Henry Wickham 的英格兰人将700 000粒橡胶树种偷到英国，他将这些树种集中种植在今天被叫作马来西亚的种植园内。这种将橡胶树密植在一个地方并且远离疾病的新方法使得收获橡胶的成本急剧下降，给了英国在橡胶行业的绝对优势，并赋予英国橡胶生产商市场影响力。在20世纪早期，英国在亚洲的橡胶种植园满足了世界95%的橡胶需求。这是"人类历史上第一次世界性的战略资源垄断"。

1927年，亨利·福特需要橡胶制造汽车轮胎，并准备效仿英国人。他在亚马孙地区设置了橡胶树种植城，叫作"福特之城"。不幸的是，因为福特从来未咨询过任何树木专家，"福特之城"的种植园很快受到真菌叶枯病、文化冲突、社会动乱和其他疾病的折磨。开辟新园的努力都失败了。结果，福特未能成功效仿英国人，没有出自"福特之城"的橡胶用于福特汽车的轮胎上。

英国源于控制关键性投入（橡胶树免受叶枯病侵害）的绝对成本优势的市场影响力一直保持到第二次世界大战后廉价合成橡胶的出现。

（资料来源：古尔斯比，莱维特，西维尔森. 微观经济学 [M]. 杜丽群，译. 北京：机械工业出版社，2016.）

第三节　垄断竞争市场

完全竞争和完全垄断是市场理论分析中两种极端的市场条件。在现实的经济生活中，大量存在的是垄断竞争市场和寡头垄断市场。其中，垄断竞争市场与完全竞争市场比较接近。

一、垄断竞争市场的条件

在一个市场中，有许多厂商生产和销售有差别的同类产品是垄断竞争市场的基本特征。形成垄断竞争的主要条件有两个。

第一，厂商生产有差别的同类产品。如前所述，产品差别是指同行业的不同企业所生产的同类产品在质量、品牌、性能、外观、售后服务等各方面的差别。每个厂商可以根据自己产品的差别形成相对的垄断。例如，电视机行业中，某一个厂商首先开发出大屏幕彩色电视机，可以在短期内对大屏幕彩色电视机形成销售垄断，并获得垄断利润，这就类似于完全垄断。另一方面，有差别的产品毕竟也是同类产品，相互之间是相似的替代品。而且，从长期来看，产品差别很容易被同行业的其他厂商所仿效，使产品差别消失，垄断利润也随之消失。这又类似于完全竞争。

第二，同行业中的厂商数量比较多，每个厂商的规模都不大，对整个行业的影响较小。因而，进入或退出垄断竞争市场比较容易。在现实生活中，日用品生产和零售业是比较典型的垄断竞争市场。

二、垄断竞争市场的需求曲线

与前两种市场不同，垄断竞争厂商所面临的需求曲线有两种，它们通常被区分为 d 需求曲线和 D 需求曲线。

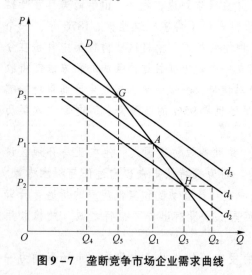

图 9-7 垄断竞争市场企业需求曲线

（一）d 需求曲线

d 需求曲线是单个厂商在调整价格时所预期的需求曲线，d 需求曲线的需求价格弹性较大，因而向右下方倾斜比较平缓，如图 9-7 所示。该需求曲线表示：单个厂商在调整自己产品的价格时，会预期同行业的其他厂商保持价格不变，因而降低价格能大幅度增加产品销售量。该厂商预期自己降低价格能从两个方面扩大销售量：其一，自己产品原来的消费者会因价格下降而增加购买；其二，原来是其他厂商的消费者会因自己的产品价格下降转而成为自己的消费者，从而扩大市场占有率。同样道理，如果提高价格，该厂商预期同行业其他厂商也不会仿效，从而使自己的销售量大幅度减少。

（二）D 需求曲线

D 需求曲线是单个厂商在价格调整时实际面临的市场需求曲线。D 需求曲线的需求价格弹性较小，向右下方倾斜比较陡峭。该需求曲线表示，当某一厂商首先降低价格时，同行业的其他厂商为避免减少市场占有率也会相应降低价格。因而首先降价的厂商所增加的销售量只来源于自己原有的消费者,而不会从其他厂商那里扩大市场占有份额。该厂商如果提价,其他厂商也会提价,使该厂商的销售量不会减少很多。某厂商实际面临的需求曲线是 D 线。在图 9-7 中,当该厂商价格由 P_1 降至 P_2 时,它实际的销售量从 Q_1 沿着 D 需求曲线增到 Q_3,而没有像预期的那样增加到 Q_2。相反,若将价格由 P_1 提高到 P_3,则销售量会从 Q_1 减至 Q_5,也不像预期的那样减少到 Q_4。

(三) 两条需求曲线的关系

1. 市场价格的变化会使 d 需求曲线沿着 D 需求曲线上下平行移动

在图 9-7 中,垄断竞争厂商原来的 d 需求曲线在 d_1 的位置,它预期价格由 P_1 降至 P_2,销售量会从 Q_1 增至 Q_2。但实际上,销售量只增至 Q_3。于是该厂商的 d 需求曲线便从 d_1 的位置向下平行移动到了 d_2 的位置。这就是说,这时该厂商若还想通过调整价格来改变销售量,它只能按 d_2 需求曲线来进行预期了。同样道理,若价格由 P_1 提高至 P_3,会使需求曲线 d_1 沿着 D 需求曲线向上平行移动到 d_3 的位置。

2. 两条需求曲线的交点 A 所表示的价格水平 P_1 能使该厂商实现供求平衡

因为在 P_1 的价格条件下,厂商预期的销售产量和实际的市场销售量都是 Q_1,实现供求平衡。例如,当厂商将价格由 P_1 降至 P_2,它的预期销售量会增加到 Q_2,于是根据预期将产量提高到 Q_2。但市场实际需求量只有 Q_3,于是供给大于需求;反之,提高价格会导致供小于求。

三、垄断竞争市场的短期均衡

在短期内,垄断竞争厂商在现有的生产规模条件下,根据 $MR = SMC$ 的原则来调整价格与产量,实现利润最大化,如图 9-8 所示。

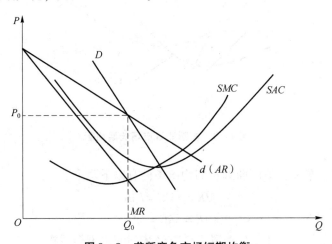

图 9-8 垄断竞争市场短期均衡

与前两种市场相似,短期内垄断竞争厂商并非一定能获得经济利润,也有可能亏损或盈亏平衡。但实现了 $MR = SMC$ 的产量对企业一定是最有利的。它可以是获得最大经济利润的产量,可以是最小亏损的产量,也可以是盈亏平衡的产量。亏损的垄断竞争厂商在短期内是否停产,仍然需要比较平均收益与平均变动成本的关系。

四、垄断竞争市场的长期均衡

垄断竞争厂商的长期均衡类似于完全竞争厂商。垄断竞争厂商的长期均衡是通过两方面的调整来实现的:其一,单个厂商调整自身的生产规模;其二,通过新厂商的加入和原有厂商的退出而调整整个行业的生产规模。下面分别进行讨论。

首先,如果某厂商在短期内是亏损的,在长期内它会将自身规模最终调整到该规模条件下能实现 $MR = SMC$ 的程度。根据曲线 SMC 与 LMC 的关系和曲线 SAC 与 LAC 的关系可知,垄断竞争厂商的长期均衡条件应首先满足以下两个条件。

$$MR = SMC = LMC$$
$$SAC = LAC$$

其次,如果垄断竞争市场在短期内存在经济利润会吸引新厂商加入。新厂商的加入使行业规模扩大,产量增加。如图 9-9 所示,产量增加会使价格线,也就是 d 需求曲线沿着 D 需求曲线平行向下移动,最终移动到与曲线 LAC 在点 J 相切的位置,这时 $AR = LAC$,经济利润消失,不再有新厂商加入,长期均衡实现。相反,若短期内亏损,则会有厂商退出该行业,使行业规模变小、产量减少、价格上升,直到亏损消失。根据以上分析可以得知,垄断竞争市场的长期均衡还应满足 $AR = LAC$ 的条件。

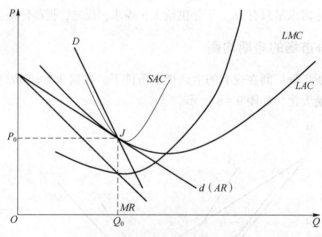

图 9-9 垄断竞争市场长期均衡

综合以上分析,垄断竞争厂商的长期均衡条件有以下两个。

$$MR = SMC = LMC$$
$$AR = SAC = LAC$$

实现长期均衡的产量使垄断竞争厂商既不会有经济利润也不会亏损。

知识链接 **为什么有些企业做广告而有些企业不做广告?**

企业让自己的产品与其他企业的产品区别开来的一种方式是做广告。合适的广告可以为垄断竞争企业带来更高的价格和更高的利润。

在玉米和小麦市场这样的完全竞争市场，由于企业已经能够以市场价格卖出它们想卖的所有商品，因此，企业没有激励做广告。但是，垄断竞争企业为了增加其产品需求，有激励做广告。

让我们看一个例子：许多酒庄常常做广告宣传它们的酒的优越性。肯德·杰克逊酒庄（Kendall–Jackson）就是一个例子。如果广告成功了，消费者就会相信肯德·杰克逊酒庄的酒优于其他酒。于是，他们愿意为肯德·杰克逊酒庄的酒付高价，而不那么愿意消费其他酒，哪怕肯德·杰克逊酒庄的酒比其他酒庄的酒更贵但其实很相似。这样一来，肯德·杰克逊酒庄以牺牲消费者为代价提高了其经济利润。广告的这个特征——占消费者的便宜——成为反对广告的主要依据之一。

此外，广告的批评者还声称，广告很少给公众提供关于产品本身的有价值的信息。相反，它们误导消费者，让消费者相信他们需要本不需要的某种产品或者某种产品要远远优于其竞争对手的产品，而事实并非如此。

在过去，政府禁止某些行业做广告。约翰·夸克（John Kubka）1984年发表于《美国经济评论》的一篇文章得出结论：验光服务行业的广告禁令事实上提高了该项服务价格达20%。

乍一看来，这个发现可能与直觉不符。被禁止做广告从而省下了广告费的验光师难道不是可以收取更低的价格吗？答案是肯定的。但是，由于消费者没有广告可以参考从而很难获得关于验光市场的信息，验光师面临的竞争更低，从而可以成功收取更高的价格。

此外，广告还给消费者发送了关于这一服务质量的信号。例如，验光是一种高度依赖回头客的生意。于是，为了付得起广告费，验光师需要回头客。由于这个原因，只有那些相信自己的患者足够满意从而以后还会再来的验光师会花钱做广告。这样一来，消费者可以寄希望于广告表征了验光服务的质量。

这些理由，加上那些发现允许做广告后价格出现下降的经验证据，导致政府废除了许多广告禁令，转而允许企业自主决定是否做广告。

（资料来源：阿西莫格鲁，莱布森，李斯特. 经济学：微观部分 [M]. 卢远瞩，尹训东，译. 北京：中国人民大学出版社，2016.）

第四节 寡头垄断市场

一、寡头垄断市场的条件

寡头垄断又称寡头，是指少数几家大厂商垄断了该行业的绝大部分供给量。寡头市场上的每个厂商规模都很大，都占有相当大的市场份额，因而每个厂商的价格与产量的决定对整个行业都有举足轻重的影响。

形成寡头垄断的原因主要是某些行业规模经济的需求。例如，钢铁、石油、汽车、造船等行业的规模效益十分显著，在这些行业中，规模越大的企业在竞争中越处于有利地位。每个厂商的规模扩大都会使一些中小企业被挤出市场，这种优胜劣汰的结果最终使这些行业形成了寡头垄断的局面。另外，寡头垄断的形成还与少数厂商对资源与技术的控制、政府为防止过度竞争而实行的产业集中政策等有关。

二、寡头垄断市场的特征

寡头市场与其他类型的市场相比存在一个显著的特征,即寡头之间的相互依存性。在完全竞争市场与垄断竞争市场上,由于同行业的厂商数量比较多,各厂商之间的关系主要就是竞争,相互之间很难形成勾结和默契。在完全垄断市场上,一家厂商就是一个行业,因而不存在同行业厂商之间的关系问题。在寡头市场上,厂商数量很少,而且规模都很大,都在整个市场中占有很重要的地位。每个寡头各自在价格与产量决策方面的变化会对整个市场产生重大影响,因而每个寡头在进行价格与产量调整时都不能只根据自身的成本与收益状况进行决策,而必须考虑自身调整可能会对其他厂商带来的影响,以及其他厂商可能做出的反应及其对自己的影响。

寡头之间的相互依存性对市场均衡的影响是至关重要的。首先,寡头市场的价格与产量的决定不像前三种市场。每个寡头在进行决策时必须考虑同行业其他厂商的可能反应,这种反应千变万化,因而使决策问题非常复杂。其次,寡头市场的价格和产量一旦确定,就具有一定的刚性。原因在于每个厂商对现行的市场价格和产量分配都不敢轻易调整。如果某个厂商率先降价以图扩大市场份额,其最终的结果可能是引起同行业其他厂商也仿效降价,形成价格战,最终使寡头们两败俱伤。当然,寡头间的相互依存也是有条件的。当寡头间的实力对比发生较大变化时,竞争便会代替勾结,而且寡头间的竞争往往是很残酷的。

三、寡头垄断市场的价格与产量决定

如前所述,寡头间的相互依存性使寡头市场的价格与产量决定不同于前三种市场。在西方经济学中,至今还没有形成令人满意的寡头市场经济模型。下面介绍寡头市场价格与产量决定的种主要方式。

(一) 价格领袖制

价格领袖制又称价格领先制,指寡头垄断行业通常由某一个寡头率先定价,然后其余寡头仿效其价格各自定价。作为价格领先的寡头厂商一般有三种类型。

1. 支配型价格领袖

在本行业中规模最大、具有支配地位的厂商往往可以成为价格领袖。由于它的市场份额最大,因而其价格对整个市场价格的影响也最大。它可以根据利润最大化原则首先确定自己的价格,然后其他中小寡头仿效。

2. 效率型价格领袖

在本行业中产品成本最低、效率最高的厂商也可能成为价格领袖。这种寡头根据自己的成本确定的价格在市场中最有竞争力,其他厂商若不仿效则会减少市场份额,甚至被挤出市场。

3. 晴雨表型价格领袖

在本行业中信息最灵敏、最能掌握市场行情变化的厂商也有可能成为价格领袖。这类厂商最能预知市场将来的变化,其价格变动在行业中有晴雨表的作用。

（二）成本加成法

成本加成法是寡头市场上最常用的定价方法，指在估算的行业平均成本的基础上加一个固定的利润率。例如，某行业单位产品的平均成本为100元，将利润率定为10%，这样该产品的价格就定为110元。平均成本可以根据长期中成本的变动情况而定，而利润率则要参照全行业的利润情况来定。各个寡头根据成本加成法确定的价格水平是大致相当的，可以避免寡头之间的价格竞争，使价格相对稳定。从长期来看，这种定价方法简便易行，而且也比较接近实现最大利润。

（三）卡特尔

各寡头进行公开的勾结，组成卡特尔协调他们的价格与产量。例如，世界石油输出国组织（欧佩克）就是一个国际卡特尔。卡特尔制定统一的价格，为了维持这一价格还要对产量实行限制和分配。协议一旦达成，成员们必须遵守。

知识链接

欧佩克——一个国际卡特尔的由来

石油输出国组织总部自1965年9月起，由瑞士日内瓦迁往奥地利首都维也纳。石油输出国组织是第三世界建立最早、影响最大的原料生产和输出组织。石油是第二次世界大战后世界最主要的能源。欧佩克成立的目的在于协调各国石油政策，商定原油产量和价格，采取共同行动反对西方国家对产油国的剥削和掠夺，保护本国资源，维护自身利益。第二次世界大战后初期，世界石油的勘探、开采和销售几乎全部控制在西方石油垄断财团手中。这个垄断控制的后果是西方发达国家获得超额利润，第三世界主要产油国的经济利益却受到损害。为了对抗主要油公司，借以降低油价和生产者的负担而成立欧佩克。最初组织只是一个非官方的议价小组，借以降价销售至第三世界国家。这样的规模限制了它在西方油公司中争取更大的利益占有率和更高层面的生产控制。20世纪70年代初期，它开始展露其效用。

欧佩克大会是该组织的最高权力机构，各成员国向大会派出以石油、矿产和能源部长（大臣）为首的代表团。大会每年召开两次，如有需要还可召开特别会议。大会奉行全体成员国一致原则，每个成员国均为一票，负责制定该组织的大政方针，并决定以何种适当方式加以执行。

欧佩克大会同时还决定是否接纳新的成员国，审议理事会就该组织事务提交的报告和建议。大会审议通过对任何一个成员国的理事的任命，并选举理事会主席。大会有权要求理事会就涉及该组织利益的任何事项提交报告或提出建议。大会还要对理事会提交的欧佩克预算报告加以审议，并决定是否进行修订。

欧佩克理事会类似于普通商业机构的理事会，由各成员国提名并经大会通过的理事组成，每两年为一届。理事会负责管理欧佩克的日常事务，执行大会决议，起草年度预算报告，并提交给大会审议。理事会还审议由秘书长向大会提交的有关欧佩克日常事务的报告。

欧佩克秘书处依据欧佩克组织条例，在理事会的领导下负责行使该组织的行政性职能。秘书处由秘书长、调研室、数据服务中心、能源形势研究部门、石油市场分析部门、行政与人事部门、信息部门、秘书长办公室以及法律室组成。秘书处于1961年设立，办公地点最初在日内瓦,后于1965年移至维也纳。秘书处内设有一专门机构——经济委员会,协助该组织把国际石油价格稳定在公平合理的水平上。

四、古诺模型

寡头垄断市场至今没有形成带有普遍意义的价格与产量决定的经济模型,古诺模型只是一个特例,如图9-10所示。

古诺模型也称为双头垄断模型,是法国经济学家古诺于1838年提出来的。为了简化分析,该模型有5个假设:第一,只有两个寡头生产完全相同的产品;第二,生产成本为零;第三,需求曲线是一条直线;第四,各方都根据对方的行动做出反应。第五,每家厂商都通过调整产量实现利润最大化。

五、斯威奇模型

斯威齐模型也称为拐折的需求曲线模型,是美国经济学家斯威齐(Paul Sweezy)于1939年提出的,被用来说明寡头市场的价格刚性,如图9-11所示。

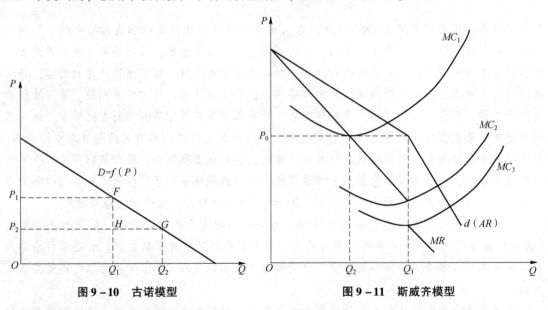

图9-10 古诺模型　　　　图9-11 斯威齐模型

该模型假设:当一家寡头提高价格时,同行业的其他厂商为了增加市场占有份额不会仿效提价;当一家寡头降低价格时,其他厂商为了不减少市场占有份额也会相应降价。

第五节 企业定价策略

差别定价又称价格歧视。在不完全竞争市场中,企业或多或少都有一定的市场势力,基于这种市场势力,企业可以通过制定价格策略来增加利润。区别于统一定价,价格策略是指按照不同的消费群体进行不同的定价,从而扩大企业利润。简单地说,就是将消费者剩余尽可能转化为生产者剩余。

图 9-12 为不同市场的定价与产量，可以看到，如果采取通过统一定价，非完全竞争的企业会因为追求利润最大化而将产量定在 Q_M 的水平，而不是定在实现社会效率最大化的产量 Q_P 上，同时价格也将维持较高的 P_M 水平。统一定价带来的问题是以一部分消费者无法获得产品为代价而维持的高价。但是如果采取差别定价的价格歧视，在能够区隔市场的情况下对一部分群体定 P_P 价格，对另外一部分群体定 P_M 价格，这样一方面可以实现生产者剩余的提升，另一方面也可以实现社会效率的提升。

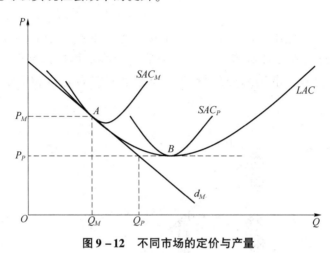

图 9-12 不同市场的定价与产量

知识链接

价格歧视对消费者不利吗？

从消费者的角度看，价格歧视可能被认为是不公平的。为什么相同的商品向不同的消费者索要不同的价格？尤其是歧视的概念可能会让人联想起排斥，如种族歧视或性别歧视。然而，在许多情形下，价格歧视实际上能使消费者获得某种商品，而如果制定单一价格的话，这种产品可能买不到。

在许多游乐园，普通门票是一个价格，老年人的门票价格较低。这种定价方案是三级价格歧视，针对不同消费群体为同一产品制定不同价格。如果不采取价格歧视策略，游乐园将对每个人索取正常的门票费。占游乐园顾客总量比例不大的老年人是价格敏感人群，高价将使许多老年人不会进入游乐园。通过对老年人定低价，游乐园将获得更大利润。

（资料来源：贝叶，普林斯：管理经济学［M］.8 版. 北京：中国人民大学出版社，2017.）

当然，实施价格歧视的价格策略需要一个最基本的条件：消费者是可以被区隔的。上面的例子是以年龄来区隔的，可以想到，老年人在购票时必须出具相关的年龄证明，并且他们拿到的票上也会有特殊的标识，否则就会有套利的行为产生。

接下来将讲解最基本的几种价格歧视的定价策略。

一、一级价格歧视

一级价格歧视又称完全价格歧视，是指企业按照每一个消费者的最高支付意愿为每一个消费者制定不同的价格，进而将所有消费者剩余完全转化为企业利润的定价方式。

按照每一个消费者的最高愿付价格定价似乎很困难，但这么做非常值得，即使要付出一定的成本。这里的成本主要是信息成本，也就是说为了掌握每一个消费者的最高愿付价格而付出的成本。当然，从另一个角度看，每一个消费者也能购买到他们所需的商品，而不至于被一个统一的高价所阻挡。

图 9-13 模拟展示了完全价格歧视的情况。我们在第二章曾描述过市场中消费者剩余总量的计算：将所有愿付价格高于实际价格的消费者所获得的剩余加总起来，就得到了市场的总消费者剩余。从图中可以看到，如果按照需求曲线 D 给每一个消费者都定一个他们能够接受的最高价格，那么意味着每一个消费者将不再获得剩余，消费者剩余将全部被生产者拿到。此时，市场总交易量与完全竞争的交易总量相等，社会效率实现最大化。

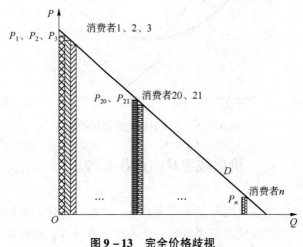

图 9-13 完全价格歧视

知识链接

大学和完全价格歧视

大学是价格歧视的最大践行者之一，不过，它们都在"资助学生"的外衣下隐蔽地实施着价格歧视。资助学生是一种在同一种产品上针对不同的学生收取不同价格的方法。以一所规模不大但声名显赫的文理学院威廉姆斯学院（Williams College）为例。威廉姆斯学院那些按照明码标价付学费的学生支付了 32 470 美元的学费，对于完全相同的教育，其他一些学生仅支付了 1 683 美元的学费。为什么会有这么大的价格差异呢？

其部分原因是威廉姆斯学院在做善事，它对一些最贫困家庭的学生提供了经济资助。但是，威廉姆斯学院也做得非常成功。因为无论如何学院都要开设古希腊历史的入门课，那么，只要学生愿意支付的价格不低于教学的边际成本，增加这个班的学生名额就可以增加威廉姆斯学院的利润。当然，如果一个学生对每年在威廉姆斯学院接受教育愿意支付的价格是 32 470 美元，那么，威廉姆斯学院就希望对这名学生收取 32 470 美元，不会更少。但是，如果每年的教学边际成本是 1 682 美元，那么，只要学生愿意支付的价格不低于 1 683 美元，让这些学生来就读就可以增加威廉姆斯学院的利润。

威廉姆斯学院的价格歧视表

收入等级	家庭收入范围/美元	根据助学金调整后的净学费/美元
低	0~23 593	1 683
中低	23 594~40 931	5 186
中	40 932~61 397	7 199
中高	61 398~91 043	13 764
高	91 044 以上	22 013

注：那些没有申请助学金的学生支付了 32 470 美元。

威廉姆斯学院这一价格的差别是非常极端的，它能做到对一些消费者收取的价格是另一些消费者的将近 20 倍。这是因为威廉姆斯对它的消费者具有极其丰富的信息。从理论上讲，威廉姆斯学院可以对每一名学生都实行不同的价格，即可以按照每名学生的最大愿付价格收取学费。

（资料来源：考恩，塔巴洛克. 考恩经济学：微观分册 [M]. 3 版. 王弟海，译. 上海：格致出版社，2018.）

在现实生活中有没有企业能够做到完全价格歧视呢？答案是有！医生会在看病的时候了解患者的职业从而判断患者的支付能力，同一种病可以有不同的治疗价格；婚纱影楼会通过不经意的聊天掌握你的收入状况，从而对你进行不同的价格折扣；售楼中心同样也会在和你交流的过程中判断你对价格的纠结程度，从而给你不同的折扣。当然，还有很多行业随着大数据及人工智能的普及而快速、低成本地获得你的愿付价格信息，从而对你实施价格歧视。

二、二级价格歧视

二级价格歧视是根据消费者的购买行为收取不同价格的定价方式，一般常见的就是数量折扣。与一级和三级价格歧视不同，企业并不会进行不同消费群体的差别定价，相反，企业拿出的是一套相同的价格标准，由消费者自己选择对号入座。因此，消费者获得什么样的价格是自己选择的。例如，我们在超市购买方便面，你会发现购买一包的价格是 3 元，而购买五连包的价格只有 12.5 元；购买饮料时，小瓶 500 毫升的价格是 4 元，而大瓶 1 000 毫升的价格只有 7 元；同一款电饭锅，会员的价格是 158 元，而非会员的价格是 188 元。无论哪位消费者，每个人的价格条件相同。

由于二级价格歧视无法按照每一个消费者的最高愿付价格定价，因此，二级价格歧视无法获得全部的消费者剩余，同时也无法达到完全价格歧视与完全竞争市场的福利与效率。

除了数量折扣外，二级价格歧视还有二步定价法和套餐定价法。

二步定价法是指消费者需要预先支付资格费，然后再通过支付单位消费品价格完成购买。最典型的就是游乐园的门票，消费者购买入园的门票后，如果还要参加一些游乐园的特殊项目，则还需要另外支付一笔费用。以前固定电话费也是二步定价法的应用实例，你必须首先缴纳座机费（占号费），之后才能接打电话，同时还要为接打电话的时间另外付费。

套餐定价法是指企业将数量与价格的折扣进行标准化设计，消费者根据自己的偏好选择不同的套餐。不同的套餐中，各种商品及服务的数量被精心组合在一起，匹配消费者特征。

虽然企业无法获知消费者的具体信息，但在选择套餐的过程中，消费者会自己显露其消费偏好信息。例如，在电信行业的流量套餐中，选择流量越大的，说明对流量的依赖性越强；而选择低流量套餐的人往往不是那么经常上网。如果采用统一定价的方式，后者将被排除在消费群体以外。通过套餐定价，企业将所有消费者尽可能地锁定了。当然，这个过程中企业也攫取了更多的消费者剩余。

三、三级价格歧视

三级价格歧视是实际生活中最为常见的定价策略。三级价格歧视是指根据不同消费者对商品需求弹性的不同进行差别定价。我们在前面的学习中了解到，不同的消费者对同一个商品的价格敏感度是不一样的。例如，老年人对公园的门票价格更加敏感，因此应该对老年人收取更低的价格。三级价格歧视所能够实现的社会福利及效率虽然要比统一定价高，却要低于完全价格歧视及完全竞争市场的社会福利与效率。

需求弹性和愿付价格成反相关关系，即需求价格弹性越高的，越容易被排斥在统一定价之外；而价格弹性越低，越容易接受更高的价格。这是因为低弹性的需求更加强烈，可以淡化高价格所带来的剩余损失。因此，在实施三级价格歧视时，企业应该做的是将人群区分成弹性高低不同的两个或更多个群体，然后为每一个群体进行单独的定价。

三级价格的歧视同样存在信息获取问题，即如何了解消费者的需求价格弹性。通常，企业只能依靠一些经济以外的特征来区隔消费者。

首先，可以通过消费者自身的特征识别其价格弹性。例如，景区的门票、电影院的门票在定价时都会依据消费者的特点来进行区别定价，所以有了学生票和普通票。相对而言，普通有工作的成年人相对可支配收入较多，但空闲的时间比较少；而学生空闲时间比较多，可支配收入较少。因此，后者对价格更加敏感，很多景区及电影院会对学生打比较高的折扣。消费者特征是一个非常丰富的价格歧视标志，年龄、性别、职业、籍贯甚至消费习惯等都可作为实施三级价格歧视的分类标准，需要关注的仅是哪种标准更有效。

其次，可以通过地区特征来实施三级价格歧视。例如，一家美国制药公司生产的治疗艾滋病的药品在欧洲每片的售价为12.5美元，而在非洲的售价仅为每片0.5美元。这是因为非洲地区的购买能力限制了药品在非洲的需求，而欧洲对于这种药的弹性因为收入高而更低，可以收取一个较高的价格。如果全球统一定价的话，制药厂将失去非洲市场，并且这也是不人道和低效率的。以地区实施价格歧视存在一个比较棘手的问题，就是如何区隔市场以防止套利的行为。

最后，可以按照时间实施价格歧视。例如，哈利·波特的忠实"粉丝"在小说刚刚面世时就愿意以极高的价格购买，因此出版商会让精装本先面世并给出一个34.99美元的高价，而一年以后，出版商发行的简装版售价仅为9.99美元。后面这个价格是满足一般普通消费者的，毕竟他们更加理性，也更加在乎价格。

自我检测

为什么在电影院看一部电影要比几个月后在手机上看更贵？你能利用价格歧视这一概念

来解释吗?

除了一级、二级、三级价格歧视以外,还有一些定价策略,如捆绑销售、搭售等方法,这里将不展开叙述。总体来讲,价格歧视及定价策略就是生产者对同一产品进行差别定价,以实现更多的消费者剩余向生产者剩余的转化。

知识链接

航空公司的价格歧视

如果你乘飞机去旅行,你可能也会是价格歧视的受益人(虽然你的父母或他们的老板如果进行短程商务旅行,可能会是这种定价方式的牺牲者)。在1978年以前,美国航空公司受到联邦政府的管制,每一家公司都制定由政府核准的单一费率,除了夜航及周末航班的班次外,很少有折扣。自由化以后,航空公司很快就发现,在消费者之间,需求的价格弹性有很大不同:商务旅行者的需求价格弹性比较低,因此,他们比起旅游的乘客来说更愿意支付较高的票价。从那时起,尽管旅游的乘客所支付的票价比政府管制时期要低得多,但商务旅行者的票价却提高了。

航空公司在价格歧视上的精确度和效力随着时间的推移在稳定地增长,这都归功于所谓的"利润管理"。结合精密的统计技术与大量的历史数据库以及计算机化的及时定位系统,航空公司可以非常准确地预测某一航班的飞机会有多少商务人士需要座位以及他们会愿意支付多少票价。因此,一位航空业者指出,"高价票变得更昂贵,低价票变得更低廉"。

这个过程大约从飞机起飞前几个月就开始了,航空公司会将座位分为7个甚至更多不同的价位等级或种类。最初,每个等级的座位都会有不同定价,然后利润管理电脑会开始监控预订的座位以将它们和过去的模式作比较。如果头等舱的订位数量下降,航空公司就会将座位增加到低价区。不过,如果有商务旅行的人士比预期中更快地购买了较贵的无限制座位机票,利润管理电脑会从折扣票区中给它们保留座位,一直到他们出现的最后一分钟。

航空公司利用科技以最有效的方式让每一个座位都坐满,同时又尽可能地以最高票价卖出每个座位。在飞机准备起飞的前几个星期,航空公司会针对竞争对手的最新变化来调整每个等级舱位的票价。当起飞日期接近时,低价区的位置可能会被一起处理掉,甚至某些想要订位的人会被告知该航班的座位已经售完,虽然利用该航班转机到其他航空公司的旅客会发现其实位子还有很多——这当然是为了提高售价。调整票价的结果就是,同样从芝加哥到凤凰城的旅客,可能会支付5种不同的票价,从最低的280美元到最高的1 400美元。

(资料来源:米勒,本杰明,诺思. 公共问题经济学[M]. 17版. 冯文成,李季,吉扬,译. 北京:中国人民大学出版社,2014.)

本章要点总结

根据竞争与垄断的相互关系，将市场划分为完全竞争市场、完全垄断市场、垄断竞争市场和寡头垄断市场四种类型。本章分析了处在不同市场条件下的厂商如何通过产量与价格的调整在短期和长期内实现利润最大化。

在不完全竞争市场中，企业或多或少都有一定的市场势力。基于这种市场势力，企业可以通过制定价格策略来增加利润，如一级、二级和三级价格歧视策略，这在现实中非常普遍。

关键概念

完全竞争市场　完全垄断市场　垄断竞争市场　寡头垄断市场　定价策略

思考与练习

1. 常识似乎告诉我们，如果面临的是同样的边际成本，一个垄断者应该比一个竞争行业生产更多的产量。毕竟，如果考虑的是利润，你总是希望销售量越大越好。这种推理有什么错误？为什么垄断行业会比竞争性行业的销售量更少？

2. 在以下空白处填上"="">"或"<"，正确地描述垄断竞争市场的一些长期结果。
MC _____ AC　P _____ AC　MR _____ MC　P _____ MC

3. 判断下面每句陈述在完全竞争市场、垄断市场和垄断竞争市场中（分别）正确与否。
(1) 企业的价格等于边际成本。
(2) 企业的边际收益等于边际成本。
(3) 企业在长期赚取经济利润。
(4) 企业的产量最小化了长期平均成本。
(5) 新企业自由进入该行业。

4. 需要救命药的人没有那些药就不能活，当然愿意为那些药支付很高的价格。那么，为什么救命药的生产者不能按自己的意愿收取任意价格呢？

5. 指出以下每种情况下价格歧视的类型。
(1) 某城市的一个受欢迎的俱乐部对晚上8点前来的女士免入场费。
(2) 在某快餐店，一个汉堡包、一杯软饮料和一份炸薯条组成的套餐价格比这些东西分开买的总价要低。
(3) 街上一个卖山寨手表的人向每个想买手表的人收取不同的价格。

6. 假设你是一个面临如下需求表的垄断者。

需求表

数量/个	价格/元	数量/个	价格/元
1	20	3	16
2	18	4	14

你生产这种商品的平均成本和边际成本恒定，为 12 元。

（1）计算每个产出水平的边际收益。

（2）找出利润最大化的价格和数量。

（3）你将赚到多少利润？

7. 为什么一些学术期刊对学生、教师和图书馆的订阅收取不同的价格？你觉得学生、教师和图书馆谁订阅的费用比较高？请说明理由。

第十章

生产要素与分配理论

学习目标

- 掌握工资、利息、租金和利润的含义及形成机制。
- 理解收入分配差距的影响因素。
- 掌握洛伦兹曲线与基尼系数的内容。

大师简介

经济学家：约翰·希克斯（John Hicks，1904—1989 年）

简介：宏观经济学微观化的最早开拓者，微观经济学中一般均衡理论的创建者。1972 年，希克斯因其在一般均衡理论和福利经济学理论上的贡献，获得了当年的诺贝尔经济学奖。

主要成就：希克斯对福利经济学的基本理论和方法的贡献主要反映在对序数效用论和无差异曲线分析方法的推广和运用方面；他对消费者剩余的重新解释，推动了福利经济学的分析；希克斯认为，如果经济政策的改变可以使一些人受益，另一些人受损，但可以通过税收或价格政策使受益者补偿受损者而有福利剩余，那么，社会福利就增进了，这种政策的改变就是适当的。

导入案例

最低工资法对劳动力市场均衡的影响

许多国家存在着法定的最低工资，下面我们来分析一下最低工资的存在对劳动力市场均衡的影响。如果法定最低工资低于市场均衡工资，那么这个最低工资实际上与没有是一样的。因此，最低工资要起作用，就必须高于均衡工资。如果法定工资高于均衡工资，那么将导致劳动力市场供大于求，进而导致失业。也就是说，较高的法定工资是以牺牲就业为代价的。具体而言，最低工资法将带来的后果有三个方面：第一，高于均衡水平的法定最低工资使得劳动的供给大于需求；第二，如果政府强制企业雇佣劳动，将导致企业亏损，长期看将进一步减少就业机会；第三，如果企业有雇工自由，最可能找不到工作的是那些素质相对较低的劳动者。

由此可见，最低工资法看似保护了雇员的利益，实则损害了他们的利益。举个例子来说，很多印度的中小企业在员工数到达99人后，就不再愿意扩大规模。为什么？因为印度1947年通过的《产业争议法》规定，所有超过100人的企业在解雇员工时，必须获得政府的批准。而政治家从选票角度出发，极少批准企业的解雇计划，这就导致很多企业雇了99名员工后就不再雇人，因此雇佣规模在100人以下的企业特别多。这反映的其实是当下许多国家共同面临的问题：找到工作的人可以被政府的最低工资法保护起来，但是这样就产生了大量找不到工作的人。原来没有最低工资法时，这些人也能找到一份工资较低的工作来养家糊口，而现在这一切都变得不可能，这就是经济学家反对最低工资法的主要理由。其实，如果我们相信市场对资源配置的决定性作用，那么通过交易双方的讨价还价自然会实现双赢，每个参与者都皆大欢喜。但是，如果政府规定了高于均衡水平的最低工资，那么市场就没有办法实现劳动力资源的最优配置，而且政府强制企业接受法定的工资水平，既剥夺了企业对工资定价的自由权，也剥夺了工人的选择权，这显然超出了政府的职能边界。

（资料来源：张维迎．经济学原理［M］．西安：西北大学出版社，2015．）

第一节　工资理论

作为四种生产要素的核心基础要素，劳动是在分配理论中最为关键的要素，也是很多经济学家及社会学家一直在关注的关键要素。从微观层面上讲，劳动分配的不合理会带来企业效率的损失；而从宏观层面来看，劳动的问题还会引发失业等一系列社会问题，更甚者可能会引发社会矛盾的激烈冲突。本节内容着重研究劳动与其价格——工资的决定理论，以及分析一些简单的工资干预方法。

一、劳动的需求与供给

（一）劳动需求

劳动需求指在各种可能的工资下，企业愿意雇用的劳动数量。工资越高，劳动需求量越高；工资越低，劳动需求量越低。如图10-1所示，劳动需求曲线 D_L 自左上方向右下方倾斜，可依据边际报酬递减规律来理解企业的劳动需求行为。既然追加劳动给企业带来的产量或收益增量是递减的，企业自然只愿意对追加的劳动支付较低工资。

（二）劳动供给

劳动供给指在各种可能的工资下，人们愿意提供的劳动数量。工资与劳动供给量之间的关系如图10-1中的劳动供给曲线 S_L 所示。在工资低于一定水平（W_1）时，工资越高，劳动供给量越大；在工资超过一定水平（W_1）后，工资越高，劳动供给量越少。

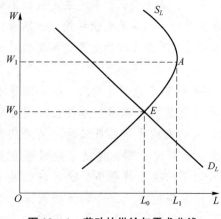

图10-1 劳动的供给与需求曲线

在工资不是很高的一般情况下,只有工资上升才能诱使人们提供更多的劳动。这是由于劳动的负效用随劳动时间延长而递增,如工作的劳累、单调、受别人支配等。此外,工资上升使劳动时间以外的时间(统称闲暇)的机会成本上升,促使人们选择更多的劳动并相应放弃闲暇。

在工资很高的特殊情况下,工资上升反而会使劳动供给量减少。这是由于人们追求的最终目标是得到最大满足,而不是单纯地得到最大收入。很高的工资水平使人们的基本生理需要(吃、穿、住、行)得到大体满足,于是人们对娱乐、旅游、学习、休息、社会交往等活动提出了更高的要求。为了增加闲暇,需要相应减少劳动时间。工资提高可以使人们在减少劳动供给量的同时,维持收入水平大体不变。

二、均衡工资的决定

在竞争条件下,劳动市场供求关系决定了均衡工资。如图10-1所示,劳动需求曲线 D_L 与劳动供给曲线 S_L 相交于点 E,该点对应的工资 W_0 是劳动市场均衡工资,即能够使劳动力市场供求相等的工资。

现实生活中的市场工资围绕均衡工资上下波动。当市场工资高于均衡工资时,劳动供给量将大于劳动需求量,劳动者之间的竞争会迫使市场工资下降,直到跌至 W_0 的水平;当市场工资低于均衡工资时,劳动供给量将小于劳动需求量,企业之间的竞争会迫使市场工资上升,直到升至 W_0 的水平。

三、影响工资水平的因素

不同国家、地区、部门、职业、群体和个人之间的工资差异是十分明显的。经济学通常从四个方面来解释工资差异。

(一)补偿性工资差异

不同工作的负效用不同。为了使人们进入吸引力较小的工作领域,企业需要支付较高的工资进行补偿。美国钢铁业的平均小时工资大致是商店的3倍。除工会的作用之外,钢铁工人较繁重的体力劳动和较艰苦的工作环境是出现这种工资差异的重要因素。美国海上石油平台操作工的年薪为5万~8万美元,超过采矿业3.5万美元的平均水平,这是由于公司需要对工作的危险和孤单做出补偿。

(二)生产率工资差异

对工资负效用补偿并不能解释一切工资差异。例如,大学教授的工资高于售货员,并不是由于教书的负效用较大,学术探索的挑战性和融洽的师生关系可能使其从工作中得到更多的非货币利益。生产率工资差异指因劳动质量的差异而造成的工资差异。一个人成为大学教授,要经过多年的正规教育和在职训练,在此期间他要支付学费并放弃工资收入。较高的工资收入是对大学教授较高劳动质量的承认,也是对其机会成本的回报。即使具有相同经历和受过相同教育的人,生产率也可能有较大差异,如有的秘书打字速度比别的秘书更快,且错误很少,从而获得更高的工资。

(三) 非竞争性工资差异

现实生活中的劳动市场并不是典型的完全竞争市场,其非竞争性表现在不完全信息、不完全劳动流动性、市场分割、非竞争群体等方面。劳动市场的非竞争性也是出现工资差异的重要原因。例如,雇主在雇用劳动力之前,对劳动力质量缺乏了解,不同雇主对同一劳动力愿意支付的工资可能因此出现差异。另一方面,由于个人不可能了解所有企业愿意支付的工资,他所接受的未必是可能得到最高工资的工作。即使信息是相对充分的,如西部农民知道到东部城市可获更高收入,但是,户口、住房、入学、就业等系列制度使他们难以与城市工人竞争,这种劳动力缺乏流动性也会扩大工资差异。此外,劳动市场按职业分割为若干子市场。其中,许多职业技能熟练的劳动力的培养需要大量的时间和金钱的投入,人们一旦在特殊岗位上掌握了专门技术,就会受该种专门技术供给和需求的影响。即使外科大夫的工资迅速上升,经济学家也无法在一夜之间使自己成为合格的医生。最后,人们形成若干非竞争群体,习惯、偏见、歧视与制度等若干因素会导致非竞争群体之间的工资差异。

(四) 特殊的工资差异

某些人拥有非凡的才能,并能在特定的环境中获得特别高的收入。个别演员和运动员可以得到上千万美元的年收入,除了天赋与后天努力之外,媒体的宣传和公众的偏好也是他们获得特别高收入的重要原因。

知识链接

统计性歧视

统计性歧视(Statistical Discrimination)就是利用关于不同群体的已有信息来对不同的个体做出一般性的判断或评价。不是每个穿着夹克上衣半夜在住宅区溜达的年轻人都会抢劫,也不是每个带着小女孩的年轻男子都安全。但是,这是进行判断的一种方法。虽然统计性歧视对于决策是一种看似复杂但确实有用的便捷方法,但是,它们也经常误导人们。它们可能会对那些本应该认真被对待的人做出拒绝处理的判断,也可能对那些很适合某项工作的人们做出拒绝雇用的决定。我们曾经给出这样一个例子——雇主不可能仔细地调查每个没有大学文凭的工人,尽管某些没有文凭的工人也可能同那些有文凭的工人一样聪明和勤奋。这就是统计性歧视。因为从本质上来说,雇主把工人看作一个抽象的统计量。虽然统计性歧视并不是出于恶意,但长期来说,它却对那些在统计上处于不利地位的人群造成了伤害。

(资料来源:考恩,塔巴洛克. 考恩经济学:微观分册 [M]. 3版. 王弟海,译. 上海:格致出版社,2018.)

四、工会干预工资的方法

工会为提高工资,通常采用三种方法。

（一）限制劳动供给

根据一般的供求法则，劳动供给减少，会使市场工资上升。工会限制劳动供给的方法包括迫使政府通过限制移民入境的法案，提高行业的就业资格标准（如医生），实行长期学徒工制度，拒绝接受新会员并排挤非会员工人就业，对某些群体实施歧视（如性别歧视）等。

（二）增加劳动需求

根据一般的供求法则，劳动需求增加，会使市场工资上升。工会增加劳动需求的常用手段是：①增加产品需求，从而使企业追加劳动投入，包括宣传和推销产品、限制同类产品进口等；②提高会员劳动生产率，如组织学习和培训、激励士气、参与管理等。

（三）通过谈判提高工资标准

工会可以在罢工等手段的支持下，通过谈判与雇主达成提高工资标准的集体协议。在企业具有一定程度的市场支配力的情况下，工会的出现有助于形成力量抗衡的格局。但是，若工资标准规定得过高，可能使企业相应减少劳动需求量，导致非工会会员就业机会减少。

自我检测

假设一些便宜的新技术提高了矿工的安全，你预计这对矿工的工资会有什么影响？

第二节　利息理论

利息是现代经济发展的产物，也是货币信用发展到一定时期的产物，利息率更成为现代市场经济国家干预经济的重要手段和经济杠杆。早在1936年，现代宏观经济学之父约翰·凯恩斯（John Keynes）就在其代表作《就业、利息与货币通论》中反复强调了利率对于经济的调节作用，使利率成为凯恩斯学派治理经济的重要法宝。本节内容主要研究在市场化条件下，利息及利息率的形成机制及相关影响因素。

一、利息与利息率

利息是借贷资本使用权的报酬，也可以解释为资金的时间价值。马克思将利息解释为利润的一部分，而且只能是一部分，而不能是全部。

从经济学微观角度看，利息是资本的报酬，是生产要素的合理收入；从宏观角度看，利息反映了货币在流动过程中社会财富的再分配形式。

利息率是利息与本金的比率，是资本的价格，反映了资本这种生产要素的报酬率。利息率是调节投资的重要手段，是宏观经济政策中重要的经济杠杆。因此，需要从资本的供给与需求着手，分析市场利率的形成。

二、资本的需求与供给

(一) 资本需求

资本需求指在各种可能的利率下,企业对资本的需求量。企业在追加投资时,会面临一系列可以选择的投资项目,如扩大厂房、购买设备、采购原料等。各投资项目中的单位资本给企业带来的货币收益是不同的。企业总是优先选择最有利可图的项目,然后选择排序第二的有利项目,以此类推。由于资本增量所带来的货币收益增量递减,所以,资本需求曲线自左上方向右下方倾斜,如图 10-2 中曲线 D_K 所示。

(二) 资本供给

资本供给指在各种可能的利率下,人们愿意提供的资本数量。资本供给来自人们为获取利息而进行的储蓄。一般来说,利率越高,人们越愿意进行储蓄。这是因为储蓄需要人们付出某种代价,如资

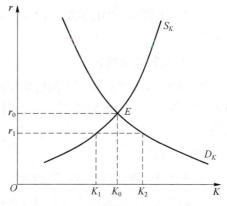

图 10-2 资本的需求与供给曲线

金使用不便、牺牲目前的消费、放弃有可能出现的利用资金的机会等。利息则是对人们的这些牺牲所做出的补偿。因此,资本供给曲线自左下方向右上方倾斜,如图 10-2 中曲线 S_K 所示。

三、纯粹利息率的决定

纯粹利息率指在理想的市场环境中,单纯由资本供求决定的利率。理想的市场环境条件包括资本自由流动、不存在风险、不考虑借贷期限差异、不考虑管理费用、不考虑市场分割与借贷方式差异等。

四、利息率的分类和管制

(一) 利息率分类

利息率可以分为名义利率与实际利率两种。在上面的讨论中,我们没有考虑通货膨胀因素。也就是说,我们所提到的利率是名义利率,即以货币单位直接衡量的利率。但是,在存在通货膨胀的现实世界中,我们也需要了解资本的实际收益率,即实际利率。实际利率是名义利率与通货膨胀率之差。例如,若名义利率为 5%,通货膨胀率为 2%,则实际利率为 3%。

(二) 利息率管制

利率管制指政府用行政手段规定利率的最高界限。各国在特定时期进行一定程度的利率管制是必要的,但是,长期的和力度很大的利率管制可能带来一些负面影响。首先,利率管制可能挫伤人们进行储蓄的积极性,给经济增长带来消极影响。过低的利率使利率丧失资源配置功能,不能准确反映资本的机会成本,从而不利于资金利用率的提高。此外,过低的利

率造成很大的资金供求缺口,容易产生借贷活动中的腐败现象。特别是在高通货膨胀时期,利率管制容易导致负实际利率。如名义利率是5%,通货膨胀率为8%,则实际利率为-3%。如果该国开放了资本市场,利率管制会加剧资本外流。

五、利息率的影响因素

在现实生活中,即使在同一时期,也可以看到许多不同的利率。利率差异主要源自以下四种因素的差异。

(一)期限或到期日

不同的金融资产往往有不同的期限或到期日。例如,隔夜贷款规定第二天归还,抵押贷款有高达数年或数十年的期限。由于利息是对资金使用不便的补偿,所以期限越长,利率越高。

(二)风险

不同的投资和贷款存在不同的风险。例如,购买中央政府发行的债券几乎没有风险,而购买一个濒临破产的公司发行的债券便面临很大的无力偿付的可能性。银行向信誉高的部门或企业贷款所收取的利率可能低于其他部门或企业支付的利率。高风险投资和贷款的较高利率是必要的,其溢价部分通常要用于违约情况下蒙受损失的补偿。风险越高,利率越高。

(三)流动性

流动性指资产在几乎不发生价值损失的情况下迅速转变为现金的能力。金融资产的流动性不仅受金融资产本身性质的制约,还取决于二级市场的发育情况。例如,美国的国库券有发达的二级市场,人们很容易按接近于现值的价格把它变为现金,所以其利率相对低下。而不可转让的债券的流动性较差,其利率会相应提高。

(四)管理成本

不同的贷款和投资需要不同的管理成本,金融机构自然要把管理成本转嫁到利息之中。相对于小额贷款,大额贷款的管理成本无须按贷款金额成倍增加,其利率也相应低于小额贷款。银行对于不熟悉的客户,要雇用侦探和律师进行调整,管理成本较高,因而对其贷款也要收取较高利息。

知识链接　　　　　　　　　　**银行的信贷配置**

现实中的资本市场总是充满了风险,这种风险的基本表现就是投资者可能没有办法还贷。由于每笔投资的风险不同,如何甄别每笔投资的风险就成为一个重要问题。这导致两个后果。

第一,由于大部分储蓄者(即资本的真正供给者)并不具有风险识别能力,他们更愿意把这项工作委托给专业人士,这就产生了银行这样的中介机构。因此,与劳动力市场不同,在资本市场上,真正的卖方(储蓄者)和买方(投资者/生产企业)并不一定直接交易,而是通过银行中介做交易(因而被称为"间接融资")。储蓄者把储蓄存入银行,银行再贷款给企业,这就形成了信贷市场。由于银行的运行本身需要成本,因而储蓄者得到的利率就低于借贷企业支付的利率。

第二，为了控制风险并保证经风险调整后实际利率的一致性，银行必须对贷款申请逐个甄别。特别是由于借款人方面的道德风险和逆向选择，银行的预期收益并不总是随贷款利率的上升而增加，而是呈现先上升后下降的情形。简单地说，道德风险是指当银行没有办法监督借款人时，借款人可能选择一些有利于自己但会降低还款可能性的行动。逆向选择是指利率越高，低风险的借款人越不愿意借款，高风险的借款人越有积极性借款。因此，出于自己的利润最大化考虑，银行并不会把贷款利率提高到"均衡利率"以满足所有贷款需求，而宁愿实现"信贷配给"：有选择地满足一部分贷款需求，拒绝另一部分贷款需求。

（资料来源：张维迎. 经济学原理 [M]. 西安：西北大学出版社，2015.）

第三节　租金理论

一、土地的需求与供给

（一）土地需求

在经济学中，土地泛指地面、矿山、地下水和河流湖泊等固定数量且可以多次使用的自然资源。

土地需求指在各种可能的地租下，人们对土地的需求量。一般说来，地租越高，人们对土地的需求量越小；地租越低，对土地的需求量越大。在理论上，这是边际报酬递减规律发生作用的结果。在现实生活中，土地有多种用途，如可用于盖房、修路、种庄稼、养鱼虾等。在其他条件大致相同的情况下，不同用途的土地给租用土地者带来的收益是不同的。在地租较高时，只有土地利用效率特别高的人才能够租用土地；随着地租下降，租用土地的人才会逐渐增多。土地的需求曲线如图 10-3 中的曲线 D_N^1 和 D_N^2 所示。

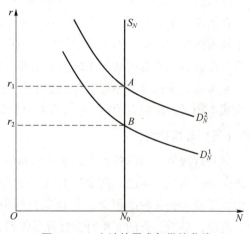

图 10-3　土地的需求与供给曲线

（二）土地供给

土地供给是指在各种可能的地租下，人们愿意提供的土地数量。由于土地是自然界直接提供的生产要素，因此其供给是缺乏弹性的。在一般情况下，地租上升不会使土地供给增加；地租下降，也不会使土地供给减少。土地的供给曲线如图 10-3 中的曲线 S_N 所示。

（三）地租的决定

地租取决于土地的供求。尽管土地供给是固定的，但土地需求会随时间推移而移动，如人口增长、技术进步等因素会使土地需求增加。

二、租金的相关概念

（一）纯粹经济租金和经济租金

纯粹经济租金（或称纯经济地租）指从长期来看，供给固定，不存在其他用途的要素的报酬。例如，油田的供给大体上是固定的，且油田只能用于开采石油，油田的报酬可看成纯粹经济租金。从经济学角度来看，纯粹经济租金有一个显著的特点，即该要素成本不会改变商品价格，而事实正好相反，相应商品的价格决定着使用该要素的成本。也就是说，石油的价格决定着油田的租金，而不是油田的租金决定着石油的价格。

在现实生活中，完全缺乏弹性或供给长期固定的要素并不多见，多数要素的供给介于完全缺乏弹性与完全富有弹性之间，具有若干其他用途。经济租金（或称经济地租）指要素的收入与转移收入的差额。转移收入指要素在次优用途上可能获得的报酬。例如，一块地用于种小麦的报酬是 100 元，用于种玉米的报酬是 80 元，那么，人们会选择用这块地种小麦，种玉米可能获得的 80 元是转移收入，经济租金为二者之差，即 20 元。又如，某篮球明星年收入 500 万美元，他干其他工作最多可获得年薪 10 万美元，其经济租金为 490 万美元。

（二）准租金

准租金（或称准地租）指从短期来看，供给固定且不存在其他用途的要素的报酬。例如，在短期，企业使用的专用设备的数量是固定的，且它们只能用于特定的生产，这些要素的报酬被称为准租金，因为供给固定和不存在其他用途这个特点与某些土地类似。准租金是企业的总收益扣除总可变成本之后的余额。在总可变成本不变时，如果商品的价格和企业的总收益增加，准租金会相应上升；如果商品价格下降，准租金会相应减少；如果总收益与总可变成本相等，准租金为 0，企业在这种情况下将停止生产。

（三）寻租行为

寻租行为指人们以各种方式争取获得经济租金和准租金的行为。在当代，寻租行为成为经济学的一个热点问题。在发达的市场经济中，寻租行为的典型表现是垄断企业人为地减产提价，以增加企业的准租金。但是从长期来看，准租金和高价可能吸引其他企业进入该行业。所以，垄断企业的寻租行为往往涉及政治行为，如通过贿赂等手段获取特许权。

在发展中的市场经济中，寻租行为比较普遍，这与行政权力较大、法律不够完善、缺乏制衡机制和市场不发达有关。例如，为了保护民族产业，一些发展中国家实行进口配额制，即规定进口商品的最高限额。进口配额制造成国内市场价格高于国际市场价格，这种额外利益是一种经济租金，可能诱使一些商人以行贿手段获得进口额度。

（四）级差地租

不同的地块有不同的肥沃程度、不同的地理位置和不同的用途，即它们具有不同的边际生产力。例如，东京、香港等大城市的地租是非常高的，而西伯利亚和撒哈拉大沙漠缺乏矿藏的地带地租很低。这种因土边际生产力差异而形成的地租差异被称为级差地租。级差地租会随时间推移而变化，例如，若山区通了公路，该山区的地租便会上升。

三、公有地悲剧

如果对土地这种稀缺资源不收取租金,允许所有人自由地使用土地,就会产生灾难性的后果。公有地悲剧描述了一个对所有人都开放的牧场上发生的悲剧:由于每个放牧人都力图使个人收益最大,无节制地扩大自己的牛群,结果牧场被破坏了。这种对资源的滥用在现代社会中仍然存在,例如,在某些海域和湖泊,由于没有收取租金,结果出现滥捕现象,一些鱼类濒临灭绝;又如,某些公路段未收取租金,导致交通拥挤;在环境立法不严格的地区,工厂向河流和大气中排放污染物,影响了人们的生存环境。这种公有地悲剧发生的前提是土地公有,或者说没有人拥有土地并索取租金。但是,人们可以尽量避免悲剧的发生,如政府出面征收高额排污费,可以迫使企业安装消除污染物的设备。

知识链接

租值理念的演变

租值(Rent)这个理念非常重要,但相当复杂。在介绍租值的思想史之前,先要略说我对租值的看法。重要的有三点。

(1)租值是收入,可以预期,可以用利息率折现。然而,与一般的收入不同,租值的增减或转变是不会影响供应行为的。这里要小心了。收入转变,某些有关供应商的行为可能不变。租值是一个角度看世界,是从某些供应行为不变的角度看收入。这样看,收入的转变不影响行为或资源的使用,租值是"多余"的。

(2)租值是成本,可以预期及折现。租值作为成本看,不是指资源或生产要素另谋高就的机会成本,而是把生意或资产转让或出售的机会成本。例如,一家企业做了投资,生产要素的使用不变,这家企业或生意若在市场出售,其所得是企业的净值。出售整盘生意也是一个机会,其净值是不出售(继续经营)的成本。这净值可以作为租值看,因为净值变动,生产行为或供应可能不变。从生产行为不变的角度看,这净值也是多余的。

(3)"租值"一词来自土地,因为从不变的角度看,地租无论怎样升降,土地的供应量不变。单看不变的土地供应量,地租是多余的。如果考虑土地有不同的用途,随时可变,那么某一用途的土地供应量会因为不同用途的租金变动而变动。这样看,土地的租金就再不是我们这里分析的租值了。

虽然经济学者发明了"经济租值"及"准租值"等词来描述非土地的供应不变,我们可以单用"租值"一词来代表一切类似的有一般性的情况。今天经济学的行规,是用"经济租值"或"准租值"指土地之外的资源或生产要素使用不变的收入。

(资料来源:张五常. 经济解释(二〇一四增订本)[M]. 北京:中信出版社,2015.)

第四节 利润理论

一、利润的定义

利润通常指的是企业总收益与总成本的差额,即企业出售产品和服务所得收入扣除全部费用（包括工资、薪金、租金、利息、材料、货物税和其他支出）所剩余额。这种通常含义上的利润又称为会计利润或企业利润。

二、利润的来源

在理论上，利润来源可归纳为四个方面。

（一）隐含收益

隐含收益指企业自有要素的机会成本。例如，在一个夫妻店中，总成本并未包括夫妻二人的工资、自有店铺的租金和自有资金的利息。但是，如果夫妻二人不开店，可以获得在他处工作的工资、出租店铺的租金和存款利息。在大公司中，自有投资资金的隐含收益是企业利润相当重要的来源。

（二）承担风险的报酬

任何企业的经营都与某种程度的不确定性和不完全信息相联系。企业可以将一部分风险进行保险，这部分风险的保险支出纳入成本。但是，有些风险是不可保险的，如供给和需求的变动引起企业成本和收益的变动、商业周期造成的企业收益波动等。企业通常是厌恶风险的，利润则是对企业承担风险的报酬。

（三）创新和企业家才能的报酬

创新是指企业家对生产要素的重新组合，包括发明和采用新的技术和设备，改变生产组织方法和经营方法，引入新产品、新式样和新包装，开辟新市场，找到和控制新的原材料供应来源等。创新需要企业家才能，创新者要有眼光、有创造力，在经营中勇于引进新思想，敢于做前人没有做过的事。在创新的道路上，许多人失败了，成功者只是少数。但是，每一位成功的创新者都开辟了一个新领域，并获得超额利润，即超过一般利润水平的利润。超额利润不可能长期存在，竞争对手们很快就会对成功的创新进行模仿。企业要想在竞争中不断成长壮大，就需要不断寻求新的创新来源。

（四）垄断的收益

一些企业具有一定的垄断权力。例如，某企业是一种贵重药品专利的唯一拥有者，它就可以把药品价格抬得很高。又如，某企业获得了政府特许生产香烟的权利，也可以通过限产提价获得垄断利润。

三、正常利润

正常利润是为吸引企业进入一个行业所必须提供给企业的最低利润。正常利润包括利润的前两项来源，即隐含收益和风险报酬。如果企业在某行业中所得利润小于正常利润，即实际上得不偿失，它就会退出该行业。当该行业中企业数量减少，产品价格就会上升。所以在一般情况下，企业能够获得正常利润。

四、经济利润

经济利润指超过正常利润水平的利润，或者说超过使企业继续处于该行业所必需的最低限度利润的利润。经济利润包括利润的后两项来源，即创新报酬和垄断收益。经济利润也可解释为总收益超过机会成本的部分。

五、未分配利润

未分配利润指公司将利润扣除利润税和股息红利之后留在企业内部的余额。未分配利润就像发行股票一样,是公司筹措自有资本的重要来源。

六、利润分享

利润分享指企业职工参与利润分配。在古典的资本主义企业中,利润由资本家独占。在现代以公司为典型的企业制度中,利润分享日益流行。它的具体做法是:公司直接把利润的一部分以现金或股票的形式分配给职工;公司建立利润分享信托基金,在特定时候将其分配给职工;或者把上述两种做法结合起来。利润分享以行为科学为理论依据,有利于协调劳资关系,调动职工的积极性和创造性,提高劳动生产率和企业的经营绩效。

七、企业的目标

在简单化的分析中,通常假定企业的目标是追求获得最大限度的利润。这种假定基本上与现实生活中的企业目标一致。根据微观经济理论,尽管每个企业都是自私的,但是,追求利润最大化对社会是有利的。在完全竞争市场上,企业追求利润最大化是实现生产要素最优组合、生产效率和资源配置效率的必要条件。即使在不完全竞争市场上,企业追求利润最大化也有促使产品多样化、推动技术进步等方面的好处。在较深入的分析中,人们发现企业的目标在某些时候和某种情况下偏离利润最大,如在满足股东对利润的最低要求的前提下,追求销售额最大。尽管扩大销售额需要降价并减少利润总量,但是对大企业来说,某些情况下追求销售额最大是合理的。首先,该目标可以使企业获得较大市场份额,提高企业知名度。其次,从动态角度来看,由于它使价格下降,有助于抑制潜在的竞争对手进入该市场。此外,追求销售额最大有助于扩大企业规模和就业人数,这有利于增加管理者的权力和工资。企业目标要取决于企业的性质,如在传统的计划经济中,国有企业的目标往往是追求总产量最大;在劳动者自我管理的集体企业中,企业的目标往往是人均收入最大。

八、企业家才能

微观经济学将利润看作企业家才能的报酬。企业家是企业的灵魂,他们的素质直接关系到企业的发展甚至生死存亡。不同的经济学家,对企业家才能的界定有所不同。魁奈认为,创新和承担风险是企业家的两大特质。萨伊认为,成功的企业家要有果断的判断力、坚持性和全面的知识,有监督、管理的才能。企业家才能具体表现在十个方面,即决策能力、组织能力、协调能力、创新能力、激励能力、用人能力、规划能力、判断能力、应变能力和社交能力。

> **知识链接**　**敢于冒险和勇于创新的比尔·盖茨**
>
> 比尔·盖茨曾数年被《福布斯》杂志列为世界首富,有千亿美元左右的个人财产。他在少年时代就对电脑着迷,在哈佛大学读书时发明了 Basic 语言。1975 年,他开始从事电脑

软件开发和销售业务。由于 IBM 公司购买了他的 MDOS 系统用于个人电脑,盖茨获得了巨额财富。此后,他致力于经营微软公司,重点进行 Windows 系统开发,成为 IBM 的重要竞争对手。自 1985 年推出视窗 1.0 系统软件之后,1990 年推出视窗 3.0 操作系统软件,1991 年推出视窗 3 软件,1995 年推出视窗 95,1998 年推出视窗 98。现在世界上上亿台微机中,90% 以上使用这种软件。在盖茨的领导下,微软公司依靠不断创新,在市场上获得了丰厚的利润,成为知识经济时代企业的典范。为确保微软公司跟上技术变革的浪潮,盖茨还把这一软件巨人推向"信息公路"的各个角落,包括网络和全球无线通信网。

(资料来源:根据相关资料整理编写)

第五节 洛伦兹曲线与基尼系数

一、洛伦兹曲线

洛伦兹曲线是根据实际统计资料而做出的反映人口比例与收入比例对应关系的曲线,如图 10-4 所示。

在图 10-4 中,横轴表示人口比例,纵轴表示收入比例,曲线 $OEFGM$ 为洛伦兹曲线。假定在实际统计工作中,将人口按收入高低分为四组。最贫困的 25% 人口占收入 a_1,在图形上得到点 E。以此类推,50% 的低收入人口占收入比例为 a_1+a_2,由此得到点 F;75% 的人口占收入比例为 $a_1+a_2+a_3$,得到点 G。O 点表示 0% 的人口得到 0% 的收入,点 M 表示 100% 的人口得到 100% 的收入,这两点也在洛伦兹曲线上。

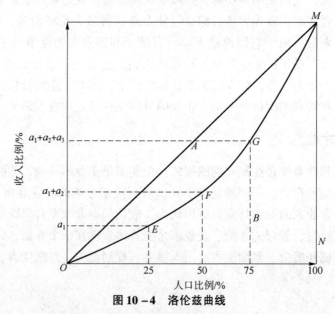

图 10-4 洛伦兹曲线

洛伦兹曲线的弯曲程度越大,收入分配越不平均。例如,对角线 OM 是一条直线,弯曲程度最小,表示 $X\%$ 的人口得到 $x\%$ 的收入,即收入分配是完全平均的。又如,折线 ONM 是洛伦兹曲线弯曲程度最大的情况,表示 99.99% 的人口得到 0% 的收入,仅 0.01% 的人口得到 100% 的收入,即收入分配是绝对不平等的。

洛伦兹曲线比较直观地显示出收入分配均等程度的情况，但是，人们有时需要用数字来进行量化，于是提出了基尼系数。

二、基尼系数

（一）基尼系数的定义

基尼系数是将所有人的收入从低向高排列时，由洛伦兹曲线与对角线围成的面积与对角线与90度折线围成的面积的比值。在图10-4中，A表示前者，$A+B$表示后者，基尼系数即A与$A+B$的比值。又由于$A+B$等于1/2，所以基尼系数也相当于$2A$，即$G=2A$（G表示基尼系数）。

基尼系数介于0与1之间。基尼系数为0，表示收入分配绝对平均，在图形上反映为洛伦兹曲线与45度对角线重合；基尼系数为1，表示收入分配绝对不平均，在图形上反映为洛伦兹曲线与90度折线重合。基尼系数越小，表示收入分配越平均；基尼系数越大，表示收入分配越不平均。

（二）基尼系数的变动趋势

1. 人均国民收入与基尼系数的关系

据世界银行经济学家阿鲁瓦利亚对60个不同类型国家在1970年前后的收入数据所做的分析，随着人均国民收入的增加，基尼系数会经历先扩大后缩小的过程，如表10-1所示。

表10-1 人均国民收入与基尼系数的关系

人均国民收入	基尼系数	人均国民收入	基尼系数
150美元以下	0.402	发达市场经济国家	0.358
150~500美元	0.479	社会主义国家	0.238
500~1 500美元	0.461		

2. 部门结构与基尼系数的关系

随着劳动力逐渐从农业部门转移到非农产业，基尼系数会出现先扩大后缩小的过程，如表10-2所示。

从表10-2可以看到，在非农产业劳动力所占比例由0%上升到35.7%的过程中，基尼系数呈上升趋势；如非农产业劳动力所占比例由35.7%继续提高，基尼系数呈下降趋势。

表10-2 部门结构与基尼系数的关系

非农产业劳动力所占比例/%	基尼系数	非农产业劳动力所占比例/%	基尼系数
0.0	0.35	45.9	0.45
7.3	0.42	55.4	0.43
13.5	0.45	64.2	0.42
19.1	0.46	80.5	0.39
24.2	0.46	95.5	0.36
35.7	0.46		

(三) 影响基尼系数大小的主要因素

1. 社会制度

社会主义国家的基尼系数要低于资本主义国家。这是由于社会主义国家实行按劳分配，而劳动能力差别所引起的收入差异一般只能相差 3~5 倍；而资本主义国家实行生产资料私有制，如美国收入最高的 5% 的人口占有全部个人储蓄的 2/3，这是收入差距扩大的重要因素。

2. 经济体制

在同一社会制度下，可以存在不同的经济体制。1980 年，我国农村基尼系数为 0.24，城镇基尼系数为 0.16。在改革开放后，我国在城市推行现代企业制度，在农村实行家庭联产承包责任制，基尼系数有所上升。1990 年，我国农村基尼系数上升到 0.31，城镇基尼系数上升到 0.24。

3. 教育因素

在市场经济中，人们的收入与教育水平有十分密切的联系。在一国由农业社会向现代经济发展的初期，由于只有少数人能够得到较好的教育，教育成为扩大基尼系数的重要因素。随着教育的逐渐普及，劳动报酬在总收入中的比例上升，资产报酬在总收入中的比例相应下降，基尼系数会逐渐变小。

4. 部门结构

在经济发展初期，非农产业的人均收入显著高于农业部门。因此，在农业剩余劳动力开始向非农产业转移的时候，基尼系数将会变大。但是，当相当一部分人口离开农村之后，农村人的耕地有所增加，人均收入也相应提高，城乡差距缩小，导致基尼系数变小。

5. 政策因素

在市场经济发育初期，政府往往实行扶植工业的政策，这会导致基尼系数扩大。在经济发展到一定水平之后，政府一般会通过累进所得税和社会福利措施减小收入差距，特别是发达国家普遍对农业给予各种巨额补贴，使基尼系数有所缩小。

知识链接   **"劫富济贫"就是真的平等吗？**

2014 年，一部名为《21 世纪资本论》的书风靡全球。在短短几个月内，该书狂销数十万册，毫无悬念地成为年度最畅销的学术书。在书中，作者托马斯·皮凯蒂（Thomas Piketty）用翔实的数据对一个最被广泛讨论和具有争议性的议题——财富分配重新进行了探讨，并提出了一个关于财富分配演进的重要结论：只要资本的回报率（r）超过了经济增长率（g），那么财富分配的不平等程度就会加剧。为了遏制收入差距的扩大，皮凯蒂建议在全球范围内集体开征一项累进资本税。至于税率，皮凯蒂建议最高可达 80%。

皮凯蒂的论证虽然看似严谨、科学，但其很多观点并不正确。其中有不少结论值得商榷。

第一，皮凯蒂看到了收入分配的恶化，却没有找准其根本原因。以中国的情况为例，在近20年中，中国的收入差距扩大得很快，但同期却出现了高经济增长和较低资本回报并存的现象。从1995年至今，中国的经济增长率接近10%，而根据相关研究，同期的资本回报率在8%左右。也就是说，是 $r<g$，而非 $r>g$！因此，至少在中国，皮凯蒂的理论和现实并不相符。

第二，简单地看1%（或10%）的最高收入人口之收入占国民收入的比重不能说明问题。收入差距大本身不一定意味着不公平，最重要的公平是机会均等。如果富人总是越来越富，穷人总是越来越穷，那当然是不可取的。但如果所有人都有成为富翁的机会，那么收入的流动性就会很高，今天最富有的1%的人群与20年前最富有的1%的人群并不同。而在现代社会中，资本在很大程度上是一股促进社会流动的力量——出于增值的动机，资本所有者会不断寻找有能力的企业家来驾驭资本，而这客观上会帮助很多原本一无所有的能人实现自己的梦想。

第三，用高额累进税调节收入会对人们的正常权利造成侵犯，扼杀社会活力。高额累进税本质上是"劫富济贫"，是功利主义思维的表现。如果富人的财富是通过诚实劳动、合法经营获得的，那么这些财富就源自社会对他们工作的认可。如果用道义或其他理由对这些财富进行剥夺，不仅会侵犯人们的正当权益，而且会打击人们的工作和创造热情，从而造成对社会活力的损害。

（资料来源：张维迎. 经济学原理[M]. 西安：西北大学出版社，2015.）

本章要点总结

市场经济中，收入分配是由价格机制决定的。要素价格构成要素所有者的收入。

在均衡情况下，要素的需求等于要素的供给。

工会可以提高某些工人的工资，但它经常是以另一些工人为代价的。工会不是富裕国家具有高工资的根本原因。

洛伦兹曲线是根据实际统计资料而做出的反映人口比例与收入比例对应关系的曲线。洛伦兹曲线的弯曲程度越大，收入分配越不平均。

基尼系数是将所有人的收入从低向高排列时，由洛伦兹曲线与对角线围成的面积与对角线与90度折线围成的面积的比值。基尼系数越小，表示收入分配越平均；基尼系数越大，表示收入分配越不平均。

关键概念

劳动力供给　纯粹利息率　利息率管制　纯经济租金　准租金　经济租金　正常利润　超额利润　基尼系数

思考与练习

1. 请分析劳动、资本以及土地这三种生产要素供给的特点。
2. 用补偿性工资差异的概念分析保洁工作。假设在同一个城市有两家非常类似的饭店，

Orangebee 和 City Inn。两个饭店对清洁工的需求一样。但是,这个城市的所有清洁工都知道,在 City Inn 工作更快乐。

(1) 哪一家饭店支付给清洁工的工资更高?为什么?

(2) 哪一家饭店雇用的清洁工更多?为什么?

3. 下列因素会对劳动力市场的均衡产生何种影响?

(1) 对公司所生产产品的需求增加。

(2) 新技术的应用使工人所需的生产时间减半。

(3) 人们可以享受到社会保障金的最低年龄提高。

4. 劳动和闲暇之间的权衡怎样决定劳动供给?

5. 假设对资本、劳动和土地征收相同的税,征税会对这几个生产要素产生相同的影响吗?

第十一章

公共物品与外部性

学习目标

- 理解公共物品概念及其博弈分析。
- 理解公共选择的含义。
- 掌握外部性概念和科斯定理的内容。

大师简介

经济学家：阿瑟·塞西尔·庇古（Arthur Cecil Pigou，1877—1959 年）

简介：英国著名经济学家，剑桥学派马歇尔的学生，剑桥学派的主要代表之一，被奉为"福利经济学之父"，福利经济学的创始人，主要著作有《财富与福利》（后称《福利经济学》）。

主要成就：其思想和观点触动了新古典主义经济政策中隐含的狂妄自大，首先注意到了私人活动会产生不良的社会影响，并且还是当时攻击自由放任模型的一个重要人物。庇古早在1912年就在他的《财富和福利》一书中提出了这些令人困扰的问题。近半个世纪之后，经济学家们才意识到庇古曾经设法解决的问题是繁荣的经济所面临的最重要问题之一，这个问题实际上将威胁到整个体系的合理性。

导入案例

谁来治理蚊虫？

蚊子是一种很令人讨厌的虫子。从西尼罗河病毒在美国的传播上来看，蚊子也是非常危险的。通过喷洒灭蚊剂可以消灭蚊子。但是，如果只是在自己的房间里喷洒灭蚊剂，对房屋的主人来说，其用处不太大，因为从其他地方来的蚊子可以在任何一个小角落中迅速繁殖。因此，你必须把整个城市或你居住的小区都洒上灭蚊剂。但是，谁又会花钱去为整个城市或者自己的邻居喷洒灭蚊剂呢?如果有些人付钱这样做了,那么,其他很多人就可能会搭便车(Free Ride),坐享其成,却不承担他们所应该分摊的那部分成本。蚊子更少,意味着每个人都更少受到蚊子的叮咬,而不仅仅只是那些付钱进行蚊子治理的人。如果很多人搭便车,那么,蚊虫治理就无法由市场提供,哪怕它是一件非常有价值的"商品"。公共产品的好处是税收和政府提供产品的最好理由。

(资料来源:考恩,塔巴洛克. 考恩经济学:微观分册 [M]. 3版. 王弟海,译. 上海:格致出版社,2018.)

第一节 公共物品

一、公共物品的概念

公共物品指私人不愿生产或无法生产而必须由政府提供的物品,具有消费的非排斥性和非竞争性的特征。例如,国防是一种公共物品,私人无法提供强大的国防,只能由政府来提供。社会无法排斥任何一个社会成员对国防的消费,一些人享有国防的利益并不妨碍其他人同时享有国防的利益。对罪犯的审判、对传染病的预防、发布气象预报以及政府的经济调节服务等,都是典型的公共物品。

从广义上看,公共物品可以包括准公共物品,即具有一定排斥性和竞争性的由地方政府提供的物品。例如,消防是一种准公共物品,它需要由地方政府来提供,但是,它只是在当地居民之间无排斥性,其他地方的居民一般无法享受该地的消防服务。市政基础设施、基础教育、地方性广播电视、防洪堤坝、公路和桥梁等,都是准公共物品。

我们还可以从平均成本的角度考察公共物品和准公共物品的区别。公共物品的平均成本(人均成本)会随人数增加而无限制地下降。例如,在既定的国防水平和国防经费情况下,该国人口越多,人均国防费用就越少。但是,准公共物品的平均成本只是在一定限度内随人数增加而降低,随着拥挤的加剧,新增成员会降低原有成员的平均效用水平,并使既定效用水平下的平均成本有所上升。例如,公路增加一辆车通过,并不会改变公路的建设成本,每辆车分摊的筑路成本会有所下降;但是,一旦交通达到拥挤状态,公路的利用效率下降,针对既定效用水平的平均成本会有所上升。

二、免费搭乘者难题

免费搭乘者难题指人们不具有为公共物品生产提供费用的动机,即市场的自由契约原则无法保证公共物品的生产。例如,人们都知道强大的国防是十分必要的,但是,由于公共物品具有非排斥性,人们也知道即使自己不提供国防费用,也并不妨碍自己享有国防的利益。因此,公共物品的生产需要用强制手段来筹措资金。于是,政府使用税收手段,承担了提供公共物品的职能。

三、私人提供准公共物品的低效率

准公共物品具有不同程度的排他性,因此,在理论上,某些准公共物品可以由私人提供。例如，私人可以修路架桥，并对过往车辆收费；海上灯塔也可以由私人修筑，并由修筑者对过往船只收费；电视台也可设置有线频道，由私人收费补偿电视节目制作成本。在现实生活中，确实存在私人提供准公共物品的现象。但是与政府相比，私人提供准公共物品的效率较低。

首先，私人提供准公共物品存在供给量不足的问题。例如，私人绿化住宅周围的环境，不仅给自己带来满足，也使邻居和过往行人受益。但是，由于私人绿化只考虑自己的利益，并不考虑社会获得的全部利益，如果听凭其自由选择，绿地将是有限的。因此，某些发达国家以法律形式强制私人承担住宅周围相当范围的绿化责任。

其次，私人提供准公共物品可能导致利用效率不高的问题。例如，由于私人架桥占据了一个垄断性地理位置，私人可以像垄断企业那样定价，即制定能够使其利润最大化的高价。其结果必然是过往车辆减少，桥梁的利用效率不高。因此，当政府因经费不足而转让架桥权时，应在合同中对乱收费加以限制。

最后，私人提供准公共物品可能使成本增高。例如，私人路还要额外设置关卡，过往车辆经过关卡时要缴过路费，这降低了公路的利用效率，相应提高了为获取单位效用而付出的代价。

四、公共物品的博弈分析

经济学的研究方法是把个人作为评价、选择和行动的基础单位。在此基础上，利用博弈分析说明公共物品由政府提供是人们自愿选择的结果。

在一个生产力低下的无政府的社会中，假定人们有两种基本的获取生存资料的手段：第一种是劳动，第二种是偷窃。如果所有人都自愿地选择劳动，人们不必为偷窃行为担心，那么，社会的总产量将是既定技术水平下可能达到的最高状态，人们的生活水平也将较高。但是博弈分析认为，人们在赌博中总有一种侥幸心理，这在上述模型中表现为某些人想轻松地依靠偷窃获得别人的劳动成果，并希望别人都是诚实的劳动者。如果事实真像他们所希望的那样，总产量只会受到有限的影响。可是，在偷窃不受制裁且偷窃者过得比劳动者更好的时候，偷窃会成为一种风气，总产量会变得十分低下，每一个人的生活水平都是极低的，甚至达到无法维持生存的程度。

在个人主义模型中，人们首先是依靠个人的力量防止偷窃行为。例如，白天劳动，晚上睡在地里守护庄稼。由于人们不能专心劳动，总产量将受到很大影响。此外，这种行为不能应付带有抢劫性质的偷窃行为。在这种情况下，人们希望有一个"游戏规则"，即大家都须遵守的行为规范，并有一个机构强制所有人都遵守这个规则。于是，政府应运而生，提供社会行为规范、治安、国防等公共物品。

知识链接

俱乐部产品

俱乐部产品（Club Goods）是指那些具有排他性和非竞争性的产品。例如，某些电视剧就是排他性的，你必须成为该视频网站的用户才能观看这部电视剧。但是，它是非竞争性的，因为当某人观看这部电视剧时，并不会妨碍其他人观看这部电视剧。市场可以提供具有排他性和非竞争性的产品,但是,市场是在以某种无效率的价格水平来提供这种产品的。例如,该视频网站阻止了某些人观看这部电视剧,而这些人其实是愿意支付成本(新增用户的边际成本接近于0)来观看该电视剧的,但是不愿意支付市场价格(比如说每户每月30元)。

实际上,大部分供给不足的非竞争性私人产品,如电视、音乐和软件,所带来的无效率并不是很大。生产这些产品的固定成本总是可以某种方式收回,我们不想失去的是市场提供的多样性、创造性和应变能力。

企业家一直在寻找把具有非排他性和非竞争性的产品转变为乐部产品(具有排他性和非党争性)的方法,如把电视变成有线电视,俱这样他们就可以获得利润。此外,即使不依靠排他性,企业家有时也可以巧妙地从非竞争性产品中获利。

(资料来源:考恩,塔巴洛克. 考恩经济学:微观分册[M].3版. 王弟海,译. 上海:格致出版社,2018.)

五、公共物品的规模经济

本书前面提到的规模经济概念,指的是企业或部门在同比例增加生产要素投入数量时,生产成本将会下降。公共物品的规模经济除了上述含义之外,还包括人数越多,人均成本越低,大规模的武力比小规模的武力更有效率,这是经济学解释的政府出现的一种原因。在本节提到的例子中,如果每个人自己守护庄稼,这种极小规模的武力往往是无效的(无法应付集体抢掠),成本也相对高。如果每个人缴一笔税,由政府建立军队、警察和司法机构,人们的安全可以得到基本保障,生产效率也可以得到基本保障。从这个角度来看,国家规模越大,国防实力越强,人均国防费用越小。

第二节 公共选择

一、公共机构与私人机构的区别

公共机构(即政府部门)往往包括数以千计的不同政府实体,负责国防、邮政、货币发行、教育、福利、治安、消防、经济调节、图书馆、下水道、垃圾处理等事务。

私人机构不仅包括追求利润最大化的厂商,还包括大量非营利组织,如医院和私立大学等。

在民主国家,公共机构和私人机构有两个重要区别。第一,经营公共机构的管理者是选举出来的,或者是由选举出来的人所指定的。第二,政府拥有一定的强制权力,如征税、征用私人财产等。

二、公共选择的概念

公共选择,即政府的选择,指公共部门选择生产何种公共物品及其数量,以及公共部门如何做出决策。

公共选择与私人选择有十分明显的不同。首先,公共选择的目标是多重的。经济理论可以假定家庭在预算约束下追求效用最大化，厂商追求利润最大化。但是，政府的目标不是单一的。例如，它既要追求效率和资源配置最优，又要追求平等目标和保证社会秩序稳定；既要促进经济增长，又要抑制通货膨胀；既要降低经济波动幅度，又要实现国际收支大体平衡。其次，政府不是一个单一的实体，公共选择是在许多权力机构相互制约的情况下做出的。最后，公共选择必须遵循一定的程序和政治规则，比较规范，但缺乏私人决策的灵活性。另外，公共选择涉及强制权的运用，从而产生政府如何对特殊利益集团的寻租行为做出反应的问题。

三、投票悖论

投票悖论指运用直接民主的政治方法，由直接投票程序来决定公共物品生产时，不能得出令人满意的结果。假定甲、乙、丙三人对 A、B、C 三部电影的偏好次序是：甲认为 A 优于 B 且 B 优于 C，乙认为 B 优于 C 且 C 优于 A，丙认为 C 优于 A 且 A 优于 B。他们决定以投票的方式决定三个人一起去看哪一部电影。投票结果所显示的是，A 以 2∶1 的优势领先于 B，B 以 2∶1 的优势领先于 C，C 以 2∶1 的优势领先于 A。在这里，A 优于 B 且 B 优于 C，则 A 一定优于 C 的一般推理不能成立。这个例子说明，投票在决定集体选择时不一定能给出令人满意的结果。

由于任何一部电影都不能得到多数票，甲、乙、丙三人不能根据投票方式决定去看哪一部电影。当然，如果他们只就两部电影进行投票选择，还是可以得出符合少数服从多数原则的结果。

四、中位投票人

中位投票人即在投票中处于中间位置的人。例如，在一个决定政府开支数量的投票中，有半数投票人比中位投票人愿意政府花费得更多，有半数投票人比中位投票人希望政府花费得更少。中位投票人站在哪一边，哪一边就将获胜。

尽管在现实生活中，大多数集体选择并不是由人们直接投票决定的，而是由选举出的政治家们决定的。但是，为了增加当选的可能性，政治家们倾向于采取反映中位投票人观点的立场。

中位投票人理论除了说明政党在选举中的行为之外，还被用于解释选民的投票率问题。在某些情况下，选民对选举缺乏兴趣，是由于两党都力图靠近中位投票人的观点，使人们觉得选谁都是一样的。

五、特殊利益集团的寻租行为

为了让投票人了解自己的政治主张，候选人需要筹措巨额竞选经费，以便组织竞选班子、散发竞选纲领、出席群众集会、参加电视辩论，以及诸如此类的一系列活动。这些活动的经费不能像统计选票和选举登记等活动那样由纳税人来承担。在大多数情况下，这些经费也不是来自党员缴纳的党费（许多政党不要求党员缴纳党费）。但是，竞选活动与人类其他任何行为一样，需要符合经济学的一项基本原则，即长期行为的成本要有相应的产出做出补偿。

特殊利益集团（即具有共同利益的人组成的集团）是市场经济制度下竞选经费的重要来源。他们心甘情愿地提供竞选经费，是由于候选人一旦当选，便具有制定政策和经济管理的某种权力，从而能够以多种形式进行回报。

农场主希望获得农产品出口补贴或津贴，汽车制造商希望获得关税或非关税壁垒的保护，军火商希望获得军事研究经费和军火订单。这些特殊利益集团都能找到自己的代言人，说明这些要求符合社会利益。如果没有竞选经费问题，政治家们可以相对客观地判断哪些要求是合理的，哪些要求不够合理。但是，由于接受了竞选经费，政府的政策就会受到特殊利益集团的影响，政策将受到扭曲。

除了合法地提供竞选经费之外，特殊利益集团还可能采取贿赂手段寻求租金。尽管在任何国家，贿赂都是社会反感的非法行为，但是随着政府经济职能的增强，贿赂现象仍然屡禁不绝。

六、公共选择中的委托－代理问题

委托－代理关系反映的是一方授权另一方从事某项活动。在公共选择中，选民们是委托人，政治家和官僚们是代理人。与私人部门的委托－代理关系有所不同的是，公共选择中的委托－代理关系存在更多错综复杂的环节。例如，在私人部门，股东们的意见通过董事会可传达给经理；而在政府部门，选民们的意见通过议会、国务院、各部委、地方相应的政府职能部门逐级下达，牵扯到的代理人数目是股份公司所远远无法比拟的。

委托人和代理人的利益不会完全一致。例如，由选民直接选出的政治家可能较多地考虑选民的利益，同时也会考虑自己的前程或其他利益；由选举产生的政治家们任命的官僚会在一定程度上考虑选民的利益，同时还要考虑直接上级的偏好以及自己的利益。委托人与某一层代理人之间的代理链条越长，该层代理人对委托人的利益考虑得就越少。

委托－代理关系之所以存在效率方面的问题，从客观方面来看有两方面的原因：一是不完全信息，委托人不能观察到代理人的努力程度；二是不确定性，委托人很难判断成绩不佳是代理人不努力的结果，还是由"噪声"即外部不确定性因素造成的。

解决委托－代理关系中的效率问题，主要依靠两种激励机制。第一种是显性激励机制，即利用合同和规章制度约束代理人的行为并调动其工作积极性。例如，在承包合同中允许管理国有企业的代理人参加利润分享和风险分担。第二种是隐性激励机制，即各种市场上的竞争压力能够激励代理人的行为。例如，若存在一个比较完善的经理市场，国有企业的经理就会更加努力地工作，否则他将面临被取代的威胁。

七、政府失灵

政府失灵指政府作为公共物品的提供者，在做出公共选择时可能不能反映民意，并可能是缺乏效率的。

政府失灵有多种表现形式。第一，政府是由不同层次的许多代理人组成的，他们除了考虑委托人（即选民）的利益之外，还会追求个人或集团的利益。因此，在制衡机制不够健全、权力很少受到约束的条件下，就可能出现腐败、保守、本位主义、消极怠工、草率决策、办事拖拉等一系列问题。第二，由于公共物品缺乏市场价格信息，政府在公共选择中要耗费巨大的信息成本（搜集人们的偏好信息并进行加工处理），面临信息传递中的信息扭曲问题（代理人会在此过程中将自己的偏好加进去）。第三，当政府机构比较庞大时，不仅本身要耗费社会资源，而且会拉长委托－代理关系中的环节，使效率较为低下。

八、解决政府失灵的对策

（一）实行民主制度

民主，即人民当家做主，即赋予人民委托人的地位。当政府的代理人不能令人满意时，人民可以通过选举撤换他们。

（二）建立比较完善的制衡机制

不受约束的权力早晚会产生腐败。但是，如果官员受到人的监督，司法机构有足够的能力对失职官员进行处罚，新闻媒体能够将丑闻曝光，那么腐败现象可以显著减少。

（三）精减政府机构

精简政府机构是解决政府失灵的举措。首先，它可以减少政府中的代理人人数，从而减少委托人与代理人利益不一致的矛盾。其次，它可以缩短委托代理链条的中间环节，减少信息传递时间和扭曲程度。再次，它可以减少政府在人员方面的支出。最后，它有助于提高代理人的工作效率，并为市场机制留下了更广阔的空间。当然，政府失灵往往在政府机构庞大且官僚主义作用严重时表现得比较明显，在政府达到最优规模之后，继续精简机构将会影响政府提供公共物品职能的发挥。

第三节　外部效应

一、外部效应的概念

外部效应指生产和消费行为给他人带来非自愿的成本或收益，而这种成本或收益并未由行为者加以偿付或由接受者进行补偿。

外部效应涉及生产的外部效应和消费的外部效应两个方面。例如，一个林场种植了大量树木，这种行为可以改善生态环境，使别人不付代价地享受到新鲜空气或水土保持的利益。除了这种积极的外部效应外，生产者也经常给社会带来消极的外部效应。例如，一个造纸厂把污水排入河流，造成鱼类和植物死亡，并使人们无法下河游泳，在政府未加干预的情况下，它也未对自己的行为付出代价。消费者也可能给他人带来积极的和消极的外部效应。例如，一个人打扮得体或漂亮，除了可以使自己满足、增加自信或提高办事效率之外，还可以使别人产生一种愉悦感；一个人吸烟，可能使周围的人也被动吸烟。甚至一家人消费水平较高，也会给其邻居带来积极或消极的外部效应，它可能刺激邻居中的父亲更加努力地工作，以便获取更多收入给自己的女儿买一条漂亮的裙子；也可能使邻居中的母亲抱怨自己的丈夫不求上进，造成某种感情摩擦。

外部效应的大小与外部环境有十分密切的关系。一位教师嚼完大蒜去讲课，可能显著地影响了教师形象和讲课效果。但是，一位观众在嚼完大蒜后去刮风天气中的足球场看球，对周围的观众影响是较小的。

从公共物品和私人物品的角度来看，公共物品的外部效应更为显著。政府的任何一项决策对社会都有比较显著的影响；而某人多吃或少吃一块面包，对其他人的影响是微乎其微的。在对完全竞争市场的理论分析中，暗含着生产和消费不存在外部效应的假定条件。如果考虑外部效应的存在，则完全竞争市场的运行也不能满足资源最优配置的条件。因为私人决策只考虑自己的成本和收益，而社会要从社会成本和社会收益的角度来考虑问题。

知识链接 **你从未想象过的正外部性例子**

外部性是由于个人尽力做到最好但忽视他们的行为如何影响别人而产生的。从这个意义上来说，把外部性作为"错误"是不正确的。外部性可能仅仅是由不知道对别人造成的伤害而引起的，在这种情况下，我们可能会做一些决策而稍后就感到后悔。

下面来看一下流感疫苗的例子。当你决定是否接种疫苗来抗击流感时，你可能仅仅考虑接种疫苗的私人收益和成本（换句话说就是自己的收益和成本），但你不是唯一承担收益或成本的人。

如果你决定接种疫苗，别人也就获益了，因为如果你接种疫苗了，别人就不会从你这儿感染到流感。但是如果你不接种疫苗，别人也会受损，因为你可能会得流感并传染给他人。当我们在决定是否接种疫苗时，很多人不会将这种外部性——不管是正的还是负的——考虑在内，但它们确实存在。

研究接种疫苗外部性的人员报告了该外部性的影响非常大，例如，在一些情况下，你不接种疫苗的外部性影响可能是高达 1.5 个人传染。在每年有 10%~20% 的美国人感染流感的情况下，这一研究表明了接种流感疫苗的重要价值。

如果你发现将你自己的外部性考虑在内是很重要的，那么下次你在权衡接种流感疫苗的个人收益和成本时，要记住不接种疫苗可能会导致 1.5 个其他人感染流感。从这个意义上来说，如果不接种，那么你就对其他人（甚至对那些已经接种了疫苗的人）造成了很大的外部性。

（资料来源：阿西莫格鲁，莱布森，李斯特. 经济学：微观部分 [M]. 卢远瞩，尹训东，译. 北京：中国人民大学出版社，2016.）

二、社会成本与社会收益

社会成本指社会为某项生产和消费活动承担的全部成本，它是私人成本与外在成本之和。私人成本是私人为某项活动付出的代价，如个人购物的成本涉及商品的价格、去商店的交通费以及购物所耗费的时间。外在成本指其他人为某项活动付出的松价，如企业污染给居民带来的健康和其他损害。

社会收益指社会从某项生产和消费活动中得到的全部收益，它是私人收益和外在收益之和。私人收益是私人从某项活动中得到的收益，如个人接受教育可以增长学识，有条件从事自己喜欢的报酬较高的工作。外在收益是其他人从某项活动中得到的收益。例如，电脑硬件和软件的发明者自身获取的私人收益是有限的，而其他人及其子孙后代都从他们的发明中得到了好处。

除了外在成本和外在收益为零的特殊情况,社会成本一般会高于私人成本,社会收益往往要大于私人收益。

与私人成本与私人收益一样,社会成本也存在社会边际成本和社会边际收益的范畴,前者指生产或消费增量所导致的社会成本的增量,后者指生产或消费增量所带来的社会收益的增量。社会边际成本等于社会边际收益,是存在外在成本和外在收益的条件下,资源实现最优配置的条件。如果社会边际成本大于社会边际收益,说明生产或消费的数量过多,减少生产或消费的数量将有助于增加社会福利;如果社会边际成本小于社会边际收益,说明生产或消费的数量过少,增加生产或消费的数量将有助于增加社会福利。

三、政府针对外部效应的对策

外部效应的存在是市场失灵的重要因素,它使市场机制无法实现资源的最优配置。因此,政府需要对外部效应特别明显的领域进行干预。政府对外部效应的干预在原则上涉及两个方面:鼓励积极的外部效应和抑制消极的外部效应。除了在公共物品中提到的内容之外,政府针对外部效应的具体措施包括三个方面。

(一)努力发展科研和教育事业

科研和教育都是外在收益特别显著的事业。因此,依靠市场机制来调节科研和教育事业的发展将导致国民素质低下和科技水平落后。政府努力发展科研和教育事业的措施包括许多内容,如实行专利制度和保护知识产权,使部分外在收益内在化;增加政府支出中科研和教育经费所占的比重;强制国民接受一定程度的义务教育;设置公立的科研机构和学校;对私人科研机构和学校给予政策优惠等。

(二)努力将环境污染降到最优水平

环境污染是外在成本中比较显著的问题。需要指出的是,环境污染的最优水平并不是零污染,因为在现有的技术水平下,人们可能无法实现完全消除污染的目标,令许多行业停止生产又会造成弊大于利的后果。政府努力减少污染的措施涉及制定反污染法规;要求企业将外在成本内在化,即安装反污染设备;以税收或罚款、停产等手段制裁污染严重的企业;在适当时机进行产业结构调整等。

(三)制定一些人们必须遵守的行为规范

对于某些消极外部效应比较明显的个人行为,政府(通常是市政当局)规定一些行为规范加以约束。例如,吸烟者不得在公共场所吸烟;在升国旗奏国歌时在场人员应当起立;衣衫不整者不得出席某些礼仪活动;不许乱丢果皮;不得酒后驾车等。

> **知识链接**
>
> ### 如何对外部性估价?
>
> 对政策制定者来说,一个重大的挑战就是估计一个行为的外部成本或外部收益。比如,在当地电厂造成空气污染这一例子中,政策制定者如何得知较低空气质量所带来的成本?一种方法是检验空气质量如何影响在市场上交易的商品价格。这正是在1970年《清洁空气法

案》后，经济学家肯尼思·查耶（Kenneth Chay）和迈克尔·格林斯通（Michael Greenstone）用来评估清除各种空气污染所带来的价值的方法。在 1970 年之前，很少有关于空气污染的联邦规制，空气污染在州立法者的日程表上也不重要。结果是，许多县允许工厂运行并对其排污没有任何规制，在一些重工业县，污染已经达到非常高的水平。特别地，在一些城市县区，以总悬浮颗粒的数量来度量的空气污染已经达到对人体有害的水平。

《清洁空气法案》建立了准则来说明什么是 5 种极度有害的污染物的过高水平。根据这一准则，环境保护部门和各州都会对那些不符合标准的县区实行减少总悬浮颗粒量的措施。按照 1970 年的法案和 1977 年用来加强法案执行力的修正案的要求，任何新投资带来的新增污染物排放必须被同一个县的其他污染源的减排所抵消，空气质量得到了改善（以总悬浮颗粒量来度量）。

查耶和格林斯通随后研究在空气质量明显改善的县（由于《清洁空气法案》），房屋价格是如何变化的。他们发现，房屋的价格显著提高（县的平均收入并没有明显变化）。结论是，他们估计由于《清洁空气法案》的实施，住房总价值大约增加了 450 亿美元。政策制定者也利用这些估计来指导他们对纠正性税收和补贴的选择。

（资料来源：阿西莫格鲁，莱布森，李斯特. 经济学：微观部分 [M]. 卢远瞩，尹训东，译. 北京：中国人民大学出版社，2016.）

第四节　科斯定理

美国经济学家科斯从交易成本和产权的角度，对外部效应做出了富有启发性的分析。人们将他的观点归纳为科斯定理。

一、交易成本

交易成本指人们进行市场交换活动所要付出的代价。在传统的微观经济理论中，假定交易成本为零。但是在现实生活中，市场机制正常运行需要某种代价。交易成本的具体内容主要指获取市场信息的费用和克服市场交易中的摩擦和冲突所支付的费用。例如，人们要搜寻关于商品价格、质量和交易场所的信息，在交换活动中要进行讨价还价的谈判，要督促和监督合同的履行并对违反合同者进行制裁等。

二、产权

产权指由法律和合同加以保证的关于财产使用、转让、占有和获取收入的一组权利。产权的具体安排形式是多种多样的。例如，产权可分为私有、共有和国有三种基本类型；从企业的角度来看，有独资、合伙、公司和国有等产权安排形式。产权还可以层层分解。例如，董事会把企业经营权委托给总经理，总经理把科研生产、财务、人事和劳动工资、营销等权限委托给相关部门经理，部门经理还会把一些操作权委托给生产工人、财会人员等。

三、科斯定理的内容

科斯认为，如果定价制度的运行毫无成本，最终结果（产值最大化）是不受法律状况影响的。这句话被称为科斯定理，它所包含的内容是：在交易成本为零的情况下，无论法律做出何种产权安排，市场机制都能得出令人满意的资源配置结果；但是，如果交易成本大于零，那么产权的界定会对经济运行的效率产生影响。

在理解科斯定理时，我们需要注意到，传统理论认为外部效应是市场失灵的典型表现，但是科斯定理有这样一层含义，即如果交易成本为零，市场机制在任何产权安排下都能找到最令人满意的资源配置办法。

现以某造纸厂向空气中排放废气和向河流中排放污水为例，说明在交易成本为零时，任何一种产权安排都不会对资源配置得到令人满意的结果产生影响。假定该造纸厂带来的外在成本为40万元，针对环境污染，政府可以选择两种产权安排。第一种产权安排是让居民拥有对清新空气、清洁河流的公共产权，即该企业没有制造污染的权利。第二种产权安排是不保证居民对环境的公共产权，允许企业有排污权。在第一种产权安排下，有两种基本的解决问题的方法，一是企业向国家缴纳40万元的排污费，以补偿那些受环境污染损害的人；二是企业安装净化设备和植树造林，自行消除有害气体和污水。在第二种产权安排下，居民会自发地组织起来，上山植树或出资为企业安装净化设备。市场机制选择哪一种方法，取决于安装净化设备和上山植树的费用。如果该费用为30万元，那么在第一种产权安排下，企业会自行选择清除污染的方法；在第二种产权安排下，居民会组织起来消除污染。显然，30万元的代价是各种产权安排下最令人满意的结果。如果该费用为50万元，那么在第一种产权安排下，企业会选择缴纳40万元的排污费；在第二种产权安排下，居民将选择承受40万元的污染损失。显然，40万元的代价是各种产权安排下最小的损失。

上述分析只是说明了科斯定理的第一层含义，但是它忽略了一个非常重要的方面，即科斯提出的交易成本概念。如果考虑到进行市场交易的成本，那么，合法权利的初始界定会对经济运行效率产生影响。

例如，在上面的造纸厂排污案例中，假定交易成本为5万元，它包括调查污染信息、将居民组织起来、与企业谈判或诉诸法律的费用。在交易成本大于零的情况下，如果清除污染的费用为30万元，那么，在第一种产权安排下，企业将自行清除污染，否则，居民将组织起来与之对簿公堂，它将赔偿40万元的污染损失。但是，在第二种产权安排下，居民组织起来清除污染的代价将不仅是30万元，他们还要负担5万元的交易成本。在这两种产权安排下，代价分别为30万元和35万元，结果显然是不一样的。因此，在某种情况下，产权的重新界定是十分重要的。例如，历史上，企业曾经拥有排放废物的权利，现在，多数国家都对企业危害环境的行为加以不同程度的法律限制。

自我检测

假设你想星期六在家中举行一个聚会，但又担心周围年纪比较大的邻居会投诉，请利用所知道的科斯定理，想一个办法来解决这一问题。

知识链接 **市场是技术进步的最大推动力**

传统的经济学文献通常假定技术具有外部性。这是因为,即使存在专利保护,新技术还是会产生溢出效应。按照外部性理论,由于技术具有正外部性,因而企业没有足够的积极性去创造新的技术,因此政府需要对它进行补贴。讽刺的是,传统经济学认为,市场经济不能给技术创新提供足够的激励,而事实是,人类的技术进步在市场经济中是最快的。在市场经济诞生前的2 000年中,人类社会的年技术进步率不超过0.05%,这意味着人均收入得花1 400多年才能翻一番。而在过去的200年中,人类社会的年技术进步率约为1.5%,是原来的30倍,这意味着人均收入翻一番的时间不到50年。这样快的技术进步来自市场经济本身,而不是政府的补贴。在市场竞争中,技术进步并不是一个简单的、边际上的问题,而是一个关乎企业存亡的问题!如今的技术进步可能不是太慢了,反而是太快了,比如手机的更新换代、微软和苹果等平台软件的迅速更新,而社会最优的状态可能不需要这么快。这些都与传统的外部性理论相矛盾。

(资料来源:张维迎.经济学原理[M].西安:西北大学出版社,2015.)

本章要点总结

公共产品是有价值的,但是市场对这种产品经常供给不足。非排他性和非竞争性是公共产品重要的性质。

外部性可以有多种形式和大小:可以是正的,也可以是负的;可以在生产中出现,也可以在消费中出现。外部性可以通过私人的或政府的方法解决,每一种方法都是将外部性内部化。

科斯定理认为,如果交易成本足够低,只要产权界定是清楚的,自由交易可以解决外部性问题,其效果优于政府干预和税收(补贴);如果交易成本高,产权配置给谁就是重要的问题。

关键概念

公共产品 竞争性 排他性 外部性 科斯定理 交易成本 产权

思考与练习

1. 下面哪些属于搭便车?哪些属于被强迫坐车?哪些正好是对公共产品付钱的人?

(1) 在英国,麦克缴税支持英国广播公司。他自己没有收音机或电视机。

(2) 莫妮卡为她自己缴纳地方财产税和州收入所得税。警察定期在她家附近巡逻。

(3) 小明在市里没有付钱就越过闸机口坐地铁。

(4) 在美国,莎拉为儿童免疫基金缴税。她住在郊区森林边,没有家人孩子,也很少看见其他人。

(5) 在中国,一名韩国的旅行者在景区公园里很享受。

2. 以下是否为外部性的例子？
（1）小月因为她的邻居大声播放音乐而没睡好。
（2）小李因为闹钟没响而面试迟到了。
（3）对花粉过敏的小玲因为自己花园里的花而生病。

3. 假设你把一个隐形跟踪装置安装在你的计算机上，一旦电脑被偷，警察立刻就会找到它。你购买跟踪装置对其他拥有电脑的人提供了正的还是负的外部性？如果你购买可见的电脑锁以防止盗窃，对其他拥有电脑的人又带来了怎样的外部性呢？

4. 科斯定理的内容是什么？请举出科斯定理在现实中的几个应用例子。

5. 什么时候会出现搭便车问题？

第十二章

国民收入核算理论

学习目标

- 了解国民收入核算的总量指标体系中的相关指标。
- 理解 GDP 的含义及核算方法。
- 掌握二部门、三部门、四部门经济构成以及恒等关系。
- 掌握宏观经济指标的分析方法。

大师简介

经济学家：西蒙·史密斯·库兹涅茨（Simon Smith Kuznets，1901—1985 年）

简介：俄裔美国著名经济学家，"美国的 G.N.P. 之父"，1971 年诺贝尔经济学奖获得者，主要著作有《国民收入和资本形成》《零售和批发贸易的周期波动》等。

主要成就：提出库兹涅茨周期理论和国民收入核算理论。1955 年提出的收入分配状况随经济发展过程而变化的曲线——倒 U 曲线，是发展经济学中重要的概念，又称作"库兹涅茨曲线"。

导入案例

2019 年世界银行版 GDP 排名

数据显示，2019 年全球 GDP（国内生产总值）总量达 86.6 万亿美元。其中，总量排名第一的美国占比 24.64%；排名第二为中国，总量占比 16.42%；排第三、第四的分别是日本、德国，各占比 5.98%、4.57%。

2019年GDP世界排名前五十的国家或地区及其2016年的GDP

排名	国家或地区	GDP（亿美元，IMF 2019）	GDP（亿美元，联合国2016）	人均GDP/美元
1	美国	213 400	186 200	64 865
2	中国	142 200	112 200	9 915
3	日本	51 800	49 400	4 0802
4	德国	39 600	34 800	47 462
5	印度	29 700	22 600	2 175
6	英国	28 300	26 500	41 895
7	法国	27 600	24 700	42 402
8	意大利	20 300	18 600	33 458
9	巴西	19 600	18 000	9 288
10	加拿大	17 400	15 300	46 487
11	韩国	16 600	14 100	32 341
12	俄国	16 100	12 500	11 040
13	西班牙	14 300	12 400	30 578
14	澳大利亚	14 200	13 000	56 223
15	墨西哥	12 400	10 800	9 731
16	印度尼西亚	11 000	9 322.6	4 068
17	荷兰	9 140.0	7 772.3	53 459
18	沙特阿拉伯	7 622.6	6 396.2	22 244
19	瑞士	7 075.7	6 688.5	82 358
20	土耳其	7 062.4	8 637.1	8 465
21	中国台湾	6 014.3	/	25 298
22	波兰	5 932.9	4 714.0	15 659
23	瑞典	5 471.2	5 144.8	54 514
24	比利时	5 318.1	4 679.6	46 087
25	泰国	5 166.6	407.3	7 421
26	伊朗	4 846.6	4 254.0	5 845
27	阿根廷	4 777.4	5 458.7	10 669
28	奥地利	4 595.9	3 900.8	51 321
29	尼日利亚	4 449.2	4 046.5	2 214
30	阿联酋	4 278.8	3 487.4	43 793
31	挪威	4 270.4	3 710.7	79 393

续表

排名	国家或地区	GDP （亿美元，IMF 2019）	GDP （亿美元，联合国2016）	人均GDP/美元
32	中国香港	38 172	3 209.1	51 333
33	爱尔兰	3 815.7	304.82	78 151
34	以色列	3 815.7	3 177.5	44 788
35	马来西亚	3 734.5	2 965.3	11 689
36	新加坡	3 728.1	2 969.5	64 229
37	南非	3 713.0	2 954.4	6 341
38	菲律宾	3 566.8	3 049.1	3 299
39	丹麦	3 495.2	3 069.0	60 556
40	哥伦比亚	3 366.0	2 824.6	6 687
41	孟加拉国	3 146.6	2 208.4	1 930
42	埃及	2 995.9	2 701.4	2 984
43	智利	2 956.1	2 470.5	15 598
44	巴基斯坦	2 780.2	2 825.1	1 284
45	芬兰	2 765.7	2 380.5	49 994
46	越南	2 603.0	2 052.8	2 698
47	捷克共和国	2 461.6	1 953.1	23 029
48	罗马尼亚	2 441.6	1 866.9	12 608
49	葡萄牙	2 394.7	2 048.4	23 418
50	秘鲁	2 320.8	1 922.1	7 139

（资料来源：世界银行网站）

第一节　国内生产总值及其核算方法

一、国内生产总值

（一）含义

国内生产总值（GDP）是指一个国家境内在一定时期内（通常是一年）生产出来并在市场上销售出去的最终产品的市场价值总和。GDP被誉为"经济的世界语"，于1953年初步形成，已成为世界各国普遍采用的经济核算体系。我国在20世纪80年代引入，90年代正式使用。GDP计算采用的是"国土原则"，即只要是在本国或本地区范围内生产或创造的价值，无论是外国人还是本国人创造的价值，均计入本国或本地区的GDP。例如，日本的丰田汽车制造公司在美国分公司所生产的汽车的价值记入美国的国内生产总值，而美国通用电气公司在日本分公司所制造的产品的价值则不计入美国的国内生产总值。

知识链接 经济学诺贝尔奖获得者——萨缪尔森评价 GDP

GDP 是 20 世纪最伟大的发明之一，与太空中的卫星能够描述整个大陆的天气情况非常相似，GDP 能够提供经济状况的完整图像。它能够帮助总统、国会和联邦储备委员会判断经济是在缩小还是在膨胀，需要刺激还是需要控制，是处于严重衰退之中还是存在通胀威胁。

没有像 GDP 这样的总量指标，政策制定者就会陷入杂乱无章的数字海洋而不知所措。GDP 和有关数据就像灯塔一样，帮助政策制定者引导经济向着主要的经济目标发展。

(资料来源：百度文库)

(二) 对 GDP 的理解

(1) GDP 测度的是最终产品的价值，中间产品的价值不计入。理解 GDP 的含义，首先要理解的就是最终产品和中间产品。最终产品是在一定时期内生产的并由其最后的使用者购买的产品和劳务。中间产品是用于再出售而供生产别种产品用的产品，或者是在以后的生产中作为投入品的产品。产出的含义是指增值额（即剔除生产成本外新增加的价值），所以在实际统计 GDP 时，往往用增值法。

知识链接 中间产品与最终产品

最终产品是从国民经济投入产出平衡的角度考察经济工作成果的重要指标，也是计算国民生产总值的基础。汽车是最终产品，对汽车来说，轮胎和方向盘以及生产汽车的机器人都是中间产品。但是如果消费者去配件市场自己买一个轮胎或者一个方向盘，那么就要计入最终产品。

在国民收入核算中，一件产品究竟是中间产品还是最终产品，不能根据产品的物质属性来区别，而只能根据产品是否进入最终使用者手中这一点加以区别。例如，我们不能根据产品物质属性来判断面粉和面包究竟是最终产品还是中间产品。看起来面粉一定是中间产品，面包一定是最终产品，其实不然。如果面粉为面包厂所购买，这包面粉是中间产品；如果面粉为家庭主妇所购买，则是最终产品。同样，如果面包是面包商店卖给消费者，此面包是最终产品；但面包在生产厂出售给面包商店时，它还属于中间产品。

(资料来源：根据相关资料整理编写)

(2) GDP 是一个市场价值的概念。国内生产总值是指一年内生产出来的全部产品的市场价值的总和。

(3) GDP 是一定时期内（通常是一年）所生产的最终产品的价值，不是所售卖掉的最终产品的价值。对于生产与销售之间的差额，可理解为企业自己买下来的存货投资。也就是物品暂时被作为"最终物品"，其价值作为存货投资而加到 GDP 中，当以后使用或销售中间物品存货时，企业的存货投资是负的，因此后一个时期的 GDP 就减少了。

(4) GDP 是计算期内（比如 2017 年）生产的最终产品的价值，是流量而不是存量。一年内新生产的而不是新出售的最终产品的价值，不能包括在计算期之前生产的产品。比如二手房交易，就不能算入计算期的 GDP。

(5) GDP 是一个地域概念。如一个美国人在中国工作，创造的收入要计入中国的 GDP。

(6) GDP 一般仅指市场活动所导致的价值，所以家庭劳动等非市场活动不计入 GDP。

（三）名义 GDP 和实际 GDP

在进行不同时期的 GDP 比较的时候，要考虑价格变动的因素，所以 GDP 有名义和实际之分。比如，中国不生产别的产品，全国人民都只做馒头，一年做一万亿个馒头，那么实际 GDP 就是一亿万个馒头。但是馒头的价格每年都变化，去年是 1 元钱一个，今年是 2 元钱，那么所有生产的产品（馒头）的市场价格就是 2 万亿元，这就名义 GDP。但是去年和今年都只生产了一万亿个馒头，数量没有变，也就是实际 GDP 没有变，只是因为价格上涨，名义 GDP 变了。人民的生活水准没有变化，大家还是只能吃一万亿个馒头。

名义 GDP 是使用生产产品和劳务的那个时期的价格计算出来的价值。比如 2019 年的 GDP，就用 2019 年的价格来计算。名义生产总值的计算的举例如表 12-1 所示。

表 12-1 2019 年某地区名义 GDP 计算

产品名称	产量/万吨	价格/（元·吨$^{-1}$）	国民生产总值/万元
产品 A	500	920.00	460 000
产品 B	300	1 860.00	558 000
产品 C	400	1 220.00	488 000
合计	—	—	1 506 000

实际 GDP 是以某一年作为基年的价格计算出来的价值。不变价格是指统计时确定的某一年（称为基年）的价格。根据上面的计算结果，分析不同年份经济发展变化情况的综合指标主要是国内生产总值。为了便于把 2019 的国内生产总值和 1978 年的国内生产总值直接进行对比，就要排除物价因素的影响，以 1978 的产品价格作为不变价格计算 2019 年的实际国内生产总值，如表 12-2 所示。

表 12-2 2019 年某地区的实际 GDP 计算（按 1978 年的价格计算）

产品名称	产量/万吨	价格/（元·吨$^{-1}$）	国民生产总值/万元
产品 A	500	160.00	80 000
产品 B	300	360.00	108 000
产品 C	400	280.00	112 000
合计	—	—	300 000

二、国民生产总值

国民生产总值（GNP）是一定时期内一国公民所生产的全部最终产品与服务的价值总和。GNP 计算采用的是"国民原则"，即只要是本国或本地区居民，无论你在本国或本地区还是在外国或外地区所生产或创造的价值，均计入本国或本地区的 GNP。比如你到美国打工，生产的产品就不算在中国的 GDP 内（不在中国境内）但算在中国的 GNP 内（你还是中国公民），你生产的产品会计算在美国的 GDP 内。

例如，某高科技企业聘请德国人汉斯作为公司技术总监，年薪 30 万美元。则中国 GDP 增加 30 万美元，GNP 增加 0；德国 GDP 增加 0，GNP 增加 30 万美元。

国民生产总值是指一国所拥有的生产要素所生产的最终产品的价值，是一个国民概念；而国内生产总值是指一国范围内所生产的最终产品的价值，是一个地域概念。这也就是说，国内生产总值应包括本国与外国公民在本国所生产的最终产品的价值总和。两者之间的关系为：国民生产总值 = 国内生产总值 + 本国公民在国外生产的最终产品的价值总和 − 外国公民在本国所生产的最终产品的价值总和。

三、其他总量指标

（一）国民生产净值

国民生产净值（NNP）是一个国家一年中的国民生产总值（GNP）减去生产过程中消耗的资本（折旧费）所得出的净增长量。从逻辑上讲，NNP 的概念比 GNP 更容易反映国民收入和社会财富变动的情况，但由于 GNP 比 NNP 容易确定统计标准，而且折旧费的计算方法不一，政府的折旧政策也会变动，因此各国还是常用 GNP 而不常用 NNP。

（二）国民收入

国民收入（NI）是一个国家在一年内各种生产要素所得到的实际报酬的总和，即工资、利息、租金和利润的总和。从国民生产净值中扣除间接税就得到狭义的国民收入。企业间接税和企业转移支付是列入产品价格的，但并不代表生产要素创造的价值或者收入，因此计算狭义国民收入时必须扣除。相反，政府给企业的补助金不列入产品的价格，但成为生产要素收入，因此应当加上。

（三）个人收入

个人收入（PI）是指个人应该得到的收入。国民收入不是个人收入，一方面，国民收入中属于企业留存的部分不会成为个人收入，包括公司未分配利润、公司所得税和社会保险税，统称为企业净储蓄；另一方面，政府转移支付（包括公债利息）虽然不属于国民收入（生产要素报酬）却会成为个人收入。因此，从国民收入中减去企业净储蓄，加政府转移支付，就得到个人收入。

（四）个人可支配收入

个人可支配收入（PDI）指缴纳了个人所得税以后留下的可为个人所支配的收入。个人可支配收入分为消费和储蓄两部分。

国民收入核算中，这五个基本总量的关系如下。

$$GNP - 折旧 = NNP。$$
$$NNP - 间接税 = NI。$$
$$NI - 企业净储蓄 + 政府对个人的转移支付 = PI。$$
$$PI - 个人所得税 = PDI = 消费 + 储蓄。$$

国民收入核算中所使用的各种指标从不同方面反映了国民收入总量的变化，其计算方法不同，反映问题的角度和分析评价的要求也不同。因此，在进行国民收入的总量分析时，可以根据不同的分析要求，选择运用不同的总量指标分析说明国民收入在不同情况下的发展变化特征及其变动规律。

第二节　国民收入的核算方法

一、生产法

（一）生产法概念

生产法是从生产角度计算国内生产总值的一种方法。从国民经济各部门一定时期内生产和提供的产品和劳务的总价值中，扣除生产过程中投入的中间产品的价值，从而得到各部门的增加值。各部门增加值的总和就是国内生产总值。

（二）生产法主要包含的项目

1. 总产出

总产出是指常住单位在一定时期内生产的所有货物和服务的价值总和，既包括新增价值，也包括转移价值，反映一定范围内各部门生产经营活动的总规模，也叫总产值。总产出按生产者价格计算。

2. 中间投入

中间投入是常住单位一定时期内在生产过程中消费和使用的非固定资产货物（如原材料、燃料、动力和各种服务）的价值。计算中间投入必须具备两个条件。一是与总产出的计算口径范围保持一致，即计算与总产出相对应的生产经营过程中所消耗的中间产品的价值。因此，各部门中间投入的计算方法是与其总产出的计算方法相对应的。如工业总产出按工厂法计算，工厂内部不允许重复计算，那么其中间投入就应该按生产中消耗的外购原材料、燃料动力和对外支付的服务费用计算；农业总产出按产品法计算，其中间投入既包括外购的，也包括自产自用的中间产品（如种子、饲料）的价值。二是一般为本期一次性使用的，即本期消耗的不属于固定资产的非耐用品；低值易耗品则按本期摊销的部分计算。

3. 增加值

增加值是总产出减去中间投入后的余额，是生产单位生产的物质产品和服务的价值超过了在生产过程中所消耗的中间投入价值后的差额部分，反映一定时期内各部门、各单位生产经营活动的最终成果。

二、收入法

（一）收入法概念

收入法是从生产过程中各生产要素创造收入的角度计算 GDP 的一种方法。这一方法从收入角度来计算 GDP，把参加生产过程的所有生产要素的所有者的收入相加得到 GDP 的数字，即工资、利润、利息、租金加总得到国民收入。严格说来，最终产品市场价值除了生产要素收入构成的成本外，还有间接税、折旧、公司未分配利润，然后在国民收入基础上进行必要的统计调整得到 GDP，即用要素收入亦即企业生产成本核算国内生产总值。

（二）收入法主要包含的项目

1. 工资、利息和租金等生产要素的报酬

工资从广义上说应当包括所有对工作的酬金、补助和福利费，其中包括工资收入者必须缴纳的所得税及社会保险税。利息在这里指人们储蓄所提供的货币资金在本期的净利息收入，但政府公债利息及消费信贷的利息不计入国民生产总值，而只被当作转移支付。租金包括个人出租土地、房屋等租赁收入。

2. 非公司企业主收入

非公司企业主收入指各种类别的非公司型企业的纯收入，其工资、利息、利润和租金等是混在一起的，如医生、律师、农民和小店铺主的收入。他们使用自己的资金，自我雇佣，工资、利息、利润、租金等常常混在一起作为自己的收入。

3. 公司税前利润

公司税前利润包括公司所得税、社会保险税、股东红利及公司未分配利润等。

4. 企业转移支付及企业间接税

企业转移支付及企业间接税包含在企业成本中，最后通过价格一起转移给消费者。转移支付有福利性质的各种支出，如保险、津贴、失业补助等，大部分是政府的行为，也有少部分企业行为。

5. 资本折旧

资本折旧也是企业生产成本的一部分。

三、支出法

（一）支出法概念

支出法又称最终产品法，基本原则是从最终产品的使用出发，把一年内整个社会购买的各项最终产品支出加总，计算该年内生产的产品和劳务的市场价值。把实际经济生活中四大类对最终产品和服务的需求相加得到GDP。这四个部分包括消费（C）、投资（I）、政府购买（G）和净出口（$X-M$）。

（二）主要包含的项目

1. 消费（C）

消费（C）即居民个人消费支出，包括购买耐用消费品（汽车、电视机、冰箱等）、非耐用消费品（食物、衣服）和劳务（医疗、旅游、理发等）。建造住宅的支出则不包括在内，一般占GDP一半以上。

> **知识链接** **为什么住宅建筑支出不被看作耐用品消费支出而看作是投资支出的一部分？**

住宅建筑，即当年建造为私人购买和使用的房屋总值。之所以列为投资的一部分，是由于住宅能长期供人居住，提供服务，它比一般耐用消费品的使用寿命更长，因此把住房的增加看作投资的一部分。当然，房屋被消费的部分可算作消费，假定它是出租的话，所取得的房租可以计入 GNP。

2. 投资（I）

投资（I）指增加或更换资本资产（包括厂房、住宅、机械设备及存货）的支出，分为固定资产投资和存货投资。前者指用来增加新厂房、新设备、营业用建筑物（即非住宅建筑物）以及住宅建筑物的支出；后者指的是企业持有的存货价值的增加（或减少）。

（1）固定投资：分为居民住房投资和企业固定投资。这种类型的投资主要用来增加新的厂房、设备，包括营业用的建筑物和住宅用的建筑物支出。

（2）存货投资：不代表产品和劳务实际支出，而是企业持有存货数量的变化，即产量超过实际销售量的存货积累。

3. 政府购买（G）

政府购买（G）是指各级政府购买物品和劳务的支出总和，如国防建设、道路建设、开办学校，以及用于支付政府公职雇员（如公务员、法官、警察、消防人员等）的工薪开支等。需要注意的是，政府购买不是政府的全部支出，政府的全部支出还包括转移支付，即政府无偿地将资源转移给某些组织或个人，大都具有福利支出的性质，如社会保险、福利津贴、抚恤金、养老金、失业补助、救济金、低保以及各种补助费等；农产品价格补贴也是政府的转移支付。转移支付不包含在政府购买或者说 GDP 里面，因为 GDP 是衡量一国在一定时期内所生产的产品和提供的劳务，简单地说，是社会生产了多少财富的指标，而政府转移支付只是改变了社会财富量的分配，并没有增加社会的财富量，所以不能计入 GDP。

4. 净出口（$X-M$）

净出口（$X-M$）是指货物和劳务出口减去进口得到的差额，表示本国最终产品和服务有多少通过外国人支出而实现了它们的市场价值。我们一般用 X 表示出口，用 M 表示进口，则净出口就是 $X-M$。国家之间贸易往来的普遍存在，使一个国家公众、企业和政府在购买最终产品方面的支出和这个国家的总产出经常不相等，也就是经常说的贸易顺差和贸易逆差。

贸易顺差是指在特定年度一国出口贸易总额大于进口贸易总额，又称"出超"，表示该国当年对外贸易处于有利地位。贸易逆差是指一国在特定年度内进口贸易总值大于出口总值，俗称"入超"，反映该国当年在对外贸易中处于不利地位。

本国购买的有些产品是别国生产的，这些进口产品不应计入国内生产总值。相反，国内有些产品出口到国外，被国外购买，这些出口产品应计入国内生产总值。

如果用 C 表示个人消费支出，用 I 表示投资支出，用 G 表示政府购买支出，用 $X-M$ 表示净出口，用支出法计算国内生产总值的公式可以写成：

$$GDP = C + I + G + (X - M)$$

从理论讲，通过生产法、收入法和支出法计算出的 GDP 是相等的，即生产法计算的 GDP 等于收入法计算的 GDP，也等于支出法计算的 GDP，称为三面等值。也就是社会最终产品的生产及收入分配的结果与最终使用应是相等的，因此必须保持三种方法的计算口径一致。但在实际计算中,由于资料来源不同,计算结果会出现一些差异,称为统计误差,这是正常的。三种方法各有特点,相互补充。

第三节 国民收入的恒等关系

一、两部门经济的投资储蓄恒等式

1. 假设条件

(1) 社会中只有家庭和厂商两个部门。

(2) 不考虑折旧,没有政府,也就没有企业间接税。

2. 两部门的经济运行方式

国内生产总值是一个流量概念,因为它表示的是某段时期内整个经济社会所新生产出来的价值或最终产品的价值,因而它是一定时期内发生变动的数值,即是流量而不是存量。存量是指一定时点上存在的变量的数值,例如,国民财富表示的是某一时点上国民财富是多少,因而是变量在一定时点上存在的数值,即存量。

理解核算国民收入的基本方法可以从分析国民收入流量循环的模型入手。最简单的模型是假定一个社会只有两种经济单位或者说两个经济部门:企业(或者说厂商)和居民户(或者说家庭)。家庭部门拥有全部生产要素(土地、劳动和资本),家庭部门的收入是向企业出售生产要素的服务所得到的。假定家庭部门花费他们全部的收入,没有储蓄。在这样的情况下,收入在两部门间的循环流动将如图12-1所示。

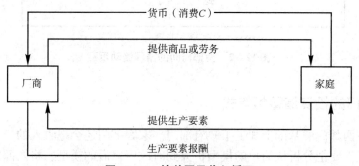

图12-1 简单国民收入循环

在这个过程中,图的下半部表示家庭部门向厂商部门出售生产要素的服务,如工人出卖劳动力,地主出租土地,资金所有者出贷,企业家提供管理才能。这时候,厂商部门要向家庭部门支付相应报酬,如工资、地租、利息和利润。图的上半部表示厂商将生产出来的最终产品和劳务(这些最终产品和劳务就是运用向家庭部门购得的生产要素所生产出来的)售卖给家庭部门消费,而家庭部门购买这些最终产品和劳务所运用的货币收入正是他们出售生产要素给厂商部门时所得到的报酬。假定家庭部门花费他们的全部收入,即没有储蓄。

这样,收入就在厂商部门和家庭部门之间循环不息地流动。在这个简单模型中,厂商向家庭部门售出的是最终产品而不是中间产品,而原材料、能源等都是中间产品,是不能计入国民收入的,这表明中间产品只在厂商部门内部流动,各部门的产品一方面在生产过程中需要其他部门产品作为中间投入,另一方面又会作为中间产品卖给其他部门作为中间投入。至于机器设备消耗的补偿,则是用投资加以解决的。

但现实生活中,家庭一般不会把所有收入全部消费,还要储蓄一部分,这样就有了金融机构。

从这里能看出金融市场的作用。往往金融市场发达的国家,能较充分地将家庭的储蓄转化为投资,从而实现比较好的发展绩效。

两部门中,从总支出和总收入两个角度来分析国民收入。

$$总需求(AD) = 消费 + 投资 = C + I$$

$$总供给(AS) = 工资 + 利息 + 地租 + 利润 = 消费 + 储蓄 = C + S$$

总需求等于总供给的条件,就是国民收入的均衡条件。

$$AD = AS \Longrightarrow C + I = C + S \Longrightarrow I = S$$

这也就是两部门的投资储蓄恒等式。两部门间的循环流动示意如图 12-2 所示。

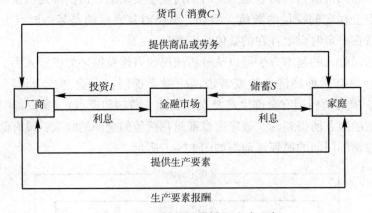

图 12-2 两部门间的循环流动示意

二、三部门的投资储蓄恒等式

三部门是在两部门的基础上加上了政府部门。家庭部门还会把收入的一部分作为税收上交给政府,这就需要把分析从简单的模型扩大到有政府以后的模型,将两部门模型转化为三部门模型。当政府在社会经济中起作用以后,一方面政府部门对家庭部门征税,会使家庭的消费和储蓄减少。征税是收入流量循环管道中又一次漏出,家庭部门的可支配收入降低,这样企业部门的一部分产出就卖不出去,于是生产和收入又会减少。然而政府不可能只征税而不支出。假定政府的支出是向企业部门购买产品和劳务,则企业的销售就仍将和生产量相等,即总需求和总供给平衡。这里政府购买是收入流量循环管道中的又一次注入。这一情况可用图 12-3 表示。

在三部门中,总需求多出了政府购买 (G),变成了:

$$AD = C + I + G$$

从总供给看,各项要素收入中多出了政府的税收 (T) 这一项,变成了:

$$AS = C + S + T$$

所以，总供给＝总需求的均衡条件就可以表示为：
$$C + I + G = C + S + T$$
由此可推出：
$$I = S + (T - G)$$
其中，$T-G$ 是政府储蓄，这就是三部门的投资储蓄恒等式。

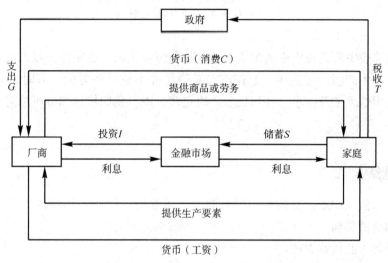

图 12-3 三部门间的循环流动示意

三、四部门的投资储蓄恒等式

四部门经济是在三部门的基础上加上了国外部门。四部门经济是指由厂商、居民户、政府和国外这四种经济单位所组成的经济。在这种经济中，国外的作用是：作为国外生产要素的供给者，向国内各部门提供产品与劳务，对国内来说，这就是进口；作为国内产品与劳务的需求者，向国内进行购买，对国内来说，这就是出口。

四部门经济中的收入流量循环，即厂商、居民户、政府与国外之间的经济联系。这时，经济要正常运行下去，不仅要储蓄等于投资，政府税收等于支出，而且要所有的出口与所有的进口相等。

在四部门经济中，总需求不仅包括居民户的消费需求、厂商的投资需求与政府的需求，而且还包括国外的需求。国外的需求对国内来说就是出口，所以可以用出口来代表国外的需求。这样，总需求可表示为：

总需求＝消费＋投资＋政府支出＋出口

如果以 X 代表出口，则可以把上式写为：
$$AD = C + I + G + X$$

四部门经济的总供给中，除了居民户供给的各种生产要素和政府的供给外，还有国外的供给。国外的供给对国内来说就是进口，所以可以用进口来代表国外的供给。这样，总供给可表示为：

总供给＝消费＋储蓄＋政府税收＋进口

如果以 M 代表进口，则可以把上式写为：

$$AS = C + S + T + M$$

四部门经济中总需求与总供给的恒等就是：

$$AD \equiv AS$$

或者

$$I + G + X \equiv S + T + M$$

在国民收入核算中，这种恒等式是一种事后的恒等关系，即在一年的生产与消费之后，从国民收入核算表中所反映出来的恒等关系。这种恒等关系，也是国民收入决定理论的出发点。但在一年的生产活动过程中，总需求与总供给并不总是相等的。有时总需求大于总供给，也有时总供给大于总需求。在国民收入决定理论中，我们将详细分析总需求与总供给的这种关系。

本章要点总结

国内生产总值（GDP）是指在一定时期内（通常是一年）一国境内所产出的全部最终产品和服务的价值总和。

认知国民收入的核算方法：

支出法：国民收入 = 个人消费 + 投资 + 政府购买 + 净出口（出口 − 进口）

收入法：国民收入 = 工资 + 利息 + 租金 + 利润 + 间接税和企业转移支付 + 折旧

关键概念

GDP　个人可支配收入　中间产品　最终产品　消费　投资

思考与练习

1. 在下列项目中，哪些会被计入 GDP？为什么？

（1）政府的扶贫款。

（2）购买一套二手公寓。

（3）妈妈给我包的饺子。

（4）过年抢到的微信红包。

2. 假定一国有下列国民收入统计资料：国内生产总值 4 800 亿元，总投资 800 亿元，净投资 300 亿元，消费 3 000 亿元，政府购买 960 亿元，政府预算盈余 30 亿元。试计算：

（1）国内生产净值；

（2）净出口；

（3）政府税收减去转移支付后的收入（净税收）；

（4）个人可支配收入；

（5）个人储蓄。

3. 判断题
(1) GDP 在计算的过程中不包括当年生产的用于生产的固定资产。　　　(　　)
(2) 水果是用来吃的,所以是最终产品。　　　(　　)
(3) 用收入法和支出法计算出的 GDP 并不一定都相等。　　　(　　)
(4) 国民收入核算指标无法反映出社会成本的损失和闲暇的劳动价值。　　　(　　)
(5) 名义国内生产总值和实际国内生产总值在不存在通货膨胀的情况下是相等的。
　　　(　　)

4. 为什么用收入法、支出法、生产法核算的 GDP 是相等的?
5. 画出四部门流程图并说明其经济运行的基本过程。

第十二章

国民收入决定理论

学习目标

- 理解并说明简单国民收入决定模型。
- 掌握消费函数和边际消费倾向的含义。
- 掌握 AD – AS 均衡模型。
- 掌握 IS – LM 均衡模型。

大师简介

经济学家：约翰·梅纳德·凯恩斯（John Maynard Keynes，1883—1946 年）

简介：英国经济学家，现代经济学最有影响的经济学家之一。他创立的宏观经济学与弗洛伊德所创的精神分析法和爱因斯坦发现的相对论一起并称为20世纪人类知识界的三大革命，代表作为《就业、利息和货币通论》（简称《通论》）。

主要成就：发展了关于生产和就业水平的一般理论，认为单纯的价格机制无法解决失业问题，引入不稳定和预期性，建立了流动性偏好倾向基础上的货币理论；认为经济发展必然会出现一种始向上、继向下、再重新向上的周期性运动，并具有明显的规律性，即经济周期。

导入案例

老百姓为什么喜爱储蓄？

高储蓄率往往是高 GDP 增长的后果。道理很简单，普通老百姓收入增长后，会小心地"奖励"一下自己，但不愿大量花钱。日本在20世纪70年代 GDP 增长很快，那个时期的储蓄存款率也很高。到了90年代，日本经济增长变缓，储蓄存款率也随之下降。中国目前还是处在高 GDP 增长期间，较高的储蓄存款率其实是正常的。缺少有吸引力的投资渠道是高储蓄率的一个重要原因。其实，不光老百姓缺少投资渠道，近年来很多企业也因缺少投资欲望而把资金存入银行。在中国，企业存款增加后，广义货币 M2（定、活期存款为主）就会随之增长。2005 年的 M2 同比增长 18.3%，很多人推测这个增长主要来自企业高达 1.2 万亿元的利润。所以，老百姓不投资不是孤立的现象。

老百姓储蓄多是对养老风险和医疗风险没有信心。美国的经历证明了这一点。20 世纪 70 年代，美国经济不景气，美国人储蓄较多。随着经济改善和各种社会保险机制的建立，大多数美国人对未来的担忧没有了。2005 年，美国人的储蓄率是负数，说明他们不光不存钱，而且开始花过去的存款。

（资料来源：根据相关资料整理编写）

第一节 简单的国民收入决定模型

一、消费函数和储蓄函数

（一）消费函数

1. 消费函数的含义

消费函数反映消费支出与决定支出的各种因素之间的依存关系，是消费者行为数量研究的重要组成部分。"消费函数"这一概念最先由英国经济学家凯恩斯提出。他在《就业、利息和货币通论》（1936）一书中提出：总消费是总收入的函数。实际上影响消费的因素很多，如商品价格、消费者偏好、收入水平、消费者对未来的预期等。但凯恩斯认为，这些因素中有决定意义的是收入。所以，消费函数一般以收入为自变量，反映收入与消费之间的依存关系。在其他条件不变的情况下，收入增加，消费增加；收入减少，消费减少，即消费随收入的变动而同方向变动。

如果以 C 代表消费，Y 代表收入，则消费函数可表达为：

$$C = f(Y)$$

消费函数特征如下。
（1）消费总是正数，即 $C > 0$。
（2）消费函数是收入的增函数。
（3）一般收入的增加快于消费的增加。

2. 边际消费倾向与平均消费倾向

消费与收入的关系，可以用平均消费倾向和边际消费倾向说明。

平均消费倾向（APC）是指任一收入水平上消费支出在收入中所占的比率，用公式表示为：

$$APC = \frac{C}{Y}$$

从几何意义上来说，APC 是消费曲线上任何一点与原点连线的斜率。同时，从上式中可以看出，APC > 1 时，出现负储蓄，即消费 > 收入；APC < 1 时，表示除了消费外，还有剩余

收入可用于储蓄；$APC=1$ 时，储蓄为 0，即全部收入用于消费。

边际消费倾向（MPC）是指增加的消费在增加的收入中所占的比率，即增加一单位收入中用于增加的消费部分的比率，用公式表示为：

$$MPC = \frac{\Delta C}{\Delta Y}$$

式中，ΔC 代表增加的消费，ΔY 代表增加的收入。通常，对于增加的收入，人们不会全部消费掉，也不会全部储蓄起来，而是花掉其中一部分。因此，边际消费倾向 MPC 的值介于 0 和 1 之间。凯恩斯认为，随着收入的提高，消费增量占收入增量的比重会越来越低。边际消费倾向随消费收入增加而呈现递减的趋势，被称为边际消费倾向递减规律。

3. 消费曲线

消费与收入之间的关系可以用线性消费曲线来说明，如图 13–1 所示。

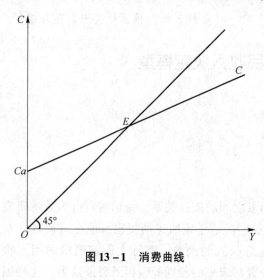

图 13–1 消费曲线

横轴代表收入，纵轴代表消费。45°线是收支相抵线，直线上任意一点都表示 $C=Y$。消费曲线 C 向右上方倾斜，且与 45°线相交于点 E，点 E 是收支相抵点。在点 E 以左，消费大于收入，表明有负储蓄；在点 E 以右，消费小于收入，有正储蓄。当收入等于 0 时，消费为 Ca，Ca 表示不依存于收入的消费，即由人的基本需求决定的必需消费，如维持生存的衣、食、住等，称为自发性消费。因此，消费函数可以表示为：

$$C = Ca + MPC \cdot Y$$

式中，Ca 为自发性消费；MPC 为边际消费倾向；Y 为收入；$MPC \cdot Y$ 为引致消费，即随收入变动而变动的那部分消费。

知识链接

消费函数之谜

消费函数之谜是指消费统计资料研究的结论与原有消费函数理论之间的矛盾。凯恩斯绝对收入假说得出的线性消费函数（$C=a+bYd$）在短期内得到了现实的验证。但是，在 1942 年，美国经济学家西蒙·库兹涅茨根据凯恩斯提出的消费倾向递减理论，对 1869—1938 年的资料进行回归分析时发现，消费函数表达式应为 $C=bYd$，即在长期内，自发性消费为零，任何收入水平上的边际消费倾向与平均消费倾向相等。并指出，凯恩斯理论和统计数据相矛盾：在美国，尽管个人收入有很大增长，但国民收入中的储蓄份额并无长期上升现象。这种短期消费函数和长期消费函数表现出来的差异被称为"消费函数之谜"或"凯恩斯–库兹涅茨悖论"，具体表现为平均消费倾向在长期不变，在短期递减；长期边际消费倾向大于短期消费倾向。

（资料来源：MBA 智库·百科）

第十三章 国民收入决定理论

知识链接

关于消费函数的其他理论

在凯恩斯的消费函数理论中,家庭当前消费水平取决于该家庭当前的收入水平,这一消费理论又被称为"绝对收入"假说。在凯恩斯提出消费函数理论后,这一理论得到一些补充和修改,主要在以下几个方面。

(1) 相对收入假说。该假说由美国经济学家杜森贝里提出。主要内容包括两点。一是在空间上,一个家庭的消费支出不仅受家庭自身收入水平的影响,也受其周边家庭收入的影响。这是因为周边家庭的消费具有"示范效应"。如果周边家庭收入增加了,其周边家庭的消费支出就会增加,即使该家庭的收入水平没有增加,但在周边家庭消费支出增加的示范作用下,该家庭的消费水平也会增加。二是在时间上,一个家庭的当前消费不仅受当前收入水平的影响,还受其过去峰值收入水平的影响。这是因为消费具有"棘轮效应"(消费水平上升容易,但下降难),如果当前收入比过去峰值收入下降了,家庭为了维持已有的生活水平和生活方式,就会改变当前消费倾向,提高消费在当前收入中所占的比例,以维持既有的生活水准。

(2) 持久收入假说。该假说由美国经济学家米尔顿·弗里德曼提出。该理论认为,家庭的当前消费水平不是由其当前收入水平决定的,而是由其持久收入决定的。所谓的持久收入,是指消费者可以预计到的长期收入的加权平均值,即他一生中可得到收入的加权平均值。该理论认为,由于持久收入通常是一个常数,因此长期消费倾向就会比较稳定。根据该理论,政府想要通过减少税收来影响消费需求是不能奏效的,因为人们因减税而一时增加的收入并不会立即用来增加消费。

(3) 生命周期假说。该假说由弗朗兰·莫迪利安尼提出。该理论将人生分为青年、壮年和老年三个阶段,认为消费者总是要估计一生的总收入并考虑在生命过程中如何最佳分配自己的收入,以获得一生中最大的消费满足。一般说来,年轻人家庭收入总体偏低,这时消费会超过收入;随着他们进入壮年,收入日益增加,这时收入会大于消费,多出的收入一方面用于偿还年轻时欠下的债务,一方面储蓄起来以备年老之用。

除了这些理论以外,经济学家还探讨了影响消费的其他因素,如利率、物价总水平和价格预期等。这些理论都是对凯恩斯消费理论的拓展和补充。

(资料来源:迈克易切恩. 宏观经济学 [M].
秦海英,何婧怡,译. 北京:机械工业出版社,2011.)

(二) 储蓄函数

1. 储蓄函数的含义

与消费函数相联系的是储蓄函数。储蓄是收入中未被消费的部分。影响储蓄的因素很多,如收入、利率等。但凯恩斯假定收入是储蓄的唯一决定因素,收入的变化决定储蓄的变化,所以储蓄函数是储蓄与收入之间的关系。在其他条件不变的情况下,收入增加,储蓄增加;收入减少,储蓄减少,即储蓄随收入的变动而同方向变动。

如果以 S 代表储蓄,Y 代表收入,则储蓄函数可表达为:

$$S = f(Y)$$

储蓄函数具有如下特征。
(1) 当收入为零时,储蓄为负,因为存在自发消费。
(2) 储蓄函数是收入的增函数。
(3) 收入的增加快于储蓄的增加。

2. 平均储蓄倾向和边际储蓄倾向

储蓄与收入的关系,可以用平均储蓄倾向和边际储蓄倾向说明。

平均储蓄倾向(APS)是指任一收入水平上储蓄在收入中所占的比率,用公式表示为:

$$APS = \frac{S}{Y}$$

边际储蓄倾向(MPS)是指增加的储蓄在增加的收入中所占的比率。如果以 ΔS 代表增加的储蓄,以 ΔY 代表增加的收入,则边际储蓄倾向用公式表示为:

$$MPS = \frac{\Delta S}{\Delta Y}$$

同样的原因,边际储蓄倾向 MPS 的值也是介于 0 和 1 之间。

3. 储蓄曲线

与边际消费倾向递减相对应,边际储蓄倾向是递增的。可以用储蓄曲线来说明储蓄与收入的关系,如图 13-2 所示,横轴代表收入,纵轴代表储蓄,储蓄曲线 S 向右上方倾斜,且与横轴相交于点 E,此时储蓄为 0,点 E 为收支相抵点。在点 E 之左,有负储蓄;在点 E 之右,有正储蓄。

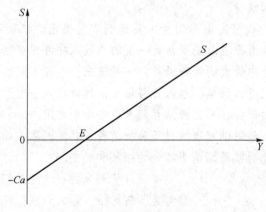

图 13-2 储蓄曲线

(三) 消费函数与储蓄函数的关系

消费和储蓄之和等于收入,即 $Y = C + S$,所以 $S = Y - C$。将消费函数 $C = Ca + MPC \cdot Y$ 代入可得储蓄函数方程式为:

$$S = -Ca + (1 - MPC)Y$$

消费函数与储蓄函数的互补关系也决定了消费倾向与储蓄倾向之间的对应关系——平均消费倾向与平均储蓄倾向之和为 1,即:

$$APC + APS = 1$$

边际消费倾向与边际储蓄倾向之和为 1，即：
$$MPC + MPS = 1$$

从上面的分析可知，消费函数和储蓄函数相互联系、相互补充，二者的关系如下。

（1）消费函数和储蓄函数互为补数，二者之和等于收入。

（2）如果 MPC 和 APC 都随收入增加而递减，则 MPC 小于 APC；如果 MPS 和 APS 都随收入增加而递增，则 MPS 大于 APS。

（3）APC 和 APS 之和等于 1，MPC 和 MPS 之和也等于 1。

二、两部门经济中国民收入的决定及变动

（一）简单的国民收入决定模型

为了易于分析，假定只有家庭和企业两部门经济。这种经济中，家庭既是生产要素市场上的供给者，同时又是产品市场上的需求者；企业既是生产要素市场上的需求者，同时又是产品市场上的供给者。该经济模型中，由于没有政府和国际贸易，我们把它称为简单的国民收入决定模型。

按照凯恩斯的理论，总需求等于总供给时的国民收入称为均衡的国民收入。

总需求（AD）是指在价格、收入和其他经济变量既定的条件下，经济社会所愿意购买的物品和劳务的总和，即家庭、企业、政府和国外消费者为购买这些物品和劳务所愿意支付的总支出，由消费、投资、政府支出和净出口四部分组成。总供给（AS）是指在价格、成本和技术水平既定的条件下，经济社会愿意雇用生产要素生产的产品和劳务的总和，表现为各生产要素所有者的预期收入之和。因此，总供给可以表示为工资、利息、利润及地租等生产要素的预期收入之和。

由前面的分析可知，产品市场的国民收入水平是由产品总需求和总供给共同决定的。此处主要分析产品市场总需求如何决定国民收入水平。宏观经济理论采用的是模型分析法，它的一系列结论都有严格的前提条件。在进行总需求分析时，有三点重要的假设：第一，各种资源没有得到充分利用，总供给可以随总需求的增加而增加，即国民经济只受需求约束，只要支出增加，产量和国民收入就会增加；第二，充分就业的国民收入水平不变；第三，价格水平既定。

在此基础上分析总需求变动对国民收入的影响，还有两点假设：第一，利率水平既定；第二，投资水平既定。

1. 总需求与均衡国民收入的决定

均衡的国民收入由总需求水平决定，可用图 13-3 说明。

在图 13-3 中，横轴代表国民收入，纵轴代表总需求，45°线表示总需求等于总供给。AD_0 是一条与横轴平行的线，代表总需求水平，表示不考虑总需求变动的情况。AD_0 与 45°线相交于点 E，决定了均衡的国民收入水平为 Y_0。在 Y_0 之左，总需求大于总供给，国民收入如向右的箭头所示，要向 Y_0 增加；在 Y_0 之右，总需求小于总供给，国民收入如向左的箭头所示，要向 Y_0 减少；只有在 Y_0 时，国民收入才既不增加也不减少，处于均衡状态，这时的国民收入就是均衡的国民收入。

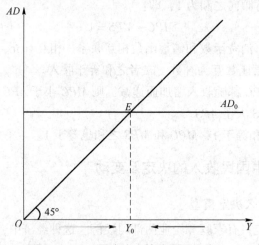

图 13-3 总需求决定的均衡国民收入

2. 总需求与国民收入水平的变动

总需求水平决定了均衡国民收入的水平,所以,总需求的变动必然引起均衡国民收入水平的变动,如图 13-4 所示。

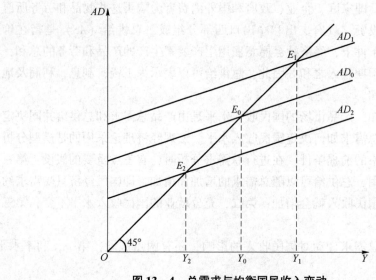

图 13-4 总需求与均衡国民收入变动

总需求 AD_0 与 45°线相交于点 E_0,决定的均衡国民收入水平为 Y_0。总需求增加,需求曲线向上方移动到 AD_1,它与 45°线相交于点 E_1,决定的均衡国民收入水平为 Y_1,Y_1 大于 Y_0,说明总需求增加,均衡国民收入增加。总需求减少,需求曲线向下方移动到 AD_2,它与 45°线相交于点 E_2,决定的均衡国民收入水平为 Y_2,Y_2 小于 Y_0,说明总需求减少,均衡国民收入减少。可见,总需求的变动引起均衡国民收入同方向变动。

在图 13-4 中,总需求变动表现为总需求曲线的平行移动,说明总需求变动是由自发总需求的变动所引起的。设自发总需求的变动量为 ΔA,则这三条总需求曲线为:

第十三章 国民收入决定理论

$$AD_0 = Ca + c \cdot Y$$
$$AD_1 = Ca + \Delta A + c \cdot Y$$
$$AD_2 = Ca - \Delta A + c \cdot Y$$

根据上述总需求与国民收入变动的关系，还可以进一步研究储蓄与国民收入变动的关系。在既定的收入中，消费与储蓄是成反方向变动的，即消费增加，储蓄减少；消费减少，储蓄增加。储蓄是总需求的一个重要组成部分，储蓄增加使消费减少，总需求减少，从而使国民收入减少；相反，储蓄减少使消费增加，总需求增加，从而使国民收入增加。因此，储蓄的变动会引起国民收入反方向变动。

知识链接

节约悖论

1936 年，凯恩斯在《就业、利息和货币通论》中提出了著名的"节约悖论"（Paradox of Thrift），即节约对于个人来说是好事，是一种值得称赞的美德，但对于整个国家来讲，则是一件坏事，会导致国家经济的萧条衰败。为了说明这个道理，凯恩斯还引用了一则古老的寓言。有一窝蜜蜂原本十分繁荣兴隆，每只蜜蜂都整天大吃大喝。后来一个哲人教导它们说，不能如此挥霍浪费，应该厉行节约。蜜蜂们听了哲人的话，觉得很有道理，于是迅速贯彻落实，个个争当节约模范。但结果出乎预料，整个蜂群从此迅速衰败下去，一蹶不振了。

凯恩斯上述观点在现代西方经济学界得到了相当普遍的认同，许多不同版本的西方经济学教科书都相当醒目、相当郑重地向读者介绍这一思想。

凯恩斯上述思想也可通过数学方式推导出来。以最简单的两部门经济为例。

其国民收入均衡的条件是 $I = S$，即投资 = 储蓄。

其中，$S = Y - C$，即储蓄 = 国民收入 - 消费。

而消费则被假定为一线性函数：$C = Ca + MPC \cdot Y$。其中，Ca 为不受收入影响的自发消费，MPC 为边际消费倾向，即增加的消费占增加的收入的比重。由于假定边际消费倾向不变，$MPC = APC$，即消费占收入的比重不变。

于是有：$S = -Ca + (1 - MPC)Y$。

又假定投资固定不变，即：$I = I_0$。

于是得两部门经济国民收入决定方程，为：

$$I_0 = -C_0 + (1 - C)Y$$

解得均衡的国民收入 $Y^* = (C_0 + I_0)/(1 - C)$。

在这一式子中，C 作为边际消费倾向，是一个小于 1 的数。当 C 变大时，$1/(1-C)$ 的值变大，国民收入 Y^* 增加；当 C 变小时，$1/(1-C)$ 的值变小，国民收入 Y^* 变小。这意味着，当国民增加消费在收入中的比例时，将会导致更多的国民收入，使整个经济呈现繁荣局面；而当国民降低消费在收入中的比例时，则会引起国民收入下降，使整个经济陷入衰退。简而言之，就是：挥霍导致繁荣，节约导致萧条。这就是本文开头提到的"节约悖论"。

（资料来源：考恩，塔巴洛克. 宏观经济学现代原理 [M]. 罗君丽，李井奎，译. 上海：格致出版社，2013.）

(二) 乘数论

1. 两部门经济中的乘数

乘数原理又称倍数原理，是英国经济学家卡恩首先提出的，指由于连锁反应，某一变量的变化引起另一相关变量成倍变化的经济理论。几年后，凯恩斯在《通论》中对此加以运用，提出了"投资乘数"，即用乘数原理来说明投资同由此引起的收入变化之间的关系。乘数原理在凯恩斯经济学的理论和政策主张中占有重要地位，也是现代经济研究的重要分析工具。这里主要分析投资乘数。它用公式表示为：

$$K_I = \frac{\Delta Y}{\Delta I}$$

其中，K_I 的增加中还包括由此而间接引起的消费增量（ΔC），即 $\Delta Y = \Delta I + \Delta C$。这使投资乘数的大小与消费倾向有着密切的关系，两者之间的关系可用数学公式推导如下。

$$K_I = \frac{\Delta Y}{\Delta I} = \frac{\Delta Y}{\Delta Y - \Delta C} = \frac{1}{1 - \frac{\Delta C}{\Delta Y}}$$

其中，$\frac{\Delta C}{\Delta Y}$ 为边际消费倾向 MPC。

可见，投资乘数的大小直接取决于边际消费倾向的数值。投资乘数与边际消费倾向按同一方向变化，即边际消费倾向越大（小），投资乘数就越大（小）。

投资增加之所以会引起收入成倍增加，是因为国民经济各部门是相互关联的，某部门的一笔投资不仅会增加有关部门的收入，也会增加他们的消费，这些消费又形成其他部门的收入和消费，最终导致国民收入成倍增长。而且，边际消费倾向越大，即增加的收入中用于消费的比例越大，投资增加所引起的连锁反应越强，国民收入增加得越多。

比如，假设某社会的消费函数为 $C = 50 + 0.6Y$，投资为 150 万元，当国民经济达到均衡状态时，均衡的国民收入为 500 万元。某公司决定新建一个工厂，从而使投资由原来的 150 万元增加到现在的 250 万元，即投资增量 $\Delta I = 100$ 万元，当国民经济达到均衡状态时，国民收入由原来的 500 万元达到现在的 750 万元，即 $\Delta Y = 250$ 万元。可见，由该笔投资增加所引起国民收入的增加量是投资增加量的 2.5 倍。为什么当投资增加时，国民收入的增加量会是投资增加量的若干倍呢？

首先，当投资增加 100 万元时，增加的这一部分投资用来购买生产资料或劳动力等生产要素。那么这 100 万元就以工资、利息、利润和租金的形式流入生产要素所有者，也就是居民的手中。这样，居民的收入就增加了 100 万元，也就是说国民收入增加了 100 万元，记为 $\Delta Y_1 = 100$ 万元。

第二时期，由消费函数可知，边际消费倾向为 0.6。当居民手中收入增加了 100 万元后，其中的 60 万元（即 100 万元 × 0.6）要用于消费。此时，这 60 万元也以工资、利息、利润和租金的形式流入拥有消费品的生产者，也就是居民的手中。这样，居民的收入就又增加了 60 万元，也就是说国民收入增加了 60 万元，记为 $\Delta Y_2 = 60$ 万元。

同样，这些消费品的生产者会把这 60 万元中的 36 万元（即 60 万元 × 0.6）用于消费，则国民收入增加了 36 万元，记为 $\Delta Y_3 = 36$ 万元。

这个过程不断地循环下去，最后使国民收入增加了 250 万元。过程如下。

$$100 + 100 \times 0.6 + 100 \times 0.6 \times 0.6 + \cdots + 100 \times 0.6^{n-1}$$
$$= 100(1 + 0.6 + 0.6^2 + \cdots + 0.6^{n-1})$$
$$= \frac{1}{1-0.6} \times 100$$
$$= 250（万元）$$

此式表明，当投资增加 100 万元时，收入增加了 250 万元，即投资乘数 $K_I = \frac{\Delta Y}{\Delta I} = 2.5$。

上面的例子也说明，$K_I = \frac{1}{1-MPC}$，由于 $MPS + MPC = 1$，所以 $K_I = \frac{1}{1-MPC} = \frac{1}{MPS}$。

可见，乘数大小和边际消费倾向有关，投资乘数与边际消费倾向同方向变动，与边际储蓄倾向反方向变动。

同理，当投资减少 100 万元时，国民收入减少 250 万元。这就是投资乘数的反作用。不难看出，国民经济各部门之间确实存在着乘数理论所反映的这种连锁反应，且一个国家乘数作用越大，经济波动越明显。但乘数发生作用是需要有一定条件的。第一，社会资源没有得到充分利用。只有在社会上各种资源没有得到充分利用时，新增加的投资才会使各种资源得到利用，产生乘数作用。如果社会上各种资源已经得到充分利用，或者某些关键部门（如能源、原料或交通）存在着制约其他资源利用的"瓶颈状态"，则乘数无法发挥作用。第二，边际消费倾向和边际储蓄倾向相对稳定。如果储蓄和投资不是独立变量，而要受到利率的影响，则投资乘数的作用会降低。如增加投资会提高利率，利率的提高一方面会促使人们增加储蓄，减少当期消费需求；另一方面，由于提高了资金成本，又会抑制投资需求。消费需求和投资需求的减少导致收入的下降，这在一定程度上抵消了增加投资带来的收入的增量，从而妨碍了投资乘数作用的正常发挥。因此，经济学家形象地把乘数比作一把"双刃剑"。

知识链接

破窗理论

美国斯坦福大学心理学家詹巴斗曾做过一项试验：将两辆外形完全相同的汽车停放在杂乱街区，一辆车窗打开且车牌被摘掉，另一辆车封闭如常。结果，三天之内，打开车窗的那辆车被破坏得面目全非，另一辆车则完好无损。后来，詹巴斗又把这辆车的玻璃敲了个大洞，车上所有的窗户只一天时间都被打破，车内的东西全部丢失。

以此试验为基础，美国政治学家威尔逊提出了著名的"破窗理论"，即如果有人打坏了建筑物的一扇窗户玻璃，打碎玻璃者未受到惩罚，而这扇窗户又未得到及时修理，在公众麻木不仁的氛围里，别人就可能受到暗示性的纵容去打烂更多的窗户玻璃，最终造成千疮百孔、积重难返的局面。

破窗理论与凯恩斯宣扬的乘数理论如出一辙。不是吗？凯恩斯雄辩地指出，政府增加一笔购买，就像向湖面投入一粒石子一样，将引起一连串儿生产和收入的增加，结果 GDP 将会扩大若干倍。当然，企业增加一笔投资、消费者增加一笔支出也会产生同样的效果。他甚至说过："如果我们的政治家们想不出更好的办法，那么，造金字塔、地震甚至战争也可以起增加财富的作用。"

凯恩斯针对的是萧条时期的经济,此时人们预期悲观,国民经济的有效需求不足以让经济达到充分就业。

(资料来源:迈克易切恩. 宏观经济学 [M]. 秦海英,何婧怡,译. 北京:机械工业出版社,2011.)

2. 三部门经济中的乘数

(1)政府购买支出乘数。

政府购买支出乘数(K_G)用来反映政府购买支出变动与其引起的国民收入变动的倍数关系。在定量税的条件下,边际消费倾向为 MPC,政府购买支出增加为 ΔG,政府购买支出变动通过乘数作用引起的国民收入变动为 $\Delta Y_G = \Delta G + MPC \cdot \Delta G + MPC^2 \cdot \Delta G + MPC^3 \cdot \Delta G + \cdots = (1 + MPC + MPC^2 + MPC^3 + \cdots) \cdot \Delta G$。则政府购买支出乘数表示为:

$$K_G = \frac{\Delta Y_G}{\Delta G} = (1 + MPC + MPC^2 + MPC^3 + \cdots) = \frac{1}{1 - MPC}$$

可见,政府购买支出乘数与投资乘数相等。在比例税率的条件下,政府购买支出乘数为:

$$K_G = \frac{1}{1 - MPC(1 - t)}$$

式中,t 为比例税率。

知识链接

美国的国防支出与经济

通过分析美国国防预算对经济的影响,可以看出政府购买乘数的作用。20 世纪 80 年代前期,里根执政时,美国国防开支急剧扩张,国防预算从 1979 年的 2 710 亿美元飞速增长到 1987 年的 4 090 亿美元,相当于 GDP 的 7.5%,国防建设对经济增长起到了很强的刺激作用,帮助经济走出了 1981—1982 年的衰退,并且推动了 20 世纪 80 年代中期经济景气的形成。

从 1990 年开始,美国加快了对国防开支的削减。到 20 世纪 90 年代中期,国防开支已经被削减到低于 GDP 的 5% 的水平。这时,乘数的作用就相反了,削减国防开支导致 90 年代初产出增长缓慢,就飞机制造业来说,从 1990 年到 1993 年,至少损失掉 170 000 个工作机会。

(资料来源:李宝伟,张云. 宏观经济学 [M]. 北京:机械工业出版社,2011.)

(2)政府税收乘数。

政府税收乘数(K_T)用来反映税收变动与其引起的国民收入变动的倍数关系。政府税收的减少意味着居民个人可支配收入的增加,由此而增加的消费是增加的个人可支配收入与边际消费倾向的乘积。政府税收增加量为 ΔT,于是,政府税收变动通过乘数作用引起的国民收入变动为:

$$K_T = \frac{\Delta Y_T}{\Delta T} = \frac{-MPC}{1 - MPC}$$

税收乘数是负值，表明收入随着税收的增加而减少，随着税收减少而增加。税收乘数等于边际消费倾向与边际储蓄倾向之比的负值。

（3）平衡预算乘数。

平衡预算乘数（K_B）用来反映政府收支同时等额增减的情况下，政府收支变动对国民收入的综合效应。由政府购买支出乘数和政府税收乘数可知，同时等额变动政府支出与税收所引起的国民收入综合效应为：

$$K_B = K_G + K_T = \frac{1}{1 - MPC} + \frac{- MPC}{1 - MPC} = 1$$

平衡预算乘数主要用于政府制定财政政策时的参考。当社会总支出不足，国内生产总值处于较低水平，社会存在通货紧缩缺口时，就需要政府扩大支出，减少税收。但政府支出究竟应扩大多少，税收究竟应减少多少，就需要根据K_G、K_T、K_B而定。当社会总支出过度，国内生产总值超过充分就业水平，社会存在通货膨胀缺口时，就需要压缩政府支出，增加税收。但政府支出究竟应压缩多少，税收究竟应增加多少，同样也需要根据K_G、K_T、K_B而定。

第二节　IS – LM 模型分析

在简单的国民收入决定模型中，只研究了产品市场均衡。但在现实经济中，除了产品市场，还有货币市场。本节根据英国学者希克斯（John Hicks）在凯恩斯《通论》中发展出来的 IS – LM 模型，分析产品市场与货币市场的一般均衡。

一、商品市场的均衡

（一）IS 曲线的含义

IS 曲线也叫投资 – 储蓄曲线，是描述产品市场处于均衡状态（即产品市场上总需求等于总供给）的国民收入与利率之间对应关系的曲线。在两部门中，I 代表投资，S 代表储蓄。IS 曲线如图 13 – 5 所示。横轴代表国民收入，纵轴代表利息率。这条曲线上任何一点都代表一定的利率和收入的组合，在这样的组合下，投资和储蓄都是相等的，即 $I = S$，产品市场上实现了均衡，因此这条曲线被称为 IS 曲线。IS 曲线向右下方倾斜，表明在产品市场上实现了均衡时，利息率与国民收入成反方向变动，即利息率高国民收入低，利息率低国民收入高。

投资的目的是实现利润最大化。在产品市场上，利息率与国民收入成反方向变动，其原因在于利息率与投资成反方向变动。因为投资者一般要靠贷款来投资，而贷款必须付出利息，所以利润最大化实际上是偿还利息后纯利润的最大化。这样，投资就取决于利润率与利息率。如果利润率既定，则投资就取决于利息率。利息率越低，纯利润就越大，投资就越多；相反，利息率越高，纯利润就越小，投资就越少。因此，利息率与投资成反方向变动。投资是总需求的一个重要组成部分，投资增加，总需求增加；投资减少，总需求减少。而总需求又与国民收入成同方向变动。因此，利息率与国民收入成反方向变动。

也可以用总需求公式来说明这一点。在这里，投资是可变的，可以把投资分为两部分：一部分是不随利率变动的自发投资，如由于技术进步而引起的投资；另一部分则取决于利

率,与利率成反方向变动。所以,投资可表示为:
$$I = I_0 - b \cdot i$$
式中,I_0 是自发投资,i 是利率,b 是一个固定的系数。

这样,就可以把总需求公式写为:
$$\begin{aligned} AD &= C + I \\ &= Ca + MPC \cdot Y + I_0 - b \cdot i \\ &= (Ca + I_0) + MPC \cdot Y - b \cdot i \end{aligned}$$

式中,$(Ca + I_0)$ 为自发总需求,假定 $MPC \cdot Y$ 不变,则总需求 AD 与利率 i 成反方向变动,总需求与均衡的国民收入成同方向变动,所以利率与国民收入成反方向变动。

(二) IS 曲线的移动

影响商品市场上总需求的因素都会影响 IS 曲线的移动。

第一,投资需求变动。在其他条件不变时,如果投资边际效率提高,或出现了技术革新,或投资者对投资前景预期乐观,在每一利率水平上投资量都会增加,从而使 IS 曲线向右上方移动($IS_0 \rightarrow IS_1$);反之,IS 曲线将向左下方移动($IS_0 \rightarrow IS_2$),如图 13-6 所示。

第二,储蓄或消费函数变动。在其他条件不变时,人们储蓄意愿提高了,储蓄曲线将向右上方平行移动,使每一储蓄水平所对应的国民收入下降,IS 曲线将向左下方平行移动($IS_0 \rightarrow IS_2$)。如果是消费意愿提高了,情况则相反($IS_0 \rightarrow IS_1$)。

第三,政府支出或税收变化。如果其他条件不变,政府采取扩张性财政政策,增加政府开支或减免税收,与每一利率水平相对应的国民收入水平也会提高,IS 曲线将向右上方平行移动($IS_0 \rightarrow IS_1$)。如果政府实行紧缩性财政政策,就会使 IS 曲线向左下方移动($IS_0 \rightarrow IS_2$)。增加政府支出和减税,都属于增加总需求的膨胀性财政政策;而减少政府支出和增税,都属于降低总需求的紧缩性财政政策。因此,政府实行膨胀性财政政策就表现为 IS 曲线向右上方移动($IS_0 \rightarrow IS_1$),实行紧缩性财政政策就表现为 IS 曲线向左下方移动($IS_0 \rightarrow IS_2$)。

实际上,西方经济学家提出 IS 曲线的重要目的之一,就在于分析财政政策如何影响国民收入的变动。

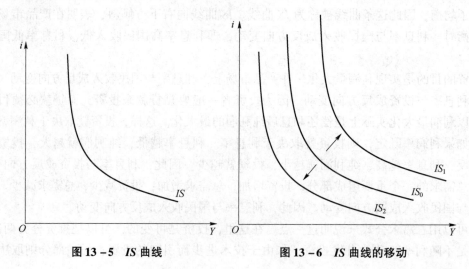

图 13-5 IS 曲线   图 13-6 IS 曲线的移动

二、货币市场的均衡

1. LM 曲线的形成

凯恩斯以前的经济理论认为,投资和储蓄都只与利率相关。凯恩斯提出,利率不是由储蓄和投资决定的,而是由货币供给和货币需求所决定的。货币供给量一般由国家货币当局加以控制,是一个外生变量。而货币需求是人们由各种动机(主要包含交易动机、预防动机和投机动机)而引起。

LM 曲线是描述货币市场处于均衡状态,即货币市场上货币总需求 L 等于货币总供给 M 时,国民收入与利率之间对应关系的曲线,如图 13-7 所示。横轴代表国民收入,纵轴代表利息率,这条曲线上任何一点都代表一定利率和收入的组合。在这样的组合下,货币需求与供给都是相等的,货币市场上实现了均衡,因此这条曲线被称为 LM 曲线。

LM 曲线向右上方倾斜,表明在货币市场上实现了均衡时,利息率与国民收入成同方向变动。

在货币市场上,利息率与国民收入成同方向变动可以用凯恩斯主义的货币理论来解释。根据这一理论,货币需求 (L) 由 L_1 与 L_2 组成。L_1 反映的是人们对货币的交易需求与预防需求,即应付日常需要和预防意外而需要持有的货币量,取决于国民收入。显然,收入越大,交易需求也越大,记为 $L_1 = L_1(Y)$。L_2 反映的是人们对货币的投机需求,即为了进行有风险的投资而需要持有的货币量,取决于利息率。当利率上升时,人们持有的这部分货币的机会成本增加,投机需求会有所减少,记为 $L_2 = L_2(i)$。货币的供给 (M) 是指实际货币供给量,由中央银行的名义货币供给量与价格水平决定。货币市场均衡的条件是:

$$M = L = L_1(Y) + L_2(i)$$

从上式可以看出,当货币供给既定时,如果货币的交易需求与预防需求 (L_1) 增加,为了保持货币市场的均衡,则货币市场的投机需求 (L_2) 必然减少。L_1 的增加是国民收入增加的结果,而 L_2 的减少又是利率上升的结果。因此,在货币市场实现了均衡时,国民收入与利息率之间必然是同方向变动的关系。

知识链接

凯恩斯陷阱

凯恩斯陷阱又称流动偏好陷阱或流动性陷阱,指由于流动偏好的作用,利息不再随货币供给量的增加而降低的情况。西方经济学认为,利息是人们在一定时期内放弃流动偏好(指人们想以货币形式保持一部分财富的愿望)的报酬。利息率的高低取决于货币的供求,流动偏好代表了货币的需求,货币数量代表了货币的供给。货币数量的多少,由中央银行的政策决定,货币数量增加在一定程度上可以降低利息率。但是,由于流动偏好的作用,低于这一点,人们就不肯储蓄,而宁肯把货币保留在手中。

流动性陷阱是凯恩斯提出的一种假说,指当一定时期的利率水平降低到流动性陷阱不能再低时,人们就会产生利率上升而债券价格下降的预期,货币需求弹性就会变得无限大,即无论增加多少货币，都会被人们储存起来。发生流动性陷阱时，再宽松的货币政策也无法改变市场利率，使得货币政策失效。

（资料来源：阿西莫格鲁，莱布森，李斯特. 经济学：宏观部分 [M]. 卢远瞩，尹训东，于丽，译. 北京：中国人民大学出版社，2016.）

2. LM 曲线的移动

造成 LM 曲线移动的因素有两个。

第一，名义货币供给量 M 变动。在价格水平不变时，M 增加，LM 曲线向右下方（$LM_0 \to LM_1$）移动；反之，LM 曲线向左上方移动（$LM_0 \to LM_2$），如图 13-8 所示。实际上，央行实行变动货币供给量的货币政策，在 IS-LM 模型中就表现为 LM 曲线的移动。

第二，价格水平的变动。价格水平 P 上升，实际货币供给量 m 就变小，LM 曲线就向左上方移动（$LM_0 \to LM_2$）；反之，LM 曲线就向右下方移动（$LM_0 \to LM_1$），利率就下降，收入就增加，如图 13-8 所示。

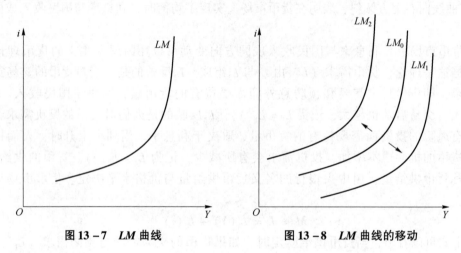

图 13-7　LM 曲线　　　　　　　图 13-8　LM 曲线的移动

三、IS-LM 模型

1936 年，凯恩斯在发表的《就业、利息和货币通论》中说明了均衡的国民收入决定于与总供给相等的总有效需求。凯恩斯理论在逻辑推理中出现了循环推理的矛盾，即利率通过投资影响国民收入，而国民收入又通过货币需求影响利率；反过来说，国民收入依赖于利率，而利率又依赖于国民收入。为了解决循环推理的矛盾，凯恩斯的后继者把产品市场和货币市场结合起来，建立了一个产品市场和货币市场的一般均衡模型，即 IS-LM 模型。通过产品市场均衡与货币市场均衡这两者之间的相互作用，得出两个市场同时达到均衡状态时的国民收入和利率水平。IS-LM 模型是凯恩斯宏观经济学的核心，凯恩斯主义的全部理论与政策分析都是围绕这一模型展开的。

（一）两个市场同时均衡的国民收入和利率

从前面的分析中已经知道，IS 曲线上的利率和国民收入的组合都使产品市场实现了均衡，且国民收入与利率之间成反方向变动；LM 曲线上的利率和国民收入的组合都使货币市场实现了均衡,且国民收入与利率之间成同方向变动。因此,把 IS 曲线和 LM 曲线放在同一个图上,就可以得出说明两个市场同时均衡时,决定国民收入与利息率的 IS-LM 模型,如图 13-9 所示。

在图 13-9 中,IS 曲线与 LM 曲线相交于点 E。在点 E 上,产品市场和货币市场同时达到了均衡,决定了均衡的利息率水平为 i_0,均衡的国民收入水平为 Y_0。

只要投资、储蓄、货币需求和供给的关系不变,任何失衡情况的出现都是不稳定的,最终会趋向均衡。为了更好地理解这一点,可把图 13-9 中的坐标平分为四个区域:Ⅰ、Ⅱ、Ⅲ、Ⅳ。在这四个区域中,都存在产品市场和货币市场的非均衡状态。例如,区域Ⅰ中任何一点,一方面在 IS 曲线右上方,因此有投资小于储蓄的非均衡;另一方面又在 LM 曲线的左上方,因此有货币需求小于供给的非均衡。其余三个区域中的非均衡关系也可这样推知。这四个区域中的非均衡关系如表 13-1 所示。

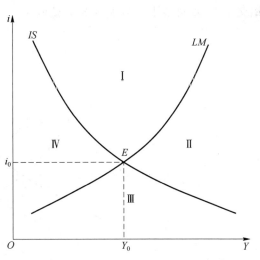

图 13-9 产品市场与货币市场一般均衡

表 13-1 产品市场和货币市场的非均衡

区域	产品市场	货币市场
Ⅰ	$i<s$,有超额产品供给	$L<M$,有超额货币供给
Ⅱ	$i<s$,有超额产品供给	$L>M$,有超额货币需求
Ⅲ	$i>s$,有超额产品需求	$L>M$,有超额货币需求
Ⅳ	$i>s$,有超额产品需求	$L<M$,有超额货币供给

各个区域中存在各种不同组合的 IS 和 LM 非均衡状态,都会得到调整。IS 不均衡会导致收入变动:投资大于储蓄会导致收入上升,投资小于储蓄会导致收入下降。LM 不均衡会导致利率变动:货币需求大于供给会导致利率上升,货币需求小于货币供给会导致利率下降。这种调整最终都会趋向均衡利率和均衡收入。

(二)均衡收入和利率的变动

IS 和 LM 曲线交点上同时实现了产品市场和货币市场均衡。然而,这一均衡不一定是充分就业的均衡。例如在图 13-10 中,IS 和 LM 交点 E 所决定的均衡收入和利率是 Y_0 和 i_0,但充分就业的收入是 Y^*,均衡收入低于充分就业收入。在这种情况下,仅靠市场自发调节,无法实现充分就业均衡,这就需要依靠国家用财政政策或货币政策进行调节。财政政策是政府用变动支出和税收来调节国民收入,如果政府增加支出,或降低税收,或二者双管齐下,IS 曲线就会向右上方移动。当 IS 曲线上移到 IS′ 时和 LM 线相交于点 E′,就会达到充分就业的收入水平。货币政策是货币当局用变动货币供应量的办法来改变利率和收入,当中央银行增加货币供给时,LM 曲线向右下方移动。如果 LM 曲线移动到 LM′时和 IS 曲线相交于点 E″,也会达到充分就业的收入水平。当然,国家也可以同时改变税收(t)、政府支出(G)和货币供应量(M)来同时改变 IS 和 LM 的位置,使二者相交于 Y^* 垂直线上,以实现充分就业。

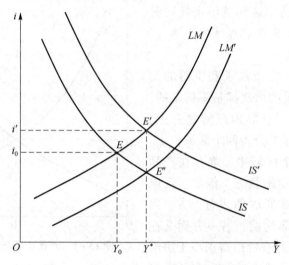

图 13 - 10　均衡收入与均衡利率的变动

从图 13 - 10 中还可以看出,IS 曲线和 LM 曲线移动时,不仅收入会变动,利率也会变动。当 LM 曲线不变而 IS 曲线向右上方移动时,则不仅收入提高,利率也上升。这是因为,IS 曲线右移是由于投资、消费或者政府支出增加(上面分析的只是政府支出增加),即总支出增加,使生产和收入增加。收入增加了,对货币交易的需求也就增加了。由于货币供给不变(假定 LM 不变),因此,人们只能以出售有价证券来获取从事交易增加的所需货币,这就会使证券价格下降,即利率上升。同样可以说明,LM 不变而 IS 曲线向左下方移动时,收入和利率都会下降。

当 IS 曲线不变而 LM 曲线向右下方移动时,则收入提高,利率下降。这是因为,LM 曲线右移,或者是因为货币供给不变而货币需求下降,或者是因为货币需求不变而货币供给增加。在 IS 曲线不变,即产品供求情况没有变化的情况下,LM 曲线右移意味着货币市场上供过于求,这必然导致利率下降。利率下降刺激消费和投资,从而使收入增加。相反,当 LM 曲线向左上方移动时,则会使利率上升,收入下降。

如果 IS 曲线和 LM 曲线同时移动,收入和利率的变动情况则由 IS 和 LM 如何同时移动决定。如果 IS 向右上方移动,LM 同时向右下方移动,则可能出现收入增加而利率不变的情况。这就是扩张性的财政政策和货币政策相结合可能出现的情况。

IS - LM 模型是对简单国民收入模型的一种发展。它作为一种宏观经济分析的核心工具,对考察宏观经济政策的调控力度极为有用。虽然一些经济学家认为该模型存在一些问题,比如这一模型和凯恩斯的国民收入取决于消费和投资的基本理论是矛盾的,但是由于 IS - LM 模型简洁明了、适用性强,这些争论丝毫不能妨碍其成为短期经济分析的核心工具。

第十三章　国民收入决定理论

> **知识链接** **克林顿与格林斯潘组合——财政政策与货币政策的配合**

当比尔·克林顿在1992年年末当选为总统时，他面临着一个严峻的宏观经济问题：联邦预算赤字为GDP的4.5%——第二次世界大战以来第二高比例——舆论广泛认为应该对其采取一些措施。就在那时，美国经济恰恰刚从1990—1991年的衰退中复苏过来。尽管我们现在知道，1992年的产出增长是正的，但在当时许多经济学家担心衰退仍没有结束。克林顿面临的问题显而易见：尽量把赤字减少到令人满意的水平，但这项措施可能会导致需求减少，也许会使美国重新陷入衰退。

然而5年之后，也就是1998年，财政赤字消失了，取而代之的是预算盈余，为GDP的0.8%，而且之后美国经济是第七个年头连续扩张了。克林顿是如何做的呢？他获得了艾伦·格林斯潘的帮助，并且他的运气也非常好。

在大选前夕，艾伦·格林斯潘已明确表示对财政赤字的规模担忧。当克林顿当选时，格林斯潘也表示愿意助克林顿一臂之力。尽管没有非常明确地表达出来，但他暗示，如果克林顿着手进行紧缩财政，那么联储会情愿以更加扩张性的货币政策来抵消财政紧缩对经济活动的负面影响。

从$IS-LM$模型可知，如果赤字减少（IS曲线向左移动），联储如果通过扩张的货币政策使LM曲线下移，就能抵消财政紧缩对经济活动的负面影响。

1992到1998年，美国产出的不断扩张是否仅仅是因为这样一个政策组合呢？不，它也同运气有关。尤其是1995年以来，众多因素导致了IS曲线向右移动，产出增长十分强劲，这些因素包括非同寻常的、强大的消费者信心和商业信心，以及股市强劲增长等。这种运气的出现暗含着以下两层意思。

一是联储没有必要进一步降低利率，靠IS曲线的向右移动来维持经济活动扩张已经足够。事实上，从1994年开始，联储就不得不轻微地提高利率以防止经济"过热"。

二是强劲扩张产生的内在机理进一步减少了赤字，即当经济增长时，直接依赖于产出的税收会同时趋于增加，而支出则不受影响。这样，赤字就会自动减少。统计数据显示，美国经济产出每增长1%，赤字占GDP的比率大致会减少0.5%。因此，持续增长的内在机制比预期更大地减少了财政赤字，这种内在机制比克林顿实施的管理政策的作用大得多。

（资料来源：李宝伟，张云.宏观经济学[M].北京：机械工业出版社，2011.）

第三节　总供求模型分析

在前面的总需求分析中，我们假设总供给可以适应总需求的变化，且价格水平不变。但在现实经济中，总供给总是有限的，价格水平也是变动的。所以，长期宏观经济分析就要借助于总供求模型。在总需求-总供给模型中，可把总需求分析与总供给分析结合起来，说明总需求与总供给如何决定国民收入水平与价格水平。

一、总需求曲线

(一) 总需求曲线的含义

总需求 (AD) 曲线表示各种产品需求总量与对应价格水平之间的关系。总需求由消费需求、投资需求、政府购买和净出口四个方面构成。总需求曲线是一条向右下方倾斜的曲线,表明在其他因素不变的条件下,价格水平越高,总需求越小;相反,价格水平越低,总需求就越大。即总需求与价格水平成反方向变动,如图 13-11 所示。图中,横轴代表国民收入,纵轴代表价格水平。

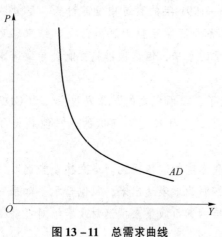

图 13-11 总需求曲线

可以用 $IS-LM$ 模型来解释总需求与价格水平反方向变动的原因。在 $IS-LM$ 模型中,货币供给量是指实际货币供给量,取决于名义货币供给量与价格水平。当名义货币供给量不变时,实际货币供给量与价格水平成反方向变动,即价格水平上升,实际货币供给量减少;价格水平下降,实际货币供给量增加。在货币需求不变的情况下,实际货币供给量减少使利率上升,利率上升又使投资减少,总需求减少;相反,实际货币供给量增加使利率下降,利率下降又使投资增加,总需求增加。这样,总需求与价格水平反方向变动。

知识链接 页岩气及其可能的经济影响

页岩气是蕴藏于页岩层中的天然气。过去十年内,页岩气已成为美国一种日益重要的天然气资源,同时也得到了全世界其他国家的广泛关注。2000 年,美国页岩气产量仅占天然气总量的 1%;而到 2010 年,因为水力压裂、水平钻井等技术的发展,页岩气所占的比重已超过 20%。根据美国能源信息署 (Energy Information Administration) 的预测,到 2035 年时,美国 46% 的天然气供给将来自页岩气。

页岩气的使用将对整个世界的经济和政治格局产生巨大影响。莱斯大学贝克公共政策研究中心 (Baker Institute of Public Policy) 的一项研究认为,美国与加拿大页岩气产量的增长将会削弱俄罗斯及波斯湾国家对出口至欧洲国家的天然气价格的控制。此外,由于和石油等传统能源相比,页岩气的使用产生的温室气体排放较少,因此不少人认为页岩气技术的普及会有助于防止全球气候变暖。

中国是页岩气储量丰富的大国。页岩气使用技术的创新也为中国带来了新的机遇。据估算,中国的页岩气可采储量居世界首位。中国陆域页岩气地质资源潜力为 134.42 万亿立方米,可采资源潜力为 25.08 万亿立方米 (不含青藏区)。其中,已获工业气流或有页岩气发现的评价单元,面积约 88 万平方千米,地质资源为 93.01 万亿立方米,可采资源为 15.95 万亿立方米。由此可见,页岩气开采和使用技术的进步将会在很大程度上帮助中国突破能源约束,从而对中国经济发展起到巨大的推动作用。

(资料来源:高辉清. 美国页岩气革命及其对我国的影响 [J]. 发展研究,2012(12):12-16.)

根据前面关于 IS 曲线和 LM 曲线的分析可知,IS 曲线和 LM 曲线的移动分别与财政政策和货币政策的变化相关。IS 曲线右移和 LM 曲线右移,分别代表扩张性的财政政策和扩张性的货币政策,现结合 AD 曲线仅对扩张性的财政政策的效果加以说明。

在图 13-12(a)中,IS 曲线和 LM 曲线对应于一定的收入和利率水平,均衡点为点 E,现在增加政府支出,IS 曲线右移至 IS'。在价格不变的情况下,形成新的均衡点 E'。此时,利率提高,收入增加。

在图 13-12(b)中,点 E' 是新的总需求曲线 AD' 上的一点,AD' 曲线反映了增加政府支出对经济的影响。可见,在一个既定的价格水平下,政府支出的增加意味着总需求的增加。

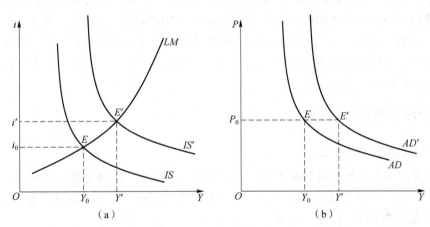

图 13-12 扩张性财政政策对均衡和 AD 的影响
(a)扩张性财政政策对均衡的影响;(b)扩张性财政政策对 AD 的影响

(二)总需求曲线的移动

在既定的价格水平下,任何引起总支出变动的因素都将导致总需求曲线的移动,如图 13-13 所示。

1. 消费引起的移动

在既定的收入条件下,消费与储蓄成反方向变动,导致储蓄增加,即消费下降,总需求下降,因而总需求曲线向左下方移动($AD_0 \to AD_2$);储蓄减少,消费增加,总需求曲线向右上方移动($AD_0 \to AD_1$)。

2. 投资引起的移动

一方面,投资增加,总支出增加,总需求

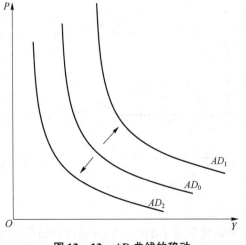

图 13-13 AD 曲线的移动

曲线向右上方移动（$AD_0 \to AD_1$）；投资减少，总需求曲线向左下方移动（$AD_0 \to AD_2$）。另一方面，货币供给量增加，利息率下降，进而使投资增加，总需求曲线向右上方移动（$AD_0 \to AD_1$）；货币供给量减少，总需求曲线向左下方移动（$AD_0 \to AD_2$）。

3. 政府购买引起的移动

政府购买是决策者移动需求曲线最直接的方法。例如，假设政府决定减少公共基础设施的建设，由于在既定物价水平下，物品与劳务的需求减少了，总需求曲线将向左下方平行移动（$AD_0 \to AD_2$）。相反，如果政府开始建设更多的公共基础设施，致使在物价水平为既定时，物品与劳务的需求量增多，总需求曲线就向右上方平行移动（$AD_0 \to AD_1$）。

4. 净出口引起的移动

在物价水平既定时，净出口的变动也会使总需求曲线移动。例如，当其他国家经济衰退而减少了对本国物品的购买时，就减少了本国的净出口，使本国的总需求曲线向左下方平行移动（$AD_0 \to AD_2$）。当其他国家的经济复苏，增加了对本国物品的购买时，就增加了本国的净出口，使得本国的总需求曲线向右上方平行移动（$AD_0 \to AD_1$）。有时，净出口也会由于汇率的变动而变动。例如，人民币升值使得中国物品相对于外国物品更为昂贵，这就减少了净出口，使得总需求曲线向左下方平行移动（$AD_0 \to AD_2$）。相反，人民币贬值则会使总需求曲线向右上方平行移动（$AD_0 \to AD_1$）。

二、总供给曲线

（一）总供给曲线的含义

总供给曲线表示总供给与价格水平之间的关系。它描述了经济社会的基本资源用于生产时可能有的产量。一般而言，总供给主要取决于资源利用情况。在不同的资源利用情况下，总供给曲线表现出不同的特征，如图13-14所示。

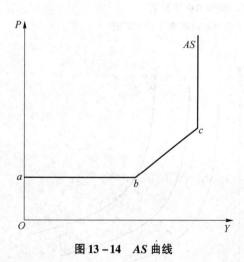

图13-14 AS曲线

从图13-14中可以看出，总供给曲线有三种情况。

第一种情况：a—b。这时总供给曲线大体上是一条与横轴平行的线，表明在价格水平不变的情况下，总供给可以增加。这是因为社会资源还没有得到充分利用，所以，可以在不提高价格的情况下增加总供给。这种情况是由凯恩斯提出来的，所以这种水平的总供给曲线称为凯恩斯主义总供给曲线。

第二种情况：b—c。这时总供给曲线是一条向右上方倾斜的线。这表明总供给与价格水平同方向变动。这是因为社会资源已经接近充分利用，产量增加会使生产要素的价格上升，从而使成本增加，价格水平上升。这种情况在短期中存在，所以向右上方倾斜的总供给曲线被称为短期总供给曲线。

第三种情况：c 以上，这时总供给曲线基本上是一条垂直线。这表明无论价格水平如何上升，总供给也不会增加。这是因为社会资源已经得到充分利用，即经济中实现了充分就业，总供给已无法增加。在长期中总是会实现充分就业，因此，这种垂直的总供给曲线称为长期总供给曲线。

（二）总供给曲线的移动

在资源条件既定，即潜在的国民收入水平既定的条件下，凯恩斯主义总供给曲线和长期总供给曲线是不变的，但短期总供给曲线是可以变动的，而且经济中任何改变产品和劳务产出水平的因素变动都会引起总供给曲线的移动。由于产品和劳务的产量取决于劳动、资本、自然资源和技术知识，所以，这些因素的变化都会引起总供给曲线的移动，如图 13–15 所示。

1. **劳动引起的移动**

如果一个国家由于移民大量增加，工人数量增加，供给的物品和劳务的数量也增加了，那么总供给曲线会向右下方移动（$AS_0 \rightarrow AS_1$）。相反，如果许多工人离开这个国家，则总供给曲线向左上方移动（$AS_0 \rightarrow AS_2$）。

2. **资本引起的移动**

经济中，资本存量的增加提高了生产的效率，从而增加了物品与劳务的供给量，使得总供给曲线向右下方移动（$AS_0 \rightarrow AS_1$）。相反，如果经济中资本存量的减少降低了生产率，减少了物品与劳务的供给量，就会使总供给曲线向左上方移动（$AS_0 \rightarrow AS_2$）。

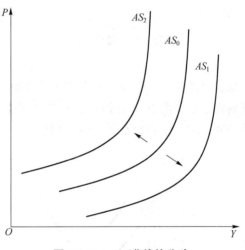

图 13–15　AS 曲线的移动

3. **自然资源引起的移动**

经济的生产取决于自然资源，包括土地、矿藏和大气。例如，新矿藏的发现使得总供给曲线向右下方移动（$AS_0 \rightarrow AS_1$），使农业减产的气候变化使得总供给曲线向左上方移动（$AS_0 \rightarrow AS_2$）。

4. **技术知识引起的移动**

技术知识的进步在很大程度上能够影响总供给水平。例如，计算机的发明和一些新技术的出现可以使我们用既定的劳动、资本和自然资源生产出更多的物品和劳务，进而使总供给曲线向右下方（$AS_0 \rightarrow AS_1$）移动。

三、总需求 – 总供给模型

总需求 – 总供给模型把总需求曲线与总供给曲线结合在一起，来说明国民收入与价格水平的决定，可以用图 13–16 来说明。

我们以总供给曲线中的短期总供给曲线部分为例。在短期中，宏观经济的目标是充分就

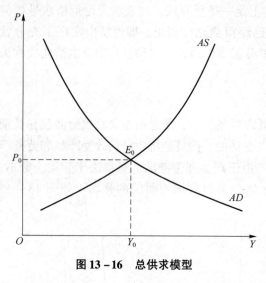

图 13-16 总供求模型

业和物价稳定,即不存在非自愿失业,同时,物价既不上升,也不下降。在图 13-16 中,当总需求曲线和总供给曲线相交于点 E_0 时,产量处于充分就业的水平,价格为 P_0,而此时的价格既不会上升,也不会下降,即点 E_0 表示宏观经济管理的短期目标,即充分就业和价格稳定。

当影响总需求和总供给的因素发生变化时,总需求和总供给曲线会发生移动,则物价水平和产量水平会发生相应的变化。

当总供给不变时,若影响总需求的因素发生变化,使得总需求曲线发生移动,则均衡的物价水平和产出水平都会发生变化。例如,在总供给不变的情况下,如果社会投资增加,会使总需求曲线向右上方平行移动($AD_0 \rightarrow AD_1$),如图 13-17(a)所示。此时,均衡的物价水平由 P_0 上升到 P_1,产出水平由 Y_0 增加为 Y_1。同理,当总需求曲线向左下方平行移动时,均衡的物价水平下降,均衡的产出水平也下降。

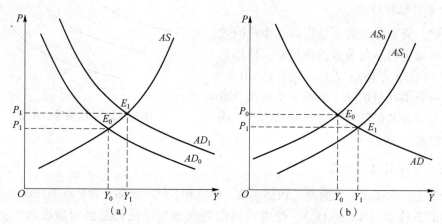

图 13-17 总需求和总供给变动对均衡的影响

(a)总需求变动对均衡的影响;(b)总供给变动对均衡的影响

当总需求不变时,若影响总供给的因素发生变化,使得总供给曲线发生移动,则均衡的物价水平和产出水平也会发生变化。例如,在总需求不变的情况下,如果技术进步,会使总供给曲线向右下方移动($AS_0 \rightarrow AS_1$),如图 13-17(b)所示。此时,均衡的物价水平由 P_0 下降到 P_1,产出水平由 Y_0 增加为 Y_1。同理,当总供给曲线向左移动时,均衡的物价水平上升,均衡的产出水平下降。

本章要点总结

总需求的变动引起均衡和国民收入同方向变动。

在 IS-LM 模型中,当 LM 曲线不变而 IS 曲线向右上方移动时,收入提高,利率上升;当 IS 曲线向左下方移动时,收入和利率下降;当 IS 曲线不变而 LM 曲线向右下方移动时,收入提高,利率下降。当 LM 曲线向左上方移动时,利率上升,收入下降。

从总供求模型中可以看出,当总供给不变时,若影响总需求的因素发生变化,使得总需求曲线向右上方平行移动,则均衡物价水平上升,产出水平增加;而当总需求曲线向左下方平行移动时,均衡物价水平下降,产出水平下降。当总需求不变时,若影响总供给的因素发生变化,使得总供给曲线向右下方移动,则均衡物价水平下降,产出水平增加;当总供给曲线向左上方移动时,均衡物价水平上升,产出水平下降。

关键概念

消费函数　均衡的国民收入　投资乘数　凯恩斯陷阱　IS-LM 曲线

思考与练习

1. 假设在两部门经济中,$C = 100 + 0.8Y$,$I = I_0 = 50$(单位:亿元)。
　(1)均衡的收入、消费和储蓄,分别为多少?
　(2)若投资增加至 100,求增加的收入。
　(3)如果消费函数的斜率增大或减小,乘数将有何变化?
2. 按照凯恩斯的观点,增加储蓄对均衡收入有何影响,并解释什么是"节约悖论"。
3. 什么是乘数?如何理解乘数的"双刃剑"特征?
4. 在两部门经济中,若 $i = 100 - 5r$,$s = 40 + 0.25Y$,求 IS 曲线。
5. 如果政府降低所得税率,会如何影响 IS 曲线、均衡的收入水平以及均衡利率?
6. 结合 IS-LM 模型简述货币市场和产品市场同时均衡的过程。

第十四章

失业与通货膨胀理论

学习目标

- 理解失业的含义。
- 掌握失业的类型和原因。
- 能够描述通货膨胀的含义和成因。
- 掌握通货膨胀的种类及菲利普斯曲线。
- 能够分析并说明通货膨胀的治理措施。

大师简介

经济学家：米尔顿·弗里德曼（Milton Friedman，1912—2006年）

简介：美国当代经济学家，芝加哥大学教授，芝加哥经济学派代表人物之一，货币学派的代表人物，1976年获诺贝尔经济学奖，主要著作有《资本主义与自由》。

主要成就：在消费分析、货币供应理论及历史和稳定政策复杂性等范畴有突出贡献，提倡将政府的角色最小化以让自由市场运作，以此维持政治和社会自由。他的政治哲学强调自由市场经济的优点，并反对政府的干预。他的理论成了自由意志主义的主要经济根据之一，并且对20世纪80年代的美国及许多其他国家的经济政策有极大影响。

导入案例

危险的失业与通货膨胀

失业率不能衡量失业对个人的全部影响。持续的失业不仅意味着失去工资，而且影响着人们的健康和社会关系。在20世纪30年代的大萧条期间，美国尽其最大的努力来降低失业率。1932年到1935年，失业率基本在20%或20%以上。在1933年，几乎达到了25%，大约每4个愿意工作的人之中就有1人没有工作。这意味着在当时人口不足现在一半的情况下，约有1 600万人失业。与之相比，在1990—1991年期间，约有1 000万美国人失业。

但是这些统计数据只讲述了这一可怕故事的一部分。上百万的工人是"失望工人"，由于没有工作可做，所以他们已经放弃了找工作。这些人并没有被计算在失业人口里面。约翰·斯坦贝克（John Steinbeck）的著作《愤怒的葡萄》，描述了数以百万计的中西部难民因干旱而逃往加利福尼亚的情景。一项研究表明，失业率增长1%会导致谋杀案增长6.7%，因罢工引起的死亡增长超过3.1%，致命性心脏病增长率超过5.6%，自杀增长率超过3.9%。

尽管这些数据的可靠性取决于统计的质量，但研究者强调了持续的失业对个人来说确实是危险的。面对解雇、缩减开支或者净资产的突然降低，人们会改变他们的行为，变得沮丧。

流通中的钱多了，也会"伤"钱！在第一次世界大战以后的德国，有一个小偷去别人家里偷东西，看见一个箩筐里面装满了钱，他把钱倒了出来，把筐拿走了。

在1923年的德国街头上，一些儿童用大捆大捆的纸币玩堆积木的游戏；一位正在煮饭的家庭妇女，她烧的不是煤，而是本应该用来买煤的纸币……当时的德国，正在经历人类历史上最疯狂的通货膨胀，货币贬值到了今天看来几乎无法相信的程度：年初1马克还能换2.38美元，到了夏天1美元能换4万亿马克！一份报纸从0.3马克涨到7 000万马克！老人们积攒了一辈子的储蓄顷刻间化为乌有，工人罢工，农民罢产。在这样巨大的经济危机中，德国人民遭受了极大的苦难。

（资料来源：根据相关资料整理编写）

第一节　失业理论

一、失业与充分就业

（一）失业

《现代经济学词典》中，失业的含义是"所有那些未曾受雇，以及正在调往新工作岗位或未能按当时通行的实际工资率找到工作的人"。具体来说，凡是在一定年龄范围内，有劳动能力且愿意工作而没有工作，并正在寻找工作的状态就是失业。

各国对工作年龄和失业范围有不同规定。我国对失业的界定为：16周岁以上、在调查周期内没有工作、愿意接受最低工资标准并能及时就业，且已在寻找工作的人员所处的状态。就业率和失业率都以当地常住人口作为统计对象，而不以户籍为依据。失业只统计城镇范围内的人口，农村人口都视为就业。

> **知识链接**　　**小步慢走，渐进式延迟退休年龄**
>
> 2015年10月公布的《中共中央关于制定国民经济和社会发展第十三个五年规划的建议》提出，"出台渐进式延迟退休年龄政策"。此前，人力资源和社会保障部部长也表示，

近期将向社会公开延迟退休改革方案。从酝酿到提出，延迟退休政策历经数年，这一政策涉及养老金改革、老龄化加剧、劳动力供给以及人口红利衰减等诸多问题，引发各阶层持续热议，其推进也"非常谨慎"。

人社部新闻发言人表示，目前正在抓紧制定渐进式延迟退休方案，将适时向社会公开征求意见。"总的考虑是，根据人口老龄化的趋势和劳动力状况，把握调整的节点和节奏，小步慢走，渐进到位，即每年只会延长几个月的退休年龄，同时提前向社会预告，给公众以心理预期。"

人社部劳动工资研究所副所长在接受记者采访时指出，人口老龄化是世界各国共同面对的难题。延迟退休年龄是各国应对人口老龄化的普遍做法。自1989年以来，世界上有170个国家延迟了退休年龄，男、女平均退休年龄都有所上升，只有少数国家降低了退休年龄。

人社部负责人表示，我国是目前全球退休年龄最小的国家，平均退休年龄不到55岁。

2012年6月，人社部负责人首次明确提出推迟退休年龄已成"趋势"，建议到2045年不论男女，退休年龄均为65岁。

据了解，延迟退休的一个重要背景就是我国老龄化问题日渐严重，劳动力供给形势严峻，人口红利急剧下降趋势显著。数据显示，2014年年末，全国60周岁及以上人口逾2.12亿人，占总人口的15.5%。预计2033年前后，我国60周岁及以上人口将翻番，达4亿人。

与此同时，核心劳动力数量却在急剧减少。国家统计局数据表明，2012年我国劳动年龄人口首次下降。2012年比2011年净减少345万人，2014年比2013年减少371万人。若无及时必要政策干预，劳动力供给严重不足趋势将持续。

北京大学人口研究所教授表示，延迟退休政策的直接依据是长期人口少子化导致年轻劳动力供应不足，人口老龄化又导致退休人口增多，养老金支付压力增大。

对于"小步慢走，渐进到位"，人社部劳动工程研究所副所长认为，这是国外提高法定退休年龄的普遍做法，即用较长的时间来逐步达到提高法定退休年龄的目标。尽管节奏有快有慢，但总体上是逐步推进。我国也应参照每年延迟几个月的办法，用较长的时期逐步达到目标。适合从目前退休年龄较低的群体（如女职工）起步。同时，还应考虑部分特殊群体，如对于工作和生活在自然条件艰苦地区预期寿命较低的人群，可考虑有差别的政策。

（资料来源：人民网，2015年11月21日）

确定了失业的含义后，该如何测量失业呢？目前，通用的衡量一国经济失业状况的基本指标是失业率，即失业人数占劳动力总数的百分比，用公式表示为：

$$失业率 = \frac{失业人数}{劳动力总数} \times 100\%$$

需要注意的是，失业人数是在失业范围之内的失业者人数，劳动力总数是指失业人数与就业人数之和，而非总人口。

失业率的波动反映了就业和经济的波动情况。一般地，在经济衰退期间，失业率上升；在经济复苏期间，失业率下降。例如，1982年美国失业率上升到近10%，1989年降到了5%，1992年再次上升至8%，1995年又降到6%以下。

世界各国基本上采用两种方法获得失业率的有关统计数据，一种是抽样调查法，如美国通过每月对约6万户家庭进行抽样调查估算出失业率；另一种是以政府登记为基础的行政登记法。目前,我国以城镇登记失业率指标代替失业率。这两种方法得到的数据都不一定能够准确地反映失业的严重程度,但它仍是重要的宏观经济指标。因为失业率不仅在一定程度上反映了失业的严重程度,而且可以反映出失业的特点,从而有利于政府更准确地掌握国家就业状况。

(二) 充分就业

凯恩斯在《就业、利息和货币通论》中提到,广义的充分就业指一切生产要素(包括劳动)都有机会以自己愿意的报酬参加生产的状态。在经济学界,有关充分就业的观点除了凯恩斯认为的消除了"非自愿失业",仅存在摩擦性失业和自愿失业就实现了充分就业之外,还有货币学派的代表人物弗里德曼提出:一个经济社会的失业率等于自然失业率时就实现了充分就业(自然失业率指在没有货币因素干扰的情况下,让劳动市场和商品市场的自发供求力量起作用时,总供给和总需求处于均衡状态下的失业率)。另外一些经济学家认为,空位总数与寻业人口总和相等即为充分就业。

二、失业的类型与原因

一般来说,根据失业产生的原因,可将其分为自然失业、周期失业和隐蔽失业三种类型。

(一) 自然失业

自然失业指由于经济中某些难以避免的原因引起的失业。在任何动态经济中,这种失业都不同程度地存在。现代经济学家根据引起失业的具体原因,把自然失业分为以下几类。

1. 摩擦性失业

经济中,由于正常劳动力流动而引起的失业称为摩擦性失业。在一个动态社会,经济发展必然引起劳动力动态需求,导致劳动力在各地区、各行业与各部门之间流动。部分劳动力在流动过程中就处于失业状态。这种失业任何时候都存在,因为经济发展过程中劳动力流动是正常的,所以这种失业也属正常。

2. 求职性失业

劳动者不满意现有工作,离职寻找更理想的工作所造成的失业即为求职性失业。这种失业的存在,是因为劳动力市场不同质,即存在着诸如工作条件、工资、福利等方面的差异。同时,劳动力市场信息不对称也使劳动者寻找新就业机会需要一定时间。这种失业,青年人占比较大,因为青年人往往追求理想,在有心理落差时更渴望找到适合自己的工作。

3. 结构性失业

由于劳动力供求不匹配而造成的失业称为结构性失业。其特点是既存在失业,又有职位空缺,即一方面存在着有失业劳动者但无合适工作岗位的"失业",另一方面又存在着有工作岗位而无合适劳动者的"职位空缺"。出现这种失业的原因,是随着经济结构调整,劳动力供给结构不能适应劳动力需求结构的变动。如新兴工业部门需要高技术专门人才,而从工业部门转移出的劳动者因不能适应新工作岗位具体要求而处于失业状态。这种失业在性质上是长期的。

结构性失业有以下两种类型。

（1）技术性失业：由于技术进步所引起的失业。属于这种失业的劳动力大都是文化技术水平低，不能适应现代技术要求的工人。如新兴行业缺乏合格的技术人员，衰退行业有大量失业人员。在长期中，这种失业问题比较严重。

（2）季节性失业：由于某些行业生产季节性变动而引起的失业。在旅游业、农业等行业，这种失业最严重。这些行业生产的季节性是自然条件决定的，很难改变。因此，这种失业是正常的。

4. 古典失业

古典失业又称工资性失业，是由于工资刚性而引起的失业。按古典经济学家的假设，若工资具有完全伸缩性，则通过调节工资便能实现人人都有工作。即如果劳动需求小于供给，则工资下降，直至全部工人均被雇用为止，从而不会出现失业。但由于人类本性不愿意工资下降，而工会和最低工资法又限制了工资下降，导致工资只能升不能降的"工资刚性"。这种特性使部分工人无法受雇，从而形成失业。由于这种失业是古典经济学家提出的，所以称为古典失业。凯恩斯把这种失业称为自愿失业。

（二）周期性失业

由于社会总需求不足而引起的失业称为周期性失业，一般出现在经济周期的萧条阶段。

周期性失业的原因可以用紧缩性缺口来说明。紧缩性缺口是指实际社会总需求小于充分就业总需求时，实际总需求与充分就业总需求之间的差额。紧缩性缺口与周期性失业的关系如图 14-1 所示。

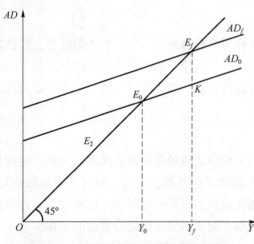

图 14-1 紧缩性缺口与周期性失业的关系

图中，横轴代表国民收入，纵轴代表总需求。当国民收入为 Y_f 时，经济中实现充分就业，Y_f 为充分就业的国民收入。实现这一国民收入水平所要求的总需求水平为 AD_f，即充分就业的总需求。但实际总需求为 AD_0，这一总需求水平决定的国民收入为 Y_0，$Y_0 < Y_f$，这就必然引起失业。$Y_0 < Y_f$ 是由 $AD_0 < AD_f$ 造成的。因此，实际总需求 AD_0 与充分就业总需求 AD_f 之间的差额（图中的 $E_f K$）就是造成这种周期性失业的根源。这种失业由总需求不足引起，故而也称为需求不足的失业。

周期性失业的原因在于社会总需求不足，即有效需求不足。那么社会总需求不足的原因又是什么呢？凯恩斯认为，造成社会总需求不足的原因是三大心理规律的作用：边际消费倾向递减规律导致消费不足；资本边际效率递减造成投资需求不足；流动偏好规律使利率下降有一个最低限度，无法拉开利润率和利率之间的差距来刺激投资，其结果是总需求不足，出现紧缩性缺口。

周期性失业其实就是凯恩斯分析的非自愿失业。非自愿失业是与自愿失业相对的概念。

自愿失业是指劳动者不愿接受现行工资水平而形成的失业。这种失业在竞争性的经济中一定程度上能促使经济更有效地运行。非自愿失业指劳动者愿意接受现行工资但仍找不到工作的失业。

（三）隐蔽性失业

隐蔽性失业指表面上有工作，实际对生产没有做出贡献的人。如果减少就业人员而生产产量没有下降，即存在隐蔽性失业。如某一区域经济中有 6 000 万工人，现在减少了 1 200 万工人，但国内生产总值并没有随之减少，则经济中存在着 20%（1 200÷6 000×100% =20%）的隐蔽性失业。著名美国发展经济学家威廉·刘易斯（William Lewis）曾指出，发展中国家农业部门存在严重的隐蔽性失业。

三、失业的影响

失业作为市场经济国家普遍存在的现象，不仅为各国政府重视，整个社会也非常关注，它会对社会经济的方方面面产生影响。失业影响具有两面性。

积极的影响表现在：体现了市场经济中效率优先的原则；有利于企业提高竞争力；推动产业结构转换；有利于劳动力人口的流动，从而完善劳动力市场；失业危机引发的竞争有利于劳动力素质提高。

而失业的消极影响体现在失业需要付出高昂的经济成本和非经济成本，给失业者以及全社会带来巨大的痛苦，由此引发一系列社会问题。美国著名经济学家保罗·萨缪尔森在他的《经济学》一书中这样描述失业的经济损失：高失业伴随着高水平的生产损失或者高水平的生产停顿，就好像干脆把相同数量的汽车、食品和房屋扔进大海……在高失业期间的经济损失是现代经济中有文献记载的最大浪费。它们比垄断或关税和限额导致的浪费所造成的缺乏效率（或"无谓的损失"）要大许多倍。过高的失业率会带来一系列社会、个人问题，影响经济正常发展，甚至会导致犯罪率上升、社会秩序混乱和政局动荡。

（一）失业的经济损失

对于失业的经济损失，可以从个人、企业和社会三个层面分析。

对个人来说，如果是非自愿失业，会给失业者本人及其家庭造成损失。因为他们失去了原本用劳动可以换得的收入，而收入减少又造成他们生活水平下降。同时，西方有关心理学的研究指出，解雇造成的创伤不亚于亲友去世或事业上的失败。此外，家庭之外的人际关系也受到失业影响。当然，如果是自愿失业，则会给失业者带来闲暇享受。

对企业来说，失业最大的经济损失是人力资本损失。人力资本源于劳动者所受到的教育和从工作中获得的经验，还包括长期形成的工作习惯。失业给人力资本造成的损失主要是因为人力资本价值是企业产品生产的重要因素，能够为产品价值增值做出贡献。同时，失业增加，厂商产品销售市场萎缩，有效需求下降，产出降低，生产能力闲置，利润下降，厂商只能减少投资需求，减少新生产力的形成。

对社会来说，失业增加了社会福利支出，造成财政困难。同时，失业率过高又会影响社会安定，带来一系列社会问题。西方学者发现，高失业率常常与吸毒、高离婚率以及高犯罪率相联系。从整个经济看，失业在经济上最大的损失就是实际国民收入的减少。表 14-1 给出了高失业期间,美国实际产出相对潜在 GDP 的减少量。

表 14-1 美国高失业时期的经济损失额

时期	产出损失		
	平均失业率/%	GDP 损失(2003 年价格),/10 亿美元	占该时期 GDP 百分比
大萧条时期 (1930—1939 年)	18.2	2 560	27.6
石油危机和通货膨胀时期 (1975—1984 年)	7.7	1 570	3.0
新经济时期 (1985—1999 年)	5.7	240	0.3
新经济跌落后的时期 (2001—2003 年)	5.5	220	0.2

从表 14-1 中可知,美国最大的经济损失发生在大萧条时期,而 20 世纪 70 年代和 80 年代的石油危机与通货膨胀也使产出损失高达 1 万多亿美元。相比之下,2001—2003 年这一时期,经济损失较小。

(二) 奥肯定律

失业带来的经济损失究竟有多大?20 世纪 60 年代,美国经济学家阿瑟·奥肯根据美国数据,提出了奥肯定律,说明了失业率与实际国民收入增长率之间的关系。这一规律表明:失业率每上升 1%,则实际国民收入大约减少 2%;失业率每下降 1%,则实际国民收入大约增加 2%。理解这一规律时应注意:第一,它表明失业率与实际国民收入增长率是反方向变动关系;第二,失业率与实际国民收入增长率之间 1:2 的关系只是一个平均数,是根据经验统计资料得出来的,不同时期并不完全相同;第三,奥肯定律主要适用于没有实现充分就业的情况,即失业率是周期性失业的失业率。在实现了充分就业的情况下,自然失业率与实际国民收入增长率的这一关系就要弱得多,一般估算 1:0.76 左右。需要注意的是,奥肯所提出的经济增长和失业率之间的具体数量关系只是对美国经济所做的描述,而且是特定时期的描述,因此奥肯定律的意义在于揭示了经济增长与就业之间的关系,而不在于其所提供的具体数据。

知识链接 **房价应该计入 CPI 吗?**

随着近年来房价的不断攀升,不少人认为应该将房价计入 CPI,以更为准确地刻画居民生活成本的变化。那么,房价究竟是否应该被计入 CPI 呢?

一种观点认为不应该,其理由是不符合国际惯例。根据联合国制定的《1993 年国民经济核算体系》,房地产属于固定资产的投资品,而不是耐用消费品。由于 CPI 的统计口径必须与国民经济核算体系中的消费分类保持一致,不可能在国民经济核算中把购买房地产算作投资,但在 CPI 统计中却看作消费,这会造成统计上的混乱。

而另一种观点则正好相反,认为将房价计入 CPI 是更加符合中国经济实际的。持这种观点的专家认为,在西方各国,购买一手房的居民比例较低,而租用住房的居民比例则较高,因此不把房价计入 CPI 对于刻画居民消费状况的变化并无影响。但中国的情况则正好相反,有80%的居民购买了自有住房,且有相当一部分居民是贷款买房。在这种情况下,如果不将房价计入 CPI,就不能正确地反映居民的生活成本变动。

(资料来源:张维迎. 经济学原理 [M]. 西安:西北大学出版社,2015.)

四、失业的经济学解释

既然失业不可避免,那么该如何更好地理解失业问题呢?现使用西方学者微观经济学的供给 – 需求分析框架对不同类型的失业进行解释。

(一)出清劳动力市场

出清劳动力市场的失业如图 14 – 2 所示。图中,横轴代表劳动力数量,纵轴代表劳动力价格,劳动需求曲线为 D,劳动供给曲线为 S,E 为市场均衡点,相应的工资水平为 W^*。在竞争性的、市场出清的均衡状态之下,厂商愿意雇用接受市场工资水平为 W^* 的合格工人,雇用的数量为 N_E。在 W^* 的工资水平上,另有数量 $N^* - N_E$ 的工人,他们虽愿意工作,却要求较高的工资,由于他们不愿接受现行市场工资率,因此被认为自愿失业。在现行工资率下,自愿失业者可能更偏好闲暇或其他活动,而不是工作。

(二)非出清劳动力市场

非出清劳动力市场的失业如图 14 – 3 所示,它用来说明没有伸缩性的工资即刚性工资怎样导致非自愿失业。一次经济波动使劳动市场工资过高,劳动的价格是 W^{**},而非均衡工资或市场出清的工资为 W^*。在过高的工资率下,寻找工作的合格工人数量大于提供工作的职位数。愿意在工资 W^{**} 下工作的工人数量是 N_2,而企业愿意雇用的数量为 N_1。由于工资高于市场出清水平,于是出现劳动供给过剩,$N_2 - N_1$ 表示的是这部分非自愿失业的失业者数量。在劳动力供给过剩的情况下,企业雇用劳动力时将会提出更严格的技能要求,雇用最有资格、最有经验的劳动者。需要说明的是,该图探讨的非自愿失业理论假定工资是刚性的。

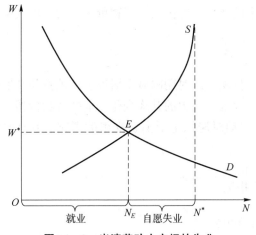

图 14 – 2 出清劳动力市场的失业

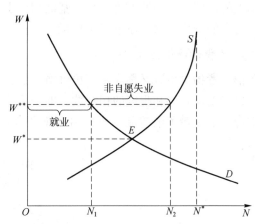

图 14 – 3 非出清劳动力市场的失业

第二节 通货膨胀理论

通货膨胀是宏观经济运行中经常出现的一种现象。抑制通货膨胀，维持物价稳定，是宏观经济政策的目标之一。

一、通货膨胀的含义及分类

（一）通货膨胀的含义

对于通货膨胀，经济学界存在各种各样的观点。

美国经济学家斯蒂格利茨认为：所有价格普遍地向上攀升就是通货膨胀。

萨缪尔森和诺德豪斯认为：通货膨胀即意味着各种物价在一般水平上发生上涨。

弗里德曼认为：物价的普通上涨就叫通货膨胀，无论何时何地大规模的通货膨胀总是货币现象。

可以看出，通货膨胀总是和物价上涨及货币贬值紧密联系的。西方经济学中普遍使用的定义是：在一段给定的时间内，给定经济体中的物价水平普遍持续增长，从而造成货币购买力的持续下降。这里需要注意三点。

第一，通货膨胀不是指个别商品价格的上涨，而是指价格总水平的上涨，包括商品价格和劳务价格。

第二，通货膨胀不是指一次性或短期的价格上升，而是一个持续的过程。同样，也不能给经济周期性的萧条、价格下跌以后出现的周期性复苏阶段的价格上升贴上通货膨胀的标签。只有当价格持续地上涨趋势不可逆转时，才可称为通货膨胀。

第三，通货膨胀是价格总水平明显地上涨。轻微的价格水平上升，比如说0.3%，很难说是通货膨胀。不过能够冠以通货膨胀的价格总水平增长率的标准到底是多少，却没有定规，主要取决于人们的主观观念以及对价格变化的敏感程度。

为了较好地计量通货膨胀，一般用物价水平波动幅度表示。物价指数是衡量物价水平波动幅度的指标，是当期物价水平与基期物价水平的比率，能反映一般物价水平的涨跌波动幅度。常见的物价指数有以下三个指标。

1. 消费者物价指数（CPI）

消费者物价指数又称商品零售价格指数，是反映一定时期内城乡居民生活消费品和服务项目价格变动趋势和程度的相对数，即居民货币收入购买力的升降变化。消费者物价指数在一定程度上度量了消费品零售价格和服务价格变动对居民生活消费支出的影响。其计算公式为：

$$CPI = \frac{当期价格指数}{基期价格指数} \times 100\%$$

$$= \frac{\sum P_t q_t}{\sum P_0 q_t} \times 100\%$$

式中，P_0是基期价格水平，P_t是当期价格水平，q_t是当期商品量。

例如，设 2000 年为基期，如果 2000 年某国普通家庭每个月购买一组商品的费用为 857 美元，2003 年购买同样一组商品的费用是 1 174 美元，那么该国 2003 年消费者物价指数就为：

$$CPI_{2003} = \frac{1\ 174}{857} \times 100\% \approx 137\%$$

消费者物价指数突出的优点是生活消费品的价格变化能及时反映消费品供求关系的变化，直接与居民日常生活消费紧密相关；不足之处在于消费品只是社会总产品的一部分，没有包括生产资料、资本品、进出口商品等其他部分，不能全面、准确地反映出一般物价总水平的波动及其原因。

2. 生产者物价指数（PPI）

生产者物价指数又称商品批发物价指数，根据商品批发价格编制而成，用以反映各种商品在原材料、半成品和最终产品等不同生产阶段的价格变动情况。生产者物价指数反映了工业企业产品的出厂价格变动趋势和变动程度，是反映某一时期生产领域价格变动情况的重要经济指标，也是政府制定有关经济政策和进行国民经济核算的重要依据。

生产者物价指数优点表现为在最终产品价格变动之前就发出生产投入品及非零售消费品的价格波动信息，进而判断其价格变动对最终进入流通的零售商品价格变动的影响；不足之处表现在它只反映了商品在生产与批发环节的价格变动，没有反映劳务产品与商品最终的销售价格波动情况，其反映的价格波动幅度常常小于零售商品的价格波动幅度。

3. 国内生产总值价格折算指数（GDP Deflator）

国内生产总值价格折算指数又称国民生产总值平减指数，是按当期市场物价计算的 GDP 与按基期不变价格计算的 GDP 的比率，即名义 GDP 与实际 GDP 之比，用以测算通货膨胀的程度。其计算公式为：

$$\text{GDP Deflator} = \frac{\text{以当期市场物价计算的 GDP}}{\text{以基期不变价格计算的 GDP}} \times 100\%$$

这种指数用于修正 GDP 数值，从中去掉通货膨胀因素，其统计测算对象包括所有计入 GDP 的最终产品与劳务，因而能较全面地反映一般物价水平的变化。

国内生产总值价格折算指数的优点在于涉及范围广，可以全面反映生产资料、消费资料、劳务费用的价格变动情况，被认为是测算通货膨胀率的最佳指标；缺点在于统计资料收集困难，时效性较差，大多一年公布一次。

以上用于测算通货膨胀率的三个常用指标各有优缺点，适用对象也有差异。消费者价格指数（CPI）与生产者价格指数（PPI）多用于分析通货膨胀对消费者与生产者的影响；国内生产总值价格折算指数（GDP Deflator）较适用于分析通货膨胀对社会经济一般物价水平的影响。

（二）通货膨胀的分类

通货膨胀按不同的标准可以划分成不同的类型，常见的划分方法是按照物价上涨速度来划分。

1. 爬行式通货膨胀

爬行式通货膨胀也称温和型通货膨胀，指每年价格上升比例在 10% 以内。这种缓慢而逐步上升的价格对经济和收入增长有积极的刺激作用。保持温和的通货膨胀，就实现了物价稳定。

2. 奔腾式通货膨胀

奔腾式通货膨胀也称严重型通货膨胀，指每年价格上升比例在10%以上、100%以下。这时，货币流通速度提高和货币购买力下降均具有较快速度。由于货币购买力迅速下降，人们更愿意囤积商品而不愿意持有货币，金融市场陷入瘫痪，经济发生严重扭曲。

3. 恶性通货膨胀

恶性通货膨胀也称超级通货膨胀，指每年价格上升比例在100%以上。发生这种通货膨胀时，物价上涨极快，货币购买力急剧下降，贬值程度惊人，人们对货币失去信心，货币制度体系将要崩溃，甚至出现金融危机和社会动荡物价。例如1920—1923年的德国发生的各种各样的价格上涨。

二、通货膨胀的成因

经济学家认为，通货膨胀主要有四种成因：需求拉动的通货膨胀、成本推动的通货膨胀、供求混合推动的通货膨胀和结构型通货膨胀。

（一）需求拉动型通货膨胀

需求拉动型通货膨胀（Demand-pull Inflation）是指资源被充分利用或达到充分就业时，总需求继续上升，出现过度需求而导致的通货膨胀。它是从总需求角度来分析通货膨胀的原因。凯恩斯经济学派认为，当经济发展没有达到实现充分就业的国民收入水平时，总需求增加会促进产量与就业的增加，不会导致物价持续性的上涨与通货膨胀；但是当经济社会达到或接近充分就业的国民收入水平时，总需求继续增加会对最终产品形成过度需求，进而导致对生产要素等中间投入品需求的增加，加之生产过程中的"瓶颈现象"，即由于劳动、原料、生产设备等的不足而成本提高，从而引起物价水平的上涨，最终产品与中间投入品价格都会上涨，引发通货膨胀。

需求拉动型通货膨胀如图14-4所示，总需求曲线由 AD_1 移动到 AD_2 的位置，使价格由 P_1 上升到 P_2，产生了需求拉动型通货膨胀。作为一个动态的过程，通货膨胀有其自身的发展机制。由于过多的货币追逐了过少的社会财富，导致政府在采取扩张性经济政策时，每使用一次扩张的政策，都会导致曲线 AD 发生移动，当总需求曲线因此右移到 AD_3 的位置后，价格水平进一步上升至 P_3，这就是需求拉动型通货膨胀。

（二）成本推动型通货膨胀

成本推动型通货膨胀（Cost-push Inflation）指在资源尚未充分利用时，因成本因素推进而引起的价格上涨。它是从总供给角度分析通货膨胀的原因。它认为引起通货膨胀的原因在于成本增加，成本增加意味着只有在高于从前价格水平时才能达到与以前相同的产量水平（也就是说，由于成本增加，厂商只有在高于从前价格水平时，才愿意提供同样数量的产品），从而引起通货膨胀。

成本推动型通货膨胀如图14-5所示。期初，总供给和总需求曲线分别为 AS_1 和 AD，价格水平为 P_1。生产成本增加使 AS_1 上升到 AS_2 的位置，导致价格水平由 P_1 上升到 P_2。当成本

进一步提高到 AS_3 时,在总需求不变的情况下,物价水平将进一步提升至 P_3。例如,石油价格的上涨,将推动汽油、柴油价格的上涨,而汽油、柴油价格的上涨又会推动运输成本的上涨,这种价格水平上涨将波及各个领域,产生成本推动型通货膨胀。从根本上看,成本推动型通货膨胀与需求拉动型通货膨胀的区别在于开始推动力的差异,它是由工资成本、利润目标、进口成本推进的通货膨胀。

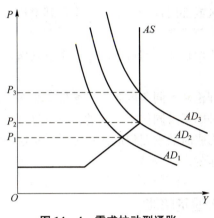

图 14-4 需求拉动型通胀

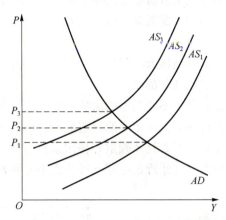

图 14-5 成本推动型通货膨胀

(三) 混合推动型通货膨胀

有些通货膨胀的成因不能简单理解为需求拉动或成本推动,而是它们同时发挥作用,相互影响、互相促进。比如,由于政府增加支出造成总需求增加,引起需求拉动型通货膨胀;而工人出于对通货膨胀延续的担忧,会通过工会向企业施加压力,迫使企业增加工资,从而提高了企业成本,引起成本推动型通货膨胀。物价、工资轮番上涨,如此反复。因此,很难简单地说通货膨胀是由需求拉动的还是成本推动的。为此,必须把总需求和总供给结合起来分析通货膨胀的原因。

可以用图 14-6 来说明成本推动与需求拉动如何引起通货膨胀。

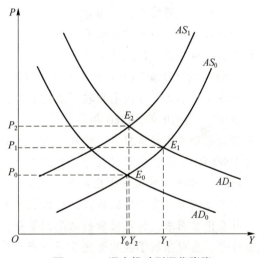

图 14-6 混合推动型通货膨胀

在图 14-6 中,AS_0 与 AD_0 相交于点 E_0,虽然处于均衡状态,但并未实现充分就业。政府为了刺激就业,采取扩张的需求管理政策,从而使 AD_0 平移到 AD_1,此时均衡点由 E_0 变动到 E_1,均衡国民收入从 Y_0 增加到 Y_1,经济增长,就业增加,同时物价水平也从 P_0 提升到 P_1。此时,由于物价上涨,工人要求提高工资,银行要求提高利率,同时土地出租者也要求提升回报,所以曲线 AS 由 AS_0 平移到 AS_1,均衡点从 E_1 改变为 E_2,物价水平提升至 P_2,均衡国民收入由 Y_1 减少到 Y_2,此时失业出现。政府为了刺激经济改善就业,不得不继续使用扩张的需求管理政策,从而启动新一轮混合推动型通货膨胀。我们发现,国民收入在上述过程中没有确定的变化结果，但物价水平却在持续上升。

（四）结构型通货膨胀

结构型通货膨胀（Structural Inflation）指由于经济结构方面的因素而引起的通货膨胀。它从社会各生产部门之间劳动生产率差异、劳动市场结构特征和各生产部门之间收入水平赶超速度等角度来分析由于经济结构特点而引起通货膨胀的过程。由于社会经济发展不平衡、资源分布不均、配置缺乏机制与效率，所以各地区或部门社会劳动生产率及其增长率存在着差异。但是社会劳动生产率及其增长率较低地区或部门要求工资增长向社会劳动生产率及其增长率较高的地区或部门靠近，结果是全社会工资增长速度超过劳动生产率及其增长率的速度，进而引发通货膨胀。

以上介绍了不同类型的通货膨胀理论，各种理论从不同角度解释了通货膨胀的原因。但通货膨胀往往不是由单个原因造成的，而是由各种因素共同作用引起的，只不过有时某种因素更加重要，但要具体确定各种因素在引起通货膨胀时的重要程度比较困难。从这种意义上说，各种通货膨胀理论是相互补充而不是相互排斥的。

知识链接 **我国经历了多少次通货膨胀？**

通货膨胀是现代货币理论中涉及的一个与现实生活最密切的问题，也是世界各国普遍存在的经济现象。通货膨胀是指市场上的货币供应量超过了商品生产和流通对货币的需求量而引起的货币贬值、一般物价水平持续上涨的经济现象。从改革开放以来，我国出现了多次通货膨胀，各有特点，国家采取了不同的方式进行治理。

1980年的通货膨胀发生在我国改革开放初期，宏观上经济增长速度迅猛、投资规模猛增、财政支出加大，导致出现较严重的财政赤字，盲目扩大进口导致外贸赤字，外贸储备迅速接近于零。1979年、1980年的物价出现了明显上涨，其中，1980年通货膨胀率达到6%。后来经过压缩基本建设投资、收缩银根、控制物价等一系列措施，通货膨胀得到抑制。国务院在1980年12月发出了《关于严格控制物价、整顿议价的通知》，对通货膨胀进行治理。

1984—1985年的通货膨胀体现在固定资产投资规模过大引起社会总需求过旺，工资性收入增长超过劳动生产率的提高，引起成本上升，导致成本推动型通货膨胀，伴随着基建规模、社会消费需求、货币信贷投放急剧扩张，经济出现过热现象，通货膨胀加剧。为了抑制通货膨胀，当时采取了控制固定资产投资规模、加强物价管理和监督管理、全面进行信贷检查等一系列措施，具体表现为从1984年11月到1985年10月国务院发布了一系列宏观调控措施。

1987—1989年的通货膨胀是由于1984—1985年中央采取的紧缩政策在未见到成效的情况下，1986年又开始全面松动，导致需求量的严重膨胀。在此期间，1988年的零售物价指数创造了中华人民共和国成立以来上涨的最高纪录。物价的上涨和抢购风潮引发了一系列的社会问题。1989年11月，党的十三届五中全会通过了《中共中央关于进一步治理整顿和深化改革的决定》，提出用3年或更长的时间基本完成治理整顿任务，使用大力度的调整措施。

1993—1995年的通货膨胀表现为中国经济进入高速增长的快车道，起因主要是固定资产投资规模扩张过猛与金融秩序混乱。有人形象地总结为"四热"（房地产热、开发区热、集资热、股票热)、"四高"(高投资膨胀、高工业增长、高货币发行和信贷投放、高物价上涨)、"四紧"(交通运输紧张、能源紧张、重要原材料紧张、资金紧张)和"一乱"(经济秩序特别是金融秩序混乱)。此次通货膨胀的治理以1993年6月《中共中央、国务院关于当前经济情况和加强宏观调控的意见》提出16条措施为起点,经过3年的治理,到1996年我国实现经济的"软着陆"。

2003—2004年的通货膨胀主要表现在国民经济运行中出现了粮食供求关系趋紧、固定资产投资增长过猛、货币信贷投放过多、煤电油运供求紧张等问题。居民消费价格指数自2003年9月起快速上升,12月达到3.2%的水平;进入2004年后继续保持快速上涨态势,从1月份的3.2%升至6月份的5.0%,7月、8月、9月均维持在5%以上的较高水平。党中央国务院于2002年中央经济工作会议时就对出现低水平重复建设问题提出预警,2003年又针对经济生活中的一些苗头性、倾向性问题陆续采取了一系列调控措施。2004年,中央根据经济运行中出现的投资膨胀加剧、物价回升加快等新情况,在"两会"以后果断提出要紧紧把握土地、信贷两个闸门,及时加大了调控力度。2004年下半年以来,宏观调控措施取得积极成效。又明确提出宏观调控仍处于关键阶段,多次强调要防止出现反弹。总的来看,加强和改善宏观调控取得了明显成效,居民消费价格指数出现了一定程度的回落,国民经济继续保持平稳较快发展。

2007年至2008年上半年,我国经济开始通货膨胀,主要表现在:供需失衡,比如农产品价格上涨;成本拉动,比如原油铁矿等国际价格上升、新劳动法实施、国内某些行业的价格上涨;国内投资过热,大量流动性资金流向楼市、股市;国内突发事故灾难,如雪灾、地震等造成短期物价反弹;国际贸易失衡,巨额顺差长期存在、外汇占款严重、人民币投放过多;人民币升值预期使得大量国际资本流入国内,投资的高速增长导致货币超额投放。国家采取的治理措施主要表现在:从2007年起央行连续14次上调存款准备金率,多次加息,发行央票等,同时执行稳健的财政政策,主要体现在税收手段的运用,还有对房地产和股市的调控。后来随着全球次贷危机的恶化,国内外经济形势发生了根本性的逆转,世界经济放缓,消费需求急剧下降,我国进出口贸易快速下降,经济出现了严重的下滑风险,原油等国际大宗商品价格快速回落,紧缩政策效果的显现及流动性的收紧,使物价得到了控制,逐步回落到央行目标控制区间。

(资料来源:根据相关资料整理编写)

三、通货膨胀对经济的影响

在通货膨胀初始阶段,通常表现为短暂的经济繁荣,但经过一段时间的传导,通货膨胀的恶果就开始显露。

从长期来看,通货膨胀对经济危害性极大,对生产、流通、分配和消费都有破坏性作用。

(一)通货膨胀对生产的影响

首先,通货膨胀破坏社会再生产的正常进行。在通货膨胀期间,由于物价上涨不平衡,各生产部门和企业利润分配不平衡,使经济中一些稀有资源转移到非生产领域,造成资源浪费,妨碍社会再生产正常进行。其次,通货膨胀使生产性投资减少,不利于生产的长期稳定发展。商品价格上涨使企业生产成本迅速上升，资金利润率下降，促使原生产领域资金流向获利高的流通领域和金融市场，最终导致生产投资规模缩小，生产萎缩。最后，通货膨胀导致企业技术革新成本上升，但是企业不愿意或者没有能力进行技术改造，结果必将导致技术进步变慢，生产效率降低。

（二）通货膨胀对流通的影响

首先，通货膨胀使流通领域原有的平衡被打破，正常流通受阻。由于物价上涨不均衡，商品会冲破原有渠道，向价格上涨快的地方流动，打乱了企业原有购销渠道，破坏商品正常流通。其次，通货膨胀还会在流通领域制造或加剧供给与需求之间的矛盾。由于物价持续上涨，货币贬值，人们不愿意储蓄货币，出现提前消费、疯狂购物，投机者趁机哄抬物价，囤积商品，市场供需矛盾严重，使流通领域更加混乱。最后，通货膨胀期间，由于币值降低，潜在货币购买力不断转化为现实购买力，进一步加大货币供应，加快货币流通速度，也进一步加剧通货膨胀。

（三）通货膨胀对分配的影响

首先，通货膨胀改变了社会成员间原有收入和财富占有的比例。因为通货膨胀虽然名义货币可能在提高，但由于社会各个阶层收入来源不同，有人实际收入下降。通货膨胀最大的受害者是固定收入者和低收入者，例如依靠固定工资、固定退休金和福利救济金生活的人。而这种不公正的国民待遇再分配，很容易引起社会不稳定。其次，通货膨胀还使国民收入初次分配和再分配无法顺利完成。从以企业为主的初次分配看，币值降低使企业的销售收入不真实，企业据此支付工资、提取折旧，企业留利中就有一部分无法换得相应的生活资料和生产资料，影响企业再生产的顺利进行。从财政再分配来看，由于物价上涨，财政分配的货币资金不足以转化为实际物资，财政分配不能在实物形态上得到最终实现，而追加的财政支出又给财政平衡带来困难。从银行融资来看，物价上涨使银行存款实际利率下降，存款者便减少存款，增加现金持有量。同时，企业为保证生产又不断增加对银行贷款的需求，这就使银行信贷资金供需矛盾加剧，严重时甚至可能出现信用危机。

（四）通货膨胀对消费的影响

首先，在通货膨胀条件下，物价上涨、货币贬值，人们通过分配所获得的货币投入不能购买到与原来同等的生活消费资料，实际上是减少了居民收入，居民消费水平下降。其次，物价上涨不平衡，市场上囤积居奇和投机活动盛行，使一般消费者受到的损失更大。

通过以上分析我们知道，通货膨胀对经济的促进作用是暂时的，而其对经济的危害是长期的，因此，必须坚决制止通货膨胀。

四、抑制通货膨胀的对策

从长期来看，通货膨胀消极作用十分明显，积极作用很小。因此，各国政府都把抑制通货膨胀作为首要宏观经济目标。

（一）控制货币供应量

由于通货膨胀形成的直接原因是货币供应过多，因此，治理通货膨胀最基本的对策就是运用各种货币政策工具灵活有效地控制货币供应量，实行适度从紧的货币政策，控制货币投放，使之与货币需求量相适应，稳定币值，进而稳定物价。

(二) 调节和控制社会总需求

对于需求拉动型通货膨胀，调节和控制社会总需求是关键。各国对社会总需求的调节和控制，主要是通过制定和实施正确的财政政策和货币政策来实现的。在财政政策方面，主要是大力压缩财政支出，努力增加财政收入，坚持收支平衡，不搞赤字财政。在货币政策方面，主要采取紧缩信贷、控制货币投放、减少货币供应总量的措施。

(三) 增加商品有效供给，调整经济结构

治理通货膨胀必须从两个方面同时入手：一方面控制总需求；另一方面增加总供给。一般来说，增加有效供给的主要手段是降低成本，减少消耗，提高投入产出比例，进而提高经济效益。同时，调整产业和产品结构，支持短缺商品生产。

(四) 其他政策

除了控制需求、增加供给、调整结构之外，还有诸如限价、减税、指数化等其他治理通货膨胀的政策。

总之，通货膨胀是复杂的经济现象，产生的原因是多方面的，需要对症下药。

第三节 失业和通货膨胀的关系

如前所述，失业与通货膨胀是宏观经济运行中的两个主要问题。那么，这两者之间有什么关系呢？在宏观经济中，失业和通货膨胀的关系主要由菲利普斯曲线来说明。

一、菲利普斯曲线

1958 年，在英国任教的新西兰籍经济学家菲利普斯（Alban William Phillips）在研究了 1861—1957 年英国失业率和货币工资增长率的统计资料后，发现货币工资增长率和失业率之间存在负相关关系，并提出了表示失业率与货币工资增长率之间关系的菲利普斯曲线。其基本内容是：当失业率较低时，货币工资增长率较高；当失业率较高时，货币工资增长率较低，甚至是负数。

以萨缪尔森为代表的新古典综合派之后将菲利普斯曲线改造为失业和通货膨胀之间的关系，并将其作为新古典综合理论的组成部分，用以解释通货膨胀。

新古典综合派对最初的菲利普斯曲线加以改造的出发点在于如下所示的货币工资增长率、劳动生产率和通货膨胀率之间的关系。

$$通货膨胀率 = 货币工资增长率 - 劳动生产增长率$$

由此来看，若劳动生产的增长率为零，则通货膨胀率就与货币工资增长率一致。因此，经改造的菲利普斯曲线就表示了失业率与通货膨胀之间的替换关系，如图 14-7。横轴代表失业率，纵轴代表通货膨胀率，PC 为菲利普斯曲线。失业率高，通货膨胀率低；失业率低，通货膨胀率高。

菲利普斯曲线提出了这样几个重要的观点。

第一，通货膨胀是由工资成本推动所引起的，这就是成本推动型通货膨胀理论。

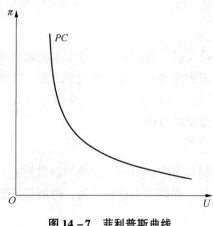

图 14-7 菲利普斯曲线

第二，承认了通货膨胀与失业的交替关系，否定了凯恩斯关于失业与通货膨胀不会并存的观点。

第三，当失业率为自然失业率时，通货膨胀率为零。

二、菲利普斯曲线的新变化

20世纪70年代，滞胀出现，失业与通货膨胀不存在这种交替的关系，于是对失业和通货膨胀间的关系又有了新的解释。

（一）货币主义学派的观点

20世纪70年代，资本主义世界遭遇到新的经济问题——滞胀。滞胀是指一定时期持续的通货膨胀伴随着萧条或经济停滞发展。1969年，新上任的尼克松总统为了治理通货膨胀采取了紧缩的货币和财政政策，希望以失业为代价，降低通货膨胀。结果，通货膨胀率没有沿菲利普斯曲线滑动，而是向右移动，失业率急剧增加，通货膨胀仍维持在原来的较高水平。面对这一挑战，以后的经济学家对滞胀作了种种解释，认为菲利普斯曲线在短期内有效，而长期菲利普斯曲线则是一条垂直线。

货币主义学派代表人物米尔顿·弗里德曼在解释菲利普斯曲线时引入了适应性预期，即人们根据过去经验形成并调整对未来的预期。他根据适应性预期，把菲利普斯曲线分为短期菲利普斯曲线和长期菲利普斯曲线。

在短期中，工人来不及调整通货膨胀预期，预期通货膨胀率可能会低于实际发生的通货膨胀率。这样，工人所得到的实际工资可能小于预期的工资，从而使实际利润增加，刺激了投资，就业增加，失业率下降。在此前提下，通货膨胀率与失业率之间存在交替关系。短期菲利普斯曲线正是表明在预期通货膨胀率低于实际发生的通货膨胀率的短期中，失业率与通货膨胀率之间存在交替关系的曲线。所以，向右下方倾斜的菲利普斯曲线在短期内可以成立，也被称为短期菲利普斯曲线。这说明，在短期内引起通货膨胀率上升的扩张性财政和货币政策可以起到减少失业的作用。这就是宏观经济政策的短期有效性。

但是，长期中，工人根据实际发生情况不断调整自己预期。工人预期的通货膨胀率与实际发生的通货膨胀率迟早会一致。这时，工人会要求增加名义工资，使实际工资不变，通货膨胀就不会起到减少失业的作用，这时的菲利普斯曲线是一条与横轴垂直的线，即长期菲利普斯曲线，如图14-8所示，表明失业率与通货膨胀率之间不存在交替关系。因为长期中，经济可以实现充分就业，失业率是自然失业率。因此，垂直的菲利普斯曲线表明：无论通货膨胀率如何变动，失业率总是固定在自然失业率

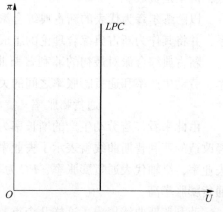

图 14-8 长期菲利普斯曲线

的水平上。说明以引起通货膨胀为代价的扩张性财政政策和货币政策并不能减少失业,宏观经济政策长期无效。

(二) 理性预期学派的观点

理性预期学派采用的预期概念不是适应性预期,而是理性预期。理性预期是合乎理性的预期,其特征是预期值与实际发生值总是一致的。在这种预期假设下,无论是短期还是长期,预期通货膨胀率与实际发生的通货膨胀率总是一致的,因而也就无法以通货膨胀为代价来降低失业率。所以,无论在短期还是长期中,菲利普斯曲线都是一条从自然失业率出发而与横轴垂直的线,失业与通货膨胀始终不存在交替关系,即无论在短期还是在长期中,宏观经济政策始终无效。

(三) 新凯恩斯主义对菲利普斯曲线的解释

新凯恩斯主义者用市场调节的信息不对称和不完全性来解释菲利普斯曲线。

在短期中,由于信息不对称,市场调节并不是完全有效的,宏观经济会出现小于充分就业均衡或大于充分就业均衡。具体来说,在劳动市场上,由于信息不对称引起的工资黏性,使劳动市场不能实现供求平衡。在产品市场上,由于价格黏性,产品市场也不能实现供求平衡。在信贷市场上,由于信息不对称,利率并不能起到完全的调节作用,银行采用配给制,供求也不一定平衡。这样,短期中,市场机制调节作用就受到限制。因此,在短期中,通货膨胀和失业之间就存在交替关系,这时就需要政府用政策进行调节。

在长期中,市场机制的调节作用是有效的。因此,市场可以实现充分就业均衡。这时,失业与通货膨胀没有交替关系。失业率为自然失业率,由制度、资源、技术等因素决定,通货膨胀率由货币供给增长率决定,两者之间决定机制不同,当然也就没有交替关系,政府就没必要进行调节。

本章要点总结

根据产生的原因,可将失业分为自然失业、周期性失业和隐蔽性失业三种类型。通货膨胀常见的物价指数有消费者物价指数、生产者物价指数、国内生产总值价格折算指数三个指标。按照物价上涨速度来划分,通货膨胀可分为爬行式通货膨胀、奔腾式通货膨胀、恶性通货膨胀。

失业和通货膨胀的关系可以用菲利普斯曲线来表示,即失业率高,通货膨胀率低;失业率低,通货膨胀率高。

关键概念

充分就业　消费者物价指数　奥肯定律　通货膨胀　菲利普斯曲线

思考与练习

1. 简述失业会给个人和社会带来的损失。

2. 请解释并分析哪些失业可以消除，哪些失业不可以消除。
3. 试分析通货膨胀的成因及对策。
4. 简述菲利普斯曲线的形成。
5. 如果超市经理说："尽管提价，不怕卖不出去，超市门口排着长长的队伍争着来抢购呢！"这是属于需求拉动型还是成本推动型通货膨胀？如果房东要求房租涨价，对他的房客说："因为工资和别的费用都涨了，我也需要提高你的房租。"这又属于哪一类型的通货膨胀？

第十五章

经济周期与经济增长理论

学习目标

- 掌握经济周期的含义，了解经济周期的阶段和成因。
- 分析经济增长的含义和特征。
- 理解经济增长的模型。
- 比较经济增长和经济发展的关系。

大师简介

经济学家：罗伯特·默顿·索洛（Robert Merton Solow，1924—）

简介：美国经济学家，以新古典经济增长理论著称，并在1961年被美国经济学会授予青年经济学家的约翰·贝茨·克拉克奖；在1987年获得诺贝尔经济学奖。

主要成就：在研究产生经济增长与福利增加的因素方面做出了特殊贡献；以其命名的索洛经济增长模型，直到现在仍然是经济增长理论中不可或缺的内容；提出的资本主义模式的资本积累过程从长期来讲将收敛于经济增长稳定状态的结论给关心经济增长问题的经济学界注入了一剂强心针。

导入案例

经济危机

2008年，美国次贷危机是距离我们最近的一次世界规模的经济危机，或者叫经济衰退。实际上在这之前，全球规模的经济危机还有很多次，比较近的有1998年的东南亚金融危机，20世纪70年代的滞胀危机，再远的有1929—1933年的经济危机等。这些经济危机就发生的直接原因来说，各有不同，但有共同的一点，它们都给整个世界的经济带来了巨大的波动，从而导致生产下降、失业增加、社会动荡等一系列的社会问题。为什么在市场经济的运行过程中会产生这种周期性的波动？这是一个值得学习的问题。

(资料来源：根据相关资料整理编写)

第一节　经济周期

一、经济周期的含义

诺贝尔经济学奖获得者托宾（James Tobin）说："宏观经济学有两个不变的基本命题。其一是说明经济活动中的短期波动，有些人将这种变动称为周期，这种年复一年、月复一月的变化，总合起来形成繁荣或衰退、通货膨胀或通货紧缩。其二是说明长期经济趋势，即某一经济在几十年内的增长率。"显然，经济周期是宏观经济学中不变的基本命题之一。

美国经济学家米契尔（Wesley Mitchell）和伯恩斯（Arthur Burns）研究了美国经济数十年的数据资料，写了一本重要的著作《衡量经济周期》。在书中，他们给经济周期下了一个经典的定义：经济周期是一种基于按商业企业来组织活动的一国总体经济活动的波动。一个周期包括许多经济活动的同时扩张，然后同时衰退、收缩和复苏，复苏是下一轮周期扩张阶段的前奏，这一变化次序是重复发生的，但并不是阶段性的。从时间上说，经济周期从1年到10年或12年不等，无法划分成具有同样特征、同样波幅的若干个短周期。

经济周期一般是指经济活动沿着经济发展的总体趋势所经历的有规律的扩张与收缩，是经济活动所经历的扩张与衰退，相互交替，使经济总量螺旋式增长的现象。

理解经济周期的含义一般要注意以下四点。

（1）经济周期的中心是国民收入的波动，这种波动引起了失业率、一般物价水平和利息率的变动。所以，研究经济周期的关键是研究国民收入波动的规律和根源。

（2）经济周期是客观存在的现实。

（3）经济周期发生时的经济波动是全面的整体经济波动，而不是某一个或几个部门或一国的某一个或几个地区所产生的局部波动。正是由于这种整体的波动，才引起宏观经济变量诸如国民收入水平、就业水平、价格、利率、进出口等方面的波动。

（4）经济周期是经济发展过程中的波动，可以顺次分为繁荣、衰退、萧条、复苏四个阶段。

二、经济周期的阶段

一个经济周期可以分为繁荣、衰退、萧条和复苏四个阶段。这四个阶段各有特点。

1. 繁荣阶段

繁荣阶段是国民收入与经济活动高于正常水平的一个阶段，特征是生产迅速增加、投资增加、信用扩张、物价水平上升、就业增加，公众对未来持乐观态度。繁荣的最高点称为顶峰，这时就业与产量达到最高。之后，股票与商品的价格开始下降，存货水平提高，公众的情绪由乐观转为悲观，繁荣开始转向衰退。

2. 衰退阶段

这一阶段，经济处于较温和的收缩时期，此时经济活动水平下降，消费需求与生产能力发生偏离。一方面，由于消费的增长放慢，甚至停止，产品滞销、价格下降，进而使企业的利润大幅度减少，企业的投资也随之减少，产量增加的势头受到抑制。另一方面，由于投资量减少，产量下降，失业率上升，社会收入水平和有效需求进一步下降，最终使经济跌落到萧条阶段。

3. 萧条阶段

该阶段，经济处于剧烈的收缩时期，经济活动逐渐降到最低水平，大量工人失业，大批生产能力闲置，企业利润极低甚至亏损。整个社会的投资水平继续下降，经济活动继续萎缩，物价继续下跌，经济动荡，社会不稳。同样，萧条也不可能无限延长，现有设备的损耗以及由消费引起的企业存货的减少，促使企业考虑增加投资。一旦投资需求开始增长，经济便开始进入复苏阶段。

4. 复苏阶段

这一阶段，经济活动由最低水平开始回升，经济活动日趋活跃。随着投资的不断增加，产量逐渐扩大，就业开始增加，价格开始上涨，国民收入开始回升。随着需求的不断增加，生产进一步扩大，经济活动处于调整阶段。经济恢复的速度不会太快，但随着经济恢复的不断完善，经济活动水平会不断提高，当达到一定程度后，便步入下一个繁荣阶段，开始另一个经济周期。

在一个经济周期的四个阶段中，存在着一个顶峰和一个低谷，它们是经济周期的转折点。顶峰出现在繁荣阶段，是整个经济周期中经济活动水平的最高点；低谷出现在萧条阶段，是整个经济周期中经济活动水平的最低点。顶峰是经济由繁荣到萧条的转折点，低谷是经济由萧条走向繁荣的转折点。在经济周期的四个阶段中，繁荣与萧条是经济周期的两个主要阶段，衰退是繁荣到萧条的过渡阶段，复苏是由萧条到繁荣的过渡阶段。无论何为起点，只要经历了这四个阶段，便算完成了一个经济周期。

知识链接　　　　　**我国经济周期理论的发展**

我国对经济周期的认识时间比较短，从改革开放之后才开始逐步认识经济波动与经济周期，从西方发达国家吸收经济波动与经济周期理论。总体而言，我国的经济周期理论与西方国家相比还不成熟。这一方面是因为我国经济周期的历史较短，仅仅只有几十年的时间；另一方面是因为我国在很长时期内实行计划经济，在相当长的时间内不承认经济周期波动（因为认为经济波动与经济周期是资本主义的特有现象），拒绝研究相关问题。在20世纪80年代中期以后，我国的经济学界才有人逐渐研究这一问题。在理论上主要是学习西方；在实证方面则主要以中华人民共和国成立以来几十年的经济发展状况为研究对象，探讨其波动及周期性的特性。

到现在为止，我国经济学界对于经济周期问题的理论观点可以概括为三点。第一，在理论上承认了中国存在经济波动以及经济波动具有周期性，而且从实证上研究了我国经济几十年的发展，并且按照各自的分析方法进行了周期的划分，各自不同的划分方法使得学界对我国经济周期的认识存在差异，周期长度以及阶段均存在不一样的地方。第二，对我国经济周期形成原因和机制的理论观点也并不完全一致,对货币、消费、投资、总供求关系、进出口、汇率、预期、部门结构、地区失衡等原因都给予了一定程度的重视。从不同的视角分析我国的经济波动与经济周期,已经取得了比较大的成绩。第三,我国经济学界认为我国经济波动与经济周期和西方有较大差异,因此不能照搬西方的经济波动与经济周期理论,需要结合我国的现实状况,发展具有中国特色的经济波动与经济周期理论。

(资料来源:李宝伟,张云. 宏观经济学 [M]. 北京:机械工业出版社,2011.)

三、经济周期的类型

任何经济体的经济运行都不是一条平稳的直线或者直线式地上升,而是波动起伏的。因此,宏观经济的基本指标都在不停地变化。每一个指标的波动都可以细分为更多较短的波动,而每一个短的波动或者长的波动的形成原因经常是不一样的。在研究经济周期时,经济学家根据每个经济周期的时间长短而把经济周期划分为不同的类型。这里介绍以下几种。

(一) 短周期

1923 年,英国经济学家基钦在《经济因素中的周期与趋势》中研究了 1890—1922 年间英国和美国的价格、银行结算、利率等指标,指出经济周期实际上有主要周期和次要周期,主要周期就是中周期,次要周期为 3~4 年一次的短周期,又称基钦周期。他认为,经济波动有大周期和小周期之分,小周期平均长度为 40 个月,一个大周期通常由两三个小周期构成。这种 40 个月左右的周期被称为基钦周期或短周期。汉森根据统计资料计算出美国 1808—1938 年共有 38 个这样的周期,其平均长度是 3.51 年。

(二) 中周期

1862 年,法国经济学家朱格拉在《论法国、英国和美国的商业危机及其发生周期》一书中指出,危机或恐慌并不是一种独立现象,而是经济中周期性波动的三个连续阶段(繁荣、危机和清算)之一,这三个阶段的反复出现就形成了经济周期。这三个阶段在经济中反复出现,形成经济周期现象。平均长度为 9~10 年,也被称作中周期,或称朱格拉周期。世界上第一次生产过剩危机于 1825 年发生于英国,以后经济学家就注意并研究这一现象,但他们大多把危机作为一种独立事件加以研究。美国经济学家汉森把这种周期称为主要经济周期,并根据统计资料,计算出美国 1795—1937 年共有 17 个这样的周期,其平均长度是 8.35 年。

(三) 长周期

长周期是苏联经济学家民古拉·康德拉捷夫于 1925 年提出的。他根据当时的发达资本主义国家一百多年内的批发物价指数、利息、工资率、资源消耗量等数据的变动特点,发现经济中存在一种较长周期的经济波动,其平均长度为 50 年左右。

(四) 熊彼特周期

奥地利经济学家熊彼特对上述三种经济周期进行了综合。他认为这三种方法并不矛盾,长周期的不同阶段仍有中周期波动,中周期的不同阶段中还有短周期波动。每个长周期包括 6 个中周期,每个中周期包括 3 个短周期。短周期为 40 个月,中周期平均为 9~10 年,长周期为 48~60 年。

（五）库兹涅茨周期

1930 年，美国经济学家库兹涅茨在《生产和价格的长期运动》中提出了一种与房屋建筑相关的经济周期，这种周期长度在 15~25 年，平均长度在 20 年左右。这也是一种长周期，被称为库兹涅茨周期。这种周期与人口增长所引起的建筑业的增长和衰退相关，是由建筑业的周期性变动引起的，又称建筑业周期。

四、经济周期的成因

（一）纯货币周期理论

纯货币周期理论认为，经济周期纯粹是一种货币现象，经济的周期性波动是由银行体系交替地扩大和紧缩信用造成的。当银行体系扩大信用、降低利率时，就会推动经济增长。但银行的信用能力不是无限的，当银行体系被迫停止扩大信用时，就会带来经济衰退。经济周期的该理论的主要代表是货币学派的人物，如弗里德曼、霍特里等。在他们看来，货币的需求相对稳定，而货币的供给则表现出不稳定。

在西方国家，流通工具主要是银行信用。当银行体系降低利率、扩大信用时，就会引起生产的扩张，并导致收入的增加，刺激需求的增加。经济活动的累积性扩张使经济进入繁荣阶段，而现代的信用制度是建立在准备金制度上的。由于货币的乘数作用，这种信用的扩张就会过度，形成虚假的购买力。而在金本位制下，银行体系的信用扩张是有限的，当银行体系被迫紧缩货币信用而提高利率时，生产也随之收缩，收入减少，需求减弱，形成过剩。同样，由于货币的乘数作用，银行信用的收缩也会过度，经济活动的累积性收缩使经济进入萧条阶段。在萧条时期，资金又逐渐回到银行，银行可以通过贴现等方式再扩大信用，从而使经济又进入复苏阶段，经济又开始下一个周期。

纯货币周期理论将经济周期产生的原因完全归于现代货币的信用制度，认为只要改革货币信用制度，就能消除经济周期。

（二）投资过度周期理论

投资过度周期理论的中心论点是：由于投资过多，与消费品生产相比，资本品生产过快。货币市场决定市场利息率，而资本的供求一致决定自然利息率。当市场利息率低于自然利息率时，企业就会有超额利润，企业竞相扩大投资，引起投资品价格上涨及整个物价水平的普遍上升，这样就更加刺激了用于投资品生产的投资，给投资品供给者带来收入，从而引起消费增加，形成经济活动的扩张。因此，资本品生产的过度发展促使经济进入繁荣阶段，资本品的生产过度引起了消费品生产的减少，从而形成了经济结构的失衡。同时，资本品生产过多必将引起资本品过剩，于是出现了生产过剩危机，经济进入萧条期。投资的变动引起了经济中的周期波动。

对于引起投入过多的原因的不同解释，投资过度周期理论又可分为货币投资过度理论、非货币投资过度理论和加速原理理论。

（1）货币投资过度理论是由奥地利经济学家哈耶克、英国经济学家罗宾斯等人提出的。1974 年，哈耶克因此理论而获得诺贝尔经济学奖。该理论认为是货币引起了投资过度，银行体系信用的扩大会引起投资的增加。这种增加首先表现为对资本品需求的增加以及资本品价格的上升，从而进一步刺激投资的增加和银行信用的扩张，导致一部分用于生产消费品的资源转向资本品的生产，形成市场消费品缺乏，迫使消费者增加储蓄。由于投资的增加使人们的收入也随之增加，收入增加之后，对消费品的需求就会增加，这样势必会促使消费品生产的增加，以恢复到与资本品正常的比例。这样就引起消费品价格的上升，一部分生产资本品的资源又转向生产消费品。另外，资本品生产的过度发展要依赖于投资的进一步增加。一旦银行体系被迫停止扩张信用，在繁荣时期利用银行信用正在进行的投资就不得不中止，已经生产出来的资本品就会滞销，价格下跌，危机就会爆发。这种经济周期理论认为，经济周期性波动的根源在于银行信用的扩张与收缩，但并不是纯货币现象，在繁荣时期投资过度，而在萧条时期则又投资不足。资本品与消费品生产部门的结构失衡是导致经济周期的根本原因。

(2) 非货币投资过度理论是由德国经济学家施皮特霍夫和瑞典经济学家卡塞尔提出的。他们认为，经济进入繁荣阶段是因为技术的发明刺激投资的增加，引起银行信用的扩张，促使投资进一步增加，从而导致对资本需求的增加，使资本品价格上升，生产增加。但由于生产增加引起收入增加，消费品需求也随之增加，这样便会产生储蓄不足，使得银行信用无法无限制地扩大。银行信用的紧缩使投资受到抑制，资本品生产出现过剩，经济转入萧条阶段。只有出现又一种新技术或其他外生因素刺激时，经济才会进入下一个周期。该理论将经济周期产生的原因归结为投资过度，并且认为引起投资过度的主要因素是新发明、新发现、新市场的开辟等外生因素，而货币因素则是次要的、从属的。

(3) 加速原理，是指关于收入或消费的变动与投资之间的关系的理论。它是分析经济波动的基本工具，用来说明经济周期中的投资变动比消费品产量的变动要大得多的原因。加速原理最先由法国的阿夫塔里昂和美国的克拉克分别在 1913 年和 1917 年提出，后来，英国的哈罗德在他 1936 年出版的《商业周期》一书中作了详细的论述。加速原理的基本内容是：社会资本品需求总量是国民收入或生产水平的函数，消费品需求量和收入的增长必然导致引致投资，资本品总量的增量即净投资会以比消费品需求量增长率更大的速率加速增长，因此，消费品需求量增长率的相对下降也可以导致经济衰退。但是，这个原理不是在任何条件下都可以成立的。

(三) 消费不足与储蓄过度理论

消费不足与储蓄过度理论认为，经济危机和萧条的产生，是由消费不足或储蓄过度引起的，主要有消费不足危机论、储蓄过度危机论、分配引起消费不足危机论等理论。

1. 消费不足危机论

消费不足危机论是法国经济学家西斯蒙第最先用劳动阶层的贫困化引起消费需求不足来说明经济危机必然性的理论。他认为，社会生产的唯一目的是满足人们的消费，而在资本主义经济社会里，生产是由不劳动的人的需要来决定的，而不是由生产者自身需要决定的，这就导致了生产与消费之间的距离，引起了生产无限扩张的可能性。同时，由于大规模的机器生产使劳动者的收入减少，他们的消费能力也随之减弱。他主张恢复行会式工业组织和宗法式的农业政策。

2. 储蓄过度危机论

储蓄过度危机论是由马尔萨斯于 1820 年在他的《政治经济学原理》一书中提出的。他认为有效需求（即有支付能力的需求）受到限制，从而产生生产过剩，导致经济危机。马尔萨斯认为，假如利润收入全部用于个人消费，只能有简单再生产。所以，节俭、储蓄和资本积累是完全必要的。假定储蓄一定全部转化为投资，而投资的结果是生产出更多的消费品，产品的销售完全取决于个人消费，那么，储蓄太少将不利于资本的积累和生产的发展。但反过来，储蓄过多的话，一方面直接减少消费，另一方面又间接导致更多消费品的供给。因此，要使生产与个人的有效需求保持平衡，储蓄不能过多，也不能太少。他认为，只要增加不劳动者和非生产劳动者的消费，就可以避免由于储蓄过度而导致消费需求不足的生产过剩危机。

3. 分配引起消费不足危机论

分配引起消费不足危机论是由英国经济学家霍布森在 19 世纪 30 年代提出的。他认为，国民收入不会全部用于个人消费，有一部分会储蓄起来，形成新资本。如果国民收入中消费所占的比例过大，就会降低生产发展的速度。而消费不足的原因，一是人们的消费习惯是稳定的，不易产生突然的大量增长；二是分配不当，被雇佣者所占的份额太少，而雇佣阶级和占有阶级所占的份额太多，形成了储蓄过度。霍布森认为，社会产品扣除维持费用（最低工资、折旧、土地保养费）后分配给各生产要素所有者的收入可分为生产性剩余和非生产性剩余。所谓生产性剩余，也称为发展费用，是用来扩大产业系统的规模和提高生产因素效率所必需的费用。扣除生产性剩余的部分就是非生产性剩余。

（四）创新周期理论

创新周期理论是由熊彼特提出来的。他认为，创新是提供新产品或劳务、引进新生产方法、采用新原料、开辟新市场和建立新企业组织形式等行为。创新可以提高生产率，增加利润，引起投资增长，从而刺激经济增长。他还认为，创新是经济周期性波动的根源。创新为创新者带来了超额利润，引得其他企业模仿，形成了创新浪潮，这就必然引起对银行信用和资本品需求的增加，导致经济繁荣。当这项创新普及以后，超额利润消失，对银行信用和资本品的需求减少，引起经济萎缩，导致经济衰退，直至另一次创新出现，经济进入下一周期的繁荣阶段。

由于创新活动以及创新浪潮不是连续的，并且是多种多样的，因而它所引起的经济增长的幅度和长度也就不一样。有些创新影响范围大，程度深，这就可能引起长周期；而有些创新规模小，这就引起短周期。经济周期源于生产技术及方法的变革，是经济发展中不可避免的，但它是发展的一种方式，不是对经济的破坏。所以，不必要也不应该限制这种周期。

知识链接　　　　　　　**鲁滨逊·克鲁索的经济学**

鲁宾逊·克鲁索（Robinson Crusoe）是一个搁浅在荒岛上的海员。他必须做出许多经济决策。克鲁索的决策可以说明在更大、更复杂的经济中人们所面临的决策。

克鲁索把一些时间用于享受闲暇，把其他时间用于工作，既可以是捕鱼，也可以是收集藤蔓织渔网。鱼是克鲁索的消费，而渔网是克鲁索的投资。如果我们要计算克鲁索的岛上的GDP，可以把捕到的鱼的数量和织成的渔网的数量加在一起。克鲁索的决策会随着对他生活的冲击而改变。假设有一天，一大群鱼游过这个岛，克鲁索的经济中GDP会由于两个原因而增加。第一，克鲁索的生产率提高了。第二，克鲁索的就业增加了。克鲁索的经济处于繁荣中。

有一天，暴风雨来了，生产率下降了。克鲁索对此的反应是决定把较少时间用于工作并在茅屋中等待暴风雨过去。鱼的消费和渔网的投资都减少了，因此，GDP也减少了。克鲁索的经济处于衰退中。

假设有一天克鲁索受到土著人的攻击。在他保卫自己时，克鲁索享受闲暇的时间少了。因此，保护自己的需求的增加刺激了克鲁索经济中的就业，特别是防卫产业中的就业。因此，防卫支出挤出了投资。由于克鲁索把更多时间用于工作，GDP增加了。克鲁索的经济经历着战时繁荣。

在这个故事中，产出、就业、消费、投资和生产率的波动都是个人对其环境不可避免的变动做出的自然而合意的反应。在克鲁索经济中，波动与货币政策、黏性价格或任何一种市场失灵无关。

根据实际经济周期理论，我们经济中的波动与鲁滨逊·克鲁索经济中的波动大体一样。对我们生产产品与服务的能力的冲击改变了就业与产出的自然水平。克鲁索的寓言和经济学家的任何一个模型一样，并不打算刻板地描述经济的运行。相反，它力图抓住经济周期的复杂现象本质。

(资料来源：张维迎. 经济学原理 [M]. 西安：，西北大学出版社，2015.)

第二节 经济增长

一、经济增长的含义和特征

（一）经济增长的含义

在考察国民经济的长期发展问题时，常常涉及两个既密切相关又不完全相同的概念，即经济增长和经济发展。在宏观经济学中，经济增长通常被规定为产量的增加。产量既可以表示为经济的总产量，也可以表示为人均产量。经济增长的程度可以用增长率来描述。

经济增长可以简单地定义为一国在一定时期内国内生产总值或国民收入的增长，即总产出量的增加。经济增长不是名义GDP的增长，而是实际GDP的增加，即剔除了价格因素的影响之后的GDP的增加。经济增长率表示本年度经济总量的增量和去年经济总量的比值。

如果说经济增长是一个"量"的概念，那么经济发展就是一个比较复杂的"质"的概念。也就是说，经济增长是从"量"的角度来考察一国国民经济的长期发展，而经济发展则是从"质"的角度来考察一国国民经济的长期发展。从广义上说，经济发展不仅包括经济增长，还包括国民的生活质量，以及整个社会经济结构和制度的总体进步。总之，经济发展是反映一个经济社会总体发展水平的综合性概念。鉴于经济发展问题涉及的问题多且比较复杂，因而经济学中有一门专门研究经济发展问题的学科，被称为发展经济学。而在宏观经济学中，则重点分析经济增长问题，尤其是发达国家的经济增长问题。

> **知识链接**
>
> ## 如何理解经济增长
>
> 1981年12月11日，西蒙·库兹涅茨在其诺贝尔经济学奖获奖演讲中指出："一个国家的经济增长，可以定义为向它的人民供应品种日益增加的经济商品的能力的长期上升。这个增长中的能力基于改进技术，以及它要求的制度和意识形态的调整。"定义的所有三个成分都是重要的。这里我们只讨论利用先进的当代技术，而不是依靠销售自然界偶然的礼物以达到富裕。先进技术是经济增长的一个允许的来源，但是它只是一个潜在的、必要的条件，本身不是充分条件。如果技术要得到广泛和高效的利用，而且它自己的进步要受到这种利用的刺激，必须进行制度和意识形态的调整，以实现正确利用人类知识中先进部分产生的变革。
>
> 理解经济增长的含义要注意以下三点。
>
> 第一，经济增长集中表现在经济实力的增长上，而这种经济实力的增长就是商品和劳务总量的增加。如果考虑到人口的增加和价格的变动，也可以说是人均实际国民收入的增加。但是经济增长不必然带来社会福利的增长和个人幸福的增加。
>
> 第二，技术进步是实现经济增长的必要条件。
>
> 第三，经济增长的充分条件是制度与意识形态的相应调整，比如改革开放、家庭联产承包责任制等制度变革。

（二）经济增长的特征

库兹涅茨根据主要发达资本主义国家近百年的数据，总结了现代社会经济增长的六个特征。

1. 按人口计算的产量的高增长率，人口及资本形成的高增长率

人均产量的增长率要高于人口的增长率。只有这样，才能保证整个经济有正向的积累。1770年以来，所有当代发达国家过去两百多年的年人均产出增长率平均为2%，人口增长率为1%，因而国民生产总值增长率达3%。这种增长率意味着人均产出约35年翻一番，人口约70年翻一番，国民生产总值约24年翻一番，远远快于18世纪末工业革命以前的整个时期。

2. 生产率的高速发展

生产率的高速发展是技术进步的标志和结果。这里的生产率包括劳动生产率，也包括生产要素的全要素生产率。这是每一个人都能切身感受到的。

3. 经济结构的迅速变革

经济结构的变革主要包括产业结构、就业结构、消费结构及进出口结构的变革。经济结构变革的内容主要包括：农业活动逐渐向非农业活动转移；之后工业逐渐向服务业转移；生产单位在大小或平均规模方面发生了有意义的变化，由小的家庭和个体企业转变为全国性的或多国公司形式的巨大的公司组织；劳动力在空间位置和职业状况方面相应地由农村、农业及其有关的非农业活动向城市的制造业和服务业转移。

4. 社会结构和意识形态迅速变化

伴随经济增长而来的是社会与政治结构以及意识形态的变化。经济增长使僵化的、专制的社会政治结构变得较为灵活、富有弹性，变得更加民主，民众参政议政意识更强；使传统的、保守的、静止的、散漫的思想观念转变为现代的、高进取心的、讲究效率的、快节奏的、勇于变革的、善于协作的、目标远大的思想观念。

5. 增长是世界性的

技术的变革导致世界各国的联系越来越紧密，经济增长是世界各国都在追求的目标。为了获取原材料、廉价劳动力以及推销工业品的有利市场，发达的工业国家向世界其他地区不断地扩张。发达的现代技术，尤其是运输和通信手段的现代化，使得这种扩张成为可能。

6. 世界各国经济增长是不平衡的

尽管过去两个多世纪以来，世界产出有了巨大的增加，但现代经济增长在很大程度上只局限于北半球不到世界人口 1/3 的范围内。这部分人口享有全球收入的 75%。经济增长不能扩散到世界大多数地区，原因归纳起来有两个方面。从国内来说，大多数落后国家僵化的社会政治结构和传统保守的思想观念阻碍了经济增长潜力的实现；从国际上来说，发达国家和欠发达国家之间不平等的国际经济政治关系导致了富国对穷国的掠夺和剥削，从某种意义上说，富国的经济增长是靠牺牲穷国的增长来取得的。

二、经济增长模型

为了研究经济增长的原因，量化各个要素和经济增长的关系，经济学家建立了各种经济增长模型。

（一）哈罗德 – 多马模型

1. 假定

英国经济学家哈罗德与美国学者多马几乎同时提出自己的经济增长模型。由于两者在形式上极为相似，所以称为哈罗德 – 多马模型。两者的区别在于哈罗德是以凯恩斯的储蓄 – 投资分析方法为基础，提出了资本主义经济实现长期稳定增长的模型；而多马模型则以凯恩斯的有效需求原理为基础，得出与哈罗德相同的结论。哈罗德 – 多马模型考察的是一国在长期内实现经济稳定均衡增长所需具备的条件。

哈罗德 – 多马模型的假定条件包括 5 个。

（1）不存在货币部门，且价格水平不变。

（2）劳动力按不变的、由外部因素决定的速度 n 增长，即 $\dfrac{dN/dt}{N} = n =$ 常数。

（3）社会的储蓄率，即储蓄与收入的比率不变，若记 S 为储蓄，s 为储蓄率，则 $\dfrac{S}{Y} = s =$ 常数（Y 为收入）。

（4）社会生产过程只使用劳动 N 和资本 K 两种生产要素，且两种要素不能互相替代。

（5）不存在技术进步。

2. 基本公式

哈罗德－多马模型的基本公式是 $G = S/C$。其中，G 是经济增长率；S 是储蓄率，也就是储蓄在国民收入中所占的比例；C 是资本产出比，即生产单位产出所需要的资本量。

哈罗德－多马模型的基本结论是：经济增长与储蓄率成正比，与资本产出比成反比。又因为假设资本产出比不变，所以经济增长取决于储蓄率，储蓄率越高，经济增长率越高。

3. 经济稳定增长分析

哈罗德将经济增长率分成了实际增长率、有保证的增长率和自然增长率三种，并认为只有当这三种增长率相等的时候，经济才能实现稳定增长。

（1）实际增长率。

如果 C 是实际存在的 C，即资本的实际变化量与产量的实际变化量的比率，那么在一定的储蓄率下，由此而导致的国民收入增长率被称为实际增长率，用 G 来表示，则计算公式为：

$$G = S/C$$

（2）有保证的增长率。

假如人们认为他们现有的资本存量与同期内产量之间的比率是最合适的，不多也不少，则 K/Y 是意愿的资本－产量比 C_r。

根据储蓄率与意愿的资本－产量比 C_r 计算出的增长率被称为有保证的增长率，用 G_W 表示，则 G_W 的公式为：

$$G_W = S/C_r$$

（3）自然增长率。

自然增长率是指社会最适宜的增长率，是长期人口增长和技术条件所允许达到的最大增长率，也就是潜在的或最大可能的增长率。从整个社会来看，自然增长率是既能适应劳动力增长，又能实现充分就业的增长率。自然增长率的计算公式为 $G_n = S_0/C_r$。

要实现充分就业的均衡增长，就必须满足 $G = G_W = G_n$。

（二）新古典的增长模型

1. 假设

新古典经济增长模型最初是美国经济学家索洛在1956年发表的《经济增长理论》一文中提出来的，是建立在哈罗德－多马经济增长模型基础上的。新古典经济增长理论在放弃了哈罗德－多马模型中关于资本和劳动不可替代以及不存在技术进步的假定之后，所做的基本假定包括：①社会储蓄函数为 $S = sY$，其中，s 是作为参数的储蓄率；②劳动力按一个不变的比率 n 增长；③生产的规模收益不变。

在上述假定的情况下，并暂时不考虑技术进步，经济中的生产函数可以表示为人均形式：

$$y = f(k)$$

式中，y 为人均产量，k 为人均资本。图 15－1 表示了生产函数式。

从图 15－1 可以看出，随着每个工人拥有的资本量的上升，即 k 值的增加，每个工人的产量也增加。但由于报酬递减规律，人均产量增加的速度是递减的。

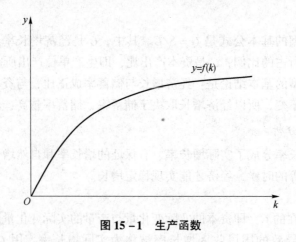

图 15-1 生产函数

根据增长率分解式,在假定②和不考虑技术进步的条件下,产出增长率就唯一地由资本增长率来解释。

一般而言,资本增长由储蓄(或投资)决定,而储蓄又依赖于收入,收入或产量又要视资本而定。资本变化对资本存量的影响是明显的和直观的,无须进一步说明。产出对储蓄的影响可以由储蓄函数来解释。因此,在上述体系中,需着重说明的是储蓄对资本存量变化的影响。

2. 基本方程

在一个只包括居民户和厂商的两部门经济中,经济的均衡条件可以表示为:

$$Y = C + I$$

将上式表示为人均形式,则有:

$$\frac{Y}{N} = \frac{C}{N} + \frac{I}{N}$$

将上式动态化,有:

$$f[k(t)] = \frac{C(t)}{N(t)} + \frac{I(t)}{N(t)}$$

由于 $k(t) = \frac{K(t)}{N(t)}$,对这一关系对时间求微分,可得:

$$\frac{dk(t)}{dt} = \frac{1}{N^2}\left[N \cdot \frac{dK}{dt} - K \cdot \frac{dN}{dt}\right]$$

利用 $\frac{dN/dt}{N} = n$ 和 $\frac{dK}{dt} = I$,上式可表示为:

$$\frac{I}{N} = \frac{dk}{dt} + nk$$

由上式得:

$$\frac{Y - C}{N} = \frac{I}{N}$$

注意到 $Y - C = S$,而 $S = sY$,则上式可写为:

$$\frac{sY}{N} = \frac{I}{N}$$

因此，可表示为：

$$sf(k) = \frac{\mathrm{d}k}{\mathrm{d}t} + nk$$

上式便是新古典增长模型的基本方程。这一关系式说明，一个社会的人均储蓄可以分为两个部分：其一，人均资本的增加，即为每一个人配备更多的资本设备，这被称为资本的深化；其二，为每一增加的人口，配备每人平均应得的资本设备 nk，这被称为资本的广化。总而言之，在一个社会全部产品中减去被消费掉的部分之后，剩下来的便是储蓄。在投资等于储蓄的均衡条件下，整个社会的储蓄可以被用于两个方面：一方面给每个人增添更多的资本设备，即资本深化；另一方面为新出生的每一个人提供平均数量的资本设备，即资本广化。

三、经济增长因素分析

经济增长是一种复杂的社会经济现象。影响经济增长的因素很多，一般把影响经济增长的因素分为资本、劳动、技术进步。但这些因素在经济增长中所起的作用有多大？这些因素还可以细分为哪些因素，它们的作用又有多大？经济增长因素分析正是要通过定量分析说明各种影响经济增长的因素的作用，以便寻求促进经济增长的途径。因此，经济增长因素分析又被称为经济增长核算分析，它是研究经济增长的源泉、因素，并度量它们在经济增长过程中所起的作用大小，以寻求促进经济迅速增长的途径的一种理论。

（一）肯德里克的全要素生产分析

自 20 世纪 50 年代开始，美国经济学家 J. 肯德里克就对美国的国民收入统计资料进行整理分析，以确定生产率提高和要素投入量增加对经济增长的贡献各自所占的比例。

全要素生产率是指产量与全部生产要素投入量之比，即所有投入要素的生产率之和。全部生产要素包括生产中使用的资本、劳动和土地。全要素生产率不同于劳动生产率或资本生产率这些概念。劳动生产率是指产量与劳动投入量之比，资本生产率是指产量与资本投入量之比，这些概念都是产量与某一特定生产要素投入量之比，称为部分要素生产率。部分要素生产率只能衡量某一时期内某种生产要素的节约，而不能代表生产率的变化，因为生产要素投入量的比例也会影响生产率。肯德里克在分析时采用了全要素生产率的概念，并将之称为生产率。

肯德里克将生产中的投入要素分为劳动和资本（把土地归为资本）两项，再把劳动和资本的生产性服务的报酬分为土地和资本收益（包括利润、利息和地租），然后将产量与投入要素量之比定义为要素生产率。其中，产量与全部投入量之比称为全要素生产率。

全要素生产率可以根据柯布－道格拉斯生产函数来计算。在计算时把土地归入资本，因此，全部生产要素就是指劳动和资本。设 Q 代表年产量或产值，L 和 K 分别代表劳动投入量和资本投入量，脚标 0 和 t 分别代表基期年和 t 年。w_0 代表基期年实际小时工资率，i_0 代表基期年资本的实际小时报酬率（包括利息、地租和利润），T 代表全要素生产率。

根据边际生产力理论，基期年支付给劳动和资本的全部报酬等于这些生产要素投入量所生产出的全部产品的价值，再设 $T=1$，则有：
$$Q_0 = w_0 L_0 + i_0 K_0$$
将 t 年的劳动和资本投入量分别用基期年的 w_0 和 i_0 加权，则有：
$$Q_t = t(w_0 L_t + i_0 K_t)$$
其中，$(w_0 L_t + i_0 K_t)$ 表示按基期年的生产率，t 年的劳动和资本投入量 L_t 和 K_t 所能生产的产量。如果 t 年的生产率比基期年的提高了，即 $T>1$，那么，$w_0 L_t + i_0 K_t$ 必然小于 Q_t，要使上式平衡，T 就要大于 1。因此，上式可以改写为：
$$T = \frac{Q_t}{w_0 L_t + i_0 K_t}$$
在实际计算中，全要素生产率是以指数形式表示的，也就是用各个 t 期的各项数值对基期年各项数值的比率来表示，并且根据投入量在基期年产量中所占的份额进行加权。其公式为：
$$\frac{T}{T_0} = \frac{Q_t / Q_0}{a(L_t / L_0) + b(K_t / K_0)}$$
式中，a 与 b 分别是劳动和资本在基期年产量中的份额，可分别表示为：
$$a = w_0 L_0 / Q_0$$
$$b = i_0 k_0 / Q_0$$

（二）丹尼森经济增长因素分析

丹尼森运用并发展了肯德里克的全要素生产率分析，他不仅计算了总投入量增加和全要素生产率提高对经济增长的贡献，而且把总投入量和全要素生产率分为若干因素，并对这些因素进行了详尽的定量分析。丹尼森认为，影响增长率的因素主要有两大类：总投入量（即劳动和资本的投入量）以及单位投入量的产出量（即全要素生产率）。其他可以略而不计。

丹尼森的结论是：在经济增长过程中，单位投入的产量增长即要素生产率的增长起着越来越大的作用，而知识（技术、管理及其应用）进展则是对经济增长影响最大、最重要的因素。因此，要促进经济高速增长，必须大力发展教育，开发新技术，提高管理水平。

（三）库兹涅茨的经济增长因素分析

美国经济学家库兹涅茨对现代经济增长因素的分析是运用统计分析的方法对国民产值及其组成部分进行长期统计，通过对各国经济增长的比较，探索影响经济增长的因素。在库兹涅茨的分析中，影响经济增长的主要因素是知识存量的增加、生产率的提高和结构方面的变化。

1. 知识存量的增加

现代经济增长受到技术革新的推动，世界上技术知识和社会知识的存量迅速增加。当这种存量被利用时，它就成为现代经济高速增长的源泉。但知识存量被转化为现实的生产力还要经过一系列中介环节，如对劳动力的训练进行大量的投资，企业家要有能力克服一系列从未遇到的障碍，知识的使用者要对技术是否适宜做出准确的判断等。

2. 生产率的提高

在库兹涅茨的经济增长分析中，通过劳动投入和资本投入对经济增长所作贡献的长期分析中得出的结论是：以人均产值增长率为特征的现代经济增长的主要贡献因素是劳动生产率的提高，即单位投入的产出的高增长率。

3. 结构方面的变化

结构方面的变化可以从两个方面来分析，一是对国民产值中各部门份额的截面考察和长期趋势考察；二是对劳动力各部门份额的截面考察和长期趋势考察。这些考察突出说明了结构变化在经济增长中的作用。

本章要点总结

经济周期理论研究国民收入的变动所呈现的周期波动及其原因，是宏观经济学的另一重要基本理论。在分析方法上，国民收入决定理论属于短期、静态分析；经济周期理论和经济增长理论则属于长期、动态分析。宏观经济学分析是以国民收入决定和变动为中心课题的，经济周期研究短期波动，而经济增长探索长期发展。

凯恩斯之后，西方经济学家加强了对经济周期的研究，特别是在数量化和模型化的分析上有了新发展，出现了许多经济周期理论和模型。

经济周期理论主要介绍经济周期的特征、类型和几种主要的经济周期理论。

经济增长是当今世界非常关注的重要话题之一。经济增长模型主要有哈罗德-多马模型、新古典经济增长模型等。

关键概念

经济周期　经济增长　全要素生产率

思考与练习

1. 经济周期有哪些类型？
2. 经济增长有哪些基本特征？
3. 经济增长和经济发展有何区别？
4. 经济增长的源泉是什么？
5. 根据库兹涅茨的经济增长因素分析，经济增长的主要因素包括哪些？

附录 A 经济学大师简介向导

人物姓名	章节序号	页码
亚当·斯密	一	1
阿尔弗雷德·马歇尔	二	27
维尔弗雷多·帕累托	三	49
加里·斯坦利·贝克尔	四	61
阿瑟·拉弗	五	79
赫尔曼·海因里希·戈森	六	95
大卫·李嘉图	七	116
罗纳德·哈里·科斯	八	136
约翰·福布斯·纳什	九	153
约翰·希克斯	十	176
阿瑟·塞西尔·庇古	十一	193
西蒙·史密斯·库兹涅茨	十二	206
约翰·梅纳德·凯恩斯	十三	220
米尔顿·弗里德曼	十四	244
罗伯特·默顿·索洛	十五	263

附录 B 导入案例向导

导入案例标题	章节序号	页码
经济学王冠上的明珠	一	1
亚当·斯密论价格调整过程	二	27
交通拥堵费简介	三	49
救赎奴隶的经济学	四	62
税收与生死	五	79
口红效应	六	95
在土地上施肥越多越好吗？	七	117
为什么航空公司会提供超低票价？	八	136
谷歌是不是垄断企业？	九	153
最低工资法对劳动力市场均衡的影响	十	176
谁来治理蚊虫？	十一	193
2019 年世界银行版 GDP 排名	十二	206
老百姓为什么喜爱储蓄？	十三	220
危险的失业与通货膨胀	十四	244
经济危机	十五	263

附录 C 知识链接向导

知识链接标题	页码
亚当·斯密的制针工厂	6
冲动的理性	9
因为人是理性和自私的	12
阿里巴巴的支付宝	13
经济学的作用	21
司马迁论自由市场	25
石油的需求曲线	29
预期的影响	32
为什么滑雪场不在旺季提高价格	42
赞扬价格欺诈	43
金融市场的套利	45
华盛顿大学教授的工资	46
公寓租金管制中的奇招	54
中国药品限价的后果	55
美国的最低工资法案	57
处方药需求缺乏弹性	66
第一刚需商品——盐	68
恩格尔系数与恩格尔曲线	70
不同交叉价格弹性的例子	71
麦当劳应该对弹性感兴趣吗？	73
张五常说弹性：不能预知用途不大	77
价内税与价外税	82
谁为香烟税买单？	84
经济增长的果实最终会落在土地所有者身上	90
"棉花国王"和水补贴的无谓损失	92
功利主义幸福观	96
男女的购物矛盾：效用与消费者剩余	101
手机款式为什么变化这么快	103
墙内开花墙外香的肯德基	105
几个现实中的实例	120
全球每四个微波炉就有一台格兰仕	129
知名企业从内在不经济转为内在经济	131
对外在经济和外在不经济的理解	131

续表

知识链接标题	页码
规模很重要　适度是关键——适度规模经营体现了现代农业发展的一般规律	133
书非借不能读	138
最大化总利润而不是单位利润	150
农业保护	158
巴西"福特之城"	161
为什么有些企业做广告而有些企业不做广告？	164
欧佩克——一个国际卡特尔的由来	167
价格歧视对消费者不利吗？	169
大学和完全价格歧视	170
航空公司的价格歧视	173
统计性歧视	179
银行的信贷配置	182
租值理念的演变	185
敢于冒险和勇于创新的比尔·盖茨	187
"劫富济贫"就是真的平等吗？	190
俱乐部产品	195
你从未想象过的正外部性例子	200
如何对外部性估价？	201
市场是技术进步的最大推动力	204
经济学诺贝尔奖获得者——萨缪尔森评价 GDP	209
中间产品与最终产品	209
为什么住宅建筑支出不被看作耐用品消费支出而看作是投资支出的一部分？	213
消费函数之谜	222
关于消费函数的其他理论	223
节约悖论	227
破窗理论	229
美国的国防支出与经济	230
凯恩斯陷阱	233
克林顿与格林斯潘组合——财政政策与货币政策的配合	237
页岩气及其可能的经济影响	238
小步慢走，渐进式延迟退休年龄	245
房价应该计入 CPI 吗？	250
我国经历了多少次通货膨胀？	256
我国经济周期理论的发展	265
鲁滨逊·克鲁索的经济学	269
如何理解经济增长	271

参 考 文 献

[1][英]亚当·斯密. 国民财富的性质和原因的研究［M］. 上海：商务印书馆，2009.

[2][美]达龙·阿西莫格鲁. 经济学（微观部分）［M］. 北京：中国人民大学出版社，2016.

[3][美]泰勒·考恩. 考恩经济学（微观分册）［M］. 上海：格致出版社，2018.

[4][美]托马斯·索维尔. 经济学的思维方式［M］. 成都：四川人民出版社，2018.

[5][美]N. 格里高利·曼昆. 经济学原理（第6版）［M］. 北京：北京大学出版社，2013.

[6][美]奥斯坦·古尔斯比. 微观经济学［M］. 北京：中国人民大学出版社，2016.

[7][美]弗里德曼. 弗里德曼的生活经济学［M］. 北京：中信出版社，2006.

[8][美]萨缪尔森，[美]诺德豪斯. 微观经济学（第19版）［M］. 北京：人民邮电出版社，2012.

[9][美]迈克尔·贝叶，[美]杰弗里·普林斯. 管理经济学（第8版）［M］. 北京：中国人民大学出版社，2017.

[10][美]罗杰·理若·米勒. 公共问题经济学（第17版）［M］. 北京：中国人民大学出版社，2014.

[11][美]马歇尔·杰文斯. 边际谋杀［M］. 北京：北京时代文华书局，2019.

[12][澳]黄有光. 福祉经济学［M］. 大连：东北财经大学出版社，2005.

[13]张维迎. 经济学原理［M］. 西安：西北大学出版社，2015.

[14]张五常. 经济解释（第2版）［M］. 西安：中信出版社，2019.

[15]俞炜华. 经济学的思维方式［M］. 西安：西安交通大学出版社，2020.

[16]俞炜华，赵媛. 社会问题经济学［M］. 济南：山东人民出版社，2012.

[17]薛兆丰. 经济学通识（第2版）［M］. 北京：北京大学出版社，2015.

[18]方博亮. 管理经济学原理与应用（第5版）［M］. 北京：北京大学出版社，2016.

[19]李宝伟. 宏观经济学［M］. 北京：机械工业出版社，2011.

[20][美]威廉·A. 迈克易切恩. 宏观经济学［M］. 北京：机械工业出版社，2011.

[21][美]泰勒·考恩. 宏观经济学现代原理［M］. 上海：格致出版社，2013.

[22][美]达龙·阿西莫格鲁. 经济学（宏观部分）[M]. 北京：中国人民大学出版社，2016.

[23][美]约瑟夫·熊彼特. 经济发展理论[M]. 上海：商务印书馆，2009.

[24][美]哈里·兰德雷斯，大卫·C. 柯南道尔. 经济思想史（第四版）[M]. 北京：人民邮电出版社，2014.

[25][美]列维特，都伯纳. 魔鬼经济学1：揭示隐藏在表象之下的真实世界[M]. 北京：中信出版社，2016.